WMU 통전적 영성 시리즈 2

영성, 어떻게 가르칠 것인가

WMU 통전적 영성 시리즈 2

영성, 어떻게 가르칠 것인가
— 임동선 목사 탄생 100주년 기념 논문집

2023년 7월 27일 처음 찍음

지은이 | 가진수 김난예 신선묵 오방식 정승현 정원범 최윤정
엮은이 | 월드미션대학교
펴낸이 | 김영호
펴낸곳 | 도서출판 동연
등   록 | 제1-1383호(1992년 6월 12일)
주   소 | 서울시 마포구 월드컵로 163-3
전   화 | (02) 335-2630
팩   스 | (02) 335-2640
이메일 | yh4321@gmail.com

ISBN 978-89-6447-924-7 94230
ISBN 978-89-6447-922-3 (WMU 통전적 영성 시리즈)

WMU 통전적 영성 시리즈 2

영성,
어떻게 가르칠 것인가

-임동선 목사 탄생 100주년 기념 논문집

가진수 김난예 신선묵 오방식 정승현 정원범 최윤정 지음
월드미션대학교 엮음

동연

어둠 속에서 들리는 외침
: 나는 너를 믿었다

김운용
장로회신학대학교 총장, 예배/설교학

우리는 세우는 역사를 위해 부름을 받은 존재들입니다. 누군가가 우뚝 서 있을 때, 세워지는 역사가 가능하다는 사실을 알고 있습니다. 갈보리 언덕에 주님이 우뚝 서 계셔서 오고 가는 시대의 영혼들이 하나님의 보좌 앞에 세워지게 되었고, 돌이켜보면 오늘의 나도 인생길에 누군가가 우뚝 서 있어서 가능한 일이었습니다. 범죄한 백성들을 벌하시려는 하나님 앞에서 저들의 죄를 사해달라고 눈물로 간구했던 사람이 있어서 그들은 다시 세움 받을 수 있었습니다. 하나님의 사람 모세는 눈물 젖은 기도를 이렇게 올렸습니다. "그들의 죄를 용서하여 주십시오. 그렇게 하지 않으시려면, 주님께서 기록하신 책에서 저의 이름을 지워주십시오"(출 32:32, 새번역). 목숨을 건 기도, 생명을 내놓는 사역자가 우뚝 서 있을 때 세워지는 역사는 이어졌습니다.

100년 전에 하나님께서 한 사람을 보내셨고, 그의 발걸음을 힘겨운 이민 생활을 하는 곳으로 보내셔서 말씀으로 고단한 그들의 삶 속에 하늘을 펼쳐 보이게 하셨습니다. 그의 설교를 들으며 이민자들은 나그네 인생길의 외로움과 고단함을 달랠 수 있었습니다. 임동선 목사, 그분은 이민자들에게 하늘 생명과 위로를 증거하는 사역자였습니다. 월드미션대학교에서 초대 총장이셨던 임 목사님의 탄생 100주년을 맞아 '영성 형성'(spiritual formation)에 대한 귀한 저서를 출간하게 되었습니다. 코로나19 이후 오늘의 위기를 극복하고 미래의 대안을 제시하기 위하여 기획된 프로젝트의 첫 번째 열매입니다. 귀한 논문이 성도들과 교회들에 큰 위로와 격려가 될 수 있기를 빕니다.

2천 년의 역사 동안 주님의 교회는 위기에 둘러싸여 달려왔습니다. 지혜로운 히브리인들은 위기를 뜻하는 말로 '출산대'라는 의미의 단어를 사용했습니다. 고대 시대의 출산대는 새 생명을 잉태하는 기쁨의 자리이기도 했지만 산모가 신생아와 함께 죽음을 맞기도 하는 위기의 자리이기도 했습니다. 오늘 삶의 자리가 생명을 출산하는 자리가 되기 위해 우리는 어느 때보다 따뜻하고 섬세한 리더십과 깊고 맑은 영성이 절실하게 요구되는 때를 살고 있습니다.

사역의 영적 원리를 잘 아는 목사인 시인의 외침과 시어들이 잔잔한 감동과 여운으로 다가옵니다. "네가 어린 싹으로 터서 땅속 어둠을 뚫고 / 태양을 향해 마침내 위로 오를 때 / 나는 오직 아래로 아래로 / 눈먼 손 뻗어 어둠 헤치며 내려만 갔다 // 네가 줄기로 솟아 봄날 푸른 잎을 낼 때 / 나는 여전히 아래로 / 더욱 아래로 막힌 어둠을 더듬었다 // 네가 드디어 꽃을 피우고 / 춤추는 나비 벌과 삶을 희롱할 때에도 / 나는 거대한 바위와 맞서 몸살을 하며 / 보이지 않는 눈으로 바늘

끝 같은 틈을 찾아야 했다 // 어느 날 네가 사나운 비바람 맞으며 / 가지가 찢어지고 뒤틀려 신음할 때 / 나는 너를 위하여 오직 안타까운 마음일 뿐이었으나 / 나는 믿었다 // 내가 이 어둠을 온몸으로 부둥켜안고 있는 한 / 너는 쓰러지지 않으리라고…"(이현주, 〈뿌리가 나무에게〉, 일부).

시인의 외침이 가슴 저리게 와 닿으면서 어김없이 내 인생의 주춧돌이셨고 마중물이셨던 내 어머니가 떠올랐습니다. 가난하고 배고팠던 시절, 그 어머니가 우뚝 서 있는 곳에 가정도 자녀도 세워졌습니다. 누군가를 세우는 사역을 위해 부름 받은 리더들이 다시 일어서야 할 때입니다. 거대한 폭풍 앞에서도 하늘을 바라보며 우뚝 서 있었던 리더가 있었을 때 사람들이 일어섰던 역사를 기억합니다(행 27장). 어둠 속에서 들려오는 세미한 음성이 있었습니다. '나는 너를 믿는다.' 칠흑 같은 그 밤에 눈을 들어 하늘을 바라보았던 사람, 하늘의 음성을 들을 수 있었던 깊은 영성의 사람이 필요한 때입니다. 맑은 영성의 사람이 우뚝 서 있을 때 죽음의 위기 앞에 서 있던 사람들이 함께 일어서게 됩니다.

그 음성을 전하기 위해 각 분야의 학자들이 심혈을 기울여 준비한 이 책을 통해 다시 세워지는 역사, 하늘 위로와 나아갈 길을 새롭게 발견하면서 다시 일어서는 자리가 될 수 있길 빌면서, 일독을 권합니다.

관계의 영성을 추구하는 모든 사람에게

노진준

PCM(preaching coaching ministry) 공동대표

영성이란 무엇일까요? 이 논문집에서 여러 학자가 언급한 대로 영성에 대한 정의도 다양하고 영성을 범주화하는 것도 그 의도에 따라 달라질 수 있을 것입니다. 저는 그리스도 중심적 영성이라는 말을 쓰고 싶습니다. 달리 말하면 복음적 영성이라고 불러도 좋겠습니다. 그리스도 중심적이라는 말의 의미를 확인하려면 그 말의 반대되는 개념이 무엇일까를 생각해보는 것도 도움이 될 터인데 '그리스도 중심적'의 반대되는 개념은 자기중심적입니다.

설교학에서는 그리스도 중심적인 설교는 기복주의적이지 않고 도덕주의적이지 않음을 강조하는데 이는 기복과 도덕에 대한 거부가 아니라 결국 자기중심성의 거부입니다. 복을 받아서 잘살려고 기도하는 것과 복을 구함으로 하나님의 임재를 경험하고자 기도하는 것은 엄청난 차이가 있고, 착하게 살아서 내가 잘되는 것과 착하게 살아서 하나님을 영화롭게 하는 것은 아주 다른 것입니다.

Person(사람 혹은 인격)을 Individual(개인)로 이해하는 개인주의 사회는 모든 것을 사유화합니다. 인간의 죄인 됨이 하나님을 떠나 스스로 자기 인생의 주인이 되려 함이었으니 개인주의는 인류 역사의 최초부터 있었다고 봐야겠지만 갈수록 심화되는 개인주의가 경제적으로는 자본주의적 소비 지향성으로 노골적인 모습을 드러낸다면 기독교적으로는 사유화된 구원, 성장과 성과에 치우친 교회 간의 비교, 뉴에이지와 같은 자아 발견식 영성운동을 통해 그 모습을 드러냅니다.

이러한 상황에서 영성에 대해 짐작할 수 있는 두 가지 극단적인 현상은 영성에 대한 무관심과 사유화된 영성에 대한 지나친 관심일 것입니다. 결국 둘 다 자기 자신을 우상으로 만든 개인주의의 모습입니다.

제럴드 브레이(Gerald Bray)는 그의 신론에서 바울에게 영적이 된다는 말은 하나님의 본질에 참여하는 것임을 강조했습니다. 그의 주장을 정리하자면 영성이란 단순한 인간의 심리적 상태를 의미할 수 없고 사적일 수 없어서 항상 관계적이어야 한다는 것입니다. 하지만 그의 주장을 현대인들의 관심에 비추어볼 때 하나님을 인식해서 수직적이고 수평적인 관계에 따른 영성에 관한 그의 주장은 시대착오적이고 비현실적입니다. 현대인들은 영성을 하나님의 본질에 참여하는 것이라고 여기기보다는 자신의 본질적 내면의 경험이라고 생각할 테니까 말입니다.

그런데 이 논문집에서 다루는 영성은 다분히 관계적입니다. 물론 이 시대를 살아가는 한 신앙인으로서 주어진 현실을 어떻게 바라보아야 할지 치열한 고민과 상황에 적응하기 위한 실용적인 대안들이 제시되지만 그 전제는 언제나 관계적입니다. 왜 이렇게 관계적인 영성을 강조할까요? 그것만이 유일한 답이라는 확신 때문입니다. 부드럽고 설득력 있게 표현되었지만 그 의도는 확고합니다. 인생의 진정한 답은 인격적인 하나님에게 있다는 확신 때문에 광야에서의 외로운 외침처럼 들릴지라도 그 부르짖음은 절절합니다.

이 시대를 살아내야 하는 기독인으로서의 한계와 유혹을 짐작할 수 있기에 이와 같은 논문집의 출간이 참으로 시기적절하고 이를 위해 애쓰신 열세 분의 탁월함과 열정이 그저 고맙습니다. 특히 고 임동선 목사님의 영성이 그리스도의 은혜 안에서 관계적인 것이었음을 알고 있는 모든 사람은 그의 탄생 100주년을 기념하여 출간됨이 전혀 낯설지 않을 것입니다.

단순히 시대의 흐름에 부합하려고 하기보다는 시대의 흐름을 읽어 내어 적응과 저항의 긴장을 늦추지 말아야 할 참된 영성을 추구하는 모든 사람에게 이 논문집을 적극 추천합니다.

│ 책을 펴내며 │

오늘 이 시대에는 지성으로만 만족할 수 없습니다. 지금은 고인이 된 이어령 교수는 우리 시대의 선각자로 불립니다. 그는 한 시대 최고의 지성인으로 존경받으며 재물과 명성까지 얻었습니다. 그런 그는 지성의 세계에서 영성의 세계로 새롭게 태어남을 체험하고 지성에서 영성으로 방향을 전환한 사람입니다. 지성은 영성이 전제되지 않고는 완벽할 수 없고, 참다운 진리는 영성에 근거할 때만 생명력이 흘러넘친다는 걸 깨달았던 것입니다.

이 시대에는 많은 사람이 영성을 추구합니다. 지성이 이뤄낼 수 있는 것에 한계를 느꼈기 때문입니다. 잘 알고 있듯이 계몽주의가 300년 이상 인류의 삶을 지배해왔습니다. 그 덕분에 과학과 기술이 발전했고 경제적인 풍요도 누렸습니다. 그러나 지성을 신봉한 계몽주의는 인류에게 행복을 주지는 못했습니다. 오히려 인간의 욕망을 부추기고 무한경쟁으로 내몰았습니다. 인간은 기계화되고 외로워졌습니다. 만능 해결책이 되리라고 생각했던 지성은 힘을 쓰지 못하고, 세상은 오히려 더욱 복잡해지고 모호하게 되었습니다. 그래서 사람들은 오늘날을 일컬어 뷰카(VUCA) 시대라고 부릅니다. 급변하고(Volatile) 불확실하고(Uncertain) 복잡하고(Complex) 애매한(Ambiguous) 시대를 의미하는 첫 글자를 따서 붙인 이름입니다.

이러한 시점에서 이 논문집을 출간하게 되어 매우 기쁩니다. 이 논문집에는 열세 명의 학자가 참여했습니다. 각각 전공은 다르지만 '영성'을 주제로 각기 다른 관점에서 영성에 접근했습니다. 특별히 디지털 혁명 시대를 살아가면서 어떻게 하면 영성을 훼손하지 않고 영성 훈련을 더 풍성히 할 수 있을 것인가에 대한 관심을 두고 이 연구 프로젝트를 진행했습니다. 한국교회와 미주 이민교회 그리고 세계 교회에 크게 이바지하리라 믿습니다.

특별히 올해(2023년)는 월드미션대학교의 설립자인 고(故) 임동선 목사의 탄생 100주년이 되는 해이기도 합니다. 임동선 목사는 미주 한인 교회가 낳은 세계적인 목회자요, 선교 실천가요, 교육가입니다. 임동선 목사의 삶을 기리면서 '임동선 목사 탄생 100주년 기념 논문집'으로 이 책을 출간할 수 있어 감사할 따름입니다. 이 논문집의 출간으로 임동선 목사의 영성과 사역이 더욱 기억되고 계승되기를 바라는 마음입니다.

이 연구 프로젝트가 가능할 수 있었던 것은 미국 인디애나폴리스에 있는 릴리 재단(Lilly Endowment Inc.)의 도움 덕분입니다. 코로나19 이후 경제적으로 어려워진 미국과 캐나다 지역의 교회들과 신학교들에게 펀드를 제공하여 고비를 넘길 수 있도록 도전을 주었기 때문입니다. 릴리 재단에게 깊은 감사를 드립니다.

장 칼뱅이 쓴 『기독교 강요』의 부제는 "경건의 개요"입니다. 칼뱅은 이 책을 기독교의 핵심 진리를 교리화하려고 쓴 것이 아닙니다. 어떻게 하면 경건한 삶을 살 할 수 있을까 하는 성도들의 궁금증을 풀어주고자 썼습니다. 이 논문집 역시 영성에 대한 이론서라기보다는 어떻게 하면 신자들이 삶으로 영성을 품어낼 수 있게 할까 하는 생각으로 집필하고 엮었습니다. 이 논문집이 영적으로 혼란스러운 이 시대에 진정한 영성 추구를 위한 길라잡이가 되기를 소망합니다.

집필에 참여해주신 열세 분의 학자가 자신들의 전공 분야에서 아주 훌륭한 논문을 써주신 것에 대해서 감사한 마음을 표합니다. 또한 이 논문집의 추천사를 써주신 장로회신학대학교 김용운 총장님과 PCM (Preaching Coaching Ministry) 공동대표이신 노진준 목사님의 격려와 사랑에 깊은 감사를 드립니다. 그리고 논문집이 세상에 나올 수 있도록 정성을 쏟아주신 도서출판 동연 대표 김영호 장로님과 편집위원들에게도 감사의 마음을 전합니다.

임성진 월드미션대학교 총장

| 머리말 |

오늘을 사는 인간들은 불안하다. 욕망을 따라 행복을 추구하지만 평안과 만족을 누리지 못한다. 아니, 행복을 추구하면 추구할수록 더 불행하다. 이 세상에서 만족할 수 없으니 초월적인 세계에 관심을 갖는다. 사람들은 이 초월적인 세계를 영성의 세계라고 짐작한다. 삶의 목적과 방향을 잃고 방황을 하다가 결국 영성을 추구하면서 떠돌고 있다. 그래서 그런지, 지금은 영성에 대한 탐구가 메가트렌드가 되었다. 한동안 서점에서 가장 인기 있는 책들이 자기계발서였는데, 이제는 명상이나 기도, 영성에 대한 책들이 더 인기를 끌고 있다.

사람들이 영성에 대한 관심을 많이 기울이는 것을 긍정적으로만 볼 수 있을까? 보이는 세계에만 관심을 갖던 사람들이 보이지 않는 세계에 관심을 갖게 되었다는 것은 긍정적이다. 그러나 동시에 위험성도 있다. 영성에 대한 오해와 왜곡에 대한 위험성을 말하는 것이다. 여러 종교(유대교, 불교, 힌두교, 이슬람 등)의 영성은 자신들의 종교적인 신념에 따라 종교화된 경향이 짙다. 일반 사람들도 명상이나 요가에 관심이 많고, 영성 캠프나 영적 지도자를 찾아 목마름을 채우고자 한다. 기업들은 소비자 영혼에 호소하는 영성 마케팅 전략을 세우고 있다.

이런 상황에서 기독교인에게 '영성'이라는 주제는 매우 책임감이 있고 무겁다. 기독교의 영성은 생명과 관련이 있기 때문이다. 하나님이 인간을 창조하실 때, 땅의 흙으로 사람을 지으시고 그 코에 '생기'(니쉬마트 하이임)를 불어넣으시니 사람이 생명체(네페쉬 하야)가 되었다(창 2:7). 인간의 숨과 생명의 근원은 하나님이시다는 말이다. 즉 인간의 존재는 성령께 달려 있다.

기독교의 영성은 또한 하나님의 형상과 관련이 있다(창 1:27). 인류는 본래 하나님의 형상으로 창조되었다(Formed). 그러나 출생하는 순간부터 여러 다른 세력이 인간의 영혼에 다른 형상을 새겨놓기 시작하여 하나님의 형상을 왜곡했다(Deformed). 그리고 인간은 창조된 본연의 형상대로 회복되기를 추구한다(Reformed). 이렇게 하나님의 형상으로 회복되는 과정을 '영성 형성'(Spiritual Formation)이라고 말할 수있다. 이 논문집의 전체 주제가 바로 이 '영성 형성'이다.

이 논문집이 탄생하기까지는 미국 인디애나폴리스에 본부를 두고 있는 릴리 재단(Lilly Endowment Inc.)의 선한 동기가 큰 역할을 했다. 코로나19의 여파로 미국과 캐나다에 있는 교회들과 신학교들이 경제적으로 어려움을 겪고 있을 때 릴리 재단은 희생적 결단을 했다. 미국과 캐나다에 있는 북미신학교협회(Association of Theological Schools, ATS)의 인가를 받은 학교들을 대상으로 이 위기를 극복할 수 있는 프로젝트를 제안했다. 프로젝트 이름은 "Pathways for Tomorrow Initiative"이다. 모두가 한숨만 쉬고 걱정하고 있을 때, 릴리 재단은 막대한 재정을 헌납하여 이 위기를 돌파하도록 신학교들에게 도전했다. 각 학교들은 제안서를 제출했고 채택된 학교들이 릴리 프로젝트에 참여하게 되었다. 월드미션대학교는 SFP(Spiritual Formation Program)를 제안하여 선발되었고, 5년 동안 1백만 불의 프로젝트 기금을 받게 되었다.

월드미션대학교는 SFP를 실행하는 첫 해에 영성 연구 프로젝트를 실시했다. 다양한 전공을 가진 13명의 학자가 '영성'이라는 주제로 논문을 집필했다. 이 논문집은 두 권의 시리즈로 출판하게 되었다. 시리즈 1에서는 "오늘 우리에게, 영성이란 무엇인가"라는 주제로 기독교적인 영성의 본질을 추구하고자 했다. 시리즈 2에서는 "영성, 어떻게 가르칠 것인가"라는 주제로 논문집을 구성했다. 이 논문집의 주요 독자층이 학자들과 신학생들 그리고 지역교회 목회 지도자들일 것이기에 '가르침'의 차원에서도 기여가 되기를 바라고 있다. 이번 논문집이 지향하는 영성의 방향은 다음과 같음을 밝혀둔다.

1. 영성을 전인적이고 통합적으로 이해한다. 영성은 내면의 세계뿐만 아니라, 몸, 사회, 생태계, 세속적인 삶을 외면하지 않는다. 그리고 타자와의 관계성을 중요시한다.
2. 교파적 영성에 머물지 않고 기독교 전통 속에서 내려온 영성의 풍부한 유산들을 소홀히 하지 않는다.
3. 영성을 추구함에 있어서 일상의 삶의 경험을 중요시한다. 신비적이거나 특별한 체험보다는 보통 사람들이 일상에서 경험할 수 있는 삶의 방식에 더 관심을 기울인다.
4. 영성을 추구할 때에 자기 초월의 관점을 바탕으로 그리스도의

형상을 닮은 온전한 인간으로 가는 과정과 훈련을 중요시한다. 인간은 하나님의 영과 교통할 수 있다는 측면에서 자기 초월적 역량을 지니고 있다.

5. 디지털 혁명 시대에 기술과 영성이 분리될 수 없다는 점을 인식한다. 디지털 기술이 영성에 대한 새로운 접근과 영성 훈련을 위한 새로운 지평을 열 수 있는 가능성이 많다는 것을 인정한다.

파커 팔머(Parker Palmer)는 그의 책『가르침과 배움의 영성』이라는 책에서 다음과 같은 이야기를 소개한다.

몇몇 형제가 아바 펠릭스(Abba Felix)를 찾아가서 말씀을 해달라고 간청했다. 그러나 노인은 침묵을 지킬 뿐이었다. 하지만 그들이 오랫동안 간청하자 그는 그들에게 입을 열었다. "말씀을 듣고자 하는가?" 그들이 대답했다. "아바시여, 그렇습니다." 그러자 노인은 말했다. "그러나 오늘날에는 더 이상 말씀이 없다네. 사람들이 노인들을 찾아가 말씀을 청하고 또 자신이 들은 말을 실천했던 때에는, 하나님은 노인들에게 할 말씀들을 주셨지. 그러나 요즘 사람들은 말씀을 청하고서도 들은 것을 행하지 않기에, 하나님은 노인들로부터 말씀의 은총을 거두어들이셨네. 그래서 이제 그들은 해줄 아무런 말씀을 갖지 못하게 되었지. 더 이상 그들의 말을 실천하는 사람들이 없기 때문이라네." 이 말을 들은 형제들은 탄식하며 말했다. "아바시여, 우리를 위해 기도해주소서."(파커 팔머, 『가르침과 배움의 영성』, 71-72.)

오늘날 기독인이라고 자처하는 사람들이 말씀을 열심히 찾고 있다.

설교도 많이 듣고, 찬양도 많이 하고, Q.T.도 열심히 한다. 그런데 놀랍게도 오늘 우리는 아바 펠릭스가 지적한 대로 하나님의 말씀을 듣지 못한다. 아니 하나님께서 말씀하지 않으신다. 이유는 말씀을 하셔도 사람들이 행하지 않기 때문이다. 사람들이 말씀을 찾아 사막으로 현자를 찾아가도 하나님은 침묵하신다.

슬프게도 수많은 설교와 집회와 매일의 말씀 묵상 속에서 자신이 들었다고 하는 하나님의 말씀은 정작 하나님의 말씀이 아닐 수도 있다. 하나님은 침묵하고 계시는데 어떻게 자신이 하나님의 음성을 들었다고 말할 수 있는가? 자기 믿음에서 나온 것인가? 착각에서 나온 것인가? 무슨 근거로 말하는 것인가? 우리가 하나님의 말씀을 제대로 들었다고 확인할 수 있는 유일한 근거는 행함이다. 하나님의 말씀을 진짜 들었다면 우리는 행할 수밖에 없다. '나의 모든 것'이라고 고백하는 '그'분이 말씀하시는데 어떻게 행하지 않을 수 있는가?

하나님은 사랑의 하나님이시다. 행하시는 하나님이시다. 결국 우리가 추구해야 할 영성의 방향은 사랑을 실천하는 삶이어야 할 것이다. 결국 영성은 사랑으로 완성된다. 사랑을 실천할 때 말씀의 진리를 더욱 깨달을 수 있다. 그래서 아브라함 헤셸(Abraham J. Heschel)은 "사랑 안에 있지 않고는 진리를 발견하기란 불가능하다"라고 했고, 성 그레고리(Saint Gregory)는 "더 많이 사랑할수록 더 많이 알게 된다"라고 했다.

이 논문집에 참여한 저자들은 이론적인데서 머물기를 원하지 않았다. 모두가 다 실천적인 대안을 제시하려고 노력을 했다. 각각의 논문에는 저자들이 어떻게 하면 영성을 더욱 실천할 수 있을지에 대한 고민과 제안과 과제들을 제시한 것을 볼 수 있다. 물론, 훨씬 더 많은 부분을 독자들과 더불어 함께 해결해야 할 공동의 과제로 남겨놓기는 했지만 말이다.

이 논문집을 발간하면서 월드미션대학교의 설립자인 고 임동선 목사를 기억하게 되었다. 그는 미주 한인 사회가 기억하는 영성적 삶을 가장 잘 실천한 사람 중 한 사람이었다. 임동선 목사는 자신을 죽이며 자기희생과 헌신의 십자가 정신을 가장 잘 구현한 신앙인이었다. 그는 아버지와 같은 목회자, 사도적 선교 실천가, 시대를 분별할 줄 알았던 선지자적 교육가였다. 이 논문집이 임동선 목사 탄생 100주년 기념 논문집으로 발간되어 참으로 기쁘다.

이 논문집을 발간하면서 우리의 바람이 있다면 이 논문집이 사람들에게 사랑을 실천하도록 하는 자극제가 되었으면 좋겠다. 이 논문집으로 인하여, 진정한 말씀이 들려지지 않는 시대에 말씀의 단비가 생수처럼 내려지기를 바란다. 아바 펠릭스가 지적한 이 시대의 슬픈 현상을 직시하면서, '아바시여, 우리를 불쌍히 여기소서'라고 기도하는 마음으로 이 논문집을 세상에 내어놓는다.

남종성 월드미선대학교 학부 학장, 아시안-아메리칸 영성센터 원장

| 차례

삶의 예배를 통한 일상의 영성 회복 | 가진수

하나님의 선교(*missio Dei*) 관점에서 바라본
한국 신학교의 영성 프로그램 | 정승현

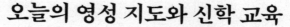

오늘의 영성 지도와 신학 교육

— 제4차 산업혁명 시대의 관점에서

오방식 장로회신학대학교 영성신학 교수

I. 들어가는 말

영성 지도는 기독교의 전통 안에서 그리스도인의 영적 성장에 초점을 맞추어 돕는 사역으로 시대와 장소, 교회 전통에 따라 다양한 형태로 이루어져왔다. 영성 지도는 주로 일대일로 진행되며, 집단과 그룹으로도 이루어진다. 영성 지도가 어떤 형태로 진행되든지 그것의 전통적인 목표는 한 그리스도인이 자신의 삶 안에서 하나님의 부르심을 인식하고 응답하며 하나님과 친밀한 관계를 형성하여 그 관계에 바탕을 둔 삶을 통해 고유한 자기를 실현해나갈 수 있도록 돕는 데 있다.

이 글의 목적은 4차 산업혁명 시대에 기독교 영성 지도가 어떻게 이루어져야 하며 디지털 시대를 살고 있는 현대인의 영성 생활에 영성 지도가 주는 의의를 고찰하는 데 있다. 이에 본 연구는 디지털 시대의 과학 기술의 발달과 성취 그리고 새로운 시대의 가치와 정신을 인류

의식의 발달뿐만 아니라 그리스도인의 영적 성숙을 위한 하나님의 초대로 이해하여 이 모든 것을 통해 그리스도인들이 하나님께 더 가까이 나아가는 영성 지도를 어떻게 실행해나갈 수 있을 것인지 탐구한다. 나아가 디지털 시대에 그리스도인들이 삶 안에서의 하나님의 현존과 활동을 성찰하여 어떻게 그것을 영성 지도로 가져올 것인지를 모색할 것이다. 또한 방법론적으로는 과학 기술을 사용하여 그리스도를 묵상하는 실천적인 문제와 디지털 매체와 그 기술을 활용한 개인 혹은 그룹 영성 지도의 실제 부분을 고려할 것이다.

이 글의 전개를 위해 첫째, 기독교 전통의 영성 지도가 어떤 것인지를 간략히―기독교 영성 지도에 대한 일반적인 이해로 정의와 목적, 대담(내용), 과정과 방법―제시할 것이다. 둘째, 4차 산업혁명 시대의 특징으로 초연결, 초지능, 초융합, 초개인화를 고려하며 현대 영성 지도가 어떻게 이뤄져야 할지에 대해 논할 것이다. 여기서 4차 산업혁명 시대의 영성 지도에 대한 새로운 이해를 구성하여 제시하고, 이러한 새로운 지평의 영성 지도를 위해 기본적인 영성 훈련은 어떻게 이뤄져야 할지에 대해 논할 것이다. 아울러 영성 지도에 대한 새로운 이해와 방법론에 기초하여 4차 산업혁명 시대의 정신과 도전을 고려한 영성 지도가 신학대학교 상황에서 실제로 어떻게 펼쳐질 수 있는지 장로회신학대학 경건 훈련 프로그램을 중심으로 조명할 것이다. 이상을 기반으로 최종적으로 4차 산업혁명 시대의 영성 지도가 새로운 시대의 신학 교육에 줄 수 있는 기여와 도전을 탐구할 것이다.

II. 영성 지도란 무엇인가?

1. 영성 지도에 대한 이해

1) 영성 지도의 목적

영성 지도는 한 그리스도인(영성 지도자)이 다른 그리스도인(피지도자)을 영적으로 성장(하나님과의 관계 발전)할 수 있도록 동반하며 돕는 사역이다. 성령 하나님은 각자를 삼위일체 하나님과 친밀한 관계로 초대하는데, 영성 지도는 "어떤 개인으로 하여금 하나님께서 개인적으로 의사 전달하시는 것에 주의를 기울이고 이렇게 의사 전달하시는 하나님께 응답하며 하나님과의 친교를 깊게 하고, 그 관계에 바탕을 둔 삶을 살아가도록 한 사람이(지도자) 다른 사람에게(피지도자) 베푸는 도움이다."[1] 즉 영성 지도는 피지도자로 하여금 하나님의 현존과 활동의 신비를 깨닫고 거기에 잘 응답할 수 있도록 지원하여,[2] 하나님과의 개인적인 관계를 의식적으로 발전시켜나가도록 돕는 사역이다.

엘리자베스 리버트는 기독교의 신학과 영성 전통들이 영적 성장을 "복음화", "성화", "하나님과의 관계 발전" 그리고 "거룩함의 추구" 같은 용어와 개념으로 표현해왔음을 지적한다.[3] 이러한 표현들은 영적 성

---

1 William A. Barry and William J. Connolly, 『영적 지도의 실제』(*The Practice of Spiritual Direction*), 김창제, 김선숙 옮김(왜관: 분도출판사, 2014), 20.
2 James Neafsey, "하나님에 대한 인간의 경험," 『영적 지도와 영적 여정』(*Sacred Is the Call: Formation and Transformation in Spiritual Direction Programs*), ed. Suzanne M. Buckley, 권희순 옮김(서울: 은성, 2008), 26.
3 Elizabeth Libert, 『변화하는 삶의 패턴: 영성지도와 성인발달론』(*Changing Life Pat-*

장을 하나님과의 관계 발전과 하나님과의 관계 안에서 자기 존재의 변화를 추구하는 것으로만 제한한다. 즉 기도와 묵상을 포함한 영성 수련과 전통적인 영성 지도의 관심은 주로 하나님과의 수직적인 관계 발전에 초점이 맞추어져 있었다. 리버트는 하나님과의 수직적인 관계 발전을 목표로 하는 이러한 전통적인 구분들은 개인적(사적)이고 분리주의적인 영성을 초래했다고 비판한다. 그리하여 그녀는 진정한 영적 성장이 이루어지기 위해서는 하나님과의 수직적인 관계라는 하나의 지평만이 아니라 삶의 전 차원을 포함하는 더욱더 넓은 차원의 삶의 지평들이 필요하다고 여겼다. 즉 이제는 영적 성장을 이해할 때 몸/영, 성/속, 사고/감정, 기도/행위, 개인/공동체, 여성/남성 그리고 인류/다른 피조물 등의 양극 사이에 작용하는 역동적 상호작용을 유지하면서 이원론적 태도를 극복해야 한다고 주장한 것이다.

리버트는 이러한 자신의 견해를 반영하여 낸시 윈즈와 함께 영성 지도에서 다루는 인간 경험의 원을 사분원적인 네 개의 영역으로 제시한다.4 리버트의 경험의 넓이를 구성하는 네 가지 영역은 첫 번째 내면적 영역, 두 번째 상호 관계적 영역, 세 번째 조직/구조 영역, 네 번째 자연환경의 영역 즉 우주와의 관계 영역이다. 이 네 영역에서 영적 경험을 한다는 것은 하나의 분리된 영역의 경험이 아니라 동시에 네 영역을 경험하는 하나의 경험이다. 예를 들자면, 어떤 사람을 만날 때 개인은

---

terns: Adult Development in Spiritual Direction), 최상미 옮김(서울: 에스오에피치, 2015), 40.

4 Elizabeth Libert, "수퍼비전, 지평을 넓히기,"『영성 지도자들을 위한 수퍼비전』(Supervision of Spiritual Directors: engaging in holy mystery), ed. Mary Rose Bumpus and Rebecca Bradburn, 이강학 옮김(서울: 좋은씨앗, 2017), 275-83; Elizabeth Libert, 『영적 분별의 길: 하나님과 함께 믿음의 결정 내리기』(The Way of Discernment), 이강학 옮김(서울: 좋은씨앗, 2012), 116-18.

상대방의 인격을 경험할 뿐만 아니라 하나님을 경험하고 동시에 자신을 경험하게 된다. 즉 하나의 경험 안에서 자아의 심층을 경험하는 것과 이웃의 근본적인 타자성을 경험하는 것이 동시에 일어나며, 어떤 경우는 하나의 경험 안에서 자기 경험, 타자 경험, 하나님 경험이 동시에 일어난다는 것이다. 리버트에 따르면, 이 경험은 서로 점령하지도 붕괴되어 다른 행위자 속으로 들어가버리지도 않으며, 오히려 상호 의존과 영향이라는 삼위일체적 춤에 참여한다.

더 나아가 제임스 니프시는 "하나님을 어디서 발견하는가?"를 물으면서 하나님에 대한 인간 경험의 범주(the circle of life)를 더 상세히 나누어 8개의 영역—몸과 마음, 정신과 사회, 일과 관계성, 자연과 신화/종교의식—을 가진 원으로 제시한다.[5] 이 8개의 영역은 풍부하고 복합적인 방식으로 서로 짜여 있다. 원의 중앙의 별은 인간 영혼의 핵심을 상징하며, 중앙과 주변 양쪽을 화살표로 연결하여 인간 영혼의 핵심과 평범한 인간 경험을 압축하는 8개 영역 사이의 역동적 관계를 보여준다.

니프시는 8개의 모든 영역에서 하나님이 활동하시며 인간의 경험 가운데 인간과 하나님 사이에 관계를 맺는 두 개의 완전히 다른 방식이 존재한다는 것을 역설한다.[6] 첫 번째 방식은 자아를 확정하는 경향과 사물 사이의 계산적이고 지배적인 관계에 사로잡혀 신비에 눈이 멀어 있는 삶의 방식이다. 이것은 인간 경험의 깊은 곳에서 흐르는 영혼의 미세한 흐름을 인식하지 못하고, 거기에 반응하지 못한 채 삶의 표면에 고착되어 살아가는 삶이다. 두 번째 방식은 관상적 자각에 뿌리를 두고

---

5 Neafsey, "하나님에 대한 인간의 경험," 『영적 지도와 영적 여정』, 27-30.
6 Ibid., 28-29.

다른 사람이나 사물이 그들의 고유성을 바탕으로 자유로이 누구 혹은 무엇이 되도록 하는 신비를 인식하고, 그 신비에 마음을 열고 살아가는 삶의 방식이다. 이것은 자아를 보호하며 자기 진보에만 몰두하는 삶이 아니라 "하나님을 위하여 여기에" 있는 삶으로, 인간 경험의 깊은 곳에 내주하시는 하나님의 현존을 본능적으로 인식하는 삶이다.

니프시의 관점에 따르면 첫 번째에서 두 번째 방식으로 넘어가는 것이 깨어나는 것이며, 깨어남을 통해 영적으로 전환되는 삶을 돕는 것이 영성 지도다. 니프시는 이 과정에서 영적 지도자의 역할이란 피지도자로 하여금 일상의 삶과 모든 인간 경험 안에서 더 깊은 깨달음과 친밀함으로 초대하는 하나님의 현존을 인식하도록 일깨우며 이 영적 알아차림의 여정에 동반하는 것이라고 한다.[7]

이런 맥락에서 영성 지도는 기도와 묵상을 포함한 소위 종교적인 활동 안에서 경험하는 하나님과의 수직적인 관계만 다루는 것이 아니라, 인간 삶의 모든 활동 안에서 주어지는 체험에서 그것의 심층적인 의미를 찾는 것이다. 하나님은 인간 삶의 전 영역에 현존하심으로 인간의 모든 경험 안에서 하나님의 신비를 볼 수 있다는 것을 기억하며, 의미 있게 다가온 삶의 경험이 무엇인지를 식별하고, 그것을 통해 깨닫게 되는 하나님의 현존과 활동의 신비에 응답하며 하나님과 더 깊은 사랑의 일치를 향해 나갈 수 있도록 도움을 얻고자 하는 것이 영성 지도의 목적이다.

---

7 *Ibid.*, 29-30.

2) 영성 지도의 내용과 초점

영성 지도에서 면담의 내용(contents)은 피지도자의 기도와 일상의 삶에서의 체험 그리고 그것을 체험한 통찰이나 느낌, 내면의 움직임 등이다. '체험'을 반추한 후에 영성 지도에 가지고 와서 지도자와 주고받는 이야기와 식별하는 과정을 통해 피지도자의 하나님과의 개인적인 관계가 성장하여 그 관계에 바탕을 둔 삶을 살아가도록 돕는 것이 영성 지도의 기본 목표다.

영성 지도에서 피지도자의 '체험'을 다루는 데에 구체적인 면담 내용은 영성 지도와 피지도자에 따라 각기 다르게 설정할 수 있다. 리버트와 니프시가 위에서 주장한 것처럼 인간 경험의 원은 넓기에 피지도자는 자신에게 의미 있는 경험을 찾아내어 반추하고 영성 지도를 받으면서 그 경험의 깊이를 더하여 관계의 발전과 영적 성숙을 향해 나갈 수 있게 된다.

영성 지도에서 가장 일반적인 면담 자료는 '기도의 체험'과 '일상의 삶에서의 체험'이며 피정이나 일정 기간(3일, 8일, 30일, 40일, 9개월) 동안의 훈련의 일환으로 하는 영적 지도에서는 주로 성서를 사용한다. 이를 위해 피지도자는 복음서에 기초하여 성육신하신 예수 그리스도의 생애, 인격과 사역 그리고 그분의 가르침을 묵상하며 그 말씀 속에 머물러 주어지는 말씀을 듣고, 응답하는 주님과의 교제 시간을 충분히 가져야 한다. 본문 속 "예수의 사건이 기도자의 상황에서 개별적이고 경험적인 사건이 되며 기도자는 사도적인 부르심에 응답하면서 그리스도 예수와 인격적인 일치를 이루고"[8] 성서 본문의 현실과 기도자의 현실이 만나면서 예수 그리스도와의 관계, 자신의 정체성, 또는 사명의 문제를 새롭게 경험하게 된다. 기도 후에는 기도 안에서의 의미 있는 체험을─그것이 어떤 것이든─반드시 반추하여 노트에 적고 영성 지도에 가져온다.

일상에서 마주한 의미가 있는 삶의 경험이나 은총의 사건, 어려움(장애물)과 그것들을 통해 깨달은 통찰을 중심으로 면담을 할 수도 있다. 다양한 방법으로 일상의 삶의 경험을 소재로 명상이나 기도, 혹은 성찰을 한 후에 그것을 반추하고 정리하여 영적 지도로 가지고 오는 것이다. 또는 신앙이나 영적 여정에서 다루어야 할 중요한 주제들, 예를 들면, 하나님의 사랑, 정체성, 소명 등이나 근본적인 질문을 면담의 내용으로 삼을 수도 있다.[9] 어떤 경우에는 꿈[10]을 면담 자료로 사용할 수 있다. 삶의 전 영역에 하나님이 현존하시므로 면담 내용을 제한하기보다 오히려 세상의 활동 속에서 하나님을 주목하는 가운데 경험한 것에 초점을 두고 무엇을 다룬다는 것을 분명히 하는 것이 중요할 것이다.

이처럼 영성 지도에서 면담 자료는 다양할 수 있지만, 실제적인 피정이나 영성 지도의 상황에서는 기도 경험을 면담 자료로 영성 지도가 이뤄지는 경우가 많다. 그렇기에 기도 자료에만 주목하는 영성 지도 방법에 대해 부정적인 시각을 가진 사람들이 있다. 그들은 리버트나

---

8 유해룡, "기독교 영성 지도의 고유한 특성과 과정," 『영혼의 친구』, 권혁일 편(서울: 키아츠, 2018), 75.

9 헨리 나우웬은 영성 지도를 두 사람이 함께 근본적인 질문에 직면하여 동행하는 것이라 정의한다. Henri Nouwen, 『영성 수업』(*Spiritual Direction*), 윤종석 옮김(서울: 두란노, 2007).

10 영성 지도에서 꿈을 다루는 경우는 가끔 있으나, 무념적인 기도 수련에서는 꿈이 면담 자료가 되는 경우가 매우 흔하다. 그 이유는 영혼의 기능들을 적극적으로 활용하는 기도들이 줄어들었기 때문에 무의식에 있는 것들이 쉽게 올라오고, 그것들이 잠을 자는 동안 꿈으로도 나타나는 것을 경험하기 때문이다.

니프시가 지적한 것처럼 인간 경험의 원이 넓고 하나님은 삶의 전 영역과 자연, 우주, 인류의 전 역사 가운데 현존하시기 때문에 기도의 체험에만 주목하게 되면 하나님의 존재와 활동 영역을 축소하게 된다고 비판한다. 필자는 그들의 신학적 입장과 주장에는 기본적으로 동의하지만, 영성 지도에서 기도 체험에 집중한다는 것이 오직 하나님과의 수직적인 관계에만 주목하여 삶과 유리된 경험을 다루는 것은 아니라고 생각한다. 기도와 말씀 묵상 가운데 삶의 모든 문제가 포함되어 있고, 성경 말씀 묵상은 말씀의 현실과 오늘 기도자의 현실이 만나는 접점에서 이뤄지는 것이기 때문이다. 그러므로 기도 체험을 다루는 것은 기도자의 전 삶에서 하나님을 만나는 것과 긴밀하게 연결되는 것이며, 이 두 가지 다른 영성 지도 방식이나 접근은 서로 모순되지 않는다.

3) 영성 지도의 과정(process)

영성 지도는 영성 지도자와 피지도자 그리고 성령 하나님이 함께하는 삼중의 관계 안에서 이뤄진다.[11] 영성 지도에서 가장 중요한 관계는 피지도자와 하나님과의 관계로, 영성 지도의 근본적인 목표는 피지도자와 하나님과의 관계 증진에 있다. 지도자는 피지도자로 하여금 끊임없이 하나님을 주목하고 그분과의 관계에 초점을 맞추도록 하며 그분과의 관계 안에서의 의미 있는 삶의 체험을 영성 지도에 가져오도록

---

11 Allice McDowell, "The Three Dimensions of Spiritual Direction," *Review for Religious* 40(1981): 391-402. 이 논문은 David L. Fleming에 의해 *The Christian Ministry of Spiritual Direction: The Best of the Review*-3(St. Louis: Review for Religious, 1988), 95-105로 재출판됨.

한다. 그런데 이 체험은 일회적인 사건이 아니라 일상생활에서 지속적으로 하나님과 맺는 개인적 관계를 의미한다.[12] 즉 영성 지도자는 하나님과의 관계적 차원에서 피지도자로 하여금 삶과 자신을 해석하게 해주고 관계가 깊어지도록 안내해주면서 영성 지도가 이루어질 수 있게 한다. 이것은 일상생활에서 일어나는 다양한 삶의 경험들을 신앙 체험으로 승화해가면서 영성 지도를 이끌어간다는 의미다.[13]

월리엄 베리는 신앙 체험과 영성 지도와의 관계를 음식 재료와 요리의 관계로 설명한다.[14] 이것은 음식 재료가 없으면 요리를 할 수 없듯이 신앙 체험이라는 재료가 없이는 영성 지도도 불가능하다는 것을 강조하며, 영성 지도는 개념으로 하는 것이 아니라 체험으로 한다는 것을 의미한다. 요리사는 음식을 만들 때, 많은 음식 재료를 가지고 어떤 요리를 만들 것인지를 구상해서 만들며, 한 가지 재료를 가지고도 수많은 음식을 만들어낸다. 영성 지도도 이와 유사한데 피지도자는 자신이 경험한 영적 체험(삶의 경험)들을 반추하여 그 경험들 안에서 하나님의 현존과 활동의 신비를 주목하고 하나님과의 관계 발전 또는 영적 성장을 위해 필요하다고 여겨지는 체험을 영성 지도자에게 가져온다. 이렇게 피지도자는 요리사가 자신이 원하는 요리를 만들 듯이 자신의 체험을 돌아보고 명료화하면서 자신만의 고유한 믿음의 여정을 창조할 수 있게 된다. 머튼에 따르면, "우리의 소명은 단순히 '있는 것'만이 아니고 하나님과 함께 우리의 생명, 우리의 정체성, 우리의 운명을 창조하는 일인 것이다."[15] 하나님의 뜻을 찾고 발견하려는 자세로 삶을 통해 경

---

12 Barry and Connolly, 『영적 지도의 실제』, 20.
13 유해룡, "기독교 영성지도의 고유한 특성과 과정," 『영혼의 친구』, 69.
14 Barry and Connolly, 『영적 지도의 실제』, 20.

험한 영적 경험을 돌아보며 자신의 체험을 다른 이에게 말하고자 할
때, 피지도자는 자신의 믿음의 진보나 하나님과의 관계에 도움이 되는
이야기들을 찾아내어 이것을 한 이야기의 형태로 전달하고 이런 과정
을 통해 자신의 믿음의 이야기를 만들어갈 수 있게 된다. 피지도자는
영성 지도를 받는 경험을 통해 자신의 체험을 명료화하고 그것을 축하
하며 하나님과의 관계를 깊게 하고 자신의 고유한 여정을 만들어가는
것이다. 이것은 전적으로 성령의 일이며, 성령의 인도를 따라 지도자
와의 공동 식별과 함께 피지도자가 해내는 일이다.

   숀 맥카티는 영성 지도에서 일어나는 11가지 과정에 대하여 다음과
같이 서술한다.16 (1) 마음으로 듣고(listening) (2) 긍정하며 장점을
확인해주고(affirmation) (3) 성장해야 할 부분에 대해서 직면하게 하
고(confrontation) (4) 성장과 변화를 위한 구체적인 목적을 세우도록
격려하고(accountability) (5) 피지도자의 이야기 속에서 종교적인 영
역을 분명히 해주고(clarification) (6) 성장해야 할 부분에서 차이가
있다면 그것을 가르쳐주고(teaching) (7) 통전이 되지 않는 삶의 부분
을 통전할 수 있도록 도와주고(integration) (8) 상담과 영성 지도는
다른 것이지만, 이 영성 지도 과정에서 필요한 문제를 해결할 수 있도
록 도와주고(counseling) (9) 사막의 경험 속에서 순례자의 길을 걸어
갈 수 있도록 도와주고(help through the desert) (10) 진실과 좋아 보이

---

15 Thomas Merton, 『새 명상의 씨』(*New Seeds of Contemplation*), 오지영 옮김(서
   울: 가톨릭출판사, 2005), 47.
16 Shaun McCarty, "On Entering Spiritual direction," *Review for Religious* 35
   (1976): 847-67. *The Christian Ministry of Spiritual Direction: The Best of the
   Review*-3(St. Louis: Review for Religious, 1988), 212-25로 재출판됨. 영성 지
   도 과정에 대해서는 217-21에서 다룸.

는 것들(apparent goods) 사이에서 분별할 수 있도록 도와주고(dis-cernment) (11) 피지도자와 함께 그리고 그/그녀를 위해서 기도하는 것이다(prayer). 여기서 맥카티는 영성 지도에서 영성 지도자가 피지도자를 위해 어떤 것들을 해주는가의 관점에서 영성 지도에서 일어나는 것들을 상세히 소개한다.

한편, 유해룡은 영성 지도 과정의 역동과 과정을 철저히 고려하면서 영성 지도 과정에서 영성 지도자가 피지도자를 위해 무엇을 어떻게 해주어야 하는지 다음의 여섯 단계로 제시한다. 무엇을 해야 하는지 단순히 열거해준 것이 아니라, 영성 지도 과정에서 영성 지도자가 성령의 인도를 따라 영성 지도를 예술적으로 해나가는 방법에 대하여 매우 섬세하고 전문적인 통찰을 주고 있다.

(1) 피지도자의 이야기를 관상적으로 경청하기. 피지도자의 이야기를 듣는 방법은 관상적 경청(contemplative listening), 계시적 경청(revelatory listening), 환기적 경청(evocative listening), 집중적 경청(focused listening)이 있다. 관상적 경청은 기도하는 마음으로 피지도자의 이야기를 수용적이고 공감적이고 배려하는 방식으로 듣는 것이며, 계시적인 경청은 피지도자가 자신의 방식과 페이스대로 이야기할 수 있도록 개방적인 자세로 듣는 것이다. 환기적 경청은 피지도자가 자신의 내적 경험을 더 많이 더 정확하게 표현할 수 있도록 귀를 기울이는 것이며, 집중적 경청은 피지도자의 특정한 반응이나 문제점을 주목하면서 피지도자와 정서적으로 함께 느끼려고 노력하면서 듣는 것이다.

(2) 기도 내용의 명료화. 피지도자의 이야기를 들으며 그 내용을 확인하는 것으로서 기도의 전체적인 흐름과 방향, 윤곽과 핵심을 잡는

것이다.

(3) 긍정하기와 관계 발전의 조언. 유해룡은 지도자가 무엇을 긍정하고 조언해야 하는지 구체적으로 말하지 않고 지도자의 진심에서 우러나오는 말과 영성 지도자의 지도 경험에서 나오는 조언을 강조하며, 지도자의 영혼에 대한 관심과 사랑 그리고 영성 지도에 대한 열망의 중요성을 언급한다.

(4) 접촉점을 분명히 하는 피지도자와의 반복적인 대화 과정. 이것은 영성 지도시에 지도자가 직면하는 현실적인 어려움 중 가장 큰 문제로 기도 내용의 접촉점을 찾아가는 대화 과정이다. 하나님의 은총과 영혼의 반응, 이 둘의 역동적인 움직임과 은총을 따르는 것을 방해하는 장애물들이 피지도자뿐만 아니라 영성 지도시에는 지도자에게서도 작용할 수 있다.

(5) 처방. 처방은 기도의 명료화를 통해 기도 내용의 전반적인 흐름을 파악하고 적절한 말씀이나 기도의 방향에 대한 조언을 주는 것이다.

(6) 영성 지도 전체 과정에 대한 반추. 이것은 영성 지도 후에 영성 지도 전체 과정에 대한 반추 및 성찰을 하는 것이다. 피지도자의 경험과 그 내면의 움직임과 문제들 그리고 성장과 변화를 볼 뿐만 아니라, 영성 지도자의 내면의 움직임, 영성 지도 과정 중에 나타난 반작용, 그 원인과 이유, 하나님의 임재와 부재와 관련된 위안과 고독, 부자유하고 연약한 부분 그리고 영적 지도의 목적과 초점, 피지도자의 기도 내용에 집중했는지 살피며 영성 지도를 반추한다.[17]

종합해볼 때 영성 지도 과정은 피지도자가 가져온 이야기에 해답을

---

17 유해룡, "영성 지도란 무엇인가?," 『영혼의 친구』, 90-95.

주는 것도 아니고, 여러 이야기를 하나씩 정리해나가는 것도 아니다. 피지도자가 가져온 이야기를 들으며 그 안에 있는 하나의 근본적인 물음, 근본적인 열망, 하나의 주제, 즉 하나님의 자기 소통과 그것에 대한 응답을 주목하며 자기 존재의 변화와 하나님을 친밀하게 알아감 그리고 관계의 성장에 초점을 맞추어 성령의 인도를 받을 수 있도록 지도자가 피지도자와 동반하며 돕는 사역이다.

2. 제4차 산업혁명 시대와 영성 지도에 대한 요청

2016년 다보스 포럼에서 클라우스 슈밥은 현재 겪고 있는 급진적인 디지털[18] 기술의 변화 시기를 '제4차 산업혁명'이라고 주장했다.[19] 디지털 기술에 근거한 최근의 추세를 4차 산업혁명으로 규정하기보다 3차 산업혁명의 연장이라는 학자들의 주장도 있지만, 슈밥은 오늘날 인류가 삶과 일, 인간관계의 방식을 근본적으로 변화시키는 혁명을 맞이하고 있으며,[20] 4차 산업혁명이 일으키고 있는 변화의 속도, 범위

---

18 컴퓨터와 정보통신 기술 및 인터넷의 발달로 모든 정보가 아날로그에서 디지털로 전환되었고, 이로 인해 쉽고 빠른 정보 처리가 가능해지며 발생된 급진적인 변화를 디지털 혁명이라고 한다.

19 인류는 오늘날까지 세 차례의 산업혁명을 경험했는데, 제1차 산업혁명은 1760년에서 1840년경에 걸쳐 증기기관의 발명을 바탕으로 발생했고, 제2차 산업혁명은 19세기 말에서부터 20세기 초에 전기와 생산조립 라인의 출현으로 대량생산이 시작되며 일어났다. 1960년대에 컴퓨터와 반도체, 인터넷의 발달로 디지털 혁명인 제3차 산업혁명이 발생했으며, 이후 디지털 기술은 더욱 정교해지고 통합적으로 진화되었고, 유비쿼터스 모바일 인터넷, 작고 강력해진 센서, 인공지능과 머신러닝 같은 기술들이 현재 전 세계의 변화를 이끌고 있다. Klaus Schwab, 『클라우스 슈밥의 제4차 산업혁명』 (*The Fourth Industrial Revolution*), 송경진 옮김(서울: 새로운현재, 2016), 25.

20 *Ibid.*, 10.

와 깊이 그리고 시스템의 충격이 3차 산업혁명과 확연히 구별된다고 주장한다.[21]

디지털 기술의 혁신적인 발전을 기반으로 한 4차 산업혁명이 내세우는 두 가지 핵심 개념은 초지능과 초연결이다. 초지능은 인공지능[22]에 바탕을 두고 있는데, 인공지능은 딥러닝[23]이라는 과정을 거치며 스스로 인지하고 추론하며 판단할 수 있게 된다.[24]

초연결이란 2008년 가트너가 처음 사용한 용어로, 인터넷과 정보통신 기술 등에 의해 네트워크로 사람과 데이터, 사물 등 모든 것이 연결되었다는 걸 의미한다.[25] 4차 산업혁명의 초연결성을 잘 보여주는 사물인터넷[26] 기술은 이미 상용화되어 실생활에 활용되고 있으며,

---

21 *Ibid.*, 12-13.
22 인공지능이라는 말은 인간의 사고나 감정, 판단, 행동 등을 모사하는 기능이나 기계, 알고리즘을 의미하는 것으로 1940년대 튜링(Turing)이 처음 제안한 개념이다. 인공지능이라는 분야는 1956년 다트머스 대학교의 학회에서 탄생했으며 오늘날 인공지능의 경우 일반 학습 능력과 고차원의 추론 능력처럼 오직 인간만이 가지고 있다고 생각했던 인지 능력이 급격하게 향상되고 있으며 전 세계적으로 인공지능연구에 대규모 투자를 하는 대학들이 증가하고 있다. 인공지능이 사회와 지구 그리고 경제에 끼치는 거대하고 파괴적인 영향력을 인식한 글로벌 대기업들이 인공지능 파트너십을 공동 창립했는데, 이 파트너십의 목적은 "인공지능 기술의 모범 사례를 연구하고 개발하며, 인공지능에 대한 대중의 이해도를 증진하고 인공지능 기술과 그 기술이 사람과 사회에 어떤 영향을 끼치는지 광범위한 논의를 위한 오픈 플랫폼의 역할을 수행하는 것"이다. Klaus Schwab, 『클라우스 슈밥의 제4차 산업혁명: 더 넥스트』(*Shaping the Fourth Industrial Revolution*), 김민주, 이엽 옮김(서울: 새로운현재, 2018), 172-76.
23 딥러닝은 컴퓨터의 인공신경망을 기반으로 한 기계학습 기술로, 방대한 데이터를 이용해 수많은 데이터 속에서 패턴을 발견한 뒤 사물을 구분하는 정보처리 방식이다. 미래정책전략연구원, 『10년 후 4차산업혁명의 미래』(경기: 일상과이상, 2017), 121-23(전자책 150-51).
24 *Ibid.*
25 김영순, "제4차 산업혁명과 초연결사회 그리고 사물인터넷 시대," 「한국콘텐츠학회지」 17, no.3(2019): 14-19, 15.

메타버스로 대표되는 가상현실, 증강현실 기술의 발달 또한 오늘날의 초연결성을 인식하게 해준다.[27]

초연결성은 초융합의 과정으로 이끈다. 초융합이란 기존에 존재하던 여러 가지 기술이나 산업, 지식, 학문 분야 등이 결합해 이전과는 전혀 다른 새로운 영역이 출현하는 것을 의미한다.[28] 생물학과 3D 프린팅 기술의 융합으로 인간의 장기와 세포를 프린트하는 바이오프린트 기술은 4차 산업혁명의 초융합적 특징을 잘 보여주는데 이러한 초융합적 특징은 기술 영역을 넘어 다양한 학문이나 지식의 융합에서도 나타날 것으로 기대되며,[29] 각 학문의 경계가 사라지고 서로 융합되어 다차원적인 관점을 갖게 해줄 것이라 전망된다.[30]

슈밥은 4차 산업혁명의 혁신이 인류에게 미칠 영향에 대해 경제,

---

26 사물인터넷은 실물과 디지털의 연계를 가능하게 한 4차 산업혁명의 주요 기술로, 컴퓨터와 스마트폰은 물론, 가전제품과 여러 기계를 인터넷으로 연결하여 서로 상호하며 활용도를 높이는 기술이다. 스마트폰의 음성 명령으로 출입구와 엘리베이터, 난방과 세탁기 등의 가전 기기를 작동하고 냉장고에 들어갈 식재료를 주문하는 스마트홈 시스템과 기업이 생산하는 모든 상품과 화물 운반대, 컨테이너에 센서와 송신기를 부착해 분석하여 상품이 공급되는 곳의 위치와 상태를 확인하고 소비자 또한 배송 상황을 실시간으로 확인 가능한 원격 모니터링 기술 등은 사물인터넷의 활용을 잘 보여준다. Schwab, 『클라우스 슈밥의 제4차 산업혁명』, 41-42.

27 가상현실(VR)은 인공 기술을 토대로 현실과 유사한 가상의 상황을 사용자가 현실감 있게 상호작용을 체험하도록 하는 기술이고 증강현실(AR)과 혼합현실(MR)은 사용자의 실제 세계에 디지털 음향, 영상, 그래픽 층을 첨가하는 투과성 형태의 가상현실이다. 이 기술들은 경험의 사회적 비용을 낮추기 때문에 교육 분야(원거리 교육, VR 역사수업)는 물론 의료(악성 종양의 3D 스캔, 고소공포증 치료) 등 다양한 분야에서도 활용되고 있으며 방에 앉아서 세계 어디라도 여행하고 다른 대륙의 사람과 소통하는 것은 물론 우주까지도 생생하게 경험할 수 있다고 한다. Ibid., 237-43.

28 하상우, 조헌국, "초융합, 초연결, 초지능의 개념을 통해 살펴본 4차 산업혁명 시대의 물리교육," 「새물리」 72, no.4(2022. 4.): 319-28, 322.

29 Ibid.

30 양성진, "4차 산업혁명시대에 기독교 교육의 방향에 대한 고찰," 「신학과 실천」 58 (2018): 567-97, 574.

기업, 국가 및 세계, 사회, 개인 등의 5가지 항목으로 나누어 자세하게 언급한다.[31] 그는 4차 산업혁명이 각 영역에 미칠 긍정적 영향과 부정적 영향에 대해 모두 언급하며, 특별히 4차 산업혁명의 기술이 인간성의 중요한 영역인 관계성 형성에 부정적 영향을 초래할 수 있다는 것을 우려한다. 슈밥은 "우리는 언제나 연결되어 있기에 잠시 멈추어서 사색하고 기술 및 소셜 미디어의 도움 없이 실질적인 대화를 나누는 시간이라는 소중한 자산을 빼앗기고 있다"라고 경고했는데 실제로 2010년 미시건 대학교의 한 연구팀이 보고한 바에 따르면 대학생들 사이에 공감 능력이 20년 혹은 30년 전의 대학생들보다 40% 낮아졌으며 이러한 감소의 대부분은 2000년 이후에 일어난 것으로 보고 있다.[32]

과학 기술의 발달과 더불어 물질만능주의적 현실 가운데 오히려 빈부 격차, 사회 불평등, 인간 소외와 갈등이 심화하면서도 종교가 영혼들의 가장 깊은 갈망에 제대로 응답하지 못하는 상황에서 20세기 중후반부터 생겨나기 시작한 것이 영성에 대한 관심이며, 이러한 열망과 관심에 대한 응답으로 부흥한 것이 영성 지도 사역이다. 영성 지도는 이제 4차 산업혁명 시대를 맞아 현대인들의 가장 깊은 열망과 필요, 시대정신과 새로운 도전들을 복음 안에서 통합하여 새로운 지평으로 사역을 펼쳐나가야 할 중대한 과제를 안고 있다. 케네스 리치는 서방 기독교 안에서 영성 지도에 대한 관심이 증폭하게 된 역사적 배경 몇 가지를 지적한다.[33] 첫째, 제도화된 서양의 종교, 특히 기독교가 사람

---

31 Schwab, 『클라우스 슈밥의 제4차 산업혁명』, 56-167.

32 *Ibid.*, 162.

33 Kenneth Leech, *Soul Friend: Spiritual Direction in the Modern World*(London: Darton, Longman & Todd, Ltd., 1994), 1-7.

들에게 영감을 주지 못하는 것. 둘째, 과학적 객관주의와 물질만능주의적 현대 문화로 깊이 있는 삶의 차원과 초월에 대한 갈망이 깊어진 것. 셋째, 일반적인 정치적 문제 해결 방법에 대한 환멸감이 커지고 평화와 정의, 인간 해방에 대한, 진정한 인간 삶의 성취에 대한 갈망이 전 세계적으로 증가하는 것. 리치는 이런 상황 가운데 일어나는 최근의 흐름 세 가지를 든다. 첫째, 내면세계를 탐구하는 경향으로 명상, 침묵, 관상기도에 대한 관심이 생겨나 많은 현대인이 실천하는 것. 둘째, 진정한 능력, 성령에 대한 직접적인 체험, 예수님의 인격적 사랑이 필요하다는 자각. 셋째, 단순한 인도주의적 이상주의 차원이라기보다 복음의 통합적 요소로서 건강한 영적 기반을 가진 정치적 활동의 필요성이 부각 등이다.[34]

즉, 리치는 현대 사회와 교회의 영적 환경과 현상을 진단하며 제도화된 교회들이 현대인들에게 영적 깊이를 제공하지 못하고, 변화하는 세상에서 활동하는 사람들이 더욱 영적 결핍과 갈증을 느끼는 상황 가운데 새로운 목회와 영성적 돌봄이 필요하다는 사실에 주목한다. 나아가 그는 영성 지도가 필요한 이유 몇 가지를 다음과 같이 구체적으로 제시한다.[35] 첫째, 세상을 부정하며 심지어 마법을 따르기까지 하는 거짓 영성의 난무. 둘째, 편협한 기독교 근본주의의 부흥. 셋째, 반물질주의의 부흥. 넷째, 모든 강조점이 하나님이 아니라 개인의 성장에 있는 자아 계발의 부흥 등이다. 실제로 이런 현대 사회의 영적 필요에 대한 건강하고 진정한 응답으로 수도회와 영성 센터뿐만이 아니라 기독교의 모

---

34 *Ibid.*, 25.
35 Kenneth Leech, 『영성과 목회』(*Spirituality and Pastoral Care*), 최승기 옮김(서울: 한국장로교출판사, 2000), 62-67.

든 종파에 속한 신학교들이—특별히 개신교 안에서 복음주의 계열의 신학교들을 포함하여—영성 지도자 양성을 위한 프로그램을 개설하기에 이르렀다. 한 마디로 오늘의 영성 지도는 건강한 기독교 신학과 기독교 영성 전통의 가르침 아래서 행동과 기도의 통합, 전인적인 영적 건강의 회복 그리고 삶의 전 영역에서 하나님의 현존을 전제하면서 이 모든 것을 통합하며 하나님을 향하도록 하며 하나님 안에서 진정한 자기 성취를 이루고 하나님의 나라를 구현하고자 하는 방향성을 가진 사역이다.

쓰나미처럼 몰아닥치는 4차 산업혁명 시대 정신의 도전으로 영성 지도는 새롭게 하나님과의 관계, 자기 자신과의 관계, 타자와의 관계 그리고 자신의 속한 공동체와 환경과의 관계 관점에서 각각을 존중하면서 동시에 일치적인 시각에서 주어지는 경험과 그 경험을 하는 자아에 주목하며 하나님의 뜻을 찾아가도록 돕는 길을 모색해야 한다. 무엇보다도 전통적인 기독교의 영성 지도를 4차 산업혁명 시대에는 어떻게 정의하고 방법론을 제시할 수 있는지 논하는 것이 중요한 과제일 것이다.

III. 제4차 산업혁명 시대의 영적 지향과 영성 지도

이 장에서는 4차 산업혁명 시대의 특성과 도전을 고려하며, 기독교 영성 지도를 어떻게 제시할 수 있을지 논하고자 한다. 첫째, 암시적인 현존에서 명시적인 현존으로서의 영성 지도. 둘째, 자기 보존에서 자기 초월로서의 영성 지도. 셋째, 초지능에서 지혜로서의 영성 지도.

넷째, 지혜로 이끄는 초융합으로서 영성 지도. 마지막으로 다섯째, 4차 산업혁명 시대의 문화와 기술을 반영한 영성 지도가 이뤄지는 새로운 풍경이 어떻게 나타나고 있는지 다룰 것이다.

1. 암시적인 현존에서 명시적인 현존으로

영성 지도는 피지도자로 하여금 자신의 삶에서 하나님의 현존과 활동의 신비를 깨닫고 응답할 수 있도록 돕는 사역이다. 이러한 영성 지도의 신학적인 전제는 삼위 하나님께서 인간의 모든 삶, 즉 개인 자신뿐만 아니라 이웃과의 관계, 우주와 대자연 그리고 인간 역사와 모든 일상 속에 현존하시며 그 안에서 활동하신다는 것이다.[36]

삶의 전 차원에서 하나님의 현존과 활동을 깨닫는 것은 어느 시대에나 어려운 과제였으나 객관적이고 과학적인 이성을 강조하는 계몽주의 시대 이후 특히 4차 산업혁명 시대에 디지털화된 일상에서 하나님의 신비를 발견하는 것은 더욱 어려운 도전과 과제로 다가온다. 그 이유는 과학 기술을 통한 인류의 번영과 발전 가능성에 대한 낙관적이고 인본주의적 세계관이 지배적인 상황에서 하나님의 현존과 활동의 신비를 주목하는 것은 어려운 일이기 때문이다.

하나님은 매 순간 모든 것을 통해 당신을 드러내시므로 모든 순간이 거룩한 순간이며, 모든 장소가 하늘에 이르는 문이 된다. 기독교 영성 훈련(기도와 묵상)뿐만 아니라 영성 지도는 바로 '하나님을 모든 것 안에서 발견하는 것'(finding God in all things)과 깊은 관련이 있다. 헨리

---

36 Maureen Conroy, *Looking into the Well*(Chicago: Loyola University Press, 1995), 4.

나우웬에 따르면, "사회적, 역사적, 결정적 사건들과 다양한 삶의 환경은 보는 눈과 듣는 귀를 지닌 사람들에게 하나님의 뜻과 새로운 창조를 가리키는 표징이 된다."[37] 그는 평범한 일상의 소음 밑에서 어렴풋이 들려오는 더 낮은 소리를 듣는 것, 겉으로 드러난 현상을 넘어 사건들의 '상호연계성'을 꿰뚫어보는 것, 다시 말해 인생에서나 이 세상에서 벌어지는 이런저런 일이 어떻게 연결되는지를 꿰뚫어보는 통찰을 테오리아 피지케(theoria physike)로 이해한다. 즉 분별은 "하나님이 우리 삶 속에서 우리를 향한 그분의 사랑을 나타내시고 우리를 지도하시는 독특한 방식을 알아내고 확인하는" 영적 은사이자 훈련이다.

그리하여 디지털 시대의 기도와 묵상은 하나님의 사랑과 생명의 역사가 어디에서 어떻게 나타나는지, 반대로 생명을 파괴하는 움직임은 어디에 어떻게 나타나는지 주목하여 살피는 것이며, 영성 지도는 하나님의 암시적인 현존이 명확한 현존으로 드러나도록 영적인 도움을 준다.[38] 이를 통해 피지도자는 기도뿐만 아니라 자신의 실제적인 일상의 삶 안에서도 하나님의 현존을 인식하게 되고 이에 응답하며, 현존에 대한 의식이 깊어지고 그것이 영성 지도를 통해 더욱 선명해지며, 하나님의 현존에 활짝 열리는 삶을 살게 된다.

2. 자기 보존에서 자기 초월로

4차 산업혁명 시대에 초개인화는 과학 기술을 활용하여 개인의 욕

---

37 Henri Nouwen, 『분별력』(Discernment), 이은진 옮김(서울: 포이에마, 2016), 143.
38 Conroy, Looking into the Well, 4.

구가 맞춤형으로 충족되는 것과 관련된다. 인간 성숙의 관점에서 개인의 욕구가 진정으로 실현되는 것은 중요한 일이다. 헨리 나우웬은 오늘의 세대를 개인적인 것에 절대적 우월성을 부여하여 현저하게 자아 속으로 움츠리려는 경향을 지닌 내향적 세대로 부른다.[39] 내향적 세대는 어떤 외부적인 권위와 제도도 인간의 불안과 외로움으로부터 해방을 줄 수 없음을 깨닫고 외부가 아닌 내면을 향한다. 이들은 무의미하고 혼란한 세상 속에서 떠돌고 있다고 느끼고 삶의 의미와 안정을 제공할 바위를 찾게 되는데, 그 바위는 각자가 스스로 자기의 마음과 영혼 안에서 체험하게 되는 신비이다.[40] 오늘 4차 산업혁명 시대를 사는 사람들의 초개인화에 대한 욕구는 내면 안에 있는 진정한 삶에 대한 깊은 욕구의 발로다.

그런데 오늘날 과학 기술의 진보에 따른 개인의 삶의 변화를 지켜볼 때, 과학 기술의 진보가 과연 개인의 진정한 욕구를 온전히 충족해주고 있는가라고 질문을 제기할 수밖에 없다. 과학 기술의 진보에 따라 자신의 표면적인 욕구들을 충족시킨 개인들은 오히려 그들 안에서 올라오는 진정한 욕구로 인한 더 큰 갈급함을 느끼며 자신을 근원적으로 충족시켜줄 것들을 찾아 헤맨다. 본 연구가 주장하는 바는 4차 산업혁명 시대에서 초개인화의 '맞춤형' 기술들이 인간의 진정한 자기실현을 이루어주지 못하며 오히려 자기 보존의 욕구 수준에 머물게 하거나 거기에서도 후퇴하여 자기 몰두에 매몰되게 할 수도 있다는 것이며, 기독교의 영성 지도는 이러한 시대와 문화적 상황 가운데 자기 보존의 욕구와

---

39 Henri Nouwen, 『상처 입은 치유자』(*The Wounded Healer*), 이봉우 옮김 (왜관: 분도출판사, 1982), 39-41.
40 Barry and Connolly, 『영적 지도의 실제』, 27.

자기 몰두에서 자기 초월의 길로 안내하는 중요한 사역이 될 수 있다는 것이다.

자기 초월의 길로서 영성 지도의 의의를 강조하기 위해 고려할 가치가 있는 영성에 대한 중요한 정의가 있다. "영성은 단절과 자기 몰입의 차원이 아니고, 우리가 파악하는 궁극적인 가치를 향하여 자기를 초월함으로써 자기의 삶을 의식적으로 통합하려고 노력하는 경험"[41]이다. 슈나이더스에게 그리스도인의 궁극적 가치는 예수 그리스도 안에 계시된 하나님, 교회 공동체 안에서 성령의 은사를 통해서 경험된 하나님이다. 그리고 그 궁극적 가치로 이해되는 하나님을 향하는 여정 가운데 자기 초월로 나아가며, 그 가치를 삶 안에서 실현해내는 것이 슈나이더스가 설명하는 영성의 초점이다. 즉, 그녀에게 영성이란 하나님을 지향하는 삶 안에서 자기 몰두가 아니라 자기 초월로 나아감으로써 진정한 자기됨을 이루는 것에 있다. 이런 자기됨의 관점에서 토마스 머튼은 영성 지도를 "한 그리스도인이 성령의 활동하심에 충실히 응답함으로써 자신의 특별한 소명을 깨달을 뿐만 아니라 그 특별한 소명의 목적을 달성하고, 하나님과 일치적인 삶을 이룰 수 있도록 해주는 지속적인 양성과 지도의 과정"[42]이라고 정의한다. 즉, 영적 지도는 성령의 인도하심을 따라 지도자의 끊임없는 영적 안내와 격려의 과정을 통하여 피지도자로 하여금 자신의 고유한 소명을 발견하여 그 소명의 삶을 살아가게 하고, 피지도자의 하나님과의 사랑의 일치가 깊어지도록 돕

---

41 Sandra M. Schneiders, "Theology and Spirituality: Strangers, Rivals, or Partner?" *Horizon* 13, no.2(1986): 266.

42 Thomas Merton, *Spiritual Direction and Meditation*(Collegeville, MN: The Liturgical Press, 1960), 5.

는 사역이라 할 수 있다. 여기서 머튼이 말하는 "자신의 특별한 소명"은 어떤 외적인 직업이나 진로, 혹은 성취할 행위나 업적이 아니라, 자기 초월을 통해 발견하게 되는 내적 자기, 즉 그리스도 안에서 자기의 참 정체성을 발견하고 그것을 실현하는 삶을 의미한다.

결국, 영적 지도의 핵심 활동은 자기 보존과 몰두에서 벗어나 하나님과의 관계를 바탕으로 하나님과 자신의 고유한 이야기를 통해서 자신을 알아가고 이 알아감으로 진정한 자기 초월을 이루어가며, 하나님과의 관계가 더욱 발전하기를 바라는 것이다. 이런 맥락에서 러핑은 영성 지도를 "구두로 서술하는 자서전을 통해서 그리스도인의 정체성을 형성해가는 해석학적 과정"으로 정의한다.[43]

나우웬은 현대 영성을 전개하기에 앞서 우선 현대를 살아가는 영혼들의 상태를 진단한다. 그는 현대의 인간은 소외되어 있다고 말하며, 그 소외의 원인을 사람들 간의 환대의 부족으로 보았다. 그는 오늘날 사람들 간에 환대가 안 되는 이유는 자기 몰두가 강하여 타인이 들어올 공간이 전혀 없기 때문임을 지적한다.[44] 나우웬의 이러한 진단은 4차 산업혁명 시대의 현상과 맥을 같이하는 것으로 이것은 연결성의 역설이라 할 수 있다. SNS, 메타버스, 이메일 등과 같은 디지털 네트워크는

---

43 "영성 지도는 기본적인 영성 훈련으로, 영성 생활, 자기를 아는 지식의 성장 그리고 하나님과의 친밀한 관계를 심화하는 것에 대한 개인적 이해를 바탕으로 피지도자를 돕는다. 영성 지도의 핵심 활동은 하나님과 자신의 고유한 이야기를 말하는 것─자신의 거룩한 이야기를 말하는 것─이다." Janet Ruffing, *To Tell the Sacred Tales: Spiritual Direction and Narrative*(New York: Paulist Press, 2011), 2. "영성 지도란 구두로 서술하는 자서전을 통해서 그리스도인의 정체성을 형성해 가는 해석학적 과정." Janet K. Ruffing, 『천상의 대화』(*Spiritual Direction Beyond the Beginnings*), 염영석 옮김(서울: 하우, 2017), 14.

44 Nouwen, 『상처 입은 치유자』, 93-108.

오늘날 4차 산업혁명 시대의 늘어난 접근성을 잘 보여주는 예들인데, 슈밥은 4차 산업혁명의 기술로 시공을 초월한 연결이 외적으로는 잘 이뤄지는 것 같지만, 오히려 이러한 항시적인 연결이 사색뿐만 아니라 기술 및 소셜 미디어의 도움 없이 나누는 실질적인 대화의 소중한 자산을 빼앗아간다고 여긴다.[45]

　　일부 정신분석학에서도 철저한 통제하에 이루어지는 온라인상에서의 소통과 연결이 과연 진정성 있는 관계인지에 대해서 의문을 제기한다.[46] 박보린은 온라인상에서의 연결이란 사용자가 하고 싶을 때, 원하는 만큼, 원하는 방식으로만 이루어지는 철저한 개인의 통제하에 이루어지는 접촉임을 지적하며, 이러한 관계는 상호간의 협의하에 오고가는 충분히 좋은 접촉이 아니라 사용자가 통제할 수 있는 만큼만의 접촉이라는 터클의 주장을 인용한다.[47] 터클은 "현실에서의 인간관계는 풍요롭고 정리되어 있지 않으며, 지나치게 요구하는 게 많지만 이러한 불완전한 순간들 속에서 참된 우리의 모습이 드러난다"며,[48] 온라인상에서 이루어지는 통제하의 관계의 기저에는 가깝지도 멀지도 않은 심리적 거리를 성취하고 싶다는 인간의 욕구가 있다고 주장한다.[49] 결국 4차 산업혁명으로 가능해진 초연결의 본질적인 문제는 이러한 연결이 진정한 인류의 연합을 이루어나가지는 못하고 있다는 것이다.

---

45 Schwab, 『클라우스 슈밥의 제4차 산업혁명』, 163.
46 박보린, 『제4차 산업혁명에 대한 정신분석적 고찰』(서울: 한국심리연구소 2018), 86.
47 Ibid., 88.
48 Sherry Turkle, "Connected, but Alone?" Tedtalk, Apr 03, 2012, video, 19:11, https://www.youtube.com/watch?v=t7Xr3AsBEK4, 박보린, 『제4차 산업혁명에 대한 정신분석적 고찰』, 86에서 재인용.
49 Ibid., 88.

현대인들은 SNS를 통해 의사소통이나 정보 교환을 하기도 하지만 많은 경우 '나'는 '무엇을 했고, 어디에 갔으며, 무엇을 먹고, 무엇을 경험했는지' 등과 같이 나르시시즘에 가까운 목적으로 '나/자기'를 드러낸다. 즉, 기술의 발전을 통해 상호간의 연결은 손쉬워졌지만 연결성의 중심에 자기만 있고 타인이 들어올 여지가 거의 없기에 초연결 가운데에서도 오히려 자기 소외가 늘어나고 있는 것이다.

나우웬은 1960년대 후반부터 현대인의 소외 문제를 다루기 시작했는데, 이후 오십여 년의 세월이 흘렀지만 소외의 현상과 진단은 여전히 유효하다. 4차 산업혁명 시대의 디지털 기술에 의한 초연결을 통해 자기 소외를 극복하는 희망과 기대를 품었으나 자기 소외가 오히려 극심해지는 상황을 맞이하고 있다. 4차 산업혁명 시대의 사람들은 SNS를 통해 자기를 과시하며 관심을 받고, 조회 수를 늘리며 자신이 영향력이 있는 사람임을 증명해보이려고 하지만 이러한 모습은 진정한 자기 내어줌이 아니라 자기 보존과 몰두이며 결국 자기 소외 현상을 더욱 초래할 뿐이다. 이런 방식으로 오늘 세계가 한 몸처럼 연결되어 있는 것을 경험하고 있어도 이것은 피상적 연결이며, 환대가 아니라 소외다.

3. 초지능에서 지혜로

4차 산업혁명에서의 초지능이란, 인간의 지능을 월등히 뛰어넘는 인공지능에 바탕을 둔 것으로[50] 인공지능은 딥러닝이라는 과정을 거치며 인간처럼 스스로 지식을 쌓아간다. 이러한 인공지능 기술은 개개

---

50 임광혁, "초지능 사회와 미래 특집을 내면서," 「한국콘텐츠학회지」 17, no.1(2019): 13.

인의 정보를 취합하고 분석하여 상품을 생산하는 '완벽 맞춤 상품'과 같은 개인적 영역은 물론 다양한 산업, 기후 변화 예측 모델링, 핵과 환경 문제 등과 같은 범지구적 분야의 이슈에 대해서도 데이터를 분석하고 문제 해결 방안을 위한 정책을 책정하는 데 기여하며,[51] 인공지능을 기반으로 한 의학과 생명공학 기술은 건강을 증진하고 불치병을 치료하며 인간 삶의 질을 향상시킨다.[52]

하지만 초지능으로 인해 제기되는 영적인 문제를 심각하게 고려할 필요가 있다.[53] 첫째, 빅데이터에 의한 방대와 자료와 지식이 현대인들에게 편리를 가져다주는 것과는 별개로, 이것이 인간의 삶을 진정으로 가치 있게 해주느냐에 대한 의문이다. 빅데이터가 축적된 초지능 시대라고 불리는 오늘날 인류는 점점 더 내면의 풍성함을 잃고 온갖 중독에 빠지며, 내면이 더욱 피폐해지는 현실을 본다. 데이터는 축적되어가는데 왜 인간의 실제적인 삶은 피폐해지는가 하는 것이다. 둘째, 초지능의 시대에 지능뿐만 아니라 인간 삶에 알지 못함─무지─의 진정한 가치와 중요성을 함께 고려할 수 있는가에 대한 문제다. 그리스도 예수에게는 비움의 지혜, 십자가의 지혜가 있다. 주님의 지혜는 넘쳐나는 정보에 있는 것이 아니라 케노시스, 즉 완전한 비움에 있다.

---

51 Schwab, 『클라우스 슈밥의 제4차 산업혁명: 더 넥스트』, 174.

52 IBM의 슈퍼컴퓨터 왓슨 시스템은 몇 분 만에 질병과 치료 기록, 정밀 검사와 유전자 데이터 등을 거의 완벽한 최신 의학지식으로 비교 분석하여 암 환자들에게 개인 맞춤형 치료법을 권해준다. *Ibid.*, 46.

53 슈밥은 기계학습 알고리즘이 의사를 결정하는 방식은 그 알고리즘을 개발한 사람에게조차 불투명하여 알고리즘에 권한을 부여할 수 있을지에 대해 의문이 생기며, 그것을 개발한 사람의 편향이 반영된 데이터를 알고리즘이 분석하면 편향된 의사 결정을 하게 될 것이라 우려한다. 또한, 인공지능의 기술을 특정 집단이 악용할 수 있다는 문제도 있으며, 나아가 인공지능이 사람에 의해 통제될 수 없을 것이라는 의문도 제기한다. *Ibid.*, 180-81.

그런데 4차 산업혁명 시대에 언제 어디서든 무한한 지식의 창고에 접근할 수 있다는 믿음만으로 현대인은 스스로 아는 것이 많다는 소위 전지 환상에 빠질 수 있다.[54] 이러한 환상의 기저에는 오히려 알지 못함, 즉 무지에 대한 불안이 존재하는데, 비온은 이러한 전지 환상에 빠지지 않으려면 신비가 야기하는 불확실한 상태와 의심의 상태에 머물 수 있는 능력을 키워야 한다고 강조한다.[55] 박보린은 이렇게 스스로의 무지를 수용할 때 삶의 깊은 통찰을 얻을 수 있으며, 이러한 깨달음은 인터넷을 통해서가 아니라 현실에서의 부딪힘을 통한 경험으로 얻는다고 주장한다.[56]

인간은 앎뿐만 아니라 모름을 통해 오히려 진리와 성숙에 이르게 된다. 인간의 삶을 가치 있게 해주는 것은 지혜와 진리인데, 이 안에 지식이나 데이터가 포함될 수 있으나 지혜와 진리를 데이터(정보)와 동일한 것으로 말할 수는 없다. 인간은 지식을 넘어선 지혜를 통해 진정한 앎에 이르고 결국, 지혜와 진리만이 현대 인간의 공허와 우울감을 극복하도록 도울 수 있다.

지식이 아니라 참 지혜가 요청되는 시대에 영성 지도는 지식이나 데이터의 전달을 넘어 지혜와 진리로 이끄는 수련이요 여정이다. 영성 지도는 성경 말씀을 읽고 묵상하며 지적으로 깨닫는 것을 나누는 것이 아니다. 루터의 *tentatio*(텐타치오: 영적 시련)처럼 실제적인 삶에서 시련의 경험을 통해 깨달은 것, 즉 삶에서 만난 하나님과 그분과의 관계에 대한 경험을 나누는 것이다. 이것은 전통적으로 신학자를 '하나님에

---

54 박보린, 『제4차 산업혁명에 대한 정신분석적 고찰』, 109.
55 *Ibid.*, 110.
56 *Ibid.*

대하여 말하는 사람', 특별히 동방 정교회에서 '신학자는 하나님의 백성의 공동체 안에서 진행되는 하나님 체험을 분명히 표현하는 사람'이 되어야 한다는 이해와 맞닿아 있다.

　신비 신학자들이 사변적인 신학자들과 확실히 다른 점은 자신들이 체험한 것만을 말하는 것이다. 그들은 체험을 통한 깨달음이라는 지성과 체험(삶)의 일치를 이루는 기독교의 영적 전통을 잘 알고, 그 전통에 서 있으면서 전통에 잇대어 영성 지도를 실행에 옮겨왔다. 그렇기 때문에 영성 지도자 양성을 위해 가장 중요하게 여겨온 훈련은 영성 지도자로서 영적 여정을 진지하게 걸어가는 것이다. 신비가들은 관상이나 연합의 길에 대한 정보를 남기고자 한 것이 아니라 체험의 산 지혜를 사람들에게 나누고자 했다. 바로 이러한 지혜의 자양분 안에서 이뤄지는 것이 기독교의 영성 지도다. 즉 영성 지도는 하나님 안에서 살아낸 삶을 반추하고 그것을 식별하고 심화하기 위해 나누며, 이를 통해 명료화하고 하나님의 음성을 새롭게 듣고자 하는 것이다. 이러한 영적 전통 안에 서서 함께 듣고 식별을 돕는 사역을 하는 사람이 영성 지도자이며, 피지도자의 역할은 씨름하는 내면의 이야기를 가져와 나누며 하나님의 음성을 듣고 응답해나가는 것이다. 이러한 내면의 이야기는 지식의 홍수 같은 온라인상의 정보와는 다른 것으로 영성 지도는 결코 정보 나눔이 될 수 없다. 한 마디로 영성 지도는 사랑이신 그리스도를 체험적으로 알아가는 여정 안에서 경험하는 내면의 이야기를 나누며 그분을 향해 자라가는 것이다.[57]

---

57 20세기 후반의 중요한 여성 영성 안내자 중의 하나였던 루스 버로우는『영혼의 성』을 해설하면서 연대기적으로는 성령 시대가 왔다고 말하며, 동시에 현실적으로 보면 성령 시대를 살아가는 사람은 거의 없다고 현시대의 사람들의 영적 상태를 지적한다.

4. 초융합으로서 영성 지도

4차 산업혁명의 초융합이란, 초지능과 초연결로 인해 기존에 존재하던 여러 가지 기술이나 산업, 지식, 학문 분야 등이 결합해 이전과는 전혀 다른 새로운 영역이 출현하고 기존에 없던 새로운 가치가 만들어지는 것을 의미한다. 금융, 기술, 의료, 기계 간의 연결은 물론이고, 일과 놀이, 교육과 오락, 온라인과 오프라인, 서비스 제공자와 서비스를 받는 사람 등 기존에는 대척점이라 여겼던 자원들의 연결과 그것을 통한 새로운 융합[58]이 일어나고 있다.[59] 융합은 현대 신학 교육의 중요

영성적으로 대부분의 그리스도인들이 구약의 삶, 성육신 이전 시대의 삶을 살아간다는 것이다. 버로우의 이러한 주장은 가능태를 곧바로 현실태와 동일시하거나 혼동하면 안 된다는 논리다. 즉 연대기적으로는 모든 사람이 성령 시대를 살아가고 있지만, 각자에게 이것이 실제로 진정한 현실태가 되기 위해서는 지식을 뛰어넘는 지혜의 단계, 즉 사랑의 일치적인 관계적 삶으로 나아가야 한다는 것이다. 이것이 가능해지기 위해서는 지혜 자체이신 그리스도와 직접적으로 만나고 지혜의 하나님과 진정하게 만나야 한다. 여기서 만남은 피상적인 만남이 아니라 제자들의 부활하신 그리스도를 만나는 체험처럼 자신들의 노력과 능력의 철저한 한계를 경험하는 상황과 신앙의 삶 속에서 살아 계신 그리스도를 실제로 만나 순전히 은총으로 주어지는 그분을 체험적으로 알게 되는 만남을 의미한다. Ruth Burrows, 『영혼의 성 탐구: 하나님과의 친밀한 연합의 삶을 위한 테레사의 가르침』, 오방식 옮김(서울: 은성, 2014), 95-98.

58 김희자, "융합문화시대의 기독교 인공지능 시스템교육,"「기독교교육정보」40(2014): 4-8.

59 실제로 바이오 아트는 유전공학과 예술의 융합으로 탄생했으며, 생물정보학과 언어학, 데이터 과학의 융합은 DNA를 활용한 정보 저장 기술을 가능하게 하였고 생물학과 3D 프린팅 기술의 융합으로 인간의 장기와 세포를 프린트하는 바이오 프린트가 출현했다. 이러한 초융합적 특징은 기술 영역을 넘어 다양한 학문이나 지식의 융합에서도 나타날 것으로 기대되며, 각 학문의 경계가 사라지고 서로 융합되어 다차원적인 관점을 갖게 해줄 것이라 전망된다. 하상우, 조헌국, "초융합, 초연결, 초지능의 개념을 통해 살펴본 4차 산업혁명 시대의 물리교육,"「새물리」72, no.4(2022. 4.): 322; 양성진, "4차 산업혁명시대에 기독교 교육의 방향에 대한 고찰,"「신학과 실천」58 (2018): 574.

한 방법론 중 하나다. 신학 분야 간의 융합만 아니라 신학과 다른 학문 분야를 융합하는 학제 간 연구 방법은 오래되었다.

초융합 시대의 측면에서 영성 지도의 과정과 방법론을 볼 때 영성 지도는 근본적으로 삶의 모든 것을 고려하는 융합의 방법론으로 이뤄 진다. 영성 지도는 영성과 신학이나 영성과 윤리라는 특정 분야의 융합 만을 말하는 것이 아니라 하나님 안에서의 삶 전체를 보는 것으로 4차 산업혁명 시대의 사람은 자신의 전 삶을 하나님 앞에서 기도 가운데 바라보며 그 가운데 현존하신 하나님을 주목하고, 그분의 의사소통을 알아차리고 응답하며 궁극적인 지혜이신 하나님을 향하도록 모든 지 식의 깊이와 지혜의 깊이 그리고 하나님 안에 있는 전 삶의 경험들의 융합을 이룬다. 나아가 영성 지도는 이러한 융합을 통해 하나님을 알아 가고 친밀한 관계 안에서 살아가도록 도움을 준다. 다시 말해, 융합적 시각에서 본 영성 지도는 신학을 배제한 체험이나 분리된 영적 삶을 추구하는 것이 아니라, 모든 것 속에 숨겨진 지혜를 발견하고 스스로 통합해나가도록 돕는 과정이다. 그러므로 영성 지도에서 융합은 신학 과 경건, 신앙의 실천(경건 훈련)과 고도로 지성화된 신학적 사유의 융 합이며, 나아가 이를 통해 모든 것 안에 숨겨진 하나님의 지혜를 발견 하도록 돕는 것이다.

4차 산업혁명의 초융합 시대에 영성 지도는 영성 생활뿐만 아니라 신학 교육에서 진정한 융합이 이루어질 수 있도록 중요한 역할을 할 수 있다. 영적 지도는 교리적인 차원을 초월하여 성서와 교리가 이야기 하고 있는 리얼리티―예수 그리스도 그 자체―를 만나고 그 만남 안에 서 다시 오늘의 현실을 보고, 현실을 살아갈 수 있도록 도움을 준다. 즉 영적 지도는 피정자가 묵상뿐만이 아니라 삶의 현장에서도 만나게 되는 그리스도를 더욱 깊이 이해할 수 있게 하며 그를 통해 훨씬 더 참여적이고 능동적인 삶을 살아갈 수 있게 해준다. 언어로 이루어진 성서와 교리적인 가르침에 기초하여 언어를 넘어서 예수 그리스도와 함께하는 삶으로의 리얼리티로 가는 것이 매우 중요한데, 영성 지도는 추론하는 것에만 머무는 신학이나 신학 없는 경건만을 강조하는 경건 생활을 지양하고, 성서를 기초로 그리스도를 만나고 그분 안에서 전 삶을 사는 진정한 융합을 이루어낼 수 있도록 돕는다.

이렇듯이 외적으로 다양한 분야의 통합과 융합 외에도 영성 지도는 그 자체로 초융합적 특성을 지니고 있다. 즉 영성 지도자와 피지도자 그리고 성령 하나님이 상호 내주(*perichorēsis* 페리코리시스)의 역동이라는 초융합의 특성을 가지고 지혜의 근본이신 하나님을 알고 그분의 인도를 받는다. 오래전 캐나다에 있는 영성 센터에서 40일 집중 피정을 받는 가운데 영성 지도자가 개인 면담 중에 들려준 이야기가 떠오른다. 그는 피지도자가 자신을 찾아와 말을 할 때(영성 지도에서 면담) 피지도자(나)의 말을 듣는 것이 아니라 피지도자의 마음과 자신의 마음 그리고 하나님의 마음이 일치(congruent)하는지 본다고 말했다. 이것은 피지도자의 말만을 듣는 것이 아니라 그 이상을 듣는 것이요 상호 간에 진정한 교제가 이뤄지는지, 그런 의미에서 지혜로 이끄는 진정한 교제 또는 교통이라는 융합이 되고 있는지 본다는 의미로 이해할 수 있다. 결국, 영성 지도는 그리스도 안에서 하나님의 현실과 피지도자의 현실의 통합뿐만 아니라 피지도자가 영성 지도자 그리고 하나님과의 관계 안에서 하나님을 찾아가는 초융합의 수련이며, 이를 돕는 사역이라 할 수 있다.

5. 영성 지도의 새로운 풍경

영성 지도에 대한 현대인들의 관심은 4차 산업혁명 시대에 두 가지 면에서 완전히 새로운 전기를 맞이했다. 하나는 이 글에서 집중하는 이슈로 4차 산업혁명 시대 사람들의 열망과 가치, 영성과 정신을 어떻게 수용하는가의 문제이며 다른 하나는 실천적인 면에서 4차 산업혁명의 새로운 기술을 어떻게 영성 생활과 오늘의 영성 지도에 활용하는가의 문제다. 즉, 현대인들의 필수품이 된 디지털 기기와 기술을 통해어떻게 자기 보존의 열망에서 자기 초월로 나아가게 하며, 이를 위한 디지털 기술의 선용 방안이다. 영성 지도는 자기 몰두로 가는 SNS의 이용을 올바른 방향, 즉 자기 초월로 나아가게 하는 가장 좋은 방안 중 하나일 것이다.

기독교 영성 지도는 매우 오랜 역사를 지닌 수련이자 사역이지만, 20세기 중후반부터 현대심리학적 통찰이 통합되면서 인간 이해와 인간 경험 그리고 영성 지도 기법에 대한 이해와 더불어 영성 지도의 실제에 획기적인 발달을 가져왔다. 현대인들의 영성 생활에 대한 열망과 함께 많은 영성 센터와 영성 지도자가 실제적인 영성 지도를 제공하고 있으며, 유수한 교육 기관들이 영성 지도자 양성을 위한 체계적인 교육 프로그램과 양성 훈련 그리고 학위 과정을 진행하고 있다. 이로 인해 고전적인 전통에 뿌리를 두면서도 현대 영성과 신학, 오늘날의 문화와 정신, 영성 지도에 대한 다양한 접근과 이해를 종합한 새로운 영성 지도 운동이 활발하게 나타나고 있다.

오늘날의 영성 지도는 하나의 획일적인 형태이기보다는 목회자와 평신도, 나이와 성별, 소속된 종파와 종교 전통, 문화와 윤리, 정의와 생태 의식, 직업, 소외 계층 등을 고려하고 피지도자의 개인적인 영성 생활과 성향, 신앙 발달이 적용된 다양한 형태의 영성 지도가 이뤄지고 있다.

전통적인 고전적 영성 지도는 같은 공간에서 얼굴과 얼굴을 보며 이뤄지는 방식으로 진행되었다. 영성 지도를 위해서는 시간뿐만 아니라 장소까지도 정해야 했다. 오늘날에도 적절한 장소에서 대면으로 영성 지도를 받는 것이 가장 좋은 방법이다. 하지만 이런 형태의 영성 지도는 장소와 거리, 시간과 경비에서 현대인들에게 너무 많은 제약과 한계, 희생을 요할 수 있으며 그런 이유로 영성 지도를 받는 것 자체의 어려움이 있을 수 있다.

오늘날은 네트워크상의 접근성 덕분에 영적 지도자와 피지도자가 반드시 동일한 장소에 함께 있을 필요가 없어졌다. 코로나 시기를 지나면서 급격히 발전된 화상통화 기능인 '줌', '스카이프' 등을 통해 온라인상에서 다양한 형태의 영성 지도가 충분히 가능해진 것이다. 이렇게 영성 지도를 위하여 사용하는 온라인상의 연결은 일반적인 SNS 사용과는 근본적으로 목적하는 바가 다르다. 영성 지도는 단순한 자기 보존이나 심한 경우에 나타나는 자기 몰두, 자기 과시가 아닌 자기 초월과 자기 망각으로 가게 하는 수련이요 여정이기에 자기 초월과 자기 내어줌의 길을 충분히 열어줄 수 있다. 즉 영성 지도는 자기 보존에서 벗어나 진정한 자기를 찾게 하며 참 자기 발견의 여정을 걸어갈 수 있게 해준다. 서로가 과학 기술을 통해 손쉽게 연결될 수 있지만, 자기 소외는 오히려 더 깊어지는 4차 산업혁명 시대의 역설적 정황 속에서 영성 지도는 우주적인 일치적 의식으로 나아가는 진정한 연결과 환대의 마음으로 서로를 향하는 진정한 성숙을 위한 최적의 대안이 될 수 있다.

화상통화를 통한 원거리 영성 지도 외에도 오늘날의 디지털 네트워크는 영성 지도 실천에 여러 면에서 중대한 영향을 미치고 있다. 그중 하나는 영성 지도 사이트를 활용하는 것이다. 오늘날 활용되고 있는 영성 지도 사이트[60]에는 영성 지도자에 대한 소개가 나와 있다. 여기에는 지도자들의 영성 지도 관련 공부와 이력, 관심 분야와 소속된 종파, 피지도자에 대한 수용 범위와 자신들의 영적 여정을 소개하고 있다. 피지도자는 이러한 영성 지도자에 대한 정보를 통해 자신에게 적합한 영성 지도자를 선택하여 몇 번의 시도적인 영성 지도 면담을 통해 상보적이고 건강한 영적 지도 관계를 맺을 수 있는지 서로 확인하고 공식적인 영적 지도 관계로 들어갈 수 있다.

과거에는 영성 지도 센터나 기관을 통해 지도자를 배정받든지, 아니면 익히 알려진 영성 지도자를 통해 지도자를 소개받는 일방적인 형식으로 영성 지도가 이루어졌지만, 오늘날에는 4차 산업혁명의 디지털 기술로 구현된 플랫폼 덕분에 네트워크만 연결되어 있으며 전 세계 어느 외진 곳이라도 영성 지도가 가능하기 때문에 피지도자 스스로 더욱 넓어진 선택의 폭 안에서 자신에게 적합한 지도자를 선택할 수 있게 되었다. 이러한 영성 지도는 4차 산업혁명의 기술이 없으면 절대로 불가능한 것이다. 하지만 한편으로 이러한 시스템의 폐해도 있다. 피지도자가 영성 지도자의 이력을 보고 선택하게 할 경우, 영성 지도의 관계가 지나치게 소비자 중심적으로 변할 우려가 있으며, 이것이 피지도자의 영적 성장에 도움이 되지 못할 수 있기 때문이다. 예를 들어 영성 지도의 관계가 '소비자'인 피지도자에게 주도권이 있는 경우

---

60 SDI, www.sdiworld.org; Graftedlife, Graftedlife.org/spiritual-direction/esda; Mercy Center, Mercy-center.org.

피지도자는 자신의 영적 성장에 정말로 도움되는 지도자를 선택하기보다 오히려 자신에게 무난하고 편안하게 느껴지는 지도자를 선택할수 있으며, 지도자를 선택해 영성 지도를 받아가는 과정 중에도 자신의문제를 지도자의 문제로 투사하여 지도자를 손쉽게 판단하고 영성 지도 관계를 중단할 수 있게 되는 것이다.

이외에도 온라인은 현대인의 영성 생활을 위해 다양하게 활용되고있다. '줌'과 같은 화상통화 플랫폼을 통해 그룹 영성 지도를 하는 경우,한 지도자가 플랫폼 안에서 여러 개의 룸을 만들어 그룹 나눔을 진행하고 전체를 집단으로 안내하는 방식을 통해 집단 영성 지도를 하는 경우도 생겨났다. 또한 기도하는 사람 몇 사람이 그룹을 만들어 매일 기도와 묵상을 SNS에 올리며 서로를 영성적으로 지도하고 정기적으로 온라인과 대면 만남을 병행하며 그룹원들에 의한 영성 지도를 실천하고있는 경우도 나타난다.

IV. 제4차 산업혁명 시대의 영성 형성

4차 산업혁명 시대의 영성 지도를 위해 도움이 되는 영성 훈련법은많고 다양하다. 그 가운데 가장 기본적이며 대표적인 영성 훈련은 어떤것들이 있으며, 그것들이 오늘날의 영성 지도를 위해 어떻게 이뤄져야하는지, 즉 4차 산업혁명 시대의 영성적 지향이 무엇인지 개별 훈련들을 중심으로 논할 것이다. 첫째, 렉시오 디비나, 둘째 영적 마음, 셋째,반추 훈련을 다룰 것이다.

1. 렉시오 디비나: 인포메이션(information)에서 포메이션(formation)으로

4차 산업혁명 시대에 정보가 넘쳐나는 사회에서 기독교 영성 지도가 실행에 옮겨지려면 정보(information)를 얻는 영성 훈련이 아니라 형성(formation)을 위한 영성 훈련이 필요하다. 기독교 영성 지도에서 가장 기본적인 도구는 성서로 이는 그리스도를 만나고 알아가는 데 가장 기본적이고 중요한 통로이기 때문이다. 초기 기독교 시대부터, 그리스도인들은 성경을 묵상하며 말씀을 내면화하고 그 말씀을 살아가기 위해 렉시오 디비나(lectio divina)를 실천해왔다. 이것을 디지털 시대의 맥락에서 실천한다면 말씀을 반복하여 읽고/듣고 구체적인 삶 가운데 주어지는 의미를 숙고하며 계속 되새기며 깊게 듣는 것이다. 디지털 환경 안에서 하나님은 어떤 모습으로 어디 계시고, 어디로 이끌고 계신지, 성경은 이 시대의 개인과 공동체의 욕구와 방향, 관계성에 대해서 어떻게 말씀하시는지, 오늘날 개인과 공동체, 기술의 방향성은 어디에 있으며 어디를 향하는지, 나아가 오늘날의 상황에서 어떻게 하나님의 음성을 듣고 어떻게 하나님을 발견할 것인지 끊임없이 질문하며 말씀을 듣는다. 이것은 성경을 과거의 이야기가 아닌 오늘 우리 삶의 이야기로 듣는 것이다. 즉, 렉시오 디비나를 통해서 하나님의 음성을 들을 때 철저하게 시대의 맥락 안에서 듣는 것이다.[61]

---

61 오늘날의 현대 그리스도인들에게는 디지털 문화 속에서 하나님의 말씀을 읽고 듣는 것, 하나님께서 어떻게 당신을 디지털 문화와 환경 속에서 드러내시는지 또 디지털 환경 가운데 하나님은 어디 계시고 또 무엇을 말씀하시는지 시대 속에서 말씀하는 하나님의 음성을 듣는 것이 중요하다. 그것을 듣는 가운데 하나님의 뜻과 방향성, 질문과 문제점들을 발견하고 그것에 기초하여 기도하며, 경험한 것을 영성 지도 면담에

기독교 교회 전통은 렉시오 디비나를 통해 깨닫는 성경 이해의 네 가지 수준을 이야기하는데,[62] 문자적(literal) 의미 수준, 도덕적(moral) 의미 수준, 유의적인(allegorical) 의미 수준, 일치적(anagogical, unitive) 의미 수준 등이다. 이것은 성서를 피상적 혹은 하나의 수준으로만 이해하는 것이 아니라 다층적으로 깊게 알아듣는 것이 중요함을 일깨워준다. '문자적 의미'는 역사적 의미로도 불리는데, 전문적인 연구를 통해 깨닫는 의미 수준을 뜻한다. 다른 의미 수준으로 넘어가기 위해 어느 정도의 문자적 의미의 파악은 필수적이다. '도덕적 의미'는 말씀의 역사적이고 문헌적인 뜻을 파악하는 것을 넘어서서 말씀을 실천함으로써 이해하게 되는 수준의 의미를 뜻하며, 시대 상황 속에서 실천해야 할 말씀의 의미를 포함한다. '유의적인 의미'는 성경 말씀이 삶과 인격 안에 내면화되면서 성경이 더 이상 역사적인 문서나 성경 속 인물의 사건으로만 존재하는 것이 아니라, 자신에 관한 말씀이고 자신의 현재 삶을 반영하는 말씀으로 깨닫게 되는 것을 의미한다. 문자적 의미와 도덕적 수준의 의미에 대한 깨달음이 공동체에게 주는 일반적이고 객관적인 것이라면, 유의적 수준의 의미는 하나님이 친히 자신에게 주시는 말씀으로 체험하여 깨닫는 의미의 수준이다. 이런 맥락에서 유의적 수준의 의미는 논리적인 분석보다는 사랑으로 파악되는 의미라고 할 수 있다. '일치적 의미' 수준은 영혼이 하나님의 말씀에 아주 깊이

가져온다.

62 Thomas Keating, 『하느님과의 친밀』(*Intimacy with God*), 엄무광 옮김(서울: 성바오로출판사, 1998), 60-71; Basil Pennington, *Lectio Divina: Renewing the Ancient Practice of Praying the Scriptures*(New York: Crossroad, 1998); Michael Casey, *Sacred Reading: The Ancient Art of Lectio Divina*(Liguori, MO: Triumph Books, 1996).

잠길 때에 나타나는데, 계시가 아직도 계속되어 계시의 말씀이 말씀을 읽고 듣는 사람 자신에게서 흘러나오는 것과도 같은 일치적 경험을 하면서 깨닫게 되는 의미의 수준을 말한다. 말씀을 묵상할 때 처음에는 외적인 곳에서 시작하나 말씀이 내적인 방향으로 뚫고 들어와 마침내 존재의 가장 깊은 곳에서 말씀하시는 하나님을 만나고 그분과의 사랑의 일치를 깨달으며, 사랑으로 하나님의 말씀을 알아듣게 되는 것을 의미한다.

영성 지도의 맥락에서 렉시오 디비나를 실천할 때 중요한 방법론적 관심은 어떻게 묵상의 내용을 객관적 지식에 머물게 하는 게 아닌 사랑의 지식, 즉 지혜로 가게 할 것인가 하는 점이다. 다시 말해 4차 산업혁명의 시대 상황에서 어떻게 성경을 시대에 변형을 가져오는 살아 계신 하나님의 말씀으로 깊게 알아들을 것인가 하는 것이다. 어떤 방식으로 성서를 묵상하든, 중요한 것은 이런 깊은 수준의 만남과 깨달음이며, 이것은 사변적이며 분석적인 차원의 경험 혹은 지적 깨달음과는 완전히 다른 관상 체험이다. 관상은 기도자와 기도의 대상이 주객으로 나뉘지 않고 하나로 어우러지는 체험이다. 즉, 초월자이신 하나님과 존재론적으로는 구별되지만, 주객의 관계가 허물어질 정도의 하나로 어우러지는 친밀함의 경험에서 주어지는 지혜의 영역이다. 그렇기에 관상은 객체로서 분석하려고만 하는 추리적인 묵상의 수준을 넘어 그 말씀 속에 뛰어 들어가 사건에 참여함을 통해 말씀의 "실재가 너무나 생생해서… 다만 온몸과 영혼을 다해 '네'라고 대답하는 것",[63] 즉 말씀과 완전히 하나 됨을 깊이 경험하고 깨닫는 것이다.

---

63 Basil Pennington, 『향심기도』(*Centering Prayer*), 이승구 옮김(서울: 기쁜소식, 2007), 34.

2. 영적 마음: 머리에서 가슴으로

영성 지도의 초점은 추상적인 개념이 아니라 당신을 스스로 나타내 보이시는 하나님께 주의를 기울이며, 피지도자 스스로 하나님께 대한 자신의 반응을 인식하여 응답할 수 있도록 돕는 데 있다. 이를 위해 모든 영성 지도자뿐만 아니라 영성 지도를 받고자 하는 피지도자에게 까지 요구되는 가장 기본적인 훈련 중의 하나는 마음의 훈련이다. 현대 사회에서 마음은 지성과 대비되는 정서, 또는 감정과 감상적 삶의 자리 로 많이 생각하나, 유대 기독교 전통에서 마음은 "모든 신체적, 정서적, 지성적, 의지적 그리고 도덕적 에너지의 원천"[64]을 의미한다. 즉 마음 은 인간 존재의 중심으로 바울이 말하는 속사람이며, 하나님이 거주하 시는 내면의 지성소로 하나님의 현존을 친밀하게 경험할 뿐만 아니라 하나님 안에 있는 나를 경험하는 자리다. 마음은 하나님이 거하시는 장소일 뿐만 아니라 사탄과 치열하게 싸움을 하는 곳이다. 토마스 머 튼은 바로 이 현존의 장소이자 전쟁터인 마음이 기도의 자리라고 말한 다.[65]

그리스도 안에서 성령의 이끌림을 받는 삶으로 표현되는 그리스도 인의 영적인 삶을 기독교 영성 전통에서는 관상의 삶 혹은 마음의 삶으 로도 표현한다. 동방 정교회에서 기도는 마음이 지성을 품고 마음과 지성이 하나가 되어 주님의 면전에 서는 것으로 이해해왔다.[66] 즉 기도

---

64 Henri Nouwen, 『마음의 길』(*The Way of Heart*), 이봉우 옮김(왜관: 분도출판사, 1989), 80.

65 Thomas Merton, 『마음의 기도』(*Contemplative Prayer*), 이영식 옮김(서울: 성바 오로출판사, 2011), 35-47.

66 "기도하는 것은 지성과 함께 마음으로 내려가 그곳에서 당신 안에 영원히 현존하시며

는 마음과 지성의 나누어짐이 없고 완전히 하나로 통합된 바로 그 지점에서 하나님의 현존 안에 서는 것이다.67 어떤 방법이나 어떤 형태의 기도를 실천하더라도 마음의 기도가 되어 영적 마음의 수준의 삶을 살아가는 것이 중요하다.

틸든 에드워드는 관상적 의식의 삶을 위해 "영적 마음 안에 있는 정신으로 살아가기"를 제안하며,68 각자 안에 에고의 자리, 생각하는 정신의 자리 그리고 영적 혹은 관상적인 마음의 자리가 있는데 이것들을 분별하여 하나라도 배제하는 것이 아니라, 영적 마음이 중심이 되어 그것들을 통합하여 영적 마음 안에 있는 정신으로 살아갈 것을 가르친다. 에고는 하나님의 선물로 세상과 개인적 자아의식 안에서 기본적인 기능과 관계가 가능하도록 사람을 도우나, 그것이 그 사람을 지배할 때 자아 중심적인 삶으로 전락되어버린다. 생각하는 정신 또한 하나님의 크나큰 선물로서 듣고 보고 행하는 것을 정신적으로 파악하고, 실재를 왜곡하는 에고의 방식을 인식하고 저항하도록 돕지만, 생각이 지배할 때 그 사람은 정신이 지닌 조건화된 견해들을 궁극적인 실재 그 자체와 혼동하는 위험에 처하게 되며, 개념과 이미지를 초월하는 심오한 실재를 포착할 수 없게 된다. 그래서 틸든은 언어와 지성, 에고를 배제하는 것이 아니라 영적 마음으로 그것들을 품고 살아가는 삶으로의

널리 만물을 내다보시는 주님의 면전에 서는 것이다." Igumen Chariton, *The Art of Prayer: An Orthodox Anthology*, ed. Timothy Ware(London: Faber & Faber, 1966), 110, Nouwen, 『마음의 길』, 79에서 재인용.

67 Nouwen, 『마음의 길』, 80.

68 필자는 틸든의 "영적 마음 안에 있는 정신으로 살아가기"를 좀 더 상세한 설명과 함께 실제적인 훈련까지를 다음의 글에서 다루었다. 오방식, "마음과 영성 – 마음의 기도," 『마음에서 길을 찾다』, 강성열 외(서울: 한들출판사, 2021), 155-59.

전환을 강조한다. 그는 에고나 정신보다 훨씬 큰 능력이 있으며, 사유들 뒤에 있는 광활한 열림의 가능성을 역설한다. "우리 안에는 생각하는 정신보다 더 직접적으로 실재를 접촉하는 능력이 있다. 그 능력은 우리가 정신을 통해 나오는 사유들을 떠나보내려 하고 그 사유들 사이에서 그리고 사유들 뒤에 보이는 광활한 열림에 자리 잡으려 할 때 활성화된다."[69] 그러므로 인간 존재의 중심으로 여겨지는 내면의 지성소로 내려가 그곳에서 마음의 기도를 하고, 영적 마음으로 살아가는 영적 삶은 영성 지도에서 기본적으로 필요한 훈련이요 삶이다.

틸든의 영적 마음으로 살아가기를 칼뱅의 신학적인 구조로 이야기해보자면 자기 부인[70]의 삶으로 해석할 수 있다. 틸든의 영적 마음은

---

69 Tilden H. Edwards, 『관상으로의 초대』(*Embracing the Call to Spiritual Depth*), 양혜란 옮김(서울: 한국샬렘, 2021), 31.

70 칼뱅의 자기 부인에는 두 차원이 있다. 하나는 지성의 차원이며, 다른 하나는 정서의 차원이다. 칼뱅에 따르면, 모든 감정을 하나님의 선하시고 기뻐하시는 뜻을 따라 규율하는 것이 올바른 것이라고 하지만, 하나님의 뜻과 어떤 점에서 불일치한다고 할지라도 '내 잔을 내게서 옮겨달라는 간구'처럼 그것이 반드시 잘못되거나 죄악된 것이 아닌 감정들도 존재한다. 또한 하나님께서도 우리가 정확하게 기도하지 못해도 지각의 분량을 따라 간구하는 것을 허용하시고, 성도가 기도할 때 성령께서 마침내 하나님의 뜻을 구할 수 있게 도와주심을 가르친다. Iohannes Calvinus, 『칼빈주석 공관복음』(*Commentarius in Harmoniam Evangelicam*), 라틴어원전완역본 17, 박문재 옮김(고양: 크리스챤다이제스트, 2012, 1134-1135).
　칼뱅은 이것을 상세히 설명하기 위해 예수님의 겟세마네 기도에서 작용하는 세 가지의 의지를 든다. 첫째는 하나님의 의지이며, 둘째는 인간에게 본래 주어진 자연스러운 의지로 타락 전의 아담 그리고 성육신하신 예수님의 의지이다. 셋째는 죄로 뒤덮인 인간의 의지이다. 칼뱅은 그리스도 안에서 두 의지, 즉 하나님의 의지와 사람의 의지가 서로 어우러져 기가 막힌 조화를 이루고 있었다고 한다(『공관복음』, 1135). 예수님이 '이 잔을 내게서 거두어 주소서'라고 기도하는데 이것은 육의 연약함에서 나온 탄원이며, 이것은 죄가 아니라고 칼뱅은 주장한다. 하나님의 진노 앞에서, 하나님의 법정에서 죽음의 심연을 바라보면서 인간으로서 자신도 모르게 전율하며 부르짖은 것이다. 이것은 연약한 인간으로서 당연히 느낄 수밖에 없는 경험이며 부르짖음, 육신의 연약함이다. 예수님은 '이 잔을 내게서 거두어 주소서'라고 뱉었으나 즉시 그것을 바로 잡는다. "내 뜻대로 마옵시고 아버지 뜻대로 하옵소서." 예수님은 자기의

심리학적인 것과 인간 의식의 깊이와 영적 수준을 함께 아우르는 단어이며 칼뱅의 자기 부인은 하나님과 관계에서 어떻게 살아가느냐를 말하는 것이기 때문에 직접적으로 두 사람의 개념이 완전히 동일하다고 말할 수는 없다. 하지만 자세히 들여다보면 둘은 나타내고자 하는 것뿐만 아니라 비슷한 영적 수준의 삶을 말하고 있다. 칼뱅이 영적 삶의 최대 걸림돌로 반복하여 가르치는 눈먼 자기 사랑(blinded self love, 『기독교 강요』, 3.7.2; 3.7.4; 3.8.2)은 모든 악의 근원이며, 그것은 그리스도인으로 하여금 인간 존재의 바탕이며 내면의 지성소인 마음의 수준에서 살아가지 못하게 하는 핵심 요인이다. 그래서 진정한 영적 삶을 위해서는 자기 관심과 자기 몰두에서 나와야 하는데 칼뱅에게는 그것이 곧 자기 부인이다.[71]

기도가 하나님의 의지와 배치되는 것을 깨닫고 아버지의 뜻이 이루어지기를 바라는 기도를 드린다. 예수님은 인간의 연약함을 안고 기도를 하지만, 동시에 하나님의 뜻을 간구한다. 어떻게 이것이 가능한가? 예수님이 당신의 연약함을 기도로 가져갈 때 하나님의 뜻을 구하는 기도가 가능하게 된다. 예수님이 기도 안에서 자신의 마음을 쏟아 붓고 투쟁할 때, 이것이 가능해진 것이다. 예수님은 둘째 의지, 연약한 인간의 의지로 씨름했으나 인간은 둘째와 셋째 의지를 가지고 씨름해야 한다. 예수님이 우리의 모델이 될 수 있는 것은 연약한 인간으로 경험한 감정과 느낌을 느끼시며, 기도로 자기 부인을 실현하고 영적 마음으로 살아가셨기 때문이다. 그리고 이러한 과정은 모두 기도의 자리에서 이루어졌다(공관복음, 마 26:37-46, 특히 37, 39, 46절; 요 12:27. Iohannes Calvinus, 『칼빈주석 요한복음』(Commentarius in Evangelium Ioannis), 라틴어원전완역본 18, 박문재 옮김(고양: 크리스챤다이제스트, 2012); 『기독교 강요』, 3.7.1-10; 『기독교 강요』, 3.7.1, 2, 4; 3.8.2: John Calvin, 『기독교 강요』(Institutes of the Christian Religion), 1559년 최종판, 원광연 옮김(파주: 크리스챤다이제스트, 2015).

71 자기 부인은 부귀나 권력, 사람들의 칭찬을 사모함, 세상을 향한 야망, 은밀한 악심, 뽐냄, 탐욕, 욕심, 화려함을 좋아함, 죄악에 빠짐, 사람들의 칭찬을 구함과 같은 자기를 추구하는 모든 마음을 부인하는 것이고(『기독교 강요』, 3.7.2), 하나님께 자신을 온전히 드리는 것이며, 이성 대신 성령에 순종하고 (갈 2:20절 말씀처럼) 사람이 자기 스스로 사는 것이 아니라, 이제 그리스도께서 그 사람 안에서 사시며 통치하는 것(『기독교 강요』, 3.7.1, 203)이라 말한다. 칼뱅은 이웃 사랑도 의무로 하는 사랑의 실천이

3. 영적 알아차림: 암시에서 명시, 피상에서 근본, 부분에서 전체로

4차 산업혁명 시대의 영성 지도는 하나님 안에서 살아가는 그리스도인의 전 삶의 경험을 기도로 반추하며 돌아봄으로 시작된다. 영성 지도는 인간의 경험을 가지고 성령의 인도를 받는 것인데, 성령의 범주는 4차 산업혁명 시대를 사는 인간 삶의 전 영역이다. 삶의 반추는 단순히 외적인 관찰이나 정보를 수집하는 데 그치는 것이 아니라 반추를 통해 그것의 실체를 알아가고 부분이 아니라 전체, 암시에서 명시로 옮겨가는 과정이라 할 수 있다. 무엇보다 단순히 실체를 객관적으로 파악하는 것만이 아니라 그것을 경험하는 자아에 주목하여 이것으로 어떻게 하나님과의 대화로 이어갈 것인지 모색하는 것이 영적 알아차림을 위한 반추다.

이를 위해 리버트가 낸시 윈즈와 함께 고안한 영성 지도에서 다루는 사분원적인 네 개 영역—내면적/개인 내적 영역, 상호관계적 영역, 조직적/구조적 영역, 환경적/자연적 영역—을 가진 인간 경험의 원이 4차 산업혁명 시대의 틀로 매우 유용하다. 이런 구조화된 틀을 사용하여 성찰하지 않더라도 인간 경험의 전 차원을 고려하는 것은 4차 산업혁명 시대의 영성 지도를 위해 필수적이다.

내면적 영역은 다른 사람과 구분되는 자아의 경험으로 심리적인 역동들, 무의식에서 올라오는 경험, 정체성의 혼돈 체험, 인격의 통합 체험 등 자기 자신에 대한 다양한 체험들을 포함한다. 상호관계적 영역

아니라 순전한 사랑의 마음에서 행한 것이어야 한다(『기독교 강요』, 3.7.7)고 주장한다.

은 다른 사람들과의 관계, 즉 가족·학교·교회·친구 등의 인간관계가 미치는 영향 또는 관계에서 비롯되는 자아의 경험에 주목한다. 조직/구조 영역은 자아가 공식적인 규칙과 관계의 망을 가진 조직 체계 안에서 하는 경험을 다룬다.[72] 자연환경의 영역은 자아와 온 우주의 관계와 자연 안에서의 자아의 경험을 다룬다.

니프시는 8개의 삶의 범주에서 묵상하고, 침묵 속에서 성찰한 후에 특별히 하나님의 현존하심과 역사하심을 가장 많이 그리고 가장 적게 느낀 영역들에 집중하면서 그들이 경험한 것을 저널에 쓰도록 초대한다.[73] 이렇듯 기독교 영성 훈련에서 가장 기본적인 훈련 가운데 하나는 성찰이다. 성찰(examination of consciousness)은 일상의 삶에서 항상 현존하시고 활동하시는 하나님을 발견하고, 그분과의 사랑의 관계 안에서 자신을 돌아보도록 하는 훈련이다. 성찰의 방식은 기도자의 하루 동안의 내면, 의식 또는 느낌의 흐름을 살피는 것을 통해 하나님의 현존과 활동하심을 깨닫고 이를 기초로 기도하도록 하는 것이다.

삶에 언제나 현존하시는 하나님을 주목하고 응답하며, 정한 기간의 삶을 반추하고 그 가운데 하나님과의 관계 발달의 측면에서 의미 있는 경험과 삶의 이야기를 가지고 영성 지도자를 만나는 목적을 가진 영성 지도 안에서 대화 주제는 지식이 아닌 지혜이며 사랑이고 존재의 완성이며 하나님의 영광이다. 영성 지도에서 중요한 것은 일상의 삶 가운데 그리스도와의 만남과 사귐 안에서 들은 것, 성서 속의 그리스도와 현실의 내가 만난 경험과 그분과의 관계 안에서 일어난, 혹은 일어나고 있는

---

72 Elizabeth Libert, "수퍼비전, 지평을 넓히기," 『영성 지도자들을 위한 수퍼비전』, 279; Libert, 『영적 분별의 길』, 116-18.
73 Neafsey, "하나님에 대한 인간의 경험," 『영적 지도와 영적 여정』, 30-32.

씨름을 반추하여 그것을 나누며 하나님께로 나아가는 것이다.

삶의 반추를 통해 일상의 삶에서 하나님을 발견하고 그분 안에서 자기를 발견하여 자신의 문제와 상처를 다룰 때 자신의 문제와 상처는 다른 이의 치유와 돌봄의 근원이 될 수 있다. 어떻게 자신의 상처와 문제, 아픔이 다른 이의 치유와 돌봄의 근원이 될 수 있을까? 반추를 통해 자신의 상처와 문제를 들여다보면 인간은 인간 존재의 연약함을 통찰하게 된다. 이것을 통해 죄성이나 연약함이 자신 안에 있다는 것을 보고 대면하며 기도하는 가운데 모든 인류가 그것을 공유하고 있다는 것을 깨달을 때, 나의 약함이 다른 이를 위한 치유가 될 수 있다. 즉, 하나님 앞에서 자기 내면의 상처를 보며 전 인류와 그것을 공유한다는 것을 깨닫고 아파하며 그것을 보듬을 때, 그것은 다른 이들을 환대하는 원천이 된다. 더 나아가 반추(성찰)와 이를 기초로 한 영성 지도는 하나님의 은총에 의한 치유와 회복, 돌봄과 섬김의 여정을 신실하게 걸을 수 있게 해준다.

V. 제4차 산업혁명 시대의 신학생을 위한 영성 지도
   – 장로회신학대학교를 중심으로

지금까지 4차 산업혁명 시대의 영성 지도와 영성 훈련에 대해 다뤘다. 본 장에서는 이러한 4차 산업혁명 시대의 정신과 도전이 고려된 영성 훈련과 영성 지도가 신학 교육 안에서 어떻게 구체적으로 이뤄지는지 기술할 것이다. 이를 위해 신학 교육 커리큘럼(M.Div.)의 기본적인 교육과 훈련 과정으로 영성 지도를 채택하여 실행해온 장로회신학대학교의 '경건 훈련 프로그램'을 중심으로 살펴보고자 한다. 경건 훈련 프로그램 전체를 상세히 소개하기보다 본 연구의 취지에 맞게 4차 산업혁명 시대에 맞춘 영성 교육 프로그램의 일환으로 전체 경건 훈련 프로그램 안에서 영성 지도를 어떻게 실행하고 있으며, 경건 훈련 이후에 신학대학원 과정 안에서 학생들에게 제공되는 이어지는 후속 훈련들을 통해 어떻게 목회자 후보자생으로 신학생들의 영성 함양을 위한 교육과 영성 훈련 그리고 영성 지도를 실행에 옮기는지 상술할 것이다.

1. 경건 훈련 프로그램

장로회신학대학교는 "예수 그리스도의 복음전파와 하나님 나라 구현"이라는 교육 이념 아래 "하나님 나라의 시민 육성, 교회, 사회 및 국가에 봉사할 지도자와 교역자 양성"이라는 교육 목적과 "경건의 훈련, 학문의 연마, 복음의 실천"을 목표로 삼는다.

장로회신학대학교의 학훈은 '敬虔과 學問'(pietas et scientia)으로, 장로회신학대학교의 모든 교육 활동은 신학의 배움에서 '경건 함양'을 그 기본적 방향으로 삼고 있다. 미래 목회자와 사회 지도자 후보생의 '경건' 함양을 위해 장로회신학대학교는 과거부터 현재까지 세 가지 종류의 경건 교육과 훈련을 시행하고 있다. 그중 첫째는 전체 재학생을 대상으로 한 채플과 봄/가을 신앙사경회이고, 둘째는 생활관 새벽기도이며, 셋째는 목회자 후보생 신학대학원 1학년을 대상으로 하는 경건 훈련이다. 장로회신학대학교는 특별히 신학대학원 1학년 학생들을 대상으로 한 경건 훈련 프로그램을 1998년부터 현재까지 실시해오고 있다.

경건 훈련은 신학대학원 1학년 학생들이 의무적인 생활관 입사를 통해 개인 훈련과 공동체 훈련의 조화 속에서 목회자 후보생으로서 영적 성숙과 인격적 성장을 이루어가도록 제공되는 프로그램이다. 경건 훈련 내용은 학교 안에서 다른 학년이나 과정의 학생들과 함께하는 매일 오전의 주간 예배와 신학 생활과 같은 활동 외에 새벽기도, 저녁 방모임, 매주 화요일 저녁 공동체 모임, 주말 경건 훈련(2박 3일/3박 4일), 침묵, 봉사, 자기 성찰 등을 포함한다.

- 새벽기도: 학교의 새벽기도에 참여하여 설교를 듣고, 주어진 본문 말씀으로 묵상과 기도를 한다. 묵상 후에는 기도를 반추하여 반드시 노트에 기록하고 하루 동안 품고 살아갈 구절을 정하도록 한다. 그 전날 밤에 잠들기 전에 다음 날 아침 새벽기도 시간에 듣고 묵상할 성경 본문을 미리 읽고 잠자리에 들 것을 권한다.

- 청소: 봉사활동과 영성 훈련의 차원에서 화요일과 목요일 새벽기도 후 학교 내외를 청소한다.

- 화요일 저녁 공동체 모임: 화요일 밤 9시부터 전체가 모여 경건 훈련의 목적과, 경건 훈련에 대한 기본적인 강의들 그리고 전체를 세 그룹으로 나누어 3회에 걸쳐 3명의 영성 지도교수가 인도하는 그룹별 나눔과 그룹 영성 지도를 한다.

- 저녁 방모임: 매일 밤 10시 30분부터 11시까지 생활관에서 함께 생활을 하는 방 멤버들이 소그룹 모임을 갖는데, 자율적으로 간단한 예배를 드리거나 아침 성서 묵상과 저녁 성찰에 대해 서로 나누고 기도로 끝을 맺는다.

- 침묵 훈련: 매주 월요일에서 목요일 밤 11시부터 다음 날 새벽 6시 새벽기도회 전까지는 침묵을 유지한다.

- 주말 경건 훈련: 경건 훈련생들은 1학기에 1회 목요일 오후부터 토요일 오후까지(초기 10여 년은 금요일 오후부터 월요일 아침까지) 장로회신학대학교 경건훈련원(구 은성수도원)에서 주말 경건 훈련을 한다. 주말 훈련은 철저하게 침묵하며 말씀을 묵상하는 가운데 영성 지도자가 동반하는 개인 영성 지도(Guided Retreat) 과정으로, 매일 묵상기도 5회, 영성 지도자 면담 1회, 성만찬 1회를 포함한 예배로 구성된다.

경건 훈련의 특징은 첫째, 예수 그리스도 중심성이다. 경건 훈련은 심오한 영적 체험이나 지식의 축적, 정신 수양을 목표로 하는 것이 아니라 주님을 어떻게 따를 것인가에 초점을 둔다. 경건 훈련의 목표는 예수 그리스도의 제자로 부름을 받은 자로서 철저히 제자도를 배우고 훈련하며, 주님의 사랑에 반응하여 전인적으로 예수 그리스도를 따르도록 훈련하는 데 있다.

경건 훈련의 둘째 특징은 그 목표가 예수 그리스도의 인격과 삶을 내면화하고 각자의 존재 형성에 바탕을 이루는 데에 있다는 것이다. 신학 훈련과 영성 훈련의 궁극적인 목표는 하나님 나라 건설을 위해 헌신하는 장성한 일꾼으로 자라나는 것인데, 경건 훈련은 이 위대한 헌신의 삶을 내디딜 수 있는 존재의 근본적인 변화, 의식의 변화를 목표로 한다.

경건 훈련은 매일 아침 시간의 말씀 묵상과 저녁 시간의 성찰 기도의 실천을 위해 이를 위한 기본 교육을 먼저하고 그것을 매일 개인적으로 실천하도록 하며, 저녁에는 그것을 나누도록 한다. 말씀 묵상과 성찰은 개혁 전통에 서 있는 장로회신학대학교 경건 훈련에 참여하는 학생들이 개인적으로 실천하는 가장 기본 훈련이다. 또한 경건 훈련은 개인 기도뿐만 아니라, 공동으로 함께하는 중보기도의 시간을 자주 가진다. 매일 새벽기도회와 매일 낮 채플 그리고 화요 공동체 모임뿐만 아니라 주말 경건 훈련에서도 예배 시간을 활용하여 동일한 가치와 주제를 지향하면서 기도로 연대하며 공동의 선을 위해 기도한다. 특별히 주말 훈련에서 침묵 가운데 마음의 심연에서 함께 기도하는 공동체뿐만 아니라 절망과 고난, 전쟁 가운데 있는 사람들을 비롯한 온 누리의 사람들과도 깊은 연대를 이루며 기도하는 시간은 학생들에게 초연결성의 시대의 중요한 영적 실천으로 여겨진다.

경건 훈련의 셋째 특징은 훈련의 전 과정을 학생 홀로 걸어가는 것이 아니라 영성 지도자가 동반한다는 것이다. 학생들 개개인이 훈련에 참여하여 훈련 과정을 수행하지만, 영성 지도자가 훈련에 동반하며 학생 개개인이 성령의 인도를 받아 자기 고유의 기도 또는 영적 여정을 걸어갈 수 있도록 돕는다. 영적 동반은 학생들의 기도와 영적 안내를 돕는 일을 전문적으로 하는 영성 교수들이 일차적으로 수행하지만, 공동생활을 하는 학우들과 함께 기도하고 자신들의 경험을 나누면서 서로의 여정을 지지하며 돕는 것도 중요하다.

장로회신학대학교 경건 훈련의 특징은 넷째, 근본적으로 공동체 훈련이며 공동체에 의해 진행되는 훈련으로 그리스도의 몸인 신학교가 공동체적으로 모든 훈련을 진행한다는 것이다. 학교에서 이뤄지는 훈련뿐만 아니라 가장 개인적인 것으로 여겨지는 개인적인 인도를 받는(guided retreat) 형식의 주말 훈련까지도 철저하게 공동체적으로 이뤄진다. 주말 훈련에서 학생들은 자기 자신의 영적 여정에서 대면하여 다루어야 할 실존적인 문제를 내용으로 씨름하도록 초대를 받지만, 지도자의 안내를 받고 그 기도를 시작한다. 지도자는 학생의 기도를 들으면서 학생이 계속 하나님 앞에서 그것을 다루는 기도를 하도록 도움을 준다. 학생들은 매우 고유한 자신만의 여정을 걸음에도 불구하고, 가나안 여인에게 아무 말도 하지 않고 그녀와 동반하며 여인의 믿음이 자라나도록 하셨던 예수님처럼 어떤 답을 주지 않으면서도 관상적으로 경청하며 동반하면서 성령의 도움을 받도록 돕는 지도자의 역할을 하는 사람이 절대적으로 필요하다. 실제로 학생들은 훈련 시간을 통해 지도자가 큰 도움이 된다는 것을 체험한다. 또한 훈련 기간 중에 매일 저녁 진행되는 성찬의 자리에서 학생들은 주님이 주신 떡을 함께 떼며 주님 안에서 심오하게 하나 됨을 체험하고 서로 간의 연대가 더욱 깊어지는 것을 경험하게 된다. 모든 훈련의 여정을 마친 뒤에는 훈련 공동체 전체가 모여 자신들의 경험을 나누고 돌아온다.

2. 경건 훈련 안에서 영성 지도

장로회신학대학교에서 경건 훈련에 참여했던 학생들 그리고 졸업생들이 경건 훈련에 대한 만족도 설문에서 가장 높은 평가를 주는 것이 첫째가 주말 경건 훈련이며, 둘째가 학생들의 자율적인 방모임이다.

주말 경건 훈련은 달리 말해 각자가 기도하고 그 기도 경험을 내용으로 개인 영성 지도를 받는 훈련으로, 영성 지도 자체가 4차 산업혁명 시대에서 지향하고 있는 방향성, 즉 초개인화를 이루어가는 데 실제적으로 큰 도움을 준다. 학생들은 자신의 삶에서 심각하게 다뤄야 할 의미 있는 경험이나 삶의 주제와 관련된 성경 말씀 안에서 묵상하고 기도하며 자신의 고유한 영적 여정을 걷도록 초대 받는다. 개인화를 간절히 원하면서도 실제로는 건강한 자기 통합의 방향과 정반대가 되는 자기 몰두로 치닫는 오늘의 현실 가운데, 영성 지도는 학생들이 전체 신학

교육의 틀 안에서 각 개인에 맞게 특성화된 영적 여정을 성령의 인도를 받으며 걸어가는 동시에 영성 지도자의 전문적인 안내를 받으며 자기 몰두가 아닌 자기 통합을 추구할 수 있도록 하는 것이다. 이렇게 개인의 기도와 영성 지도의 심오한 경험을 통해 영적 동반자와 함께 걷는 영적 삶에 대해 진지한 관심을 갖게 학생들은 신학대학원 과정에서 제공하는 영성 이론과 훈련 그리고 영성 지도를 체계적으로 배우며 훈련하게 된다.

각자가 개인적이고 경험적인 고유의 영적 여정을 잘 걸을 수 있도록 돕는 영성 지도는 기독교 교회 역사에서 중요하게 여겨왔던 사역이면서, 특히 (초)개인화라는 4차 산업혁명 시대의 시대적인 흐름과도 같이한다. 영성 지도를 위한 면담에서는 삶의 다양한 차원에서 오는 경험에서 가져온 것을 다룬다. 신학생들인 경우에 주로 기도의 경험을 가져오지만, 그것은 삶에서 주어진 것을 말씀을 가지고 기도하며 묵상하고 반추하여 가져온 것이다.

주말 경건 훈련에서 말씀 묵상의 지향점은 성경 말씀의 세계와 각자의 삶의 세계가 만나 융합된 새로운 세계의 실존적인 만남 안에서 변화를 추구하는 것이다. 주말 경건 훈련에서 기도자는 말씀 속의 하나님이 자신의 삶에 현존하심을 체험하면서 자기 삶을 말씀으로 조명하고 씨름하며 기도하도록 요청받는다. 여기서 영성 지도자는 피지도자에게 2박 3일 동안 하나의 주제에 집중하도록 안내할 뿐만 아니라 계속 그 기도를 이어갈 수 있도록 안내한다. 여기서 안내한다는 것은 지도자가 방향을 제시하거나 어떤 조언을 통해 피지도자를 돕는 것이 아니라 지도자가 피지도자로 하여금 성령의 안내를 통해 경험이 더욱 깊어지고 그 안에서 자발적으로 응답할 수 있도록 지지하며, 스스로 하나님

앞에 대면함으로 하나님의 현존과 사랑을 자신의 기도와 삶에서 스스로 체험할 수 있도록 동반하며 지지하는 것이다.

특별히 장로회신학대학교의 경건 훈련은 공동체성이 강조되는데 학생들은 훈련을 통해 각자를 분열된 개인(individual)이 아니라 인격체(person)로 인식하고 개인이 모인 집단이 아닌 인격이 함께 이루는 공동체(community)를 경험하며, 진정한 공동체로 자라가는 것의 의미를 체득하게 된다. 리버트의 관점에서 볼 때, 학생들이 개인적으로 기도를 하며 경험하고 인식한 것을 정감적으로 더 깊이 경험하게 되는 곳이 공동체가 될 수 있고, 또는 공동체 안에서의 일차 경험이 중요한 삶의 경험으로 인식되어 영성 지도의 시작이 될 수도 있다. 영적 지도는 그런 경험을 들여다보며 피지도자로 하여금 계속해서 그것을 기도로 가져가 하나님 앞에서 머물러 기도하게 함으로써 학생들로 하여금 궁극적으로 하나님의 현존과 사랑, 인도하심에 대한 생생한 체험에 이를 수 있게 한다.

장로회신학대학교의 경건 훈련은 코로나가 극심한 상황에서는 비대면 형식으로, 코로나 상황이 점차 개선되면서는 대면과 비대면을 병행했고, 코로나가 통제되는 상황에서는 완전 대면 형식으로 경건 훈련을 실행했다. 코로나 상황에서 새벽기도회는 녹음으로 올려진 설교를 듣고 각자 개인적으로 말씀을 묵상한 후 자신의 묵상과 기도를 돌아보며 반추하여 노트에 적도록 했다. 학생들은 저녁에 개인적으로 삶을 성찰을 하고 월요일에서 목요일까지 매일 밤 10시 반에 네 명씩 그룹을 만든 온라인상의 방에서 만나 아침 묵상과 저녁의 성찰을 나누며 기도를 함께했다. 화요 전체 공동체 모임은 '줌'과 동영상 강의를 통해 훈련의 삶에 도움을 주고, 교수들과도 '줌'으로 3번의 그룹 모임을 가졌다.

주말 경건 훈련(침묵 피정)도 학생들이 개인적으로 2박 3일 동안 기도에 전념할 수 있는 공간을 찾도록 하고 모든 프로그램(예배, 기도 안내 및 기도와 면담까지)을 '줌'으로 참여하는 방식으로 진행했다. 예전이면 이런 상황에서 실시할 수 없었던 훈련들을 어려운 여건에서도 디지털 기술 덕분에 실시할 수 있었다. 비록 코로나라는 불가피한 상황에서 공간적 제약으로 현장 훈련의 대체와 보조처럼 온라인상에서 공동체 또는 그룹 모임이 이뤄졌으나 각자 홀로 기도하고 함께 나누는 경건 훈련의 본래 취지를 충분히 경험할 수 있었다. 게다가 경건 훈련이 끝난 이후에도 이런 '홀로 각자와 함께'를 계속 이어갈 수 있었다.

종합적으로, 장로회신학대학교의 경건 훈련은 다양한 훈련 프로그램과 개인 영성 지도를 통해 4차 산업혁명이 지향하는 정신을 이루어 내고자 하고 있다. 박세훈은 4차 산업혁명 시대가 요청하는 정신들을 "배양하는 것 자체가 경건 훈련의 목적은 아니지만 경건 훈련의 가치와 목표를 실행해가는 방안에서 고려할 중요한 요소들이다"[74]라고 말한다. 신형섭은 경건 훈련이 4차 산업혁명 시대가 요청하는 것을 반영한 요소가 전체 신학 교육 안에서 행해지고 있다고 평한다.[75]

---

74 박세훈, "향후 경건훈련의 방향성 제안," 『장신 경건교육의 어제와 오늘: 120년 경건 교육의 역사, 경건의 신학과 유산, 그리고 경건교육의 새로운 방향』, 배정훈, 백충현 편(서울: 장로회신학대학교출판부, 2022), 306.

75 "현재 경건훈련의 네 가지 목표와 내용은 4차 산업혁명에서 요청하는 인간 이해를 이미 대부분 포함하고 있다. 공동생활을 통한 생활습관의 내면화와 상호관계형성을 통한 배려와 공감력과 공동체 의식이 연결되어지고, 기도생활을 통한 자아성찰과 내면 성숙과 하나님과의 관계 형성을 통해서는 비판적 사고, 관계적 사고, 통합적 사고가 반영되어진다. 봉사활동과 실천적인 삶을 통해서는 관계적 사고와 통합적 사고가 연계되어지고 활동생활과 관상생활의 조화를 통해서는 비판적 사고와 관계적 사고와 통합적 사고가 연결되어진다." 신형섭, "4차 산업혁명 시대의 영성훈련을 위한 기독교 교육적 함의," 『장신 경건교육의 어제와 오늘』, 87.

신학대학원 1학년 과정에 경건 훈련을 마친 학생들 가운데 자신의 영적 성숙뿐만 아니라 성도들의 영적 성숙을 돕는 일에 관심을 갖게 된 학생들은 일련의 수업을 선택할 수 있다. 1단계로〈영성의 이론과 실제〉, 2단계〈영성 훈련의 실제〉와〈기도의 실제〉, 3단계로〈영성 지도의 실제〉등이다. 1단계의〈영성의 이론과 실제〉와 2단계인〈영성 훈련의 실제〉및〈기도의 실제〉는 이론 수업과 함께 자신의 영적 성장을 위한 기도 경험을 병행한다. 담당 교수가 영성 지도자로서 학생들의 기도를 경청하고 그룹으로 기도를 안내한다. 기도의 내용은 그리스도를 따르는 제자도에 초점을 두어 예수님의 생애 묵상을 중심으로 한다.〈영성의 이론과 실제〉수업은 이론 수업과 함께 소울 프렌드(soul friend: 영성 지도자)와의 기도 나눔을 병행한다. 소울 프렌드는 이런 영성 지도자 과정을 거친 석·박사 과정의 학생들이나 때로는 현재 신학대학원 학생들 가운데서도 3단계까지 과정을 마친 사람들로 구성된다. 3단계인〈영성 지도의 실제〉는 영성 지도자로서 기도를 동반하는 훈련을 받는데 약간의 이론과 실습 중심의 수업이다. 지도자, 피지도자, 관찰자로서 트라이드(triad) 경험과 같은 역할을 한 사람끼리의 소그룹 모임 및 전체 모임을 통해 지도자, 피지도자, 관찰자 경험을 나누고 상호 간에 영성 지도를 배워가도록 한다.

신학대학원(M.Div.)에서 3단계까지 마친 학생들 중에 대학원(Th.M.) 과정으로 진학하는 학생들이 많아 3단계까지의 과정은 영성 지도자 훈련을 위한 기초 과정이라고 할 수 있다. 3단계까지 공부하고 훈련을 한 학생들이 전문적인 영성 지도자 사역을 위한 준비를 충분히 마쳤다고 말할 수는 없지만, 비록 영성 전공 석사 과정에 진학하지 않는 경우라도 목회 현장에서 성도들의 기도를 동반하는 영성 지도를 충분히 수행할 수 있는 기본적인 과정은 밟았다고 본다.

VI. 제4차 산업혁명 시대의 영성 지도와 신학 교육

VI장에서는 영성 지도와 신학 교육의 관계, 특별히 영성 지도가 신학 교육에 주는 기여에 대해 논할 것이다. 이를 위해 첫째, 영성과 신학의 올바른 관계 설정을 하고, 둘째, 영성 지도와 신비신학의 관계를 다루는데, 이것을 다루는 이유는 경험을 통한 앎의 방법론을 채택하는 방식이 이 두 영역에서 동일하기 때문이다. 셋째, 하나님에 대한 깨달음의 길로서 영성 지도가 구체적으로 어떻게 이뤄지는지 살펴보며 영성 지도가 신학 교육에 주는 기여를 강조할 것이다.

1. 영성과 신학

영성과 신학의 관계에 대해서는 지난 수십 년에 걸쳐 영성신학 분야에서 활발하게 논의가 되어왔다. 영성 지도와 신학 교육의 기본적인 관계는 영성과 신학의 관계라는 큰 맥락에서 더욱 잘 이해할 수 있을 것이다. 이 장에서는 영성 지도와 신학 교육의 관계에 대한 광범위한 논의보다 영성 지도가 신학 교육에 줄 수 있는 기여와 도전이 무엇일지에 대한 측면만을 단순히 다루고자 한다.

이를 위해 먼저 복음주의 신학자 알리스터 맥그래스의 신학과 영성에 대한 정의를 통해 영성과 신학의 관계를 먼저 설정하고, 이 둘의 연결을 고려하여 신학 교육에 영성 지도가 줄 수 있는 측면을 모색하고

자 한다. 맥그래스는 기독교 신학과 영성을 다음과 같이 정의한다.

기독교 신학이라는 용어는 인정할 수 있는 기독교 전통에 근거를 둔
일종의 개념을 지칭한다. 기독교 신학은 그 근원을 성서에 두고 있으며,
신앙 공동체 안에서 반추, 해석, 전승 과정을 통해 유지되고 발전된다.[76]

기독교 영성은 진정으로 의미 있는 그리스도인의 존재에 대한 탐구이며,
기독교의 근본적인 개념들을 함께 묶어주어 삶과 연관시키는 것으로
기독교 신앙의 범위와 규범 안에서 살아가는 삶의 총체적인 경험이다.[77]

맥그래스는 영성과 신학 사이의 밀접한 연결을 주장하며, 이것을
지지해줄 두 인물의 말을 인용한다. 첫 번째 인물은 영성(관상)과 신학
의 분리될 수 없는 연결성을 강조한 트라피스트회(Trappist) 수도자
토마스 머튼이다.

관상을 신학과 반대되는 것으로 주장할 수 없다. 사실상 관상은 신학의
평범한 완전이다. 마치 서로 아무런 관련이 없는 것처럼 하나님의 계시
된 진리를 지적으로 연구하는 것과 그 진리를 관상하는 체험을 분리해
서는 안 된다. 반대로 간단히 말하면 이 둘은 동일한 한 가지의 양면이
다. … 두 가지는 함께 속해 있다. 이 둘이 하나가 되지 않으면 열정도,
생명도, 영적 가치관도 없는 신학이 될 것이다. 관상 생활은 실체와 뜻

---

76 Alister E. McGrath, 『기독교 영성 베이직』(*Christian Spirituality: An Introduction*), 김덕천 옮김(서울: 대한기독교서회, 2006), 28.
77 *Ibid.*, 34.

과 인식도 없어질 것이다.[78]

두 번째 인물은 영성과 신학 사이의 긍정적인 관계에 대한 소견을 역설한 대표적인 복음주의 신학자 제임스 패커다.

나는 조직신학의 주관적 문제들을 단순히 하나님에 관한 계시된 진리라고 개념화시키는 것이 적절한지 의문을 제기한다. 보통 이런 진술형태를 동반하고 있는 가정, 즉 다른 과학적 데이터처럼 연구자료는 냉정하고 객관적인 이탈 속에서 가장 잘 연구된다는 가정에 대해 도전한다. 무엇으로부터의 이탈인지 스스로 질문해보라. 왜 하나님을 신뢰하고 사랑하고 예배하고 순종하고 섬기며 영광을 돌리는 관계적인 활동으로부터 이탈한단 말인가? 그 활동은 그 어떤 신적인 진리이든지 간에 사람이 성서를 펴고 묵상할 때마다 실질적으로 하나님의 임재 안에 존재하며 실질적으로 하나님이 말씀해주는 것이다. 이것은… 교리적인 연구가 헌신에 대한 문제를 간섭함으로써 계속해서 엉망진창이 되는 과정과 같다. 이렇게 하는 것은 하나님에 대한 진정한 개념을 아는 것과 참된 하나님 자신을 아는 것 사이에 쐐기를 박는 것이다.[79]

머튼에게 관상은 "신학의 평범한 완전", 즉 하나님의 신비를 삶과 기도 안에서 경험적으로 깨닫게 되는 것이다. 그리하여 그는 관상을

---

78 Thomas Merton, *Seeds of Contemplation*(Wheathampstead, Herts: Anthony Clarke, 1972), 197-98, *Ibid.*, 66-67에서 재인용.

79 James Innel Packer, "An Introduction to Systematic Spirituality," *Crux* 26, no.1(March 1990): 6, *Ibid.*, 67에서 재인용.

"초월적이며 표현할 수 없는 하나님을 체험하고 아는 것"[80]으로 정의한다. 이 앎은 이성과 믿음이 본질적으로 염원하는 영적 통찰력으로 형상이나 말, 명확한 개념으로도 파악할 수 없는 차원의 깊은 지식이다. 이런 맥락에서 관상은 예술과 시, 심미적 통찰력, 철학과 사변신학, 인간의 지식과 지각, 설명, 논쟁, 대화를 넘어서며 모든 형태의 직관과 체험—그 직관과 체험이 예술, 철학, 신학, 전례 또는 일반 수준의 사랑과 신앙에 관한 것이라 할지라도—까지도 폐기한다고 말한다. 이 모든 들이 진정한 앎이라는 더욱 높은 수준의 생명으로 태어나기 위해 죽게 된다는 것이다. 결국 관상이란 인간의 어떤 행위에 따라 주어지는 것이 아니라, 손이 없는 하나님이 만져주심으로[81] 눈을 뜨게 해주는 뜻밖의 은총, 즉 하나님이 거저 주시는 사랑으로 하나님에 대한 생생한 일깨움을 얻는 것이다.

패커는 조직신학자로서 하나님을 진정으로 아는 것이 어떤 것인지 밝히는 데 주의를 기울인다. 하나님을 개념적으로 아는 것과 참된 하나님을 아는 것이 다르며, 참된 하나님을 앎은 과학적 데이터처럼 냉정하고 객관적인 이탈로 알게 되는 것이 아니라 하나님께 영광을 돌리는 활동 속에서 하나님의 진리가 성경을 통해 경험적으로 깨닫게 된다는 것이다. 즉 영혼의 기능인 사변적인 활동을 통한 객관적인 고찰로 깨닫는 것이 아니라 하나님의 임재 안에 거할 때 성서를 통해 하나님께서 친히 말씀해주심으로 알게 된다는 의미다. 결국 맥그래스는 머튼과 패커와 함께 진정한 신학과 영성은 결코 분리될 수 없는 관계에 있다고 주장한다.

---

80 Merton, *Seeds of Contemplation*, 16.
81 *Ibid.*, 17.

2. 영성 지도와 신비신학

4차 산업혁명 시대를 맞이하여 참된 신학 교육을 위해 영성 지도가 줄 수 있는 기여를 모색하려면 신비신학을 언급할 필요가 있다. 여기서 신비신학은 수덕신학과 대비되는 의미의 신비신학을 뜻하는 것이 아니라 경험을 통한 앎의 방법론을 채택하는 고전적인 의미에서 신학을 뜻한다. 영성 지도는 기독교 신비주의 전통이 하나님을 경험적으로 깨닫는 방식을 택한다는 면에서 기독교 신비주의 전통에 서 있다. 영성 지도는 삶에서 의미 있게 경험하고 느낀 것을 주목하여 그것에 대해 반추하는 것에서부터 시작한다. 그런데 기도와 삶에서 은총의 사건을 경험하여도 처음에는 누구라도 그것을 다 안다고 말할 수 없고, 그것이 무엇이라고 쉽게 단정할 수도 없다. 성서 속에서 모세의 소명 체험이나 사도 바울의 다메섹 체험처럼 어떤 경험들은 너무나 특별하여 하나님과 성서에 대한 이해가 깊은 인물들도 자신들에게 주어진 경험을 곧바로 온전히 알아들을 수 없었다. 확실히 무엇인가를 은총으로 경험했는데 그것을 제대로 이해할 수는 없는 것이었다. 이 상충하는 두 가지를 어떻게 해소하느냐 하는 것이 과제이며, 이것을 사변이 아닌 경험적인 앎의 방식으로 접근해왔던 것이 신비신학이라 할 수 있다.

이러한 경험을 통한 앎이라는 신비신학의 방법론이 영성 지도에서도 발견된다. 영성 지도는 '경험'에 집중하여 그것을 계속 기도해가면서 '경험에 깊이 수준을 더해가는 방식'으로 하나님의 뜻과 하나님의 현존을 더 깊이 깨달아 알 수 있게 해준다. 이런 면에서 영성 지도는 고전적인 차원에서 경험한 하나님을 말하는 신학 활동으로 볼 수 있다.

교회 전통에서 신비신학의 역할은 누군가 어떤 의미 있는 경험을 했는데 그것을 경험했음에도 이해하지 못하는 것을 신학적으로 반추하는 것이다. 그런데 이 신학적 반추는 순전히 지성적인 작업만이거나 이성의 수준에서 하는 것이 아니다. 토마스 머튼은 이것을 매우 역설적으로 표현하여, 관상은 철학, 신학, 예술, 전례로 주어지는 모든 형태의 직관과 체험을 배제하지 않고 함께하며 또 함께해야 하는데, 관상은 이 모든 것의 최고의 성취이기 때문이라고 주장한다. 동시에 더욱 높은 수준으로 태어나기 위해 이 모든 것이 죽어야 한다고 말한다.[82] 관상이란 공부를 통해 터득한 이해의 체계에서 다 파악하여 이해할 수 있는 부분이 아니라는 것이다. 경험했는데 이해하지 못하는 것을 신학적 반추를 통해 깨닫게 되는데, 여기서 바른 이해는 죽음, 달리 말해 자기의 변형을 통해서 가능한 것이다. 즉 지성적 역량이 성령의 조명을 받아 성령의 사람으로 자기 존재가 바뀌어가야 비로소 말씀을 해석할 수 있는 역량이 발휘될 수 있다. 다시 말해 신학적으로 반추할 수 있는 존재로 변형되지 않으면 하나님의 진리를 온전히 깨닫는 신학적 반추가 불가능하다는 것이다. 이것이 기독교 신비 전통이 아빌라의 데레사, 십자가의 요한 그리고 토마스 머튼이나 헨리 나우웬에 관심을 갖는 이유다. 왜냐하면 그들은 자신들의 변화의 여정과 하나님에 대한 앎의 관계를 여실히 보여주기 때문이다.

신학적 반추는 자기의 변화로 가능한데, 하나님과 사랑의 연합의 단계에 이르러서야 자신이 경험한 것을 주님의 마음으로 제대로 바라보며 아는 것이 가능해진다. 이것이 바로 신비신학에서 관상으로 표현할 수 있는 높은 단계의 앎의 차원이며, 영성 지도가 움직여나가는 방

---

82 *Ibid.*, 16.

향이다. 피지도자는 자신이 경험하여 느낀 것은 맞지만 그것을 제대로 이해할 수 없을 때, 이전의 사색과 추리적인 묵상의 수준이나 단계로 되돌아가고자 한다. 그러나 깊은 수준에서 일어난 것을 지성의 노력으로는 이해할 수 없다. 인내심을 가지고 겸손하게 믿음으로 어둠 가운데 머문다면, 거기서 은총으로 일어나는 것이 하나님께서 영혼을 새롭게 해주심, 정화, 즉 존재의 변화다. 이렇게 존재의 변화가 주어져야만 성령의 조명을 통해 주시는 진정한 깨달음을 알아들을 수 있게 되고, 마침내 하나님과 사랑의 일치—뜻과 의지의 일치—를 이루는 관계에 이를 수 있다. 영성 지도는 바로 이러한 변화와 일치를 이루어가는 과정을 통해 하나님을 알아가는 여정을 온전히 걸어갈 수 있도록 도울 수 있다.

그렇다면 어떻게 영성 지도가 피지도자를 영혼의 정화와 진정한 앎으로 나아가게 돕는가? 영성 지도는 피지도자가 가져온 이야기를 가지고 계속 기도하며 경험한 것을 명료화하고, 거기서 멈추는 것이 아니라 그것을 다시 하나님 앞으로 가져가 계속 듣고 응답하는 과정을 통해 경험을 심화해갈 수 있다. 하나님과 관계의 성장은 계속 자라가는 것이지 어느 수준이나 단계에서 만족하며 그대로 멈춰버리는 것이 아니다. 아브라함에 대한 부르심의 여정은 평생에 걸친 것이었으며, 그 여정은 하나님에 대한 완전한 신뢰와 앎을 향한 여정이었다. 영성 지도는 이러한 부르심의 여정을 중단 없이 제대로 계속 걸어갈 수 있도록 도움을 준다.

모세의 소명 체험에 대한 성서 이야기는 확실한 깨달음에 이르는 길로서 영성 지도를 비유적으로 설명할 수 있는 본문이다. 모세를 피지도자에 비유하여 본다면, 처음에 그는 미디안 광야에서 떨기나무 가운데서 나오는 여호와의 사자가 그에게 나타나는 것을 본다. 일상의 삶에서 자신의 주의를 끄는 어떤 것을 경험하게 된 것이다. 떨기나무에 불이 붙었으나 그 떨기나무가 사라지지 않자, 가까이 가서 자세히 보려는 모세를 보시고 하나님이 그를 불러 네가 선 땅은 거룩한 땅이니, 네 발에서 신을 벗으라고 말씀하시며 애굽에 있는 당신의 백성을 구해내라는 사명을 주신다. 일상의 삶의 희미한 체험이 그 체험에 머무는 가운데 사명을 완전히 새롭게 인식하는 심오한 소명 체험으로 자라난다.

그런데 모세는 하나님의 백성을 구해내라는 하나님의 음성을 듣고 곧바로 애굽으로 달려간 것이 아니다. 모세의 소명 체험은 한번 듣는 것으로 끝난 것이 아니다. 그는 소명의 문제를 놓고 하나님과 출애굽기 3장에서 4장에 걸친 긴 대화를 이어나간다. 영성 지도는 모세가 경험한 것처럼 기도의 경험—기도 안에서 알아들은 것—이 무엇인지 계속 명료화하면서 그 경험이 깊어질 수 있도록 도울 것이다. 처음의 희미한 체험에서 분명하게 그것을 알아듣고 인식할 뿐만 아니라 그 사명을 주시는 하나님을 체험하고, 그 사명을 맡은 자기 자신의 정체성에 대한 인식을 분명하게 할 때까지는 상당한 시간과 과정이 필요하다. 영성 지도는 이 깨달음과 하나님과의 관계, 정체성 인식의 과정을 신실하게 성령의 인도를 받아 걸어갈 수 있도록 도와나간다. 영성 지도자는 피지도자가 계속 자신의 경험을 명료화하고 내면의 두려움을 대면하며 기도로 표현하여 이 알아들음의 여정을 멈추지 않도록 동반한다. 이 과정을 통해 마침내 모세는 사명을 확실하게 인식하고, 하나님에 대한 깨달음과 자신에 대한 겸손한 인식을 갖게 된다.

모세가 미디안 광야에서 확실한 사명 체험과 함께 하나님을 심오하게 만나지만, 그의 사명과 하나님과의 관계가 깊어지는 여정이 여기서 멈춘 것은 아니다. 성서를 통해 보면 그는 죽음에 이를 때까지 끊임없이 존재의 변화를 이루어가고, 하나님에 대한 인식과 사명에 대한 인식도 계속 깊어졌다. 영성 지도는 피지도자에게 문제 해결을 위한 기능적인 부분의 도움을 주는 것이 아니라, 스스로 기도하며 성령의 인도를 받으며 이러한 성숙과 변화, 깨달음과 사랑의 여정을 끊임없이 멈추지 않고 걸을 수 있도록 돕는 사역이다.

영성 지도에서 가장 널리 활용하는 면담 자료는 복음서를 사용한 묵상이다. 각각의 개별적인 기도 경험이나 깨달음이 그것으로 끝나는 것이 아니라 기도와 묵상을 통해 그 경험을 계속 이어가도록 한다. 그리스도 예수를 온전히 따르기 위해 기도 가운데 복음서를 통해 그분을 알고자 하는 마음으로 끊임없이 그분을 바라보고 그분과 함께 말씀 안에서 머무를 때 은총 안에서 그분을 알게 되고, 이 앎이 제자들처럼 일생을 걸쳐 자라나가는 것이다. 즉 하나의 기도, 하나의 묵상이 개인의 삶 전체 안에서 이어지는 것이며 이것이 진정으로 체험을 통한 앎이다. 영성 지도는 바로 이 그리스도 예수를 체험적으로 알아가고 그분과 온전히 하나 되어 그분과 함께 그분의 길을 사랑으로 따르는 삶으로 나아가도록 돕는 사역이다.

3. '하나님에 대한 깨달음의 길'로서 영성 지도: 신학, 영성, 삶의 통합

이제는 4차 산업혁명 시대 상황에서 기독교 영성 지도의 전제와 새로운 이해, 방법론 등을 활용하여 '하나님에 대한 깨달음의 길'로서 영성 지도에 대해 논하고자 한다. 일반적인 영성 지도의 과정을 앞에서 다루었지만, 여기에서는 인식의 깊이라는 관점, 달리 말하면 신학 함의의 관점에서 영성 지도의 과정을 살펴보고자 한다. 여기서 깨달음은 단순한 지적인 앎이 아니라 진정한 앎, 사랑으로 하나가 됨을 포함한다. 어떤 형태의 영성 지도—대면, 온라인, 일대일, 그룹 영성 지도—를 진행하더라도 그것이 어떻게 하나님에 대한 진정한 깨달음에 이르게 할 수 있을지 모색해보고자 한다.

영성 지도는 피지도자가 삶에서 경험하여 영성 지도 세션에 가져온 것을 영성 지도자와 함께 살피면서 그 경험에 대한 인식의 깊이를 심화하는 시간이다. 리버트는 경험의 넓이뿐만 아니라 깊이를 구분하는 네 가지 차원으로 해석적 차원, 정감적/상상적 차원, 비주제적 차원, 인간 경험의 근원인 거룩한 신비, 즉 하나님과의 일치(연합) 체험의 차원을 제시한다. 이것은 영적 지도의 방향성이다. 영성 지도는 지도자가 세운 구체적인 목표를 향해 의도적으로 이끌어가는 것이 아니라 성령의 인도하심을 받는 것이지만, 영성 지도는 근본적으로 지도자의 도움과 함께 원래 피지도자의 경험이 깊어지는 방향으로 나아가게 된다. 첫 번째 해석적 차원은 경험한 것을 지성으로 이해하는 것이며, 두 번째 정감적 차원은 감정과 비유, 이미지와 관련하여 경험하는 것이며, 세 번째 비주제적 차원은 정감적/상상적 차원보다 더 깊은 것으로 경험한 것의 의미가 바로 이해되지 않고 어떤 주제를 발견하기도 어려우며, 어떤 이미지와도 연결할 수 없는 경험과 인식의 차원이다. 네 번째 차원은 인간 경험의 가장 깊은 것으로 거룩한 신비인 하나님과의 일치를 경험하는 차원이다.[83]

---

83 Libert, "수퍼비전, 지평을 넓히기," 『영성 지도자들을 위한 수퍼비전』, 283-85.

이것을 뒤집어 설명하자면, 어느 한 영역에서 거룩한 분/신비를 경험하면, 신비를 가장 가까이서 에워싸고 있는 원은 비주제적 인식이다. 비주제적 인식은 하나님이 영혼을 만나주심과 같이 신비에 대한 체험이 핵심적인 경험이라면, 이 핵심적 경험을 에워싸는 체험(또는 인식)은 황홀 체험과 같은 것이다. 이것은 아직 정확히 어떤 이름으로 명명하거나 특정 경험으로 분류할 수 없는 차원의 인식으로, 무척 미묘해서 심지어 의식에 분명한 모습을 드러내지 않을 수도 있다. 그럼에도 이 체험적 인식은 실재하여 말로 표현할 수 없는 탄식과 새로움의 홍수, 갑작스러운 눈물의 분출 또는 표현 불가능한 매혹으로 표현되어 비주제적이라 한다.

정서-상상의 차원은 신비 체험을 느껴진 감각, 직관, 은유, 이미지, 색깔, 냄새, 환상, 꿈, 우화와 신화, 이야기로 표현하는 수준으로 예술, 음악, 시, 춤을 비롯한 정서적이고 상상적이고 비추리적 인식에 내재하는 다층적 가능성을 열어주는 창의적이고 도발적인 다양한 종류의 작업을 포함한다. 십자가의 요한은 자신에게 주어진 심오한 신비 체험을 〈어둔 밤〉, 〈영적 찬가〉, 〈사랑의 산 불꽃〉이라는 짧은 시로 표현해 낸다. 그런데 그는 〈어둔 밤〉이라는 짧은 시의 전반부만을 가지고 두 권의 해설을 썼다. 〈영적 찬가〉도 두 권으로 해설하고 〈사랑의 산 불꽃〉도 한 권으로 설명한다. 리버트의 구조로 보자면 이것은 해석의 차원이다. 의식적인 성찰과 해석의 차원은 합리적이고 논리적인 영역, 아이디어, 개념적 통찰 그리고 분석의 영역이다. 리버트에 따르면, 이 해석의 차원은 언어에 크게 의존하며, 신학적 성찰과 추리적인 묵상은 바로 이러한 차원에 속한 것이라고 말한다.

틸든 에드워드는 지금까지 논의한 인간 경험의 아는 단계(인식의 깊이)들을 즉각적인 인식, 심령적 인식, 서술적 인식, 해석적 인식으로 표현한다.[84] 즉각적인 인식(관상적 직관)은 하나님의 현존을 직접 인식하여 즉각적으로 깨닫는 것으로[85] 개인이 분리된 존재라는 최소한의 감각마저도 가지고 있지 않은 인식이다. 심령적 인식은 인지적인 생각의 작용을 통해서가 아니라 심령(spiritual heart)을 통해 알게 되는 인식이다. 틸든에 따르면, 심령은 실제로 자신을 둘러싸고 있는 자신 안의 우정 어린 실체를 감지하게 될 때, 이 실체와 자연스럽고도 의식적인 관계, 즉 주체할 수 없는 하나님의 사랑을 느끼며 자신을 포함한 모든 존재가 그분 안에 속한 것으로 인식하게 된다. 서술적 인식은 경험을 감지하는 것을 넘어 그 경험을 더 잘 통찰할 수 있도록 이미지와 상징, 비유 등을 통해 그 경험을 명확하게 있는 그대로 설명하는 단계의 인식이다. 해석적 인식은 즉각적인 인식과 심령적 인식 그리고 그 경험과 인식을 단순히 설명하는 것을 넘어서 그 경험의 기원과 의미, 역사뿐만 아니라 오늘날 타인들의 경험과 어떤 관계가 있는지 논하며 해석하는 단계의 인식이다. 틸든은 이런 해석을 하는 모든 사람을 신학자라고 부르며, 경험과 관련하여 하나님이란 이름을 사용할 때 그것은 신학적인 진술을 하는 것이라고 말한다. 즉 경험을 하나님과 관련하여

---

84 Tilden H. Edwards, 『영혼을 돌보는 영성 지도』, 이만홍, 최상미 옮김(서울: 로뎀, 2010), 107-25.

85 이것은 버나드 맥긴의 신비주의 또는 관상의 개념과 유사하다. 맥긴에게 신비주의는 "하느님 현존을 직접적으로 인식하는 것/하느님 현존의 직접적 인식"이다. Bernard McGinn, 『서방 기독교 신비주의의 역사: 신비주의의 토대 - 그 기원부터 5세기까지』(서울: 은성, 2000), 20-24. 틸든은 관상적 직관을 다음과 같이 설명한다. "관상적 직관은 우리의 생각, 감정, 상징들, 심적 감각 혹은 과거 경험들의 제약을 받지 않고 이것들이 마음에서 작동하기 전에 먼저 존재하는 열려 있는 의식의 속성을 지닌 것으로 가장 직접적인 깨달음의 방법이다." 즉 이 깨달음은 "'그것 자체(what is)'와의 직접적인 내적 접촉에서 비롯된 지식"이다. *Ibid.*, 115.

바라보며 생각하고 그것에 대한 해석에 이르게 하는 것이 신학 함이며, 그런 신학 작업은 영성 지도를 통해 이뤄질 수 있다는 것이다.[86]

피지도자는 자신이 경험한 것을 영성 지도자와 함께 들여다보며 계속 새롭게 알아듣고자 할 때 그것을 통해 말씀하시는 하나님의 숨겨진 뜻을 새롭게 체험하며, 피지도자의 하나님에 대한 인식은 점점 깊어지게 된다. 결국 영성 지도를 받고자 한다는 것은 근본적으로 하나님을 온전히 알고자 함이요, 자신에게 주어지는 어떤 체험이나 작은 앎도 가볍게 여기지 않고 그것을 통해 존재를 변화시키고 하나님을 더욱 알아가고자 추구하는 것이다.

이를 위해 영성 지도는 우선 피지도자가 가져온 다양한 차원의 경험을 주목하며, 그 경험이 무엇이고, 그것을 통해 드러내시는 하나님의 현존과 역사하심을 깨닫도록 초대한다. 즉 영성 지도자는 하나님의 자기 소통을 인지하도록 피지도자를 도우며, 피지도자는 자신의 경험과 그것을 통해 드러내시는 하나님의 자기 소통 그리고 하나님의 현존과 이끄심에 반응하는 것을 가로막는 내면의 저항과 어두움, 부자유의 영역들까지도 인지하고 주목하며 자신을 있는 그대로 대면하여 그것을 가지고 계속 기도해나갈 수 있게 된다. 피지도자의 기도는 한계를

---

86 Ibid., 120. 틸든은 영성 지도에서 가장 많이 마음을 쓰는 일은 살아낸 경험에 밀착된 신학화 작업을 이해하는 것이며, 이때 영성 지도자의 역할이 중요함을 강조한다. 영성 지도자는 피지도자가 자신의 경험을 조급한 해석으로 결론지으려는 것을 피하도록 도우며, 피지도자의 이야기에 충실하면서 동시에 다른 가능성에 열려 있는 태도로 듣기를 해야 한다. 예를 들어, 설명의 단계에서는 실제적 경험을 훨씬 더 가깝게 지각하는 일(즉각적 인식과 심령적 인식)과 그에 대해 가능한 해석들에 넓은 마음으로 다가가는 것이다. 무엇보다 중요한 것은 그 경험이 피지도자에게 어떤 영향을 미치는지 귀를 기울이는 것이며, 즉 그것이 하나님과 자신을 알아가는 데 어떤 기능을 하는지 생각하며 듣는 것이다. Ibid., 120-21.

정해놓은 것이 아니라, 계속 들으며 신비를 깊이 알아듣고 응답하는 방향으로 계속 움직여간다. 하나님과의 관계 안에서 믿음과 사랑의 앎이 더욱 성장하고 내적 자유와 기쁨 가운데 통합의 삶을 살게 되며, 자아와 이웃, 세계와 더욱 건강한 관계로 자라나간다.

결국, 이상을 종합하면 4차 산업혁명 시대의 영성 지도는 피지도자의 어느 한 가지 경험, 종교적인 영역의 체험에만 집중하는 것이 아니라 삶의 전체적인 체험에 관심을 가져야 한다. 어느 영역의 경험이든지 그 가운데 의미 있게 다가오는 체험에 주목하며 기도와 성찰로 정리하여, 그것을 영성 지도로 가져와서 그것을 통해 하나님의 신비를 깨닫고자 할 때 그 경험은 더욱 깊어지고 마침내 생생한 하나님의 현존 경험과 체험적인 인식으로 나아가게 된다. 영성 지도는 단순히 종교 생활을 활성화하도록 돕는 하나의 영성 훈련에 머무는 것이 아니라 하나님 안에서 존재와 삶을 통합하고 사랑으로 하나님을 알아가는 참 신학함의 건강하고 안전한 길이라 할 수 있다.

VII. 나가는 말

미국 콜롬비아 신학대학교 목회신학 교수였던 벤 존슨은 복음화는 영적 지도의 시작이며, 영적 지도는 복음화의 완성임을 강조한다.[87] 즉 복음은 영성 지도의 시작과 끝이요, 영성 지도를 통해 완전한 복음화가 이루어질 수 있으므로 영성 지도의 최종 목표는 복음화의 완성이

---

87 Ben Campbell Johnson, *Speaking of God: Evangelism as Initial*(Louisville, Kentucky: Westminster/John Knox Press, 1991), 26.

라는 것이다. 영성 지도의 전제는 인간 삶의 전 차원에 삼위일체 하나님이 현존하시고 활동하신다는 것이다. 그 전제를 바탕으로 영성 지도는 피지도자로 하여금 하나님의 현존과 소통에 주목하여 그것을 알아차리고 응답하며, 하나님의 사랑과 뜻에 일치하는 관계로 자라갈 수 있도록 돕는 것이다. 이런 맥락에서 4차 산업혁명 시대의 영성 지도는 육화하신 예수 그리스도의 삶과 인격을 디지털 시대를 사는 인격 안에 내면화하여 사도적인 삶을 구체적인 시대 상황 속에서 살아낼 수 있도록 돕는 역할을 한다.

4차 산업혁명 시대에 말씀 묵상과 성찰, 반추 훈련 등을 통해 길러지는 "실재에 대한 길고 사랑스러운 응시"(a long, loving look at the real)[88]의 관상 훈련과 이 경험을 영성 지도자와 나누는 영성 지도를 통해 기도자(피지도자)는 숨겨진 하나님의 현존과 하나님 안에서 모든 존재 간의 근본적인 연대를 보게 된다. 즉 모든 것 안에서 하나님의 현존하심과 역사하심 그리고 하나님 안에 모든 존재와 삶이 있다는 것을 심오하게 경험하는 비이원의 진정한 영적인 삶을 살아갈 수 있게 된다. 더 나아가 영성 지도는 피지도자의 내면의 움직임을 주목하여 자기 이야기를 하면서 진정한 자기됨을 추구해나가도록 하는 것으로, 4차 산업혁명 시대의 가치이자 최대의 과제인 진정한 자기 초월로서의 초개인화를 이루는 데 도움을 준다. 또한 영성 지도는 성령 하나님과 지도자와 피지도자 간의 존재의 가장 깊은 마음의 수준에서 경험을 나누는 대화를 통해 진정한 융합의 신비와 참 지혜의 삶으로 나아갈 수 있도록 도움을 준다. 이것은 사변적인 지식이 아니라 존재의 변화를

---

88 Walter J. Burghardt, "Contemplation: A Long, Loving Look at the Real," *Church*(Winter, 1989).

통해 성령의 조명으로 깨닫게 되는 일치적이고 관상적인 차원의 앎까지를 전체적으로 아우르는 사랑의 지식이다. 이는 진정한 지혜를 얻게 해주기에 신학 교육에도 실제적인 기여를 할 뿐만 아니라 진정한 신학함을 위해 자기 변화가 얼마나 중요한지 지적해준다.

인간의 근본적인 일치에 대한 깨달음은 과거에는 소수의 사람에게 인식되어왔다. 하지만 이제는 인류가 피상적인 수준일지라도 4차 산업혁명으로 인해 초연결을 실제적으로 경험하면서 이제는 소수의 지혜자만이 아닌, 온 인류가 보편적 인류 의식의 발달로 나아갈 수 있는 시대가 도래했다고 할 수 있다. 이러한 지구적이고 일치적인 인류 의식의 발달을 어떻게 이끌어갈 수 있을까 하는 것이 현 4차 산업혁명 시대에 주어진 과제이며, 영성 지도는 여기에 중대한 공헌을 할 수 있다. 영성 지도를 통해 진정한 연합을 지구적으로 이루어내기 위해서 디지털 시대의 영성 지도는 단순히 종교적 실천의 수행을 돕는 정도에 그치지 않는다. 디지털 시대의 영성 지도는 삼위일체 하나님의 현존과 활동을 절대적으로 신뢰하여 모든 곳에서 살아 계시는 하나님과 이미 이뤄진 그 사랑의 영원한 관계를 구체적인 삶 안에서 온전히 경험하게 해주는 수련이요 실천이며 삶이다. 또한 그것을 명료화해나가는 기도요 찬양이며 신학의 과정이다.

마지막으로 4차 산업혁명 시대에 올바른 영성 지도가 되기 위해 중요한 것은 무엇일까? 무엇보다도 모든 존재의 근원이신 사랑의 하나님이 개별적인 존재와 전 삶에 그리고 모든 관계와 조직, 사회와 문화, 모든 영역, 온 땅에 영원히 현존하시는 삼위일체 하나님이 당신을 내어주시는 자기 소통을 끊임없이 하신다는 비이원론적이고 관상적인 영성에 기초한 영성 지도 실천이다. 영성 지도는 이러한 하나님의 영원한 사랑의 신비에 기초하여 믿음으로 하나님을 알아가는 여정이다. 또한 이 영성 지도에 참여한 사람은 누구든지 성령의 인도하심 가운데, 마침내 로마서 8장의 사도 바울처럼 하나님의 영원한 사랑을 절대적으로 신뢰하며 어느 환경 가운데 있더라도 소리 높여 하나님을 찬미하는 삶으로 나아가게 될 것이다.

참고 문헌

김희자. "융합문화시대의 기독교 인공지능 시스템교육."「기독교교육정보」40(2014): 1-3.

미래정책전략연구원.『10년 후 4차산업혁명의 미래』. 경기: 일상과이상, 2017.

박보린.『제4차 산업혁명에 대한 정신분석적 고찰』. 서울: 한국심리연구소, 2018.

박세훈. "향후 경건훈련의 방향성 제안."『장신 경건교육의 어제와 오늘: 120년 경건교육의 역사, 경건의 신학과 유산, 그리고 경건교육의 새로운 방향』. 배정훈, 백충현 편. 서울: 장로회신학대학교출판부, 2022: 282-311.

양성진. "4차 산업혁명시대에 기독교 교육의 방향에 대한 고찰."「신학과 실천」58 (2018): 567-97.

유해룡. "기독교 영성지도의 고유한 특성과 과정."『영혼의 친구』. 권혁일 편. 서울: 키아츠, 2018: 51-75.

임광. "초지능 사회와 미래 특집을 내면서."「한국콘텐츠학회지」17, no.1(2019): 13.

조헌국, 하상우. "초융합, 초연결, 초지능의 개념을 통해 살펴본 4차 산업혁명 시대의 물리교육."「새물리」72, no.4(2022. 4.): 319-28.

Barry, William A. and William J. Connolly.『영적 지도의 실제』(*The Practice of Spiritual Direction*). 김창제, 김선숙 옮김. 왜관: 분도출판사, 2014.

Neafsey, James. "하나님에 대한 인간의 경험."『영적 지도와 영적 여정』(*Sacred Is the Call: Formation and Transformation in Spiritual Direction Programs*). edited by Suzanne M. Buckley. 권희순 옮김. 서울: 은성, 2008: 25-37.

Libert, Elizabeth. "수퍼비전, 지평을 넓히기."『영성 지도자들을 위한 수퍼비전』 (*Supervision of Spiritual Directors: engaging in holy mystery*). edited by Mary Rose Bumpus and Rebecca Bradburn. 이강학 옮김. 서울: 좋은 씨앗, 2017: 261-303.

Burghardt, Walter J. "Contemplation: A Long, Loving Look at the Real." *Church*. Winter, 1989.

Burrows, Ruth. 『영혼의 성 탐구: 하나님과의 친밀한 연합의 삶을 위한 테레사의 가르침』(*Interior Castle Explored: St. Teresa's Teaching on the Life of Deep Union with God*). 오방식 옮김. 서울: 은성, 2014.

Calvin, John, 『기독교 강요』(*Institutes of the Christian Religion*). 1559년 최종판. 원광연 옮김. 파주: 크리스챤다이제스트, 2015.

Calvinus, Iohannes, 『칼빈주석 공관복음』(*Commentarius in Harmoniam Evangelicam*). 라틴어원전완역본 17. 박문재 옮김. 고양: 크리스챤다이제스트, 2012.

Calvinus, Iohannes, 『칼빈주석 요한복음』(*Commentarius in Evangelium Ioannis*). 라틴어원전완역본 18. 박문재 옮김. 고양: 크리스챤다이제스트, 2012.

Conroy, Maureen. *Looking into the Well*. Chicago: Loyola University Press, 1995.

Edwards, Tilden H. 『관상으로의 초대』(*Embracing the Call to Spiritual Depth*). 양혜란 옮김. 서울: 한국샬렘, 2021.

_____. 『영혼을 돌보는 영성 지도』(*Spiritual Director, Spiritual Companion*). 이만홍, 최상미 옮김. 서울: 로뎀, 2010.

Fleming, David L. *The Christian Ministry of Spiritual Direction: The Best of the Review-3*. St. Louis: Review for Religious, 1988.

Johnson, Ben Campbell. *Speaking of God: Evangelism as Initial*. Louisville, Kentucky: Westminster/John Knox Press. 1991.

Keating, Thomas. 『하느님과의 친밀』(*Intimacy with God*). 엄무광 옮김. 서울: 성바오로출판사, 1998.

Leech, Kenneth. 『영성과 목회』(*Spirituality and Pastoral Care*). 최승기 옮김. 서

울: 한국장로교출판사, 2000.

_____. *Soul Friend: Spiritual Direction in the Modern World*. London: Darton, Longman & Todd, Ltd, 1994.

Libert, Elizabeth. 『변화하는 삶의 패턴: 영성지도와 성인발달론』(*Changing Life Patterns: Adult Development in Spiritual Direction*). 최상미 옮김. 서울: 에스오에피치, 2015.

_____. 『영적 분별의 길: 하나님과 함께 믿음의 결정 내리기』(*The Way of Discernment*). 이강학 옮김. 서울: 좋은씨앗, 2012.

McGrath, Alister E. 『기독교 영성 베이직』(*Christian Spirituality: An Introduction*). 김덕천 옮김. 서울: 대한기독교서회, 2006.

Merton, Thomas. 『새 명상의 씨』(*New Seeds of Contemplation*). 오지영 옮김. 서울: 가톨릭출판사, 2005.

_____. *Spiritual Direction and Meditation*. Collegeville, MN: The Liturgical Press, 1960.

Nouwen, Henri. 『마음의 길』(*The Way of Heart*). 이봉우 옮김. 경북 왜관: 분도출판사, 1989.

_____. 『분별력』(*Discernment*). 이은진 옮김. 서울: 포이에마, 2016.

_____. 『상처입은 치유자』(*The Wounded Healer*). 이봉우 옮김. 경북 왜관: 분도출판사, 1982.

_____. 『영성수업』(*Spiritual Direction*). 윤종석 옮김. 서울: 두란노, 2007.

Pennington, Basil. 『향심기도』(*Centering Prayer*). 이승구 옮김. 서울: 기쁜소식, 2007.

Ruffing, Janet K. 『천상의 대화』(*Spiritual Direction Beyond the Beginnings*). 염영석 옮김. 서울: 하우, 2017.

Ruffing, Janet. *To Tell the Sacred Tales: Spiritual Direction and Narrative*. New York: Paulist Press, 2011.

Schneiders, Sandra M. "Theology and Spirituality: Strangers, Rivals, or Partner?" *Horizon* 13/2(1986).

Schwab, Klaus. 『클라우스 슈밥의 제4차 산업혁명』(*The Fourth Industrial Revolu-*
　　tion). 송경진 옮김. 서울: 새로운현재, 2016.

_____.『클라우스 슈밥의 제4차 산업혁명: 더 넥스트』(*Shaping the Fourth Indust-*
　　rial Revolution). 김민주, 이엽 옮김. 서울: 새로운현재, 2018.

Turkle, Sherry. "Connected, but alone?" Tedtalk. Apr 03, 2012. Video, 19:11.
　　https://www.youtube.com/watch?v=t7Xr3AsBEK4.

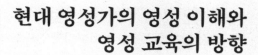

현대 영성가의 영성 이해와 영성 교육의 방향

— 토마스 머튼과 헨리 나우웬을 중심으로

정원범 대전신학대학교 기독교 윤리학 은퇴교수

I. 들어가는 말

〈국민일보〉가 2022년에 실시한 '기독교에 대한 대국민 이미지 조사' 결과(2022년 4월 27일 보도)에 따르면, 한국교회의 신뢰도는 18.1%로 나타났다. 이 조사 결과를 2020년 기독교윤리실천운동이 실시한 '2020년 한국교회의 사회적 신뢰도 여론 조사' 자료와 2021년 목회데이터연구소가 실시했던 '코로나19 정부 방역 조치에 대한 일반 국민 평가 조사'와 비교해볼 때 2020년 32% → 2021년 21% → 2022년 18%로 한국교회에 대한 신뢰도는 계속 하락하고 있다. 2022년의 조사에 따르면 기독교인 중 기독교를 신뢰하는 비율은 63.5%였고, 비기독교인 중 기독교를 신뢰한다고 답한 비율은 8.8%에 불과했다.[1]

---

1 이국희, "국민은 기독교인에게 삶으로 드러나는 그리스의 편지 기대한다," 〈고신뉴스〉,

교회에 대한 신뢰도가 추락하는 현상은 한국교회뿐만이 아니다. 미국교회 역시 한국만큼은 아니지만 신뢰도가 추락하고 있다. 1975년 미국 갤럽 조사에서 미국인은 교회에 대해 68%나 되는 높은 신뢰를 보였으나 2021년에 와서는 약 37%로 2020년 조사 때(약 42%)보다 약 5%포인트 떨어졌다.[2] 미국 성직자에 대한 미국인의 신뢰도 역시 추락하기는 마찬가지인데 1988년 67%의 높은 신뢰도를 보였으나 2020년에 와서는 39%로 사상 최저치에 근접했다고 한다.[3]

　　이렇게 한국과 미국에서 교회에 대한 신뢰도가 추락하고 있는 이유는 무엇일까? 여러 가지 분석 중 가장 많이 나오는 원인으로 언급되는 것은 교회의 세속화와 성직자들의 도덕적 타락이다. 그렇다면 세속화와 도덕적 타락의 근본 원인은 무엇일까? 필자는 교회가 세속화되고 성직자들이 도덕적으로 타락하게 되는 근본 원인을 영성의 상실과 영성 훈련의 부재에 있다고 생각한다. 그도 그럴 것이 거룩 지향성, '인간의 자아 초월의 능력에 대한 실현'[4]이라고 설명되는 영성을 추구하는

　　2022년 4월 28일, https://www.kosinnews.com/news/articleView.html?idxno= 24455.

2　최승현, "미국인 종교 신뢰도 36%, 역대 최저치,"〈뉴스앤조이〉, 2019년 7월 10일, https://www.newsnjoy.or.kr/news/articleView.html?idxno=224347; 최준, "교회에 대한 신뢰도 갈수록 하락, 올해 약 37%로 사상 최저치 근접,"〈한국일보〉, 2021년 7월 22일, http://m.koreatimes.com/article/20210721/1372551; "교회에 대한 미국인의 신뢰도 역사상 가장 낮아,"〈크리스챤저널〉, 2021년 7월 27일, http://www. kcjlogos.org/news/articleView.html?idxno=15933(2019년에는 36%로 갤럽이 조사를 시작한 1973년 이래 최저의 수치가 나옴).

3　이미경, "미 갤럽 조사 '2020년 성직자 신뢰도 사상 최저치 근접',"〈기독일보〉, 2021년 2월 3일, https://www.christiandaily.co.kr/news/100125.

4　필리스 티클은 영성을 '거룩함에 대한 태도'라고 정의하고, 샌드라 슈나이더스는 '인간의 자아 초월 능력에 대한 실현'이라고 정의한다. Deidre LaNoue,『헨리 나우웬과 영성』(The Spiritual Legacy of Henri Nouwen), 유해룡 옮김(서울: 예영커뮤니케션, 2004), 18.

삶이 없이는 탐욕스런 죄의 본성에 따라 교회도 세속화될 수밖에 없기 때문이다. 그러므로 신학 교육에서 가장 중요한 것은 아무래도 영성 교육과 영성 훈련이라고 할 수 있다.

그러면 어떻게 미래에 성직자들이 될 신학생들에게 건강하고도 성숙한 영성 형성을 위한 영성 교육을 할 것인가? 이 글에서 이 질문에 대한 대답을 필자는 20세기를 대표하는 토마스 머튼과 헨리 나우웬의 영성에서 찾아볼 것이다. 왜냐하면 이들은 기독교 영성의 핵심과 기독교 영성의 온전성 또는 통전성이 어떠한 것인지 현대 영성가들 중에서 가장 잘 보여주었기 때문이다.

이 글의 목적은 토마스 머튼과 헨리 나우웬의 영성에 근거하여 월드미션대학교에서의 영성 교육 방향을 제시하는 것이다. 이를 위해 필자는 두 사람의 영성을 논구하되 2장과 3장에서 첫째, 머튼의 신학, 나우웬의 신학이란 제목으로 하나님 이해, 그리스도 이해, 성령 이해를 개괄할 것이고, 둘째, 머튼과 나우웬의 영성의 핵심 주제들에 대해 분석할 것이며, 셋째, 머튼의 영성과 나우웬의 영성이 갖는 특징들을 분석할 것이다. 그리고 4장에서는 머튼과 나우웬의 영성의 공통점에 근거하여 영성 교육의 방향을 제시하고자 한다.

II. 토마스 머튼의 신학과 영성

1. 토마스 머튼의 신학

토마스 머튼은 하나님을 아는 것이 인간이 누릴 수 있는 가장 큰 기쁨이며 행복이라고 믿었기에 하나님을 구하는 데 전 생애를 바친 사람이었다. 돔 아르망 베이유가 토마스 머튼에 대해 "영적 여정 중의 수도승, 의식의 영역이 항상 새로운 지평을 향해 열려 있고, 깊은 영적 성찰을 위한 지속적 과정 중에 있는 사람이었다"[5]라고 말한 사실에서 알 수 있듯이 머튼은 자신의 체험을 통해 인간 의식의 변형과 관상을 통한 영적 깨어남을 보여주었던 20세기의 대표적 관상적 영성가였다.

1) 하나님 이해

머튼의 영성을 살펴보기 전에 머튼의 신학을 살펴보고자 한다. 먼저 그의 하나님 이해에 나타난 몇 가지 특징을 살펴보자. 첫째, 그의 하나님 이해는 스콜라주의적인 이해에서 관상적 이해로 변화되었다는 특징이 있다. 여기서 관상적 이해라는 말은 실체를 주관적인 경험을 통해 파악하는 것을 말한다.[6] 둘째, 머튼은 하나님의 무한성과 인격성, 하나님의 초월성과 내재성을 동시에 강조한다.[7] 셋째, 그는 하나님의 현존과 부재를 동시에 강조한다: "하나님께서는 우리 마음에서 멀어지심으로써 우리 마음에 다가오신다."[8] 넷째, 머튼의 하나님 이해는

---

5 Armand Veilleux OCSO, "Monk on a Journey," *Cistercian Studies Quarterly* 50 (2015): 99. Originally published in *Thomas Merton/Monk : A Monastic Tribute*, ed. Br. Patrick Hart OCSO(Kalamazoo, MI: Cistercian Publications, 1983).

6 Thomas Merton, 『새 명상의 씨』(*New Seeds of Contemplation*), 오지영 옮김(서울: 가톨릭출판사, 2005), 23.

7 Thomas Merton, *Love and Living*, eds. Naomi Burton Stone and Patrick Hart (New York: Farrar, Straus and Giroux, 1979), 175.

8 Thomas Merton, 『인간은 섬이 아니다』(*No Man Is an Island*), 장은명 옮김(서울: 성바오로출판사, 2011), 348, 350.

인간 이해와 밀접하게 연결되어 있다. 그에게 하나님을 아는 것은 진실한 자기 정체성 안에서 자신을 알게 되는 것과 긴밀하게 연결되어 있다: "하나님에 대한 우리의 인식은… 그분의 구원하시고 자비로우심에 완전히 의존하고 있는 우리에 대한 지식이다. … 그의 진리가 우리의 존재의 근원이요, 그분의 자애로운 사랑이 우리의 생명과 존재의 중심이라 할 정도로, 우리는 그분을 우리 자신 안에서 그리고 우리 자신을 통해서 그분을 알 수 있는 것이다."9 "하나님을 발견하는 가운데서 나를 발견하는 것입니다. 내가 그분을 찾으면 나는 나를 찾을 것이고 내가 나의 진정한 자아를 찾으면 나는 그분을 찾을 것입니다."10 "하나님에 대한 우리의 관념은 하나님에 대한 것이라기보다는 바로 우리 자신에 대한 관념일 것이다."11 다섯째, 머튼의 하나님 이해는 하나님 사랑과 밀접하게 연결되어 있다: "하나님을 사랑하지 않으면 하나님을 진실로 알 수 없다는 것이 관상의 역설이다." "하나님을 알기만 하고 사랑하지 않는 것은 끔찍한 일이다. 하나님과 실제로는 깊은 친교를 나누지 않으면서 이론적으로만 하나님의 존재를 확신하는 것 또한 끔찍한 일이다."12

그러면 머튼이 이해한 하나님은 어떤 분인가? 그가 이해한 하나님은 창조주이시고 구세주이시며, 살아 계신 분이고 무한하신 분이며, 무한한 빛, 존재의 근원, 존재의 중심, 강하신 분이고, 감추어져 있고, 알 수 없는 분이며, 위대한 밤의 주님이시며, 자비로우신 분이며, 사랑

---

9 Thomas Merton, *Contemplative Prayer*(New York: Doubleday, 1969), 83.
10 Merton, 『새 명상의 씨』, 51.
11 Merton, *Contemplative Prayer*, 15.
12 Thomas Merton, 『십자가의 성 요한과 진리의 산길』(*The Ascent to Truth*), 서한규 옮김(서울: 바오로딸, 2009), 26, 137.

하시는 분이며, 침묵하시는 분이며, 거룩하신 분이며, 무한히 자유로우신 분이며, 정의로우신 분, 태워 없애는 불이시며, 그 자체로 전부인 분이었다.[13]

2) 그리스도 이해

머튼의 하나님 이해가 부정적 접근 방법(apophatic approach)[14]이었다면, 그의 그리스도 이해는 긍정적 접근 방법(kataphatic approach)이었다고 할 수 있다. 그에게 그리스도는 감추어진 하나님의 계시자이고 하나님의 현현이었기 때문이다.[15] 먼저 머튼의 그리스도 이해의 특징을 살펴보자. 첫째, '이콘의 그리스도'가 머튼의 그리스도 이해의 출발점이었다. 머튼에게 그리스도에 대한 이해가 처음 생겨난 것은 1933년 로마 여행 중 고대 로마 교회의 비잔틴 모자이크를 보고 큰 매력에 빠진 때였다. 그때 그는 "생전 처음으로 나는 그리스도라고 하는 사람이 누구인가를 조금씩 알기 시작했다"[16]라고 말한다.

둘째, 머튼의 관심은 교리적인 데 있었던 것이 아니라 하나님의 백성들의 삶 속에서 역사하시는 부활하신 그리스도에 있었다.[17] 다시

13 Thomas Merton, 『토마스 머튼의 시간』(*The Intimate Merton: His Life from His Journals*), eds. Patrick Hart and Jonathan Montaldo, 류해욱 옮김(서울: 바오로딸, 2010), 284-85; Merton, 『인간은 섬이 아니다』, 352-56, 376.

14 그는 "부정의 길을 따를 때 우리는 하나님에 대한 가장 높은 지식에 이른다"라고 하였다. Merton, 『십자가의 성 요한과 진리의 산길』, 133.

15 William H. Shannon, Christine M. Bochen and Patrick F. O'Connell, *The Thomas Merton Encyclopedia*(New York: Orbis Books, 2002), 51.

16 오방식, 『토머스 머튼 이야기』(서울: 새물결플러스, 2021), 120.

17 Shannon, Bochen and O'Connell, *The Thomas Merton Encyclopedia*, 51.

말해 그의 관심은 단순히 그리스도에 대한 개념을 얻는 데 있지 않았고, 우리 안에 살아 계시는 그리스도와의 생생한 관계를 얻는 데 있었고,[18] 그리스도를 우리 안에 형성하는 데 있었다.

셋째, 그의 그리스도 이해는 케노시스 기독론이었다. 머튼은 예수님에 대해 "그는 완전한 가난, 수치, 자기 비움의 방식으로 인간과 가장 완전히 동일시되었기 때문에 완전한 가난, 수치, 자기 비움의 길"을 자유롭게 선택했다[19]고 고백한다. 또한 "하나님께서는 사람이 되셨습니다. 하나님께서는 사람의 약점과 평범함을 취하셨습니다. 하나님께서는 알려지지 않고 대수롭지 않은 사람이 되시어 시시한 곳에 당신을 숨기셨습니다. 하나님께서는 사람들의 지배자 또는 왕, 지도자, 개혁가가 되는 것, 당신의 창조물보다 어떤 형태로든 더 우월해지는 것을 항상 거절하셨습니다"[20]라고 했고, "그분의 자리는 소속되지 않은 사람들, 약한 존재로 간주되어 권력에 의해 거부당한 사람들, 평판이 좋지 않은 사람들, 사람의 지위를 거부당하고 고문당하고 몰살당한 사람들과 함께 있습니다. 그리스도는 방이 없는 사람들과 함께 이 세상에 계십니다"[21]라고 말함으로써 그의 기독론이 케노시스 기독론이었음을 잘 보여준다.

---

18 Merton, 『새 명상의 씨』, 174.

19 Shannon, Bochen and O'Connell, *The Thomas Merton Encyclopedia*, 54.

20 Merton, 『새 명상의 씨』, 312.

21 Thomas Merton, "The Time of the End Is the Time of No Room," in *Raids on the Unspeakable*(New York: New Directions, 1964), 51-52, Daniel P. Horan, "Why should anyone care about Thomas Merton today?," *National Catholic Reporter*, December 10, 2018, https://www.ncronline.org/opinion/guest-voices/why-should-anyone-care-about-thomas-merton-today에서 재인용.

머튼의 작품에서 언급된 표현들을 보면, 그리스도는 참 하나님이며 참 인간이신 분, 하나님-사람, 주님, 창조의 시작이며 완성, 창조되지 않은 하나님의 형상, 하나님의 빛과 불을 사람의 영혼에 불 지피는 분, 우리 안에 살아 계시는 분, 하나님이시며 동시에 우리의 형제, 세상에서 사시고 죽으시고 죽음으로부터 부활하시어 하늘에 계시는 분, 신비로운 분, 완전히 자기를 비우신 분, 인간과 자신을 완전히 동일시하신 분, 사회적 약자와 함께 계시는 분, 세상의 시작이자 끝이신 분, 모든 것의 원리이자 끝이신 분이셨다.

3) 성령 이해

머튼의 성령 이해의 특징은 첫째, 그가 성령을 설명할 때는 유달리 성경 구절을 많이 인용한다는 점이다. 대표적인 구절들을 보면, 요한일서 4:2, 6-8, 9; 로마서 8:9, 11, 13; 갈라디아서 5:19-21; 고린도전서 2:9-10, 22; 요한복음 14:17; 누가복음 11:13 등이다.[22] 둘째, 그의 성령 이해의 특징은 그가 삼위일체, 특히 그리스도와 긴밀하게 연결하여 설명한다는 점이다. 예를 들면, "성령으로 충만하지 않다면 그 누구도 그리스도의 사도가 될 수 없다. 또 그리스도를 끝까지 따르는 사람에게 주어진 일을 행하지 않은 채 성령으로 충만할 수 없다."[23] "예수님을 진정으로 알고 사랑하며 그분을 통해 성부에 대한 지식과 사랑에 이르게 되는 것은 오직 성령을 통해서이다."[24] "성부는 사랑의

---

22 Merton, 『인간은 섬이 아니다』, 104-05, 258-62.
23 *Ibid.*, 238.
24 *Ibid.*, 261.

무한의 원천이시며, 성자는 사랑의 밝음을 내뿜는 빛나는 화로요, 성령은 그 사랑을 영원히 일치시키는 권능이다"[25] 등의 표현들이다.

그러면 머튼이 이해한 성령은 어떤 분인가? 그에게 성령은 하나님의 영, 예수의 영, 그리스도의 영, 사랑의 영, 이기심을 죽이고 그리스도 안에서 새로운 사람으로 태어나도록 우리를 들어 올리시는 분, 모든 것, 그리고 하나님의 깊은 비밀까지도 통찰하시는 분, 우리를 예수님께로 끌어당겨 그분 안에 계시는 성부에 대한 사랑을 우리 안에 일깨우시는 분, 그리스도 안에서 하나님의 사랑을 이해하도록 돕는 분, 우리 마음속에 하나님의 사랑을 쏟아 부으시는 분, 예수님을 진정으로 알게 하고 사랑하게 하시는 분, 우리를 인도하시는 분, 우리를 또 다른 그리스도로 만드시는 분이다.[26]

2. 머튼의 영성의 핵심 주제들

1) 영성의 의미

머튼에게 영성이란 무엇보다 영적인 삶을 의미한다. 첫째, 그가 말하는 영적 삶이란 현실의 삶에서 떠나는 삶이 아니라 오히려 삶의 모든 영역에서 하나님과 생명력 있는 관계를 이루며 사는 삶이며,[27] 육체나 정신이 배제된 영혼의 높은 경지에만 집중된 삶이 아니라 하나님을

---

25 *Ibid.*, 266.
26 *Ibid.*, 256, 258, 260-61.
27 Thomas Merton, *Thought in Solitude*(New York: Farrar, Straus & Giroux, 1958), 3.

찾는 인간으로서 사는 삶이다: "영적인 삶은 무엇보다도 삶이다. 그것은 단순히 알려지고 연구되어야 하는 어떤 것이 아니라 살아져야 하는 것이다. 모든 삶과 마찬가지로 그것은 그것의 적절한 요소에서 뿌리가 뽑히게 될 때 병에 걸리고 죽게 된다. 은혜가 우리의 본성에 접붙여지면 전인은 성령의 임재와 활동으로 거룩해진다. 그러므로 영적인 삶은 사람의 인간 조건에서 완전히 뿌리가 뽑혀서 천사들의 영역에 이식된 삶이 아니다. 우리가 하나님을 찾는 인간으로 살아갈 때 우리는 영적인 사람으로 살게 된다. 영적인 사람이 되려면 인간으로 남아 있어야 한다."[28] 둘째, 영적인 삶이란 현실의 삶에서 떠나가는 것이 아니라 오히려 삶의 모든 영역에서 하나님과 생명력 있는 관계를 이루며 사는 삶이다.[29] 셋째, 머튼은 영적인 삶을 삼위일체론적으로 설명하는데 영적인 삶이란 하나님을 사랑하는 삶이고, 그리스도의 사랑을 받는 삶이며, 성령의 인도하심을 따라 사는 삶이다: "진정한 영성생활은 지혜의 삶이며 하나님 사랑의 삶이다. … 우리의 전 영성생활은 지혜 안에서의 삶이며 그리스도 안에서의 삶이다."[30] "그리스도의 사랑 외에는 참된 영적 삶이란 없다. 우리는 그분의 사랑을 받기 때문에 영적인 삶을 살 수 있다. 영적인 삶은 성령의 선물과 그분의 사랑을 받는 데 있다. 왜냐하면 그분의 사랑 안에서 예수의 거룩한 마음이 우리가 그분의 성령, 곧 말씀과 아버지에게서 나오는 동일한 성령으로 살기를 원하셨기 때문이다."[31] 넷째, 영적인 삶이란 하나님과의 합일로 나아가게 하는 관

---

28 *Ibid.*, 37.
29 *Ibid.*, 3.
30 Merton, 『새 명상의 씨』, 158-59.
31 Merton, *Thought in Solitude*, 25.

상적인 삶[32]이다. 머튼에게 관상적인 삶이란 고요하고 초연한 직관, 단순한 평화, 내적 침묵으로 시작되어 자아에의 몰두가 거의 없거나 아예 없는 삶을 말한다.[33] 다시 말해 그것은 참 자아를 깨어나게 하는 삶, 참 자아를 하나님의 현존에 머물게 하는 삶, 참 자아(내적 자아)로 살아가는 삶을 말한다.

2) 거짓 자아와 참 자아[34]

토마스 머튼에게 영적인 여정은 거짓 자아에서 참된 자아로 나아가는 여정이고, 자아 정체성을 찾아가는 여정이었다.

(1) 거짓 자아

머튼은 모든 인간은 죄 중에 태어났다는 말로 원죄를 설명한다. 그는 모든 인간은 이 세상에 거짓 자아로 태어났고, 가면을 쓰고 태어났고, 이기심으로 태어났고, 자기중심적으로 태어났다[35]고 말한다. 버나드의 표현대로 하면 "우리의 진정한 인격은 거짓 자기에 가려져 있다. 우리는 하나님 대신 거짓 자기, 즉 자아(ego)를 예배하는 경향을 갖는다."[36] 그런데 인간의 모든 죄는 바로 이러한 자기중심적인 욕망

---

32 Merton, 『십자가의 성 요한과 진리의 산길』, 279.

33 Thomas Merton, 『묵상의 능력』(*Inner Experience*), 윤종석 옮김(서울: 두란노, 2006), 155.

34 'self'는 '자기'로 'ego'는 '자아'로 번역하는 것이 올바른 번역이라고 생각하지만 'self'를 '자아'로 번역하는 책들이 많아서 이 글에서는 번역한 그대로 표현하기로 했고, ego-self인 경우만 자아-자기로 번역하기로 했다.

35 Merton, 『새 명상의 씨』, 49, 58.

36 Thomas Merton, *The Water of Silos*, 366, Anne Carr, 『지혜와 영을 찾는 삶: 토마

을 추구하는 거짓 자아에서 비롯되는 것이다. 머튼은 거짓 자아에 대해 다양한 용어를 사용하는데 예를 들면 피상적 자아(superficial self), 경험적 자아(empirical self), 외적 자아(outward self), 그림자 자아 (shadow self), 연기 같은 자아(smoke self), 우연적 자아(contingent self), 상상적 자아(imaginary self), 사적 자아(private self), 환상적 자 아(illusory self), 쩨쩨한 자아(petty self), 개인(individual) 등이다.[37]

거짓 자아로 가려 있는 인간의 특징이 있다. 첫째, 하나님의 자리에 거짓 자아인 우상을 올려놓고 숭배하며 이를 위해 모든 것을 사용한 다.[38] 자신이 삶의 중심, 우주의 중심에 있다고 생각하고, 자기중심적 욕망에 따라 살아간다. 둘째, 그는 자기 본위의 의지를 유지하려는 고 집스런 욕구를 가지고 있다.[39] 셋째, 그는 자기의 욕망과 야망, 바라는 것을 주장함으로써만 자신을 찾을 수 있다고 생각한다. 넷째, 그는 다 른 사람들과의 차이를 강조함으로써 자기 자신을 찾을 수 있다고 생각 한다.[40] 다섯째, 그는 "자신의 삶을 쾌락에 대한 욕망과 체험, 권력, 명 예, 지식과 사랑에 대한 갈망으로 소진한다."[41] 여섯째, 그는 하나님의 의지와 사랑이 미치지 않는 곳에 있고 싶어 한다.[42]

그러나 이러한 자아는 환상일 수밖에 없고, 피상적이며, 사라지는

스 머튼의 자기의 신학』(A Search for Wisdom and Spirit: Thomas Merton's Theo-logy of the Self), 오방식 옮김(예산: 샤마임, 2019), 25에서 재인용.

37 William H. Shannon, 『토마스 머튼: 생애와 작품』(Something of a Rebel: Thomas Merton-his life and works), 오방식 옮김(서울: 은성출판사, 2005), 148-49.

38 Merton, 『새 명상의 씨』, 35-36.

39 Ibid., 36.

40 Ibid., 63-64.

41 Ibid., 50.

42 Ibid., 49-50.

연기와 같은 것이다. 그럼에도 인간은 그 환상을 잘 인식하지 못한다. 이 환상은 인간이 타고난 것이고, 죄악의 근원이다.[43]

머튼은 거짓 자아의 또 다른 이름으로 외적 자아라는 용어를 사용하는데 "외적 자아는 스스로 만들어낸 환상", "인간의 타락의 결과로 내적 자아의 기능을 대신"하는 자아, "사실은 해서는 안 되는 내적 자아의 역할을 부분적으로 하는" 자아라고 설명하면서 이것은 곧 무로 사라질 것임을 기억하라고 말한다.[44] 윌리엄 세논에 따르면, 외적 자아는 "우리 자신의 자기중심적 욕망과 노력에 의하여 조작하거나 우리 자신이 조작되는 것을 용납함으로써 만들어지는"[45] 자아이고, "외적 자아는 우리가 우리 자신의 행동을 통하여, 특히 우리의 이기적인 습관과 우리의 실존으로부터의 끊임없는 도피를 통하여 되고자 하는 존재를 말하는 인간구조이다."[46]

(2) 참 자아

머튼에게 참 자아는 내적 자아(inner self), 숨겨진 자아(hidden self), 창조적이고 신비한 내적 자아(creative, mysterious inner self), 가장 깊은 자아(inmost self), 실제적 자아(real self), 가장 깊숙이 가장 잘 숨겨진 자아(deepest, most hidden self), 인격(person) 등 다양한 용어로 표현되는데[47] "자신의 참된 자기는 우리가 되기로 의도한 사람—하나님의 형상과 닮음 안에서 자유하고 똑바른 사람—이다."[48] 또한 "참

---

43 *Ibid.*, 50.
44 *Ibid.*, 299-300.
45 Shannon, 『토마스 머튼: 생애와 작품』, 152.
46 *Ibid.*, 150.
47 *Ibid.*, 149-150.

'나'는 단순히 나 자신일 뿐 그 이상도 이하도 아닙니다. 기독교적 표현으로 하나님이 보시는 내 본연의 자아입니다. 독특함과 고귀함과 보잘 것없음과 표현 못 할 위대함을 두루 갖춘 자아입니다. 하나님 아버지께 받은 이 위대함을 우리는 그분과 공유합니다. 그분은 우리 아버지요 '우리가 그를 힘입어 살며 기동하며 있[기]'(행 17:28) 때문입니다."[49]

머튼은 참 자아를 내적 자아(내면의 나)로 표현하는데 이에 대한 머튼의 설명을 들어보자.

> 우리 내면의 '나'는 하나님의 완벽한 형상이므로 그 '나'가 깨어나면 자기 안에서 그분의 임재를 발견합니다. 그리고 인간의 모든 표현을 초월하는 역설로, 하나님과 영혼은 단일한 '나'처럼 보입니다. 둘은 하나님의 은혜로 단일한 인격체처럼 됩니다. 둘은 하나처럼 호흡하고, 살고, 행동합니다. '둘' 가운데 '어느 쪽'도 객체가 아닙니다.[50]

요컨대 타락하기 이전에 사랑이 본질이었던 하나님의 형상, 곧 하나님과 영혼이 둘이 아니라 하나처럼 살았던 완벽한 하나님의 형상이 바로 나의 참 자아라는 것이다. 그래서 그는 "나는 하나님의 모습대로 만들어졌다고 말하는 것은 하나님은 사랑이시기 때문에 사랑은 나의 존재 이유라고 말하는 것입니다. 사랑이 나의 진정한 신분입니다. 사심이 없음이 나의 진정한 자아입니다. 사랑이 나의 진정한 인격입니

---

48 Monica Furlong, *Merton: A Biography*, 56-62, Anne Carr, 『지혜와 영을 찾는 삶』, 56에서 재인용.
49 Merton, 『묵상의 능력』, 234.
50 *Ibid.*, 246.

다. 사랑이 나의 이름입니다"[51]라고 고백한다.

그러면 거짓 자아에서 벗어나 참 자아를 발견하는 길은 무엇일까? 우선 참 자아를 찾기 위해선 첫째, 내가 "가공의 인격, 즉 거짓 자아로 가려져 있다"[52]는 사실을 인식해야 한다. 그러나 내가 거짓 자아로 가려져 있다는 사실에 대한 인식은 마음의 눈을 뜨게 해주는 믿음이 없이는 불가능하다. 그러므로 진정한 의미에서 참 자아를 발견하기 위한 출발점은 믿음이다. 그가 말하는 믿음은 무엇일까? 그에게 "믿음은 살아 계시는 하나님과 생생한 접촉을 갖게 한다. … 믿음은 근본적으로 지성의 동의이다. … 믿음은 동의 이상의 어떤 것이어야 한다. 믿음은 이해, 접촉, 의지의 통교, 바랄 만한 실체이다. 무엇보다 믿음은 내적인 눈, 마음의 눈을 뜨는 것이다. 하나님의 빛이 차도록 마음의 문을 여는 것이다. 마지막으로 믿음은 우주에로 들어가는 오직 하나뿐인 열쇠이다."[53] 우리는 이 "믿음으로 하나님 안에 있는 나의 참된 존재(참 자아)를 발견"[54]하며, 하나님과 일치를 이루기 시작한다.

믿음은 일치의 시작입니다. 믿음이 깊어질수록 일치도 믿음과 함께 깊어집니다. 그렇게 되면 믿음은 점점 더 강렬해지고 우리가 생각하고 행하는 모든 것에 영향을 미칠 수 있게 뻗어납니다. 이제는 우리의 모든 생각이 신앙적이거나 경건하다고 하는 말이 아니고 믿음은 단순성과 우리의 모든 이해와 체험에 대한 깊이를 준다는 말입니다.[55]

---

51 Merton, 『새 명상의 씨』, 76.
52 *Ibid.*, 49.
53 *Ibid.*, 144-48.
54 Merton, *Thoughts in Solitude*, 113.
55 Merton, 『새 명상의 씨』, 153.

믿음은 삶의 모든 영역을 다 포괄하고 알려지지 않은 우리의 영적 존재뿐 아니라 하나님의 감추어진 본질과 사랑의 가장 신비롭고 접근이 불가능한 깊이까지 뚫고 들어갑니다. 전적인 믿음으로 하나님께 자기를 내어 맡기기 전에는 사람은 자신에게 이방인이고 자신으로부터의 귀향살이일 수밖에 없습니다. 왜냐하면 그는 자기 존재의 가장 의미 깊은 곳으로부터 격리되어 있기 때문입니다.[56]

둘째, 하나님 안에서 참 자아를 찾으려는 갈망, 하나님을 찾으려는 갈망과 하나님과 하나되려는 갈망이 있어야 한다. 왜냐하면 나의 정체성의 비밀은 하느님의 자비와 사랑 안에 숨겨져 있기 때문이고, 하나님 안에서가 아니면 참된 나를 찾을 길이 없기 때문이다.[57] 머튼의 말을 들어보자: "나의 온전한 정체성의 비밀은 그분 안에 감추어져 있습니다. 그분만이 나를 나로, 아니 마침내 내가 완성될 나로 만들 수 있습니다. 그러나 내가 이 정체성을 원하고 또 그분과 함께 그분 안에서 그 정체성을 찾으려고 애쓰지 않는 한 그 일은 이루어지지 않습니다."[58] "갈망은 관상생활에서 가장 중요한 것입니다. 갈망이 없이는 하나님의 위대한 영적 선물들을 절재 받지 못합니다."[59]

셋째, 하나님과의 합일로 나아가는 관상적 삶(영성 생활)을 갈망해야 한다.[60] 거짓 자아가 물러나고 진정한 자아가 깨어나는 것은 관상 안에서만 가능하기 때문이다.[61] 머튼이 말하는 관상적 삶이란 침묵,

---

56 *Ibid.*, 155.
57 *Ibid.*, 51.
58 *Ibid.*, 48.
59 Merton, 『묵상의 능력』, 50.
60 Merton, 『인간은 섬이 아니다』, 174.

고독, 세상으로부터의 분리, 기도, 묵상, 초연함, 침잠, 단순함, 겸손, 비움, 투명함, 자기 포기, 사랑 등의 삶을 특징으로 하는데 참 자아가 회복되기 위해서는 침묵, 고독, 겸손, 초연함, 순결한 마음 등 많은 눈물을 요구하는 영성 훈련이 반드시 필요하다고 그는 강조한다.[62]

넷째, 우리가 참된 자아가 되기 위해서는 거짓 자아가 죽어야 한다: "사람은 개체(거짓 자아)로부터 구조되어야 합니다. 하나님의 자유로운 자녀는 환상과 욕정 그리고 관습의 맹종으로부터 구원되어야 합니다. 창조적이고 신비적인 영적 자아는 가면으로 자기를 감추려고만 하는 소모적이고 쾌락적이며 파괴적인 나(ego)로부터 해방되어야 합니다."[63] "나 자신이 되기 위해서는 내가 항상 되고 싶어 하는 그것이 되기를 포기해야 하며, 나 자신을 찾기 위해서는 나 자신으로부터 떠나야 하고 살기 위해서는 죽어야 합니다. 그래야 하는 이유는 나는 이기심으로 태어났기 때문입니다."[64] "하나님이 하신 것처럼 우리도 우리 자신을 비워야 합니다. 우리는 우리 자신을 부인하고 우리 스스로 살기보다는 하나님 안에 살기 위해 우리 자신을 어떤 의미로는 아무것도 아닌 것으로 만들어야 합니다."[65] "자기 자신이 되기 위해서는 죽어야 한다. 즉 참 자아가 되기 위해서는 거짓 자아가 죽어야 한다. … (이것은) 새로운 삶의 심화, 자아-자기(ego-self)의 외적이고 피상적인 생명이 낡은 뱀가죽처럼 버려지는 지속적인 중생이다. 신비하고 보이지 않는 영의 자아가 더욱 현존하고 더 활동적이 되는 것(을 포함한다.)"[66]

61 Shannon, 『토마스 머튼: 생애와 작품』, 157.
62 Merton, 『새 명상의 씨』, 227; Merton, 『인간은 섬이 아니다』, 174.
63 Merton, 『새 명상의 씨』, 53.
64 Ibid., 63.
65 Merton, 『New 새 명상의 씨』, 78.

"거짓 자아가 죽는다는 것은 거짓 자아가 사라지고, 잃어버린 닮음을 회복하는 것을 의미하며, 참 자아가 나타나는 것을 의미한다."[67] 거짓 자아가 죽으면 거기에는 더 이상 자아-자기(ego-self)는 없고, 오직 그리스도만 있다.[68] 더 이상 자아가 행동하지 않고, 성령만이 순수한 사랑으로 행동하게 된다. 이 과정은 단일한 사건이 아니라 내적 갱신이 계속 일어나는 지속적 사건이다.[69]

3) 하나님과의 연합

하나님과의 연합은 머튼의 작품들을 관통하는 가장 중요한 주제들 중 하나다. 머튼은 인간이 하나님의 형상대로 창조되었다는 말씀(창 1:27)에 근거하여 인간은 하나님과의 합일을 위해 만들어진 피조물이 라고 말한다.[70] 이런 해석은 머튼이 창조, 범죄, 구원이라는 하나님의 구원 역사의 드라마를 연합/합일의 관점에서 바라본다는 것을 의미한 다. 다시 말해 머튼에게 창조는 하나님과의 연합으로의 부름을, 범죄

66 Thomas Merton, "The Inner Experience: Notes on Contemplation, 1," *Cister-cian Studies Quarterly* 18(1983): 7.

67 William H. Shnnon, Christine M. Bochen, and Patrick F. O'Connel, *The Thomas Merton Encyclopedia*, 419; Monica Furlong, *Merton: A Biography*, 56-62, Anne Carr,『지혜와 영을 찾는 삶』, 56에서 재인용.

68 이와 비슷하게 헨리 나우웬은 "그리스도가 우리의 참된 자기라는 사실"을 깨달아야 한다고 말한다. Henri J. M. Nouwen,『마음의 길』(*The Way of Heart*), 이봉우 옮김 (왜관: 분도출판사, 2003), 28.

69 머튼은 "인간이 영적 발달의 연속적인 단계를 거치듯이 성령 안에서의 탄생은 인간의 삶에서 여러 번 일어난다"고 말한다. Shnnon, Bochen, and O'Connel, *The Thomas Merton Encyclopedia*, 418.

70 Michael A. Yonkers, "Man, the Image of God: The Theological Anthropology of Thomas Merton"(master's thesis, Loyola University Chicago, 1976), 11.

는 연합의 깨어짐을, 구원은 연합 회복으로의 부름을 의미하는 것이었다. 이런 점에서 머튼은 기독교인의 삶이란 하나님을 향한 불타는 열정을 품고 하나님과의 합일을 추구하는 삶이라고 말한다.[71]

머튼에게 하나님의 형상은 인간을 인간되게 하는 인간 실존의 근본 토대다.[72] 하나님의 형상은 인간 존엄성의 근원이고, 인간의 정체성이 발견되는 근원이다. 인간이 하나님의 형상대로 창조되었다는 것은 인간이 자유로운 존재로, 사랑하는 존재로 창조되었다는 것을 의미한다. 다시 말해 인간은 존재론적으로 완전한 자유 안에서 하나님과의 사랑의 연합을 지향하도록 창조되었다는 것이다: "자유를 위한 능력은 하나님의 형상이다. 왜냐하면 하나님 자신이 순수한 자유이시고, 순수한 사랑이기 때문이다."[73] "나의 진정한 정체성은 나의 자유를 향한 하나님의 부르심과 그분께 대한 나의 응답 속에 숨겨져 있다. 이것은 내가 완전한 책임과 진정성을 가지고 사랑하기 위해 내 자유를 사용해야 한다는 것을 의미한다."[74]

요컨대 머튼에게 하나님의 형상이란 하나님과의 연합, 즉 하나님과의 사랑의 합일을 향해 나아가는 능력 또는 합일을 추구하는 성향을 의미하며,[75] 자유를 위한 능력, 자유롭게 사랑할 수 있는 능력 또는

71 Thomas Merton, "The Primacy of Contemplation," *Cross and Crown* 2(Mar 1950): 3.

72 Thomas Merton, *The New Man*(New York: The New American Library of World Literature, Inc., 1961), 84.

73 Thomas Merton, introduction to *The Monastic Theology of Aelred of Rielvaux*, by A. Hallier(Spenser, MA: Irish University Press, 1969), ix.

74 Thomas Merton, *The Climate of Monastic Prayer*(Washington, D.C.: Consortium Press, 1973), 94.

75 Thomas Merton, *The Cistercian Fathers and Their Monastic Theology*, vol. 20 of *Thomas Merton: Collected Essays*(Trappist, KY.: Abbey of Gethsemane,

"사랑하고 싶은 마음, 자유롭게 사랑하고 싶은 마음"을 의미한다.

이렇게 인간은 존재론적으로 완전한 자유 안에서 하나님과의 사랑의 연합을 지향하도록 창조되었고, 자유롭게 사랑하며 살아가도록 창조되었으나 "자신의 자유를 거짓으로 남용하고, 그것을 거역하고 파괴"[76]함으로써 하나님과 그 자신의 참된 자아로부터 완전히 추방되었다. 사심 없는 사랑에 대한 타고난 능력은 방향 감각을 잃게 된 것이다.

그러면 아담의 범죄 이후 인간에게 부여된 하나님의 형상은 완전히 상실된 것일까? 머튼은 그렇지 않다고 말한다. 아담의 범죄로 인해 하나님의 형상의 왜곡이나 손상이 일어난 것이 사실이지만 아담의 범죄에도 인간이 여전히 하나님의 형상으로 존재한다고 그는 말한다.

> 사람에게 어떤 일이 일어나더라도 그는 항상 하나님의 형상으로 존재한다. 그 형상이 왜곡되더라도 그는 사랑, 하나님의 사랑 그리고 하나님의 생명에 대한 능력을 보존하기 때문이고, 하나님의 생명이 그의 사랑이고 하나님은 사랑이기 때문이다.[77]

우리 안에는 새로움, 갱신, 심지어 창조력의 해방에 대한 본능이 있다. 우리는 내면에서 우리의 삶을 진정으로 변화시키는 힘을 스스로 깨우려고 한다. 그러나 동일한 본능이 우리에게 이 변화가 우리 자신 안에

1963), 115.

76 Merton, introduction, x.

77 Thomas Merton, *St. Bernard: Man Made in the Image of God – The Thirst for Living Water*, Taped Conference #85, Thomas Merton Studies Center, Bellarmine College, Louisville, Kentucky, quoted in Michael A. Yonkers, "Man, the Image of God: The Theological Anthropology of Thomas Merton" (master's thesis, Loyola University Chicago, 1976), 28.

있는 가장 깊고 가장 독창적이며, 가장 개인적인 것의 회복임을 알려준다. 거듭난다는 것은 다른 어떤 사람이 되는 것이 아니라 우리 자신이 되는 것이다.[78]

인간의 범죄로 인해 하나님 형상에 손상이 일어났고, 인간 본성이 뒤집어진 것은 사실이지만 그럼에도 하나님과의 합일을 향해 나아가는 능력, 합일을 추구하는 성향으로서의 하나님 형상이 사라진 것이 아니라는 것이다.

그런데 하나님과의 연합이라는 이 주제에서 더욱 중요한 것이 있다. 그것은 머튼이 말하는 하나님과의 연합(일치)이라는 개념이 단순히 하나님과의 연합만을 말하는 고립된 개념이 아니라 하나님의 발견, 참 자아의 발견, 다른 사람들과의 연합, 우주와의 연합과 밀접하게 연결된 매우 포괄적인 개념이라는 점이다.[79]

4) 관상과 명상

(1) 관상

관상에 대한 머튼의 이해는 몇 가지 점에서 초기 저술[80]과 후기 저술[81]이 차이를 보인다. 첫째, 초기 저술이 신비주의 문헌에 뿌리를 두

---

78 Thomas Merton, *Rebirth and the New Man*, vol. VI of *Thomas Merton: Collected Essays*(Trappist, KY: Abbey of Gethsemane, n.d.): 236-37.

79 오방식, "토마스 머튼의 '하나님과의 연합'에 대한 연구,"「신학이해」24(2002): 167-203.

80 『관상이란 무엇인가?』(1948); *Seeds of Contemplation*(1949); *The Ascent to Truth* (1951); 번역서 『십자가의 성 요한과 진리의 산길』(2009).

고 있다면, 후기 저술에는 신비 체험, 내적 체험 등의 체험적 표현이 많이 사용된다. 다시 말해 초기에는 지적인 접근이 우세했다면, 후기에는 실존적이고 경험적인 접근이 우세하다고 할 수 있다.

둘째, 초기 저술에서는 대부분의 기독교인이 활동 속에서의 관상은 가능해도 순수 관상가는 될 수 없는 반면, 순수 관상은 수도사에게만 해당하는 것으로 기술하고, 그래서 다른 사람에 비해 수도사가 우월하다는 의식을 가지고 있었다면, 후기 저술에서는 관상 체험이 모든 그리스도인에게 열려 있는 것으로 기술한다. 그는 초기 작품인 『관상이란 무엇인가?』에서 "대부분의 그리스도인은 지상에서 결코 순수한 관상가가 될 수 없다"라고 주장한 반면, 후기 작품인 『내적 체험』 등에서는 관상이 누구에게나 열려 있다고 말했다.

셋째, 초기 저술이 분리적 경향이 강하다면 후기 저술은 통합적 경향이 강하다고 할 수 있다. 초기 작품에서는 관상과 행동이 분리된 반면, 후기 작품에서는 관상과 행동이 통합된다. 예를 들면 *A Search for Solitude*에서 머튼은 "저는 관상이 인간 삶의 단지 한 부분이라고 여기는 실수를 범했습니다. 관상가에게는 인간의 모든 삶이 관상입니다"라고 말했고, 『수도원 기도의 풍토』에서는 관상과 행동이 "그리스도 안에서 하나님과 형제들에 대한 사랑에 의해 하나의 실재 안으로 융합된다"라고 기술했다.[82]

머튼에게 관상은 가장 중요한 주제 중 하나다. 그는 "관상은 사람의

---

81 *Inner Experience*(1959), 번역서 토마스 머튼의 『묵상의 능력』(2007); *New Seeds of Contemplation*(1962), 번역서 『새 명상의 씨』(2005); "수도원 기도의 풍토", 『마음의 기도』(*Contemplative Prayer*)로 번역됨(2011); 『행동하는 세상 안에서의 관상』(1965); 『선과 맹금』(1968); *Contemplative Prayer*(1969).

82 박재찬, 『토마스 머튼의 수행과 만남』(왜관: 분도출판사, 2021), 76-86, 98-100.

지적이며 영적인 삶의 최고의 표현"[83]이고, "인간의 가장 높고 가장 본질적인 영적 행위"[84]이며, "관상이야말로 하나님께서 우리를 창조하신 이유"[85]라고 말한다. 머튼의 관상 이해에 대해 박재찬은 다음과 같이 간명하게 정리한다. 즉 그는 "관상의 출발점은 '참 자아를 찾는 것'이며, 목표는 '하나님과의 일치 혹은 궁극적 실재를 향한 깨어남'이고, 열매는 '다른 이들을 향한 개방과 자비로운 사랑의 나눔'"이라고 설명한다. 머튼의 표현대로 본다면, "사랑은 관상 생활의 목적이며 완성이다."[86]

그러면 관상이란 무엇인가? 첫째, 관상은 하나님과 영적으로 합일하는 경험이다: "참된 관상은 마음속 심상이나 어떤 상상력으로 만들어지는 것이 아니다. 관상은 하나님에 의해서만 초래될 수 있는, 하나님과 영적으로 합일하는 경험이며 본질적으로 초자연적 사랑의 합일이다."[87] "관상은 영혼 안에 그리스도의 생명을 가득 채우는 것이며 무엇보다 그리스도의 신비를 초자연적으로 깨닫는 것이다. 이 작용은 성부와 성자와 함께 우리 영혼 안에 실제로 존재하시는 성령이 은총으로 우리 안에서 이루어가시는 것이다. 관상의 정점은 영혼과 그 기능들이 하나님 안에서 '변화'되며 삼위일체이신 하나님의 신비로운 생명에 온전히 의식적으로 참여하게 되는 하나님과의 신비적 합일이다."[88] "관상은 실체적 연합인 하나님과 인간의 연합에 영적으로 동참하는 것이

---

83 Merton, 『새 명상의 씨』, 15.
84 Merton, 『묵상의 능력』, 270.
85 Merton, 『새 명상의 씨』, 176.
86 Merton, 『십자가의 성 요한과 진리의 산길』, 342.
87 *Ibid.*, 97.
88 *Ibid.*, 29-30.

다."[89]

둘째, 관상은 하나님 또는 하나님의 현존을 체험하는 것이다: "관상
이란 눈부신 어둠 속에서 하나님을 체험하는 것이다."[90] "신비 관상은
초자연적으로 보이고 들리거나 이해되는 현상을 통하지 않고 은총의
영감 아래 믿음으로 하나님을 직접 체험하는 것이다."[91] "관상은 실재
하는 모든 존재 속에서 절대적 실재이신 하나님을 깨닫는 것, 하나님의
현존을 체험하며 그분 안에 있는 현실을 그대로 경험하는 것이다."[92]
"기독교의 관상은 예수 그리스도 안에서, 예수를 통해 하나님과 접촉
하는 것이다."[93]

셋째, 관상은 하나님을 발견하고(바라보고), 참 자아를 발견하고, 이
웃을 발견하는 것이다: "관상은 내 안에서 하나님을 발견하고, 하나님
안에서 진정한 자기와 이웃을 발견하는 것이다."[94] "엄밀한 의미에서
관상이란 내면의 실체와 우리의 영적 자아와 우리 안에 임재하시는 하
나님에 대한 직접적이고 어떤 의미에서는 수동적인 직관을 말한다."[95]
"관상은 인간이 하나님과 (대면하는 것이고), 성자가 성부와 대면하는
것이다. 우리 안의 그리스도가 깨어난 것이요, 우리의 영혼 안에 하나
님 나라가 세워지는 것이다. 내면의 '나' 안에서 진리와 하나님의 자유
가 승리하는 것이다."[96]

---

89 Merton, 『묵상의 능력』, 29.

90 *Ibid.*, 269.

91 Merton, 『십자가의 성 요한과 진리의 산길』, 95.

92 오방식, 『토머스 머튼 이야기』, 18.

93 Merton, 『묵상의 능력』, 37.

94 Thomas Merton, *Seeds of Contemplation*(New York: New Directions, 1949),
   29.

95 Merton, 『묵상의 능력』, 61.

넷째, 관상은 사랑의 삶이다: "관상 생활은 사랑의 삶이다. 사랑은 언제나 이중적이다. 사랑은 하나의 대상 곧 하나님을 가진다. 그러나 사랑은 하나님 안에서나 다른 사람을 통해 직접 하나님께 이른다."[97]

그러면 관상의 방법은 무엇일까? 첫째, 머튼은 "관상은 종교적이고, 초월적인 선물"[98]이지 우리가 우리 본성의 능력을 개발하여 우리의 힘으로만 얻을 수 있는 것이 아니라고 말한다. 그래서 그는 "하느님이 자유롭게 주시는 은총이 없다면 사람은 관상과 내적 훈련, 자기 비움인 성찰에 전념하더라도 하느님과 합일에 이를 수 없다. 인간의 본성 수준에 있는 이성의 노력으로는 더더욱 하느님과의 신비적 합일에 이를 수 없다." "관상의 삶은 인간적 기술과 훈련이 아니라 영혼 깊은 데서 성령을 이루어가는 삶이다"[99]라고 말한다.

둘째, 머튼은 이미 우리의 내적 자아에 관상의 씨가 뿌려져 있다는 것을 기억해야 한다고 말한다. 머튼은 모든 인간의 깊은 내면에 하나님께서 현존하시기 때문에 내적 자아에 관상의 씨가 뿌려져 있다고 믿었다.[100] 그래서 그는 "하나님과의 일치를 얻기 위한 최선의 방법은 무엇입니까?"라고 묻는 질문에 "우리는 사람들에게 그들은 이미 하나님과 일치되어 있다고 반드시 말해 주어야 합니다. 관상기도는 우리가 이미 하나님과 일치해 있다는 의식 안으로 들어가는 것입니다. 하나님은 우리와 매우 가까이 계십니다"라고 대답했다.[101] 관상으로 나아가기 위

96 *Ibid.*, 270.
97 Merton, 『십자가의 성 요한과 진리의 산길』, 185.
98 Merton, 『새 명상의 씨』, 19
99 Merton, 『묵상의 능력』, 43.
100 박재찬, 『토마스 머튼의 수행과 만남』, 99.
101 *Ibid.*, 4-5.

해서는 우리가 이미 하나님과 일치해 있다는 의식을 자각해야 하고, 그런 다음 이 의식 안으로 들어가야 한다는 것이다.

셋째, 전심으로 관상적 삶을 열망해야 한다. 머튼은 이 열망에 대해 "관상가가 되는 가장 좋은 길은 마음을 다하여 관상가가 되고자 하는 것 외에는 아무것도 원하지 말아야 할 것이다"[102]라고 했고, "갈망은 관상 생활에서 가장 중요한 것입니다. 갈망 없이는 하나님의 위대한 영적 선물들을 절대 받지 못합니다"[103]라고 하였다.

넷째, 우리의 마음과 하나님의 뜻을 일치시켜야 한다. 머튼은 "관상으로 나아가는 길은 우리의 마음과 하나님의 뜻을 일치시키는 것이기 때문에 우리의 마음과 의지와 영혼 전체를 다 발전시키고 완성하는 것입니다. 하나님이 직접 개입하시어 발전의 이 모든 과정을 우리 인간 본성 수준 너머로 끌어올리실 때 주부적(注賦的) 관상은 시작됩니다. 하나님께서 부어주시는 빛과 사랑의 암흑과 시련을 통해 우리의 모든 기능을 마비시키는 것 같이 하여 우리의 기능을 완성시켜 주십니다"[104]라고 말한다.

다섯째, 영적인 죽음을 경험해야 한다: "그리스도의 죽음과 부활로 하나님과 연합하여 영적인 죽음을 경험해야 한다. 즉 외적 자아는 소멸되고 내적 자아가 믿음으로써 죽음에서 다시 살아나 하나님을 바라보며 살아야 한다."[105] "진정한 자기 자신이 되기 위하여 자신이 죽어야

102 Thomas Merton, *The Climate of Monastic Prayer*(Spencer, MA: Cistercian Publications, 1969), 128; Thomas Merton, 『마음의 기도』(*Contemplative Prayer*), 이영식 옮김(서울: 성바오로출판사, 2011), 148.

103 Merton, 『묵상의 능력』, 49-50.

104 Merton, 『새 명상의 씨』, 233.

105 Merton, 『묵상의 능력』, 27.

한다. 즉, 참 자아가 되려면 거짓 자아는 죽어야 한다."106 "관상의 영역에 들어가기 위해서는 어떤 의미로는 죽어야 합니다. 그러나 이 죽음은 사실상 보다 높은 생명에로의 진입(進入)입니다. 그것은 삶을 위한 죽음입니다. 즉 생명, 사상, 체험, 기쁨, 존재라고 생각하고 또 소중히 여기는 모든 것을 뒤로 하는 것입니다."107

머튼이 "관상은 영적인 삶의 최고의 표현"이라고 하였고, "창조의 목적은 관상"이라고 말했을 정도로 관상을 매우 중요하게 다루었지만, 그는 관상 자체가 목적이 될 수는 없다고 말한다. 그래서 그는 "중요한 것은 관상을 위해서 사는 것이 아니라 하나님을 위해서 사는 것이다. 그렇게 사는 것이 결국은 관상적 소명이기 때문이다"108라고 말한다.

(2) 명상

머튼은 관상이란 용어를 많이 사용했지만 명상이란 용어도 사용했다. 그가 사용했던 명상의 의미는 무엇일까? 이에 대한『토마스 머튼 백과사전』(*The Thomas Merton Encyclopedia*)의 설명을 들어보자.109 머튼은 명상이란 용어를 '추론적 명상'이란 의미로 사용하지 않는다. 왜냐하면 그것은 분주한 추론적 행위, 복잡한 논리 추론, 능동적인 상상력, 고의적인 감정의 휘저음 등으로 이루어져 있기 때문이다. 그래서 추론적 명상은 성령의 내적 역사에 대한 우리의 조용하고도 수용적인 태도와 충돌하기 쉽다. 명상이란 단어로 그가 일반적으로 의도하는

---

106 Merton, *Love and Living*, 196.
107 Merton,『새 명상의 씨』, 16.
108 Thomas Merton, *The Sign of Jonas*(New York: Harcourt, Brace and Company, 1953), 30,『기도의 사람 토마스 머튼』, 101에서 재인용.
109 Shannon, Bochen and O'Connell, *The Thomas Merton Encyclopedia*, 291.

것은 렉시오 디비나의 영적 사다리에서 두 번째 위치에 있는 단어의 의미다. 그가 명상이란 단어를 사용할 때 그것은 우리를 상상과 합리적 추론 너머의 자리로 가도록 이끌어주는 성서 말씀 안에서의 쉼을 의미한다.

그에게 명상은 우리가 기도하는 삶에서 머물러야 할 '장소'가 아니다. 그것은 두 가지 목적이 있다. 첫째, 우리가 다른 관심사에서 물러날 수 있도록 우리의 정신과 의지에 대한 충분한 통제력을 제공하고, 둘째, 하나님의 현존을 인식하도록 도와준다. 머튼은 "무엇보다도 그것은 당신을 하나님에 대한 거의 끊임없는 사랑의 관심과 그분을 신뢰하는 상태로 인도하는 것을 목표로 한다"[110]라고 말한다. 말하자면 머튼에게 명상은 관상으로 인도하는 길잡이인 셈이다.

그러나 이와는 달리 머튼이 관상과 동의어로 명상을 사용하는 것처럼 보이는 경우도 있다. 예를 들면『수도원 기도의 풍토』(머튼이 죽은 지 1년 후에 출판됨)는 머튼이 그의 초기 저서에서 '관상'이라고 불렀던 것과 분명히 관련이 있지만 대신 일관되게 '명상'이라는 용어를 사용한다. 용어가 왜 바뀌었을까? 그가 후기에 공동으로 작업을 하던 1960년대가 동양 종교에서 차용한 실습으로서의 명상이 서양의 기독교인과 비기독교인 모두에게 널리 인기를 얻었었기 때문에 그 용어를 사용한 것이 아닐까 추측할 수 있다. 그는 그러한 사람들에게 명상(또는 관상)이 개인의 삶에 고요함과 평화의 요소를 가져오는 것을 목표로 하는 심리적 운동 이상이며, 삶이 가져오는 걱정과 문제로부터 휴식을 취하는 방법 이상이라는 점을 분명히 하고 싶었고, 더욱이 명상을 동양에서

---

110 Merton, *New Seeds of Contemplation*, 217.

들여온 새로운 것으로 보아서는 안 된다고 말하고 싶었을 것이다. 왜냐하면 그것은 초기 사막의 교부들의 기도 전통에 깊이 뿌리내린 관행이었기 때문이다.

5) 고독과 침묵

(1) 고독

머튼은 "하나님의 고독 중에서", "고독의 철학에 대한 비망록", "고독의 삶", "고독으로의 부르심" 등 고독에 관한 글을 많이 썼다. 그만큼 관상적 삶에서 고독은 매우 중요한 위치를 차지한다. 그는 겟세마네 수도원에 있을 때 새로운 수도원장이 수도원을 현대화하는 과정에서 발생했던 기계 소음과 생활의 분주함을 피해 은자적인 삶을 구현할 수 있는 수도원으로 옮겨가기를 갈망했을 정도로 하나님을 찾기 위해서 온전한 고독의 삶을 추구했다. 그에게 하나님을 완전하게 찾는다는 것은 "환상과 쾌락으로부터 물러서는 것, 현세적 불안과 욕망으로부터, 하나님이 원하시지 않는 일로부터 물러서는 것"[111]을 의미했다.

이처럼 그는 물리적 고독을 갈망했고, 그것의 필요성도 언급했다. 그러나 진정한 의미의 고독은 그것을 넘어서는 것임을 다음과 같이 말한다.

사람은 한 분이신 하느님의 모상으로 창조되었기 때문에 일치를 추구합니다. 일치는 고독(solitude)을 암시하고 있으며 따라서 물리적으로

---

111 Merton, 『새 명상의 씨』, 61.

혼자 있는 것이 필요합니다. 그러나 일치와 고독은 형이상학적인 격리가 아닙니다. 자기중심적이고 외적 자아의 어떤 독립 같은 것을 즐기기 위해서 자신을 격리시키는 사람은 일치를 전혀 찾지 못합니다. 그는 여러 가지 서로 상치되는 욕망으로 분해되어 마침내는 혼란에 빠지고 전적인 부재로 귀결되기 때문입니다.[112]

머튼이 고독을 강조하는 이유는 고독 없이는 하나님과 온전한 합일을 이룰 수 없기 때문이고, 고독 없이는 하나님을 발견할 수 없고, 참된 자아를 발견할 수도 없기 때문이다. 또한 "우리가 이 고독 속으로 들어갈 때까지는 다른 이들을 위해 살 수 없"[113]기 때문이다. 이와 관련하여 그는 고독한 삶의 목적을 관상이라고 말한다.[114] 또한 고독이 없이는 성숙할 수도 없다며 다음과 같이 말한다.

고독 없이는 성숙할 수 없다. 비워지고 고독해지지 않으면 그는 자신을 사랑에 맡길 수 없다. 왜냐하면 그는 사랑할 수 있는 유일한 선물인 깊은 자아를 가지고 있지 않기 때문이다. 이 깊은 자아는 소유할 수 있는 것이 아니다. 개인주의에서 나오는 얄팍한 '나'는 소유되고 발전되고 계발되고 이용되고 만족할 수 있다. 그것은 물질적이든 영적이든 관계없이, 획득과 만족을 위한 우리의 모든 노력의 중심이다. 그러나 영과 고독과 사랑에서 나오는 깊은 '나'는 '가지거나' 소유하거나 발전되거나

---

112 *Ibid.*, 68.
113 Merton, 『인간은 섬이 아니다』, 332.
114 Thomas Merton and Patrick Hart, *The Monastic Journey*(Michigan: Cistercian Publications, 1992), 152.

완벽해질 수 없다. 그것은 인간이 고안해낸 것이 아니라 하나님으로부터 온 깊은 내적인 법들에 따라 단지 존재하고 행동한다. 그것은 성령의 법이다. 성령은 바람처럼 자신이 하고자 하는 대로 빛을 낸다. 고독한 내적인 '나'는 항상 보편적이다.115

그러면 고독이란 무엇인가? 머튼은 고독은 사회와 개인에게 꼭 필요하다고 말하면서 거짓 고독과 참된 고독이 있음을 다음과 같이 밝힌다.116

거짓 고독	참된 고독
거짓 고독은 유리한 고지를 점령한다.	참된 고독은 겸손에서 발견되는데 겸손은 무한히 풍요롭다.
거짓 고독은 오만의 피난처이고 끝없이 궁핍하다. 거짓 고독의 가난은 일종의 환상으로부터 오는 것이다.	참된 고독은 사심이 없다. 그러므로 거기에는 침묵과 사랑과 평화가 풍성하다. 참된 고독은 자신 안에서 다른 사람들에게 줄 무궁무진한 선의 자원을 발견한다.
거짓 고독은 자기중심적이다.	참된 고독은 영혼을 정화하고 사방팔방으로 아낌없이 영혼을 활짝 열어젖힌다.
거짓 고독은 한 사람을 그의 형제들로부터 분리시키는데, 그것이 그가 더 이상 효과적으로 자신의 영 안에서 다른 사람들과 무언가를 주거나 받을 수 없게 만들어 버린다.	참된 고독은 한 사람을 다른 모든 것으로부터 분리시킨다. 그것은 그가 자신의 선을 자유롭게 발전시킨 다음, 다른 모든 사람들에게 도움이 되도록 그것을 내어놓음으로써 자신의 참된 운명을 실현하게 하기 위함이다.

요컨대 참된 고독이란 하나님의 고독에 참여하는 고독이고, 겸손,

---

115 Merton, *Disputed Questions*, 206-07.
116 Merton, 『인간은 섬이 아니다』, 365-67.

현대 영성가의 영성 이해와 영성 교육의 방향 _ 정원범 | 133

사심 없음, 자기 이익을 추구하지 않음, 순수함, 개방성, 나눔, 하나님께 영광 돌림 등을 특징으로 하는 사랑의 고독이라는 것이다.[117]

머튼은 고독이란 표현 외에 고독한 삶이라는 표현을 사용하는데 첫째, 고독한 삶이란 장소에 구애됨이 없이 하나님과 단둘이 있고 싶어하는 삶을 말한다.[118] 둘째, 고독한 삶이란 가장 단순한 삶이다.

고독한 삶으로 불림 받는다는 것은 숲과 산, 바다, 사막의 광활한 풍경의 침묵에 자신을 넘겨주고 건네줌으로 완전히 자신을 맡기는 것이다. 태양이 대지 위로 떠올라 그곳의 침묵을 빛으로 가득 채우는 동안 말없이 앉아 있음이다. 아침에는 기도하고 일하며, 낮에는 노동하고 휴식하고, 밤이면 다시금 묵상 중에 고요히 앉아 있음이다.[119]

고독한 삶은 본질적으로 가장 단순한 삶이다. 우리가 공동생활의 단순함 속에서 '하나님을 발견하기만' 한다면 공동생활은 고독한 삶에 대한 준비가 된다. 그때 우리는 고독이라는 보다 위대한 단순함 안에서 그분을 더 자주 찾고 그분을 더 쉽게 발견한다.[120]

셋째, "고독한 삶은 기도하는 삶이다."[121] 그는 기도를 두 가지로

---

117 Thomas Merton, *Sign of Jonas*(New York: Harcourt, Brace and Company, 1953), 312; Merton, 『인간은 섬이 아니다』, 368-69.
118 Thomas Merton, 『고독 속의 명상』(*Thoughts in Solitude*), 장은명 옮김(서울: 성바오로출판사, 2019), 122.
119 *Ibid.*, 128.
120 *Ibid.*, 146.
121 *Ibid.*, 132.

설명한다. 즉 "기도는 정신과 마음을 하나님에게까지 끌어 올리는 것일 뿐만 아니라 우리 안에 계신 하나님을 발견하고 우리 안에 계신 그분께 응답하는 것이다."[122] 첫 번째 기도는 우리의 정신과 마음을 하나님께 올려드리는 기도로, 소위 소리 기도라고 할 수 있다. 이 기도에는 찬양, 감사, 회개, 간구의 내용이 포함된다. 두 번째 기도는 "내 안에 계시는 하나님에 대한 응답이며, 우리 내면에 계시는 하나님을 발견하는 기도로 소위 침묵 기도라 할 수 있다. 이 기도는 말이나 생각 등이 없이 하나님의 현존 앞에 단지 머물러 있으려고 노력하는 것이다.

넷째, 고독한 삶은 끊임없는 친교와 감사의 삶이다. 감사는 그리스도교적 생활의 핵심이므로 그것은 또한 고독한 삶의 핵심이기도 하다.[123] 고독한 삶은 끊임없는 친교와 감사의 삶이어야 한다. 고독한 삶은 우리의 근심을 주님께 던져버리고 그분에게서 오는 도움에만 기뻐하는 삶이다. 그분이 하시는 것은 무엇이나 우리의 기쁨이다. 우리는 감사를 드림으로써 그분의 선하심을 우리 안에 재현한다. 달리 표현하면 우리의 감사가 그분의 자비의 반영이다. 감사는 우리를 그분과 닮게 해 준다.[124] 고독한 삶의 가장 훌륭한 결실은 감사하는 마음이다.[125]

(2) 침묵

고독한 생활은 다르게 말하면 침묵의 생활이다.[126] 침묵을 다가올 세계의 신비라고 말하는 머튼은『침묵 속에 하느님을 찾는 사람들』이

---

122 Shannon,『토마스 머튼: 생애와 작품』, 134-35.
123 Merton,『고독 속의 명상』, 134.
124 *Ibid.*, 136-37.
125 *Ibid.*, 153.
126 *Ibid.*, 107.

라는 책에서 관상가에게 침묵이 필요한 이유에 대해 몇 가지로 설명한다. 즉 ① 고독의 상태를 유지하기 위해서, ② 말이 참뜻을 지니기 위해서, ③ 말씀을 잘 듣기 위해서, ④ 영적인 자유, 즉 우리를 폭력과 욕정의 노예로 만드는 악의 세력으로부터 자유로워지기 위해서, ⑤ 하나님을 찾을 수 있도록 우리의 마음을 열기 위해서 침묵이 필요하다고 그는 말한다.[127]

　　침묵의 필요성에 대한 머튼의 언급을 좀 더 소개하면 다음과 같다: "침묵이 없다면 우리의 음악 속에서 하나님을 들 수 없다."[128] "오직 침묵만이 하나님을 찾을 수 있도록 우리의 마음을 열어주며, 이러한 깊은 내적 기쁨은 침묵 속에서 고통을 겪음으로써만 얻을 수 있는 것이다."[129] "내 삶은 경청이다. 하나님의 현존은 말씀하심이다. 나의 구원은 듣고 응답하는 것이다. 나의 삶이 침묵이어야 하는 것은 이 때문이다."[130] "내적 침묵은 사람으로 하여금 습관적인 생각과 편견 등을 모두 씻어버리게 함으로써 성서의 말씀에 고요히 귀를 기울이게 한다." "침묵은 영적인 자유를 위해서 절대적으로 중요한 것이다."[131]

　　그러면 머튼이 말하는 침묵이란 무엇인가? 머튼에게 침묵이란 더욱 깊은 차원의 삶을 살기 위해 마음을 비우는 것이다. 그는 이렇게 말한다.

---

127 Thomas Merton, 『침묵 속에 하느님을 찾는 사람들』(*Cistercian Life*), 오무수 옮김
　　(왜관: 분도출판사, 2003), 25, 45-46, 51.
128 Merton, 『인간은 섬이 아니다』, 196.
129 Merton, 『침묵 속에 하느님을 찾는 사람들』, 51.
130 Henri Nouwen, 『기도의 사람 토마스 머튼』(*Encounters with Merton*), 김기석
　　옮김(서울: 청림출판, 2008), 5.
131 Merton, 『침묵 속에 하느님을 찾는 사람들』, 46.

진정한 수도자의 침묵은 다른 사람들과 똑같은 한 사람이 다른 사람들과는 다른 깊은 차원의 삶을 살려고 노력하는 것을 보여주는 일종의 단순함과 투명함인 것이다. 내적으로나 외적으로나 진정한 침묵을 지키는 사람은 마음을 비우고 있는 사람이다. 그는 자신을 내세우려는 어떤 폭군적인 욕망도 없으며, 다른 사람으로부터 환심을 사거나 만족을 얻으려는 욕망도, 그 '어떤 사람'이 되고자 하는 욕망도 없는 완전히 비워져 있는 사람이다. 진정한 침묵을 위해서는 인정받으려는 열망을 버려야 하며, 자신이 잘 전달되어 남에게 좋은 감명을 줄 수 있을까 하는 걱정과 염려도 버려야 한다.[132]

머튼은 침묵의 유익에 대해서 말하길, "침묵은 그대를 하나님 안에서 지혜롭게 하며 무지의 환상으로부터 구해준다. 침묵은 그대를 하나님과 결합시켜준다."[133] "실제로 침묵을 지킬 수 있는 사람은 깊은 휴식을 누리며, 침묵하는 다른 사람들 가운데서도 고요하고 평화롭게 지낼 수 있다"[134]라고 말한다. 이렇게 침묵의 필요성과 유익을 소개하고 있는 머튼은 "침묵은 수덕생활에 있어서 가장 으뜸가는 수련방법"이라고 말하면서 "이 세상의 무엇보다도 침묵을 사랑하라! 그러면 침묵은 말이 표현할 수 없는 귀중한 열매를 그대에게 가져다줄 것"[135]이라고 권면한다.

---

132 *Ibid.*, 47-48.
133 *Ibid.*, 44.
134 *Ibid.*, 50.
135 *Ibid.*, 44.

3. 머튼의 영성의 특징

1) 관상적 영성

첫째, 머튼의 영성은 관상적 영성이다. 그는 우리가 그리스도 안에서 하나님과 친밀하게 합일하도록 부름을 받았다고 여겼기 때문에 존재의 근원이신 하나님에게 돌아가려는 열망을 품고 하나님과 사랑의 합일을 이루기 위해 고독과 침묵 속에서 관상적인 삶을 살았다. 관상적 삶이란 침묵, 고독, 세상으로부터의 분리, 기도, 묵상, 초연함, 침잠, 단순함, 겸손, 비움, 투명함, 자기 포기, 사랑 등의 삶을 특징으로 한다. 이런 관상적인 삶을 통해 그는 하나님을 발견하게 되고, 참된 자아를 발견하게 되며, 하나님과의 일치를 통해 참으로 인간적인 삶을 살게 된다고 생각했다. 그래서 이런 관상적 깨어남 없이는 "인간의 삶은 질서, 평화, 행복, 온전한 정신 등 모든 것이 의존해야 하는 영적 방향을 잃어버리고 만다"[136]라고 말한다. 이런 점에서 그의 영성은 무엇보다도 관상적 영성이라고 할 수 있다.

2) 공동체적 영성

둘째, 머튼의 영성은 관상적 깨달음을 바탕으로 인류 공동체를 세워가는 공동체적 영성이다. 머튼은 사랑이 관상 생활의 목적이라고 하였다. 그런데 머튼은 어느 날 갑자기 인류애를 느꼈다. 수도원 생활

---

136 박재찬, 281.

처음부터 이런 느낌을 가진 건 아니었다. 처음에 그는 평생 하나님만을 추구하는 삶을 살고자 했고, 오직 하나님만을 추구하고 하나님을 발견하기 위해 겟세마네 수도원에 들어갔다. 그러나 수도원 현대화 작업이 일어나면서 산만한 분위기가 되자, 더욱더 엄격한 수도원으로 가고자 했을 만큼 그는 세상과 세상의 문제에서 분리된 완벽한 고독과 침묵을 추구했다. 그러다가 그는 어느 순간 관상을 위해 사는 게 중요한 것이 아니라 하나님을 위해 사는 게 중요한 것이고, 장소의 고독이 중요한 게 아니라 마음의 고독이 중요한 것이며, 진정한 고독은 하나님의 고독에 참여하는 것임을 깨달았다.[137] 그러던 중 1958년 어느 날 루이빌에서 인류애를 느끼게 되었다. 그의 고백을 들어보자.

어제 루이빌 4가와 월넛이 만나는 교차로에서 나는 갑자기 모든 사람을 사랑한다는 것을, 그들 누구도 내게 이방인이 아니며, 이방인이 될 수도 없다는 사실을 깨달았다. 마치 내가 특별한 소명을 받아 그들과 분리되어 있고 그들과 다르다는 미망에서 깨어난 것 같았다. 내 소명이 내가 그들과 다르거나 특별하게 만드는 것이 아니다. 나는 여전히 인류의 한 구성원이며 나를 더 영광스러운 운명으로 이끄는 것은 바로 인간이라는 소명이다. 말씀이신 사람이 되어 오신 것은 바로 인류의 일원이 되셨다는 것이다. 하나님, 감사합니다! 거리를 지나는 사람처럼 나도 인류의 한 일원이라는 사실에 감사드린다. 우리가 누구이고 어떤 존재여야 하는지를 깨닫게 될 때, 비로소 인간의 조건이 지닌 슬픔이 중요하게 다가온다. 우리 또한 이 땅에 존재하는 인류의 한 일원임이 절실해진다.[138]

---

137 오방식, "토마스 머튼의 영성과 윤리: 전쟁과 평화를 중심으로," 『기독교 영성과 윤리』, 정원범 편(서울: 한들출판사, 2012), 217.

또한 그는 "내가 무엇을 쓰든지 모든 것은 결국 이 한 마디의 진리로 요약될 수 있는데, 하나님께서 사람을 부르신 것은 그로 하여금 하나님 자신과 연합을 이루는 동시에 그리스도 안에서 이웃들과 연합을 이루게 하기 위해서"라는 것을 깨달았다.[139] 결국 머튼의 영성은 자기중심적으로 고립되어 살아가는 거짓 자아의 고립적 영성이 아니라 모든 인간이 형제자매들로 연결되어 더불어 함께 살아감을 추구하는 공동체적 영성이라 하겠다.[140]

3) 참여적 영성

셋째, 머튼의 영성은 참여적 영성, 곧 사회참여적 영성이고, 사회변혁적 영성이다. 머튼은 우리가 고독으로 들어가 하나님을 만나고, 자신의 참 자아를 만나게 되면 다른 사람들과 어떻게 살아가야 하는지를 더 잘 알게 된다고 믿었다. 참된 관상은 우리를 사회적 행동으로 인도하게 되어 있다는 것이다.[141] 그래서 그는 다음과 같이 말한다: "현세와 현세의 문제와는 완전히 담을 쌓고 인간 사회에 대해서는 관심을 저버린 채 하느님과 관계된 일에만 온전히 자신을 바치겠다고 하는 사이비 관상적 영성은 오늘날 분명 필요치 않다. 모든 진정한 그리스도인의 영성은, 심지어 그리스도교 관상가의 영성이라 할지라도, 인간에 대해 깊은 관심을 쏟게 마련이며 마땅히 그래야 한다."[142] "관상가로서

---

138 Merton, 『토마스 머튼의 시간』, 213.
139 Shannon, 『토마스 머튼: 생애와 작품』, 30.
140 *Ibid.*, 160-61.
141 James Thomas Baker, *Thomas Merton Social Critic*(Lexington, KY: The University Press of Kentucky, 1971), 47-48.

저는 고독 속에 저 자신을 가두는 것이 이제 필요하지 않습니다. 오히려 이 가난한 세상이 제가 고독 속에 있어야 할 올바른 장소입니다. 저는 이 세상에서 정치적·지성적·예술적·사회적 운동을 관상적 견지에서 생각해야 합니다."143

또한 그는 "저는 저 자신이 (세상과) 같은 문제들에 연루되어 있다고 느끼며, 그러한 것들 역시 저의 문제이기 때문에 다른 이들과 함께 세상의 문제들에 관여하는 것이 필요합니다"144라는 견해와 "수도자는 근본적으로 현대의 세상과 구조들에 대하여 비평적인 태도를 취하는 자"145라는 견해를 바탕으로 수도자로서 우리 시대가 직면한 소외, 폭력, 인종차별주의, 핵전쟁, 세상의 부조리와 문제점들에 대해 비판적 메스를 가했고, 불의한 사회 문제들에 대해 침묵하고 있는 가톨릭교계를 비판했다.146 머튼은 사회 비평을 통해서 세상의 변화를 추구했던 것이다.

4) 비폭력 평화의 영성

넷째, 머튼의 영성은 비폭력 평화의 영성이다. 머튼의 비폭력주의

---

142 Thomas Merton, 『머튼의 평화론』(*Peace in the Post-Christian Era*), 조효제 옮김 (왜관: 분도출판사, 2006), 236.

143 Thomas Merton, *The Hidden Ground of Love: The Letters of Thomas Merton on Religious Experience and Social Concerns*, ed. William H. Shannon(New York: Farrar, Straus, Giroux, 1985), 482, 박재찬, 『토마스 머튼의 수행과 만남』, 68에서 재인용.

144 박재찬, 『토마스 머튼의 수행과 만남』, 68.

145 오방식, "토마스 머튼의 비폭력적인 삶을 위한 영성훈련에 대한 연구," 「신학과 실천」 57(2017): 394에서 재인용.

146 오방식, "토마스 머튼의 영성과 윤리: 전쟁과 평화를 중심으로," 224.

는 간디에게서 영향을 크게 받은 것이지만, 간디의 비폭력주의는 예수에게서 배운 것이다. 머튼은 전쟁에 대한 기독교적인 견해가 비폭력 평화주의라는 것을 다음과 같이 분명히 밝힌다: "우리의 평화는 오직 그리스도 안에 있고 모욕과 희생과 십자가를 통해서만 얻을 수 있다."[147] "국제적이거나 국내적인 분쟁을 해결하는 수단으로서 난제들을 비폭력적으로 해결하고 전쟁을 점진적으로 폐지하는 방향으로 이끌어야 한다."[148] "우리는 이 캠페인에서 결코 성공할 수 없을지 모르지만 성공하든 못하든 간에 그 의무는 명백한 것이다. 그것은 우리 시대의 위대한 그리스도인의 과업이다. … 왜냐하면 인류의 생존이 그 과업에 달려 있기 때문이다."[149]

극단적 폭력인 전쟁과 불의에 저항하는 이러한 머튼의 비폭력 평화의 영성은 하나님의 사랑과 진리를 체험하는 관상적 삶의 자연스런 귀결이었다. 관상적 체험이란 모든 사람이 하나님의 긍휼과 자비 안에 있다는 깨달음이고, 모두가 하나님 안에서 하나로 연결되어 있다는 깨달음이기 때문이다.

5) 생태 영성

다섯째, 머튼의 영성은 생태 영성이다. 생태적 양심, 지구에 대한 책임의식, 생태 정의를 강조하는 머튼의 생태 영성은 레이첼 카슨의

---

147 오방식, "토마스 머튼의 비폭력적인 삶을 위한 영성훈련에 대한 연구," 376에서 재인용.
148 오방식, "토마스 머튼의 영성과 윤리: 전쟁과 평화를 중심으로," 224-25에서 재인용.
149 *Ibid.*, 225에서 재인용.

영향을 받은 것이지만, 근본적으로는 하나님이 모든 피조물의 근원이고, 모든 피조물은 상호연결되어 있으며, 자연은 하나님이 거하시는 낙원이라는 관상적 이해에서 나온 것이다.

머튼은 자연이 파괴되고 있는 상황에 대해 "자연의 파괴적인 불균형, 원폭과 낙진과 폭발에 의해 유독하고 불안정하게 된 비-생태계(non-ecology)인 바로 이 땅은 폐허가 되고, 물은 오염되고 흙은 화학 물질과 기계에 의해 유린당하고, 사람들은 도시로 나가 거기서 살기 때문에 시골집들은 산산이 흩어지고… 과학기술이 완전하게 성공한 곳에 존재하는 비극이 최고의 비극이다"[150]라고 한탄하며, 미국인들에게 생태 정의를 위한 인간의 책임의식을 일깨우기를, "우리 미국인들은 우리 조국, 땅, 숲들, 우리의 대지들(평야들)을 사랑해야 합니다. 본래의 풍부함과 아름다움을 유지하도록 우리는 할 수 있는 모든 것을 해야 합니다. 물과 대지와 야생 생물들을 잘 대해야 합니다. 우리는 이런 것에 헌신할 수 있는 세대가 필요합니다"[151]라고 하였다.

이러한 머튼의 생태 영성은 "19세기와 20세기 초 개신교 신학이 전반적으로 자연과의 관계를 끊고"[152] 영혼의 구원만을 생각하는 인간 중심적인 신학이었던 것을 고려해볼 때 시대를 매우 앞서간 생각이었고, 그런 점에서 머튼은 20세기 생태 영성의 선구자 중 한 사람이었다

---

150 Thomas Merton, "Dancing in the Water of Life: Seeking Peace in the Hermitage," *The Journals of Thomas Merton 5(1963-1965)*, ed. Robert Daggy(San Francisco: HarperSanFrancisco, 1997), 239-40; 오방식, "토마스 머튼의 생태 영성," 『토마스 머튼과 현대영성』, 87에서 재인용.

151 Thomas Merton, *The Road to Joy*(New York: Farrar, Straus & Girox, 1989), 330; 오방식, "토마스 머튼의 생태영성," 87-88에서 재인용.

152 H. Paul Santmire, *The Travail of Nature: The Ambiguous Ecological Promise of Christian Theology*(Minneapolis: Fortress Press, 1985), 122.

고 할 수 있을 것이다.

6) 통전적 영성

여섯째, 머튼의 영성은 통전적 영성이다. 머튼의 초기 사상을 보면, 수도원과 세상, 수도승과 평신도, 관상과 행동이 분리되어 있다는 이원론적 사고가 지배적이었다. 그러나 1950년대 후반에 이르러 루이빌에서의 신비 체험을 계기로 고독과 연대, 교회와 세상, 관상과 행동이 분리될 수 없다는 통전적 사고로 성숙하게 변화된다.[153] 먼저 고독과 연대의 통전성에 대해 그는 말하기를, "참된 고독은 단순히 분리됨이 아닙니다. 그것은 단지 일치를 향합니다. 참된 고독은 기본적이고 인간적인 사람들과의 관계에서 어떤 것도 포기하지 않습니다. 사람들과 깊이 일치된 이는 더 이상 주변적 관심사들에 매료되지 않기에 모든 것이 더 깊어집니다."[154] "내가 하나님과 일치하면 할수록 그분과 일치하고 있는 다른 사람들과 더욱 일치할 것입니다"[155]라고 하였다.

교회와 세상의 통전성에 대해서 그는 "현세와 현세의 문제와는 완전히 담을 쌓고 인간 사회에 대해서는 관심을 저버린 채 하나님과 관계된 일에만 온전히 자신을 바치겠다고 하는 사이비 환상적인 영성은 오늘날 분명히 필요치 않다. 모든 진정한 그리스도인의 영성은 심지어 그리스도교 관상가의 영성이라 할지라도 인간에 대해 깊은 관심을 쏟

---

153 박재찬, 65-66.
154 Thomas Merton, *Disputed Questions*(New York: New American Library, 1960), 186; 박재찬, 67.
155 Merton, 『새 명상의 씨』, 81.

게 마련이며 마땅히 그래야 한다"156라고 말했다.

관상과 행동의 통전성에 대해서 그는 "관상과 행동은 모든 종교규율에서 각각의 역할을 가지고 있습니다. 그 둘은 항상 같이 갑니다. 그 이유는 그리스도인의 완전함은 사랑의 완전함 이외에는 아무것도 아니기 때문입니다. 그리고 사랑의 완전함은 바로 하나님과 사람에 대한 사랑의 완전함을 의미합니다. … 이것은 오직 하나의 사랑입니다. 그러므로 하나님을 향하는 관상과 인간을 위한 행동은 결코 둘로 나눌 수 없는 것입니다."157 "활동과 관상이 우리의 삶 전체를 가득 채우며 공존할 때 우리는 비로소 영적으로 성숙해진다"158라고 하였다.

이처럼 후기 머튼의 사상은 대립관계에 있다고 여겨졌던 상응개념들을 서로 분리될 수 없는 전체로 바라보게 되었다는 점에서 그의 영성은 분명히 통전적 영성이었다.

III. 헨리 나우웬의 신학과 영성

1. 나우웬의 신학

크리스토퍼 드 빙크는 헨리 나우웬에 대해 그는 "영적 세계의 역설을 몸으로 체득하고 있었던 사람, 한편으로 대단히 복잡한가 하면 속이 비치도록 맑고 투명한 사람, 세상의 수재들이 다 모인 예일과 하버드에

---

156 Merton, 『머튼의 평화론』, 236.
157 오방식, "토마스 머튼의 영성과 윤리: 전쟁과 평화를 중심으로," 219.
158 Merton, 『인간은 섬이 아니다』, 118.

서도 명민하고 지혜롭기로 소문 난 사람, 그럼에도 겸손하고 단순하게 타인을 섬기려 했던 사람, 생각 깊고 이지적이고 맑은 영혼을 지녔던 사람… 하나님과의 사귐이 깊어질수록 사람들과의 사귐 또한 깊어지는 사람"[159]이었다고 회상한다. 사람들이 그를 가리켜 20세기를 대표하는 영성가라고 말하지만, 그가 많은 사람에게 사랑을 받는 이유는 그가 그의 내면에 가지고 있었던 여러 결점, 예를 들면 외로움, 차분하지 못함, 우정에 대한 욕구, 질투심, 불확실함 등의 결점들을 숨기지 않았던,[160] 우리와 비슷한 사람이었기 때문이 아닐까 싶다.

머튼처럼 나우웬도 쉼 없이 하나님을 추구했던 사람이고, 하나님과 함께하는 삶을 추구했던 사람이었다. 그뿐만 아니라 그는 그의 사역이나 저술 활동을 통해 다른 사람이 하나님을 알고 하나님과 교제하도록 돕는 것을 주된 목표로 삼았던 사람이었다. 이에 따라 그의 하나님, 그리스도, 성령에 대한 이해는 영적 지도를 위한 목적으로 형성된 것이었고, 그러기에 그의 하나님, 그리스도, 성령에 대한 이해는 체계화된 조직신학적 논술이 될 수는 없을 것이다.

1) 하나님 이해

나우웬은 하나님만을 사랑하려는 삶의 열망을 지녔던 사람이었다.[161] "나에게 하나님은 누구인가?"라는 질문을 던지며 그는 하나님

---

159 Christoper de Vinck, 『헨리 나우웬: 한 상처입은 치유자에 대한 회상』(*Nouwen Then*), 김동완 옮김(서울: 요단출판사, 1999), 132-33.
160 Beth Porter, ed., 『헨리 나우웬, 내 영혼의 친구』(*Befriending Life*), 신현복, 신선명 옮김(서울: 아침지도영성연구원, 2010), 39.
161 LaNoue, 『헨리 나우웬과 영성』, 115.

을 네 가지로 설명한다: "첫째, 하나님은 우리와 함께하신다. 둘째, 하나님은 인격적이다. 셋째, 하나님은 숨어 계신다. 넷째, 하나님은 우리를 찾고 계신다."[162] 또한 그는 하나님의 여러 성품 가운데 특히 하나님의 사랑을 강조하며 이렇게 말한다.

우리의 참된 하나님은 어떤 분이십니까? 멀리 떨어져 있는 소원한 하나님, 우리가 두려워하고 피하고 싶은 하나님, 또는 복수의 하나님이 아니라 우리의 고통을 공감하며 인간적인 삶의 투쟁에 전적으로 참여하는 하나님이십니다. 이보다 더 좋은 소식은 없습니다. … 우리 하나님은 자비롭고 인자하신 하나님이십니다. 무엇보다 '우리와 함께'하기로 작정하고 선택하신 하나님이십니다. … 우리가 '우리와 함께하는 하나님'이라고 말하는 순간 우리는 그분과 새로운 친밀함의 관계를 맺습니다. 우리는 그분을 '임마누엘(하나님이 우리와 함께하심)'이라고 부름으로써 그분이 우리와 연대하여 우리의 기쁨과 고통을 함께 나누시고, 우리를 방어하고 보호하시며, 우리와 함께 인간적인 삶의 모든 고난을 겪기로 작정하셨다는 사실을 인식합니다. '우리와 함께하는 하나님'은 가까운 하나님이십니다. 우리가 우리의 피난처, 우리의 견고한 요새, 우리의 지혜, 심지어 좀 더 친밀하게는 우리의 도움, 우리의 목자, 우리의 사랑이라고 부르는 하나님이십니다. '그가 우리 가운데 거하신다'(요 1:14)는 사실을 전심으로 이해하지 못한다면 우리는 사랑이 넘치는 자비로운 분으로서의 하나님을 결코 올바로 알 수 없습니다.[163]

162 Henri Nouwen, 『영성수업』(*Spiritual Direction: Wisdom for the Long Walk of Faith*), 윤종석 옮김(서울: 두란노, 2015), 102.
163 Chris Pritchett and Marjorie J. Thompson, 『삶이 묻고 나우웬이 답하다』(*On*

그는 신체의 만성적인 통증으로 고통을 당하기도 하고, 자신의 불안을 느끼며 고통을 느끼는 중에서도 그는 하나님에 대해 "나를 붙들어 주는 분, 내가 태어나기 오래전부터 나를 사랑하신 분, 내가 죽고 한참이 지난 후에도 나를 사랑하실 분"[164]으로 고백한다. 더욱이 그는 "우리 삶의 목적은 사람이 아니라 하나님"이라고 고백한다.

2) 그리스도 이해

나우웬이 "예수님은 내 생활의 심장"이라고 고백하는 사실에서 알수 있듯이 그는 예수님이 영성 생활의 중심이 되어야 한다고 주장한다: "예수님이 내 삶의 중심이어야 하며, 더욱더 내 삶의 중심이 되어야한다. 예수님이 나의 선생, 나의 안내자, 영감의 근원이 되는 것으로는충분하지 않다. 예수님이 내 여정의 동반자요, 친구요, 형제가 되는 것도 충분하지 않다. 예수님은 내 심장 중의 심장이요, 생명의 불꽃이요, 영혼의 연인이 되어야 한다. 그는 나의 유일한 생각이요, 관심사요, 갈망이 되어야 한다."[165]

그는 그의 조카 마르코에게 보내는 편지에서 예수님을 다음과 같이소개한다[166]: 첫째, 예수님은 우리 실존의 중심이다. 영성 생활은 실존의 '심장'에서 이루어져야 한다. 심장 내지 마음이 영성 생활의 초점이

Retreat With Henri Nouwen), 이원기 옮김(고양: 엘페이지, 2015), 78.
164 Philip Yancey, 『내 영혼의 스승들 2』(Soul Survivor), 홍종락 옮김(서울: 좋은씨앗, 2004), 216.
165 LaNoue, 『헨리 나우웬과 영성』, 116.
166 Henri J. M. Nouwen, 『예수, 내 인생의 의미』(Brieven Aan Marc), 이경우 옮김(왜관: 분도출판사, 1998), 11-117.

다. 여기서 마음이란 우리가 가장 인간적이 되는 자리인데 이 점에서 영성 생활은 마음의 생활이다. 둘째, 예수님은 해방하시고 자유롭게 하시는 하나님이다. 여기서 자유란 우리를 억압하는 세력에게서 우리를 해방하시는 자유이고, 남을 용서하고 봉사하며 사랑을 선사하는 자유이며, 사랑으로 세상을 위해 일하는 자유이다. 셋째, 예수님은 함께 고통받으시는 하나님이다. 예수님은 고난당하는 사람들과 함께 고난의 길을 걸으시고 위로를 가져다주시는 신실한 친구시다. 넷째, 예수님은 내려오시는 하나님이다. 예수님은 가난한 이들, 상처받은 이들, 억압받는 이들을 향한 내려가는 길을 택하신 분이다. 예수님은 이 길이 하나님을 만나는 길이고, 공동체로 가는 길이며, 생명·정의·평화·기쁨으로 가는 길임을 보여주셨다. 다섯째, 예수님은 사랑하시는 하나님이다. 예수님은 하나님의 무한하고 무조건적인 사랑을 계시하신 분이다. 예수님은 폭력과 미움과 보복으로 가득 찬 세상에서 비폭력 저항의 길, 비폭력 사랑의 길을 보여주신 분이다. 여섯째, 예수님은 숨어 계신 하나님이다. 예수님은 자신을 숨겨진 가운데 계시하시는 분이다.

3) 성령 이해

나우웬도 머튼과 같이 성령에 대해 말할 때는 성경 구절을 많이 인용한다. 그는 "성령이 아니고는 누구든지 예수를 주시라 할 수 없느니라"(고전 12:3), "성령님도 우리의 연약함을 도와주십니다. 우리가 어떻게 기도해야 될지 모를 때 성령님이 말할 수 없는 탄식으로 우리를 위해 기도해주십니다. 사람의 마음을 살피시는 하나님은 성령님의 생각을 아십니다. 이것은 성령께서 하나님의 뜻을 따라 성도들을 위해 기도하시기 때문입니다"(롬 8:26-27)라는 말씀에 근거하여 "기도는 우리 안의 사시는 성령의 삶의 표출"이고, "영적인 삶이란 우리 안에서 사시는 성령의 삶이다"[167]라고 말한다.

그에게 성령은 "내재하시는 영, 사랑의 하나님의 영, 살아 계신 그리스도의 영, 새로운 공동체를 창조하시는 거룩하신 영"[168] "하나님의 숨결"[169]이며, 또한 성령은 우리의 호흡과 같으신 분, 우리 자신보다도 우리와 더 가까우신 분, "우리에게 사랑과 용서와 자비와 선함과 온유와 평안과 기쁨의 선물을 주시는 분", "우리에게 죽음이 이길 수 없는 생명을 주시는 분"이다.[170] 따라서 그는 우리가 "성령이 없이는 영적인 삶을 살 수 없다"[171]라고 말한다.

2. 나우웬의 영성의 핵심 주제들

1) 영성의 의미

나우웬에게 영성이란 무엇보다 영적인 삶을 의미한다. 영적인 삶이란 무엇일까?

---

167 Henri J. M. Nouwen, 『꼭 필요한 것 한 가지, 기도의 삶』(*The Only Necessary Thing: Living a Prayerful Life*), 윤종석 옮김(서울: 복있는사람, 2013), 58.
168 Henri J. M. Nouwen, 『묵상의 영성』(*Behold The Beauty Of The Lord*), 심영혜 옮김(서울: 아침영성지도연구원, 2002), 135.
169 *Ibid.*, 81.
170 Nouwen, 『꼭 필요한 것 한 가지, 기도의 삶』, 59.
171 *Ibid.*, 59.

그는 이 질문에 대해 삼위일체론적 관점에서 설명하는데 영적인 삶을 산다는 것은 첫째, "하나님의 현존 가운데 사는 것이다. … 하나님은 마음만을 소유하실 것이므로 그 마음은 모든 다른 것에 대하여 비어 있어야 한다."[172] "진정한 영적인 삶이란, 모든 갈망의 아버지이자 어머니이신 한 분, 그분의 품속에서 쉼을 얻기까지는 쉼을 얻을 수 없는 삶을 말한다."

둘째, "예수님을 중심에 모시고 사는 삶이다."[173] "영적인 삶을 산다는 것은 주님과의 끊임없고 친밀한 교통 가운데 사는 것이다."[174] "중심에서 예수님과 더불어 사는 것이다." "영적인 삶을 산다는 것은 살아 있는 그리스도가 되는 것을 의미한다. 최대한 그리스도를 닮으려고 애쓰는 것만으로는 충분하지 않다. 다른 사람들에게 예수님을 일깨워 주는 것으로도 충분하지 않다. 심지어 예수 그리스도의 말씀과 행적에서 영감을 얻는 것으로도 충분하지 않다. … 오히려 영적인 삶은 우리에게 훨씬 더 철저한 요구를 한다. 즉 그것은 시공간 속에서 즉 지금 여기에서 살아 있는 그리스도가 되는 것이다."[175]

셋째, 영적인 삶이란 "우리 안에 그리고 우리 가운데 계신 그리스도의 영의 삶이다."[176] "예수 그리스도를 인도하신 바로 그 성령의 인도를 받는 삶이다."[177] 다시 말해 "영적인 삶이란 하나님의 깊은 것을 통

---

172 Michael Ford, 『하나님을 사랑하는 자 헨리 나우웬』(*Wounded Prophet*), 박조앤 옮김(서울: 두란노, 2003), 114-115.

173 Henri J. M. Nouwen, 『스무살 마크에게 띄우는 헨리 나우웬의 영성편지』(*Letter to Marc About Jesus*), 윤종석 옮김(서울: 복있는사람, 2000), 18.

174 Henri J. M. Nouwen, 『세상의 길 그리스도의 길』(*The Selfless Way of Christ*), 편집부 옮김(서울: IVP, 2003), 11.

175 *Ibid.*, 13.

176 Nouwen, 『꼭 필요한 것 한 가지, 기도의 삶』, 58.

달하시는 그리스도의 영이 우리에게 주어짐으로써 우리의 마음과 정신이 새로운 지식을 얻어 하나님의 길을 깨닫는 생활이다. … 영적인 삶은 우리 속에 있는 그리스도의 영의 삶이다. 이 삶은 우리로 하여금 연약한 가운데 강하게, 사로잡힌 가운데 자유롭게, 고통 가운데 즐겁게, 가난한 가운데 부요하게 해준다. 또한 상향성의 사회 한가운데 살면서도 구원에 이르는 낮아지는 길을 가게 해준다."[178] 이처럼 영적인 삶이란 성령의 인도를 받는 삶이기에 "중요한 것은 성령께 귀 기울이고, 즐거운 곳이든 고통스러운 곳이든 인도함을 받는 대로 순종하며 가는 일"이라고 말한다.[179]

다음으로 나우웬의 영성에 대한 이해는 관계적 특성을 가지는데 그에게 영적인 삶이란 세 가지의 관계적 차원, 곧 하나님과의 관계, 자신과의 관계, 다른 사람과의 관계가 친밀해지는 삶을 의미한다. 다시 말해 "영성 생활이란 우리의 가장 깊은 내면을 향해, 우리의 인간 동료를 향해, 그리고 우리의 하나님을 향해 다가가기 위해 발돋움하는 작업"[180] 곧 외로움에서 고독으로, 적대감에서 타인에 대한 환대로, 망상에서 기도로 전환하는 작업이다.[181] 그는 실제로 하나님과의 친밀한 삶을 위해서 세상에서 유명해지는 일을 등지고 정신 장애자들의 공동체에서의 삶을 선택했는데 하나님과의 사귐이 깊어질수록 사람들과의 사귐 또한 깊어지는 사람이었다.[182]

177 Nouwen, 『세상의 길 그리스도의 길』, 12.

178 *Ibid.*, 30, 32.

179 de Vinck, 『헨리 나우웬: 한 상처입은 치유자에 대한 회상』, 44.

180 Henri J. M. Nouwen, 『발돋움하는 사람들』(*Reaching Out*), 이연희 옮김(서울: 성요셉출판사, 1997), 10-11.

181 김난예, 정원범, 『공동체 영성의 향기』(논산: 대장간, 2019), 79.

이외에도 그는 영성 생활을 일컬어 "세상 속에 살되 세상에 속하지 않는 삶"[183]이며 "일시적인 것 속에서 영원한 것을, 찰나적인 것 속에서 영존하는 것을, 사람들 속에서 하나님의 임재를 가꾸어가는 삶"[184]이라고 설명한다.

2) 거짓 자아와 참 자아

(1) 거짓 자아

헨리 나우웬도 토마스 머튼처럼 거짓 자아와 참 자아 또는 옛 자아와 새 자아에 대해 언급한다. 그는 거짓 자아란 "머튼이 말한 것처럼 사회적 제 강박에 의해 날조된 자기"[185]라고 말하면서 자아에 대한 의식이 다른 사람과의 비교에서 형성된 자아가 바로 거짓 자아라고 말한다.[186] 거짓 자아로 살아가는 사람에게 "중요한 것은 세상이 나를 어떻게 이해하느냐는 것이다. 분주하다는 것이 좋은 것이라면 나는 분주하

---

182 de Vinck, 『헨리 나우웬: 한 상처입은 치유자에 대한 회상』, 133.

183 Nouwen, 『묵상의 영성』(*Behold The Beauty Of The Lord*), 32.

184 Henri J. M. Nouwen, 『춤추시는 하나님』(*Turn My Mourning Into Dancing*), 윤종석 옮김(서울: 두란노, 2009), 74.

185 Henri J. M. Nouwen, 『마음의 길』(*The Way of Heart*), 이봉우 옮김(왜관: 분도출판사, 2003), 21.

186 이에 대해 나우웬은 "'당신이 만들어내는 차이점이 바로 당신을 결정한다'는 것이다. 우리의 차이점 즉 특징들로 인해 우리는 인정받고 높임을 받든지 거부되고 경멸을 당한다. 우리가 얼마나 지적이고 실제적이며 강하고 빠르고 능숙하며 잘생겼는가는 바로 우리가 비교를 당하는 상대방 즉 우리의 경쟁 상대에 달려 있다. 우리 자존감의 상당 부분도 이러한 긍정적, 부정적 차이점에 기인한다. 가족간의 문제, 인종간의 갈등, 계급 충돌 그리고 국내외의 분쟁 전부에서, 이러한 실제적 차이점 혹은 상상에 근거한 차이점이야말로 가장 중심적인 역할을 한다"라고 설명한다. Henri J. M. Nouwen, Donald P. Mcneill, and Douglas A. Morrison, 『긍휼』(*Compassion*), 김성녀 옮김(서울: 한국기독교학생회출판부, 2002), 41.

지 않으면 안 된다. 만일 돈을 소유하는 것이 참된 자유의 표시라면 나는 나의 돈을 요구하지 않으면 안 된다. 만약 많은 사람을 아는 것이 나의 중요성을 증명하는 것이라면 나는 필요한 접촉들을 해야 할 것이다."187 예를 들면, 사람들은 세상에서 "당신이 대단한 존재임을 보여라. 멋이 있어 보이거나 혹은 힘이 있어 보이거나 그에 상응하는 대단한 일을 하라. 그러면 당신이 원하는 사랑을 얻을 것이다"188라는 소리를 많이 듣게 되는데 이런 요구에 부응하게 될 때 사람들은 자기 존중감이 높아진다고 믿게 되지만 이것은 사회적 강박에 의해 날조된 거짓 자기라고 나우웬은 말한다.

반면에 우리의 외양, 우리의 소유, 우리의 업적으로 우리가 사랑받고 있다는 것을 증명해야 한다는 세상의 소리에 부응하지 못할 때 "너는 아무 소용도 없고, 추한 사람이야, 넌 아무런 가치가 없는 사람이야, 비열하고 아무 것도 아닌 존재야"라는 부정적인 목소리를 듣게 되는데 이 소리를 그대로 믿게 될 때 사람들은 자기 거절의 함정에 빠지게 되고, 성공, 명예, 권력을 쉽게 매력적인 해결책으로 보게 된다고 나우웬은 말한다.189 이렇게 세상의 사회적 여러 강제나 세상의 유혹적 강제에 의해 형성된 자아가 바로 거짓 자아다.

결국, 세상의 그릇된 소리에 따라 살아가는 사람은 자기가 충분히 사랑받고 존경받을 가치가 있다는 것을 보여줄 수 없다는 끊임없는 두려움 가운데 살기도 하고, 사랑하는 마음으로 사람과 더불어 살기보다는 경쟁적이 되며, 멋있어 보이기 위해 힘을 과시해 보이려는 충동과

---

187 Nouwen, 『마음의 길』, 21.
188 LaNoue, 『헨리 나우웬과 영성』, 172에서 재인용.
189 Henri J. M. Nouwen, 『이는 내 사랑하는 자요』(*Life of the Beloved*), 김명희 옮김 (서울: 한국기독학생회출판부, 1998), 24-25.

일시적 가치를 지닌 세상에 집착하게 된다. 더욱이 거짓 자아는 하나님이 필요하다는 것을 인정하기를 거부한다.[190]

(2) 참된 자아

나우웬에게 거짓 자아가 자신의 가치를 소유나 행위나 업적에 기초해 있다고 생각하는 자아라면 참된 자아란 자신의 가치가 존재에 기초해 있다고 생각하는 자아다. 참된 자아란 존재가 소유보다 중요하며 우리의 노력의 결과보다 우리 자신이 더 가치 있다는 것을 발견한 자아다. 다시 말해 우리의 진정한 정체성은 우리가 하나님의 사랑받는 자녀라는 사실에 있다는 것이다. 이 자아는 하나님과 더불어 있는 고독을 통해서 우리의 영혼이 사랑의 하나님 품 안에 있다는 것을 깨닫게 될 때 비로소 깨어나는 자아다.[191] 이런 점에서 나우웬은 고독을 가리켜 거짓 자아를 새로운 자아로 변형시키는 변화의 용광로라고 말한다.[192]

나우웬은 두 가지 성경 구절로 참 자아의 의미를 설명하는데 하나는 예수님의 세례 이야기로, 예수님이 세례받았을 때 "너는 나의 사랑받는 아들이며 내가 너를 기뻐한다"라는 하나님의 음성인데 이것이 우리의 정체성을 보여준다는 것이고, 다른 하나는 성만찬의 빵의 이미지인데 여기서 나우웬은 4개의 단어를 사용하여 "사랑받는 존재"의 의미를 설명한다. ① 그는 '들어'를 하나님의 자녀들이 하나님에 의해 선택된 자들이기 때문에 '선택'의 의미로 해석한다. ② '축사하시고'는 우리가 선택된 것으로 충분하지 않으며 계속되는 하나님의 축복과 하나님의

---

190 LaNoue, 『헨리 나우웬과 영성』, 177.
191 *Ibid.*, 179-84.
192 Nouwen, 『마음의 길』, 18.

사랑을 상기시킴으로써 우리의 선택됨을 기억해야만 한다는 의미로
해석했고, ③ '떼어'진 빵은 우리에게 자신의 '부서짐'이 있어야 한다는
의미로 해석했으며, ④ '주다'는 하나님의 자녀들이 다른 사람들을 사
랑하고 섬기는 것을 의미하는 것으로 해석했다.[193] 이런 해석은 나우
웬 자신의 체험에 근거한 것인데 그는 데이브레이크에서의 체험에 대
해 이렇게 말한다.

> 하버드에서 라르쉬로 옮기면서 구경꾼에서 주인공으로, 재판관에서
> 회개하는 죄인으로, 사랑에 관해 가르치는 교사에서 가장 소중한 존재
> 로 사랑받는 인간으로 변해가는 아주 작은 걸음을 내딛게 되었습니다.
> … 이곳 데이브레이크에서 시간을 보내면서 그때까지 단 한 번도 가본
> 적이 없는 내면의 한 지점으로 이끌려갔습니다. 하나님이 머물려고
> 선택하신 바로 그 자리입니다. 이름을 꼭 집어 부르시며 "사랑하는 아
> 들아, 내가 네게 은혜를 베푸노라"라고 말씀하시는 사랑 많으신 하나님
> 품에 안겨 마음 편히 쉬는 자리입니다. 세상이 결코 줄 수 없는 기쁨과
> 평안을 맛볼 수 있는 자리이기도 합니다.[194]

또한 나우웬은 잃어버린 참 자아를 되찾는 것의 의미를 탕자의 비유
를 들어 설명하기를, 그것은 우리를 사랑스럽다고 부르시는 분의 소리
에 귀 기울이기를 거절하고 세상의 소리에 귀를 기울였던 탕자가 정신
을 차려 사랑받는 자녀로서 자신의 깊은 정체성을 재발견한 것이었다

---

193 Nouwen, 『이는 내 사랑하는 자요』, 35-106.
194 Henri J. M. Nouwen, 『탕자의 귀향』(*The Return of the Prodigal Son*), 최종훈
　　옮김(서울: 포이에마, 2009), 34, 38.

고 말한다. 결국 우리의 참 자아란 우리의 가치가 우리가 무엇을 하느냐, 우리가 무엇을 가졌느냐에 따라 결정되는 것이 아니라 우리가 하나님의 사랑받는 자녀라는 존재 그 자체에 있다는 것을 깨닫게 되는 자아라 할 수 있다.[195]

3) 관상과 기도

(1) 관상

나우웬은 관상을 두 가지 의미로 이해했는데 첫째, 그는 관상을 "사물에 대한 비전", 즉 사물에 대한 참 본질을 보는 시각[196] 또는 사물을 있는 그대로 볼 수 있는 능력으로 이해한다.[197] 이에 따라 나우웬은 "우리의 세상을 투명한 세상으로, 세상의 저 건너편을 지적해주고 그래서 우리에게 그 참된 본질을 계시해주는 세상으로 볼 수 있기 시작하는 생활"을 관상 생활이라고 말한다. 그는 세 가지 중심적인 관계, 즉 자연, 시간, 사람에 대한 관계에서 관상 생활이 무엇인지를 설명하는데 ① 자연과 관련하여 관상 생활이란 자연에 있는 것들을 자기 마음대로 조작하고 사용할 수 있는 소유물로 보는 불투명함을, 감탄과 고마움으로 받아들여야 할 선물로 보는 투명함으로 바꾸어가는 삶이다. ② 시간과 관련하여 관상 생활이란 시간에 쫓겨 사는 불투명함을, 모든 순간을 무한한 의미가 있는 시간, 마음의 변화를 가져올 수 있는 지속

---

195 LaNoue,『헨리 나우웬과 영성』, 189-90.
196 Henri J. M. Nouwen, Michel J. Christensen, and Rebecca J. Laird,『헨리 나우웬의 7가지 영성훈련: 두려움에서 사랑으로』(*Spiritual Formation*), 윤종석 옮김(서울: 두란노서원, 2011), 33.
197 LaNoue,『헨리 나우웬과 영성』, 115.

적인 기회의 시간으로 바라보는 투명함으로 바꾸어가는 삶, 즉 크로노스의 시간을 카이로스의 시간으로 바꾸어가는 삶이다. ③ 사람과 관련하여 관상 생활이란 어떤 사람이 가진 특별한 재능 때문에 관계를 맺으려고 하거나 아니면 좋지 않은 특징을 부여하면서 사람들에게 꼬리표를 붙이려는 불투명함을, 모든 사람을 존엄한 인격체로 바라보는 투명함으로 바꾸어가는 삶이다.[198] 요컨대 "관상은 정말로 모든 창조물이 —자연, 시간, 사람들—투명하게 되"는 것을 말한다.[199]

둘째, 나우웬에게 "관상은 그리스도 안에서, 그리스도를 통하여 그리고 그리스도와 함께 우리가 아버지를 뵈올 수 있고, 또 그분의 현존 안에 살 수 있도록 항상, 점점 더 많이 예수를 마음속에 그려봄을 의미한다."[200] 여기서 나우웬은 관상을 관상기도라는 표현으로 다시 설명한다: "관상기도는 주의 깊게 하나님을 바라보는 기도이다. 관상기도는 하나님 아버지의 모상인 그리스도를 보는 것을 의미한다. … 관상기도는 그리스도를 마음에 그려보는 것으로, 그리스도가 우리의 내적 공간 안에 항상 현존하는 이콘이 될 수 있도록 우리의 의식 안에 완전히 들어오게 하는 것으로 묘사될 수 있다."[201]

셋째, 나우웬에게 관상은 관상적 성경 읽기, 특히 복음서에 대한 관상적 읽기를 의미한다. 그는 복음서를 통한 매일의 관상기도에서 "예수님의 삶은 더욱더 내 안에 살아계셔서 매일의 삶 가운데서 나를 인도하기 시작한다"라고 말한다.[202] 말씀과 관련하여 관상기도에 대한

---

198 Henri J. M. Nouwen, 『로마의 어릿광대』(*Clowning in Rome*), 김광식 옮김(서울: 가톨릭대학교출판부, 2004), 141-58.
199 *Ibid.*, 159.
200 *Ibid.*, 126.
201 *Ibid.*, 125-26.

나우웬의 말을 들어보자.

우리의 관상기도는 무엇보다도 단순하고 또 단순해야 한다. 관상기도
는 하나님의 말씀이 우리의 정신에서 마음속으로 내려와 우리를 풍성
하게 만드는 것을 가능하게 해준다. 그렇기 때문에 내적인 추리와 말들
을 피하고, 침묵으로 문장이나 단어에 집중하는 것이 중요하다. 그리고
우리는 말씀을 곰곰이 심사숙고하고, 그것을 씹고 듣는다. 그리고 우리
의 내적인 자아 안에서 실로 그 능력을 맛볼 수 있게 된다.[203]

나우웬이 말하는 관상기도는 귀고 2세(Guigo II)가 말한 렉시오 디
비나, 즉 읽기, 묵상, 기도, 관상의 말씀 묵상 기도를 의미한다고 할
수 있는데,[204] 여기서 그는 말씀을 머리에 새긴 뒤 말씀이 천천히 머리
에서 마음으로 내려올 수 있게 해야 한다고 말한다.

(2) 기도

나우웬에게 "기도란 영적인 삶의 본질이다."[205] 그래서 그는 기도
야말로 우리의 첫 번째 관심사가 되어야 한다고 말한다.[206] 그에게
기도는 일차적으로 지성의 활동이라기보다는 마음의 활동이다. 그도
그럴 것이 그에게 기도의 주요한 목적은 하나님이 들어오셔서 말씀하
실 공간을 창조하며 하나님과의 친밀한 교제를 나누는 데 있기 때문이

---

202 LaNoue, 『헨리 나우웬과 영성』, 145.
203 Nouwen, 『로마의 어릿광대』, 105; LaNoue, 『헨리 나우웬과 영성』, 146에서 재인용.
204 정원범, 『영성·목회·21세기』(서울: 한들출판사, 2011), 302-10.
205 Nouwen, 『꼭 필요한 것 한 가지, 기도의 삶』, 82.
206 Ibid., 98.

다.207 그에게 기도란 무엇일까? 우선 그는 기도는 단순히 하나님에 대해 생각만 하거나 그에게 말하는 것이라고 보지 않는다. 기도는 우리가 필요한 것들을 받아내는 수단도 아니고, 하나님을 설득하는 것도 아니다. 그는 기도를 여러 가지로 정의한다.

첫째, "기도는 그리스도인의 삶의 중심이다. 기도야말로 꼭 필요한 한 가지이다(눅10:42). 기도란 지금 여기서 하나님과 함께 사는 삶이다."208 "기도한다는 것은… 하나님의 현존 안에서 생각하고 그 현존 안에서 사는 것을 의미한다."209

둘째, "기도란 한마디로 예수님 안에 거하는 것이다."210 "기도란 자신을 예수님과 하나로 묶는 것이요 용서와 화해와 치유와 자비를 구하면 그분을 통해 온 세상을 하나님께 올려드리는 것이다."211

셋째, "기도란 우리의 기준이 아니라 하나님의 기준으로 그분께 발돋움하는 것이다. 이런 기도는 우리를 자기 집착에서 벗어나게 한다. 친숙한 영토를 떠나 우리 마음과 생각의 좁은 반경에 갇힐 수 없는 새로운 세계에 들어서게 한다. 그러므로 기도란 위대한 모험이다."212

넷째, "기도란 모든 잘못된 소속을 떨쳐버리고 자유를 얻어 하나님께 속하는 행위이다. … 기도란 그 정도로 혁명적 행위이다. 세상을 살아가는 우리의 존재 양식을 모두 재평가해 자신의 옛 자아를 내려놓고 새 자아인 그리스도를 받아들여야 하기 때문이다. 그리스도와 함께

---

207 LaNoue, 『헨리 나우웬과 영성』, 131.
208 Nouwen, 『꼭 필요한 것 한 가지, 기도의 삶』, 23.
209 Nouwen, 『로마의 어릿광대』, 114.
210 Nouwen, *Necessary*, 33.
211 *Ibid.*, 35.
212 *Ibid.*, 32.

살려면 그리스도와 함께 죽어야 한다는 바울의 말이 바로 그런 뜻이다. 바울은 그 죽음과 중생의 체험을 이렇게 고백한다. '이제는 내가 산 것이 아니요 오직 내 안에 그리스도께서 사신 것이라'(갈 2:20)."[213]

다섯째, "기도란 자신의 것이라 생각했던 모든 것에 대해 죽는 행위이며 이 세상에 속하지 않은 새로운 존재로 태어나는 행위이다. 기도는 과연 하나님에 대해 살기 위해 세상에 대해 죽는 것이다. 기도는 지금 이미 우리를 새 하늘과 새 땅에 들여놓아 하나님 나라의 삶을 미리 맛보게 해준다. 그것이 기도의 위대한 신비이다."[214]

여섯째, "기도란 무엇보다도 네 마음속 가장 깊은 곳에 거하시는 예수님의 음성을 듣는 것이다." "모든 기도의 핵심은 사실상 듣는 것이다."[215] "기도는 하나님 임재 안의 명상으로 이어지는 말없는 경청이다."[216]

일곱째, "기도란 우리를 끊임없는 대화로 부르시는 그분께 마음을 드리는 것이다. 기도는 모든 생각을 사랑의 아버지께 내어드리는 것이다."[217]

여덟째, "기도는 우리의 모든 정신 과정의 근본적 변화이다. 기도를 통해 자신에게서—나의 염려, 집착, 자기만족에서—벗어나 내 것인 줄 알았던 모든 것을 하나님께 내어드리기 때문이다."[218]

아홉째, "기도란 일차적으로 하나님의 임재 안에서 아무것도 하지

---

213 Ibid., 38.
214 Ibid., 38.
215 Ibid., 85.
216 Nouwen, 『영성수업』, 89.
217 Nouwen, 『꼭 필요한 것 한 가지, 기도의 삶』, 113.
218 Ibid., 114.

않는 것이다. 기도는 유용해지지 않는 것이다. 그리하여 내 삶에 중요한 일이 벌어진다면 그것을 하시는 분은 하나님이라는 사실을 스스로 일깨우는 것이다."[219]

요컨대 "기도한다는 것은 모든 삶과 모든 사랑의 중심으로 옮겨간다는 것이다." 여기서 나우웬은 기도를 통해 우리가 모든 삶의 중심으로 들어갈 때 하나님을 만나고, 자신을 만나고, 다른 사람을 만나고, 세상을 만나게 된다고 말한다. 우리가 기도를 통해 모든 삶의 중심으로 들어가 "삶의 중심축으로 가까이 갈수록 중심축에서 힘과 에너지를 받는 모든 것들과도 가까워진다. … 중심축이란 무엇일까? 내 마음, 하나님의 마음, 세상의 마음이 아닐까 생각한다. 기도할 때 나는 내 마음속 깊은 곳으로 들어가 거기서 내게 사랑을 말씀하시는 하나님의 마음을 만난다. 바로 거기서 나는 내 모든 형제자매들이 서로 연합하는 곳도 발견한다. 실로 영적인 삶의 위대한 역설은 가장 개인적인 것이 가장 보편적인 것이고, 가장 내밀한 것이 가장 공통된 것이며, 가장 묵상적인 것이 가장 행동적인 것이라는 사실이다."[220] 이것이 바로 기도의 위대한 신비다.

4) 고독과 침묵

(1) 고독

헨리 나우엔 역시 "고독 없이 영적인 삶을 산다는 것은 불가능하다"[221]라고 말한다. 그는 고독의 의미를 시공간적인 홀로 있음과 마음

---

219 *Ibid.*, 115.
220 *Ibid.*, 157-58.

의 홀로 있음의 두 가지로 설명하면서 그는 홀로 있을 때 느끼는 외로움과 구별하여 고독이란 외딴 곳에서 은밀히 칩거한다는 뜻이 아니라 "하나님의 임재 가운데 감히 선다"는 뜻이라고 말한다. 일단 우리가 "홀로 시간을 보내는 일에 꾸준히 자신을 드리면 내면에 하나님의 음성에 대한 민감함이 생겨난다"[222]라고 말하는 그는 그에 따라 고독이란 하나님과 연합할 수 있는 기회이며, 하나님의 음성을 들을 수 있는 기회, 즉 "고독이란 곧 '나를 사랑하는 자'라 부르는 음성, 나를 다음 장의 모험으로 이끄시는 음성, 하나님이 예수님께 하신 것처럼 '이는 내 사랑하는 아들이요 내 기뻐하는 자라'(마 3:17) 말씀하시는 음성을 들을 수 있는 자리"[223]가 된다고 말한다.

아울러 그는 "고독은 공동체의 본질"[224]이라고 말한다. 왜냐하면 "고독이 두려움과 분노의 힘으로부터 우리를 자유롭게 해주고, 우리 현 세상의 긴박한 상황을 초월하는 친밀감을 제공해주기 때문이다."[225] 고독이 없이는 공동체가 제대로 세워질 수 없다. "고독이 없으면 우리는 서로 집착하고, 서로에 대하여 우리가 생각하고 느끼는 것을 염려하기 시작"하게 되고, 고독이 없으면 피상적인 갈등이 쉽게 깊어지게 되고, 고통스런 상처를 주게 되고, 공동체 안에서 쉽게 파벌이 생겨나기 때문이다.[226]

---

221 Henri J. M. Nouwen, 『모든 것을 새롭게』(*Making All Things New*), 윤종석 옮김 (서울: 두란노, 2000), 67.
222 Nouwen, 『꼭 필요한 것 한 가지, 기도의 삶』, 46.
223 Nouwen, 『춤추시는 하나님』, 113-14.
224 Nouwen, 『로마의 어릿광대』, 31.
225 *Ibid.*, 35.
226 *Ibid.*, 32-33.

나우웬이 고독을 공동체의 본질이라고 말하는 이유는 다음과 같다: "고독은 공동체가 성장하는 터전"이고,[227] "순결이 그 뿌리를 찾게 되는 장소"[228]이며, "우리가 하나님, 오직 하나님 한 분과만 함께할 수 있는 장소"[229]이고, "우리의 공통적 소명이 드러나게 되는 터전"[230]이며, 고독은 "우리 자신을 비워 자아긍정, 자아실현, 자아성취에 대한 욕구들을 버릴 수"[231] 있는 장소이고, "공통적인 순명의 장소"[232]이며, "위대한 만남이 이루어지는 장소"이기 때문이다.

고독이 위대한 만남의 장소인 이유는 하나님이 자신을 계시하는 장소이기 때문이다. 나우웬은 이에 대해 말하기를, "고독은 하느님이 당신 자신을 우리와 함께 계시는 하느님으로, 우리의 창조주, 우리의 구세주 그리고 우리를 거룩하게 하시는 하느님으로, 우리 존재의 원천이며 중심이요 그 목적이신 하느님으로, 당신 자신을 조건과 한계가 없는 무한한 사랑으로 우리에게 내어주기를 원하시는 하느님으로, 그리고 우리의 모든 마음과 우리의 모든 영혼과 우리의 모든 정신으로 사랑받기를 원하시는 하느님으로 계시하는 장소"[233]라고 말한다.

그는 고독이 위대한 만남의 장소라는 사실을 다시금 세 가지 관점에서 말하는데 고독 안에서 우리는 하나님을 만나게 되고, 참된 자신을 만나게 되고, 모든 다른 사람을 우리의 형제요 자매로 만나게 된다고

---

227 *Ibid.*, 30.
228 *Ibid.*, 34.
229 *Ibid.*, 40.
230 *Ibid.*, 42.
231 *Ibid.*, 42.
232 *Ibid.*, 45.
233 *Ibid.*, 51-52.

말한다.234 첫째, 우리는 고독 안에서 하나님을 만나게 되는데 고독 안에서 우리는 하나님의 현존 안으로 들어가서 그분만이 하나님이시고, 하나님만이 사랑이심을 깨닫게 되고, 하나님을 우리의 사랑스런 아버지로 부를 수 있게 된다.235

둘째, 고독 안에서 우리는 자신을 만나게 되는데, "고독은 회심의 장소요, 낡은 자기가 죽고 새로운 자기가 태어나는 장소요, 새로운 사람의 출현이 일어나는 장소"236이기 때문이다. 나우웬은 고독 안에서 두려움과 분노로 표현되는 거짓 자아의 가면이 벗겨지게 되고, 우리 자신을 비울 수 있게 되며, 또한 고독 안에서 우리는 우리 자신의 쉴 수 없음, 쫓김, 강박관념, 빨리 행동하고 효과를 내고 영향을 끼치려는 우리의 충동을 깨닫게 되는데 이런 유혹에서 벗어나게 된다고 말한다.237

셋째, 그렇게 자신을 비울 때 다른 이들을 위한 무한한 공간이 열리게 되어 우리는 모든 사람을 형제요 자매로 깨닫게 된다. 자신을 비운다는 것은 다른 사람들로부터 우리를 구별해주는 모든 것, 예컨대 특성, 의견, 선입견, 판단, 정신적 편견 등을 포기하는 것을 의미하는데 그럴 때 우리는 모든 인류와 결속될 수 있고 하나님을 통하여 모든 인류와 만나게 된다.238 다시 말해 "고독은 우리의 동료 인간들로부터 우리를 분리시키지 않으며 오히려 진정한 동료애를 가능케 하고",239 사람

---

234 Ibid., 55-57.
235 Ibid., 52.
236 Nouwen, 『마음의 길』, 25.
237 Nouwen, 『로마의 어릿광대』, 53.
238 Ibid., 56-58.
239 Nouwen, 『발돋움 하는 사람들』, 40.

들 간에 성숙된 친밀감을 발전케 한다는 것이다.[240]

여기서 나우웬은 토마스 머튼의 일기(1950. 1. 12.)를 인용한다: "형제들을 진정으로 사랑할 수 있는 너그러움을 발견한 것은 바로 깊은 고독 속에서였다. 내가 고독하면 할수록 나는 그들을 향한 더 깊은 사랑을 갖게 된다. 그것은 다른 사람들의 고독에 대한 경외심으로 가득찬 순수한 사랑이다."[241] 요컨대 나우웬에게 고독은 하나님을 만나고, 자신의 참 자아를 만나고,[242] 다른 사람을 형제로 만나게 되는 위대한 만남의 장소이고, 이것을 가능하게 만드는 "정화와 변형의 자리"[243]이며, "변형의 용광로"[244]인 것이다.

(2) 침묵

나우웬에게 "침묵은 고독을 현실의 것으로 만드는 길"이고, "행동으로 실천하는 고독이다."[245] "침묵은 영적 생활에 있어서 절대 필요한 규율"[246]이라고 말하는 나우웬은 침묵의 중요성에 대해 이렇게 말한다.

나는 공동체 삶 안에서의 규칙적인 침묵의 중요성에 대해 언급하고자 한다. 단순한 규칙으로서의 침묵은 정말로 아무런 결실을 맺지 못할 수 있다. 그러나 우리 가운데 계신 하느님 현존에 우리가 함께 귀 기울

---

240 Nouwen, 『로마의 어릿광대』, 61.
241 Nouwen, 『발돋움 하는 사람들』, 40.
242 Nouwen, 『꼭 필요한 것 한 가지, 기도의 삶』, 41.
243 Nouwen, 『마음의 길』, 29.
244 *Ibid.*, 23.
245 *Ibid.*, 43-44.
246 *Ibid.*, 44.

이고, 그의 인도에 우리 자신을 개방하는 방법으로서의 침묵은 건강한 공동체 삶의 필수 불가결한 요소이다. … 특히 위기, 갈등, 그리고 강한 정서적 긴장을 느낄 때, 침묵은 우리를 치료해줄 뿐만 아니라, 우리 삶을 위하여 새로운 길을 보여 줄 수도 있다.[247]

머튼과 같이 침묵이 미래 세계의 신비라고 말하는 나우웬은 침묵에는 세 가지 기능이 있다고 한다. 첫째, 침묵은 우리를 순례자로 만든다. 나우웬은 "순례는 사람이 자기 혀를 다스려야 한다는 것을 의미한다"라는 압바 티토에스(Abba Tithoes)의 말을 인용하면서 "순례한다는 것은 침묵하는 것이다. 침묵을 하는 것은 우리를 순례자의 상태로 머물게 한다"라고 말한다.[248] 둘째, 침묵은 마음속에 있는 하나님의 영의 불을 지킨다. 그에 따르면 "침묵은 종교적인 정서의 내적인 불을 지킨다. 이 내적인 열은 우리 안에 계신 성령의 생명이다. 따라서 침묵은 하느님의 내적인 불을 보살피고 살아 있도록 하는 수련이다."[249] 셋째, 침묵은 우리에게 말을 가르친다. 그는 "힘 있는 말은 침묵에서 나온 말이다. 결실을 맺는 말은 침묵에서 나와서 침묵으로 돌아가는 말이다. 침묵으로부터 나와서 우리를 그 침묵으로 다시 인도하는 침묵을 우리에게 상기시키는 것이 진정한 의미의 말이다. 침묵에 바탕을 두지 않은 말은 '울리는 징과 요란한 꽹과리'(고전 13:1)와 다를 것이 없는 약하고 힘없는 말이다"[250]라고 말한다.

---

247 Nouwen, 『로마의 어릿광대』, 44-45.
248 Nouwen, 『마음의 길』, 52.
249 *Ibid.*, 53.
250 *Ibid.*, 57.

나우웬은 침묵과 말의 관계에 대해 "침묵은 말이 멈추는 자리이십니다. 좀더 신학적으로, 하나님은 침묵입니다. 하나님은 침묵에서 말을 내시고, 그 말씀은 육신이 되시고, 그 말씀은 다시 침묵으로 돌아갑니다. 그것이 삼위일체의 신비입니다"[251]라고 말한다.

3. 나우웬의 영성의 특징

1) 관상적 영성

첫째, 나우웬의 영성은 관상적 영성이다. 머튼처럼 관상에 대한 글을 많이 쓰지는 않았지만 나우웬 역시 관상기도에 대한 글을 썼고, 관상이나 관상적 삶이라는 용어보다는 영성, 영적인 삶이란 용어를 더많이 사용하면서 영성 생활을 위한 고독과 침묵의 중요성을 강조했다는 점에서 그의 영성은 관상적 영성임이 틀림없다. "고독 없이 영적인 삶을 산다는 것은 불가능하다."[252] "침묵은 영적 생활에 있어서 절대 필요한 규율이다."[253] "침묵하는 것이야말로 모든 기도의 핵심에 속한다."[254] "기도는 하나님 임재 안의 명상으로 이어지는 말 없는 경청이다"[255]라는 표현 등은 그의 영성이 관상적 영성임을 잘 보여준다.

---

251 Henri J. M. Nouwen,『사랑의 존재』(*Beloved: Henri Nouwen in conversation*), 윤종석 옮김(서울: 청림출판, 2011), 91.
252 Nouwen,『모든 것을 새롭게』, 67.
253 Nouwen,『마음의 길』, 44.
254 Nouwen,『꼭 필요한 것 한 가지, 기도의 삶』, 98.
255 Nouwen,『영성수업』, 89.

2) 공동체적 영성

둘째, 나우웬의 영성은 공동체적 영성이다. 그도 그럴 것이 그의 영성은 고독과 침묵을 통한 하나님과의 교제를 영적인 삶의 출발점으로 삼고 있는데 하나님과 친밀한 교제를 하게 될 때 거기서 우리는 공동체를 이루라는 소명을 발견하게 되기 때문이다.[256] 그는 "고독은 언제나 우리를 공동체로 부른다"[257]고 보기 때문에 고독의 중요성을 강조하는 그의 영성은 공동체적 영성이 될 수밖에 없다. 영적인 삶에는 공동체가 필수적이다. 왜냐하면 "공동체가 없으면 우리는 개인주의적이다 못해 때로 자기중심적이 되기 때문이다. 공동체는 어렵지만 영적인 삶에서 선택사항이 절대 아니다. 공동체는 고독에서 비롯되며, 공동체가 없이는 하나님과의 교제가 불가능하다"[258]는 것이 나우웬의 생각이다.

3) 참여적 영성

셋째, 나우웬의 영성은 참여적 영성, 곧 사회참여적이고 사회변혁적 영성이다. 그는 개인적인 신앙의 갈등이나 신앙의 내적인 움직임에만 초점을 맞추지 않았다. "그는 그리스도인들이 사랑에 대해 말로만 해서는 안 되며 가난한 사람들, 추방당한 사람들, 장애인들, 감옥에

---

256 Nouwen, 『영성수업』, 149; Henri J. M. Nouwen, 『삶의 영성』(*A Spirituality of Living*), 윤종석 옮김(서울: 두란노, 2013), 60.
257 Nouwen, 『삶의 영성』, 60.
258 Nouwen, 『영성수업』, 153.

간힌 사람들, 죽어가는 사람들과 함께 걸으며 하나님의 사랑을 퍼뜨릴 필요가 있음을 깨달았"[259]기 때문에 그의 영성 생활은 주일의 미사 의무나 교회에서 신앙 활동의 차원을 훨씬 넘어서는 것이었다. 그는 전 세계에서 일어나고 있는 기아, 압제, 질병, 절망, 폭력, 전쟁에 대해 관심을 기울였고, 그런 엄청난 고통 속에 있는 사람들을 사랑하고 그들과 연대해야 한다고 주장한다.[260]

나우웬은 신비가와 혁명가의 공통점에 대해서 신비가는 자기 성찰 속에서 병든 사회의 뿌리를 발견하게 될 것이므로 사회 비판가가 되지 않을 수 없다는 것을 다음과 같이 말한다.

> 모든 참된 혁명가는 누구나 내심으로 신비가가 되도록 도전받고, 신비의 길을 걷는 사람은 인간 사회의 기만적인 성격을 벗기도록 요청받는다. 신비주의와 혁명은 근본적인 변화를 가져오려는 똑같은 시도의 두 가지 측면이다. 어떤 신비도 그들 자신이 사회에 대한 비판가가 되는 것을 막을 수 없을 것이다. 왜냐하면 자기성찰 속에서 신비가는 병든 사회의 뿌리를 발견하게 될 것이기 때문이다. 마찬가지로 어떤 혁명가도 그들 자신의 인간 조건에 직면하는 것을 피할 수 없다. 왜냐하면 새로운 세상을 위한 투쟁의 한가운데에서 혁명가는 그들 자신이 반동적인 공포와 잘못된 야망과 싸우고 있음을 또한 발견하게 될 것이기 때문이다. 신비가와 혁명가는 안전하고 보호받는 존재가 되기 위한 이기적인 요구들로부터 떨어져 나와 그들 자신과 주변 세상의 비참한 조건들을

---

259 Henri J. M. Nouwen, 『평화에 이르는 길』(*The Road To Peace*), ed. John Dear, 조세종 옮김(서울: 성바오로출판사, 2004), 34.
260 *Ibid.*, 33, 131-32.

두려움 없이 직면해야 한다. 우리 가운데 출현하신 예수님은 인간 마음
의 변혁과 인간 사회의 변혁이 동떨어진 일이 아니라 십자가의 두 기둥
처럼 교차되어 있다는 사실을 부인할 수 없이 명백하게 밝히셨다.[261]

4) 비폭력 평화의 영성

넷째, 나우웬의 영성은 비폭력 평화의 영성이다. 그는 하나님이 생
명의 하나님이라는 사실과 "인류는 하나님의 자녀요 서로 형제자매
사이다"[262]라는 진리에 근거하여 그리스도인들은 폭력과 전쟁, 살상
무기와 핵무기, 국가주의, 죽음의 세력에 대해 아니라고 저항하는 평
화운동가가 되어야 한다고 주장한다.

하나님이 생명의 하나님이심을 믿는 모든 사람들, 특히 예수 그리스도
가 죽음의 세력을 물리치고 우리 가운데서 살기 위해 오셨음을 선포하
는 우리는 핵무기에 대해 '아니오'라고, 분명하고 단호하게 '아니오'라
고 말해야 한다. 인간이 생명을 구하기 위해서는 수백만 명의 동료 인간
을 죽여도 된다고 하는 발상은 '생명을 구한다'는 말 자체의 의미를 전
부 잃어버리는 터무니없는 발상이다. 우리 세기의 가장 비극적인 일들
중 하나는 핵무기에 대해 '아니오'라고 말하는 목소리가 극소수의 사람
들에 의해서 너무 드물고 약하게 논의되고 있다는 것이다.

사람들은 수천 명씩 서로 죽이고 서로를 형제자매로 보지 않습니다.

---

261 *Ibid.*, 38-39.
262 *Ibid.*, 32.

우리가 참된 평화운동가가 되기를 바란다면 국가안보를 우리의 주된 관심사로 삼아서는 안 됩니다. 우리의 주된 관심사는 인류의 생존, 지구의 존속, 그리고 모든 사람들의 건강이어야 합니다. 우리는 러시아인이든 이라크인이든 에티오피아인이든 또는 북아메리카인이든 아니든, 하나님이 사랑하시는 같은 인류 가족에 속해 있습니다. 그리고 우리는 여러 모험들을―단지 개인적인 모험뿐만 아니라 더욱 지구적인 성격의 모험들, 다른 민족이 그들 나름의 독립성을 키우도록 만드는 모험들, 우리의 부를 다른 사람들과 나누고 난민들을 우리 나라에 받아들이는 모험들, 피난처를 제공하는 모험들을―감수해야 합니다. 왜냐하면 우리는 하나님의 백성이기 때문입니다.[263]

5) 환대의 영성

다섯째, 나우웬의 영성은 환대의 영성이다. 오늘날 현대인들은 자신의 가장 깊은 내면의 자아로부터 소외된 채, 그리고 자신의 이웃으로부터 소외된 채, 너무도 경쟁적인 세상 속에서 불안과 두려움을 느끼며 살아가고 있고, 우리의 사회는 너무도 경쟁적이기에 가까운 사람들끼리도 적대감을 느끼며 살아가는 현실이 되고 말았다. 나우웬은 이런 세상에서 환대는 영성의 핵심이라고 말한다.[264] 나우웬에게 환대란 (1) 사람을 변화시키려는 것이 아니라 변화가 일어날 수 있는 자리를 제공하는 것이고, (2) 그들 자신의 하나님과 그들 자신의 삶을 발견할 기회를 열어주는 것이며, (3) 따뜻한 빈자리를 마련하는 것이고, (4)

---

263 *Ibid.*, 30-31.
264 Nouwen, 『발돋움하는 사람들』, 70.

손님이 그 자신의 것을 찾을 수 있는 기회를 선사하는 작업이다.265

그러나 이렇게 다른 사람을 위해 자리를 마련해준다는 것이 쉬운 일은 아니다. 왜냐하면, 우리 안에 있는 경쟁의식, 권력욕, 단기적인 성과에 대한 갈망, 견딜 수 없는 불안과 좌절, 견딜 수 없는 소외와 단절, 막연한 두려움과 적대감 때문에, 우리는 우리 자신 안에 빈 구석이란 구석은 모두 채워버리려 하기 때문이다. 그렇게 모든 빈 구석을 다 채움으로써 우리는 상대방을 환대하기보다는 자신의 것을 강요하게 된다.266

따라서 다른 사람을 환대하기 위해 우리는 먼저 우리를 비워야 하고 가난해져야 한다. 나우웬은 영적인 태도로서 가난을 두 가지로 설명하는데 하나는 다른 사람과 하나님의 소리를 들을 수 있도록 자신 안에 빈 공간을 마련한 정신의 가난(또는 박학한 무지, 학문이 있는 무지)이고, 다른 하나는 편견, 걱정, 질투에서 벗어나 다른 사람의 다양한 경험을 긍정적으로 수용할 수 있도록 자신의 마음 안에 빈 공간을 마련한 마음의 가난이다. 이렇게 환대는 정신의 가난과 마음의 가난을 요구하며 이를 통해 우리는 다른 사람을 환대하게 되고, 아름다운 공동체를 이루게 된다.267

6) 통전적 영성

여섯째, 나우웬의 영성은 통전적 영성이다. 나우웬의 영성은 영혼

---

265 *Ibid.*, 74-75.
266 *Ibid.*, 76.
267 *Ibid.*, 109-19.

과 육체, 마음의 변화와 사회의 변화, 신비적 관상과 사회 비판, 고독과 공동체, 기도와 행동이 분리될 수 없는 하나로 연결되어 있는 통전적 영성이다. 첫째, 그의 영성은 영적인 삶과 육신의 삶을 아우르는 통전적 영성이다: "육신은 영적 이야기를 한다. 육신은 그저 육신이 아니라 인간 본성의 영혼의 표현이고 진정한 영적 삶은 육신을 입은 삶이다. 그렇기 때문에 나는 성육신을 믿는다. 육신 밖에서는 신성한 삶이 있을 수 없다. 하나님 자신이 육신이 되기 위해 육신을 입으셨기 때문이다."[268] "진정한 영적 삶은 육신의 삶이다. 그렇기 때문에 나는 성육신을 믿는다. 하나님이 육신이 되시고, 하나님이 육신 안으로 들어오신다. 그렇기 때문에 몸을 만질 때는 신성한 삶을 만지는 것과 같다. 하나님이 육신의 옷을 입거나 육신이 되기를 결정하셨기 때문에 육체 밖에서는 신성한 삶이 있을 수 없다."[269]

둘째, 그의 영성은 마음의 변화와 사회의 변화를 함께 추구하는 통전적 영성이다: "예수님께서는 우리 가운데 오셔서 인간의 마음을 변화시키는 것과 인간 사회를 변화시키는 것이 별개의 과제가 아니고 십자가의 두 기둥처럼 서로 연결되어 있다는 것을 그 누구도 부인할 수 없도록 명백히 밝혀주셨습니다."[270]

셋째, 그의 영성은 신비적 관상과 사회 비판이 연결되어 있는 통전적 영성이다: "어떤 신비도 그들 자신이 사회에 대한 비판가가 되는 것을 막을 수 없을 것이다. 왜냐하면 자기성찰 속에서 신비가는 병든

---

268 Michael Ford, 『하나님을 사랑하는 자 헨리 나우웬』(*Wounded Prophet*), 박조앤 옮김(서울: 두란노, 2003), 59.

269 *Ibid.*, 250.

270 Henri J. M. Nouwen, 『상처입은 치유자』(*The Wounded Healer*), 최원준 옮김(서울: 두란노, 1999), 35-36.

사회의 뿌리를 발견하게 될 것이기 때문이다."

넷째, 그의 영성은 고독과 공동체가 연결되어 있는 통전적 영성이다: "고독과 공동체는 서로 맞물려 있다. 원의 중심과 원주처럼 서로가 필요하다. 공동체 없는 고독은 외로움과 절망을 낳고, 고독 없는 공동체는 본회퍼의 표현으로 우리를 공허한 말과 감정에 빠뜨린다."[271]

다섯째, 그의 영성은 기도와 행동이 연결된 통전적 영성이다: "기도와 행동은 절대 상충되는 것이나 상호 배타적인 것으로 보아서는 안 된다. 행동 없는 기도는 무력한 경건주의로 변질되고 기도 없는 행동은 의심스런 조작으로 전락한다. 기도가 정말 우리를 긍휼에 찬 그리스도와 더 깊은 연합으로 이끌진대 그것은 언제나 구체적 섬김의 행위를 낳도록 되어 있다. 마찬가지로 구체적 섬김의 행위가 진정 우리를 가난한 이들, 굶주린 이들, 병든 자들, 죽어가는 자들, 눌린 자들과 더 깊은 일체감으로 이끌진대 그것은 언제나 기도로 이어지도록 되어 있다. 기도를 통해 우리는 그리스도를 그리고 그분 안에서 인간의 모든 고통을 만난다. 섬김을 통해 그리스도를 그리고 그분 안에서 인간의 모든 고통을 만난다. 섬김을 통해 우리는 사람들을 그리고 그들 안에서 고난의 그리스도를 만난다."[272]

271 Henri J. M. Nouwen, 『헨리 나우웬의 공동체』(*Community*), 윤종석 옮김(서울: 두란노, 2022), 76.
272 Nouwen, 『꼭 필요한 것 한 가지, 기도의 삶』, 148.

IV. 머튼과 나우웬의 영성의 공통점과 영성 교육의 방향

1. 관상적 영성과 영성 교육의 방향

첫째, 머튼과 나우웬의 영성은 관상적 영성이라는 공통점이 있다. 두 사람 모두 거짓 자아와 참 자아에 대해 언급한다. 다만 머튼의 설명이 좀 더 신학적이라면 나우웬의 설명은 좀 더 심리적이라는 차이점이 있기는 하지만, 두 사람 모두 영적인 삶을 살기 위해서는 거짓 자아가 죽고 참 자아가 다시 태어나야 한다고 말한다. 이를 위해 두 사람 모두 고독과 침묵과 같은 관상적인 삶을 강조했는데 그 이유는 고독과 침묵, 관상기도와 같은 관상적인 삶이 없이는 참 자아로의 변형이 일어날 수 없기 때문이고, 진정한 의미의 영적인 삶을 산다는 것이 불가능하다고 여겼기 때문이다.

오늘날 한국교회와 목회자들이 신뢰를 받지 못하고 있는데 그 이유 가운데 하나는 지금까지의 신학 교육이 주로 지식 위주의 교육이었지 존재의 변화, 인격의 변화를 지향하는 관상적 영성을 교육하고 훈련하는 일이 제대로 이루어지지 않았기 때문이라 여겨진다. 따라서 영성 교육의 첫 번째 과제는 신학 이론들에 대한 단순한 지식 교육보다는 예수의 성품이 내면화되어 존재의 변화, 인격의 변화가 이루어질 수 있도록 침묵, 고독, 기도, 묵상, 초연함, 침잠, 단순함, 겸손, 비움, 투명함, 자기 포기, 사랑 등의 삶을 특징으로 하는 관상적 영성을 교육하고 훈련하는 일이 절실히 요청된다고 하겠다.

2. 공동체적 영성과 영성 교육의 방향

둘째, 머튼과 나우웬의 영성은 공동체적 영성이라는 공통점이 있다. 두 사람 모두 관상적 영성을 통해 우리가 하나님과의 연합 또는 하나님과의 친밀한 교제를 이루게 되면 필연적으로 참 자아를 발견할 뿐 아니라 다른 사람과의 연합을 이루게 된다고 말한다. 다시 말해 고독과 침묵을 통한 하나님의 발견, 하나님과의 만남은 참 자아를 발견하게 할 뿐만 아니라 인류애를 느끼게 하고, 공동체적인 삶을 살아가게 된다는 것이다.

그러나 오늘날 현대 교회를 보면, 교회의 본질이 공동체성임에도 교회에서 가족 같은 포근한 느낌을 느끼지 못하는 교인들이 늘어나고 있는데 이는 현대 교회가 공동체 모델이 아닌 기업 모델에 맞춰져왔기 때문일 것이다.273 따라서 앞으로의 영성 교육은 신학교 자체를 사랑과 돌봄이 있는 공동체라고 느낄 수 있도록 해주는 일을 토대로 하여 교회를 공동체로 만들어갈 수 있는 역량을 갖출 수 있도록 돕는 일과 장차 신학생들이 사역지에서 지역사회를 공동체 마을로 만들어갈 수 있도록 선교적 교회론, 마을 목회 등의 교과목을 통해 공동체 지도 역량을 키워주는 일에 역점을 두어야 할 것이다.

3. 사회참여적 영성과 영성 교육의 방향

셋째, 머튼과 나우웬의 영성은 사회참여적 영성이라는 공통점이 있

---

273 김난예, 정원범, 『공동체 영성의 향기』(논산: 대장간, 2019), 190.

다. 두 사람 모두 관상적 영성가는 병든 사회의 뿌리를 발견하기 때문에 세상의 부조리한 문제들에 대해 비평적 태도를 갖는 것은 자연스러운 일이라고 말한다. 그럼에도 현대 교회에서는 내면의 삶이나 내면의 변화만 신앙의 일라고 생각하지 사회악이나 그로 인해 고통을 받는 사람들의 문제는 신앙의 문제로 생각하지 않는 경우들이 많이 있는 것을 보게 된다. 따라서 앞으로의 영성 교육은 사회악이나 그로 인해 고통을 받는 사람들의 문제 역시 신앙의 문제이며, 정의와 사랑과 평화를 실천해야 하는 기독교인의 중요한 과제임을 자각하도록 영성 교육과 함께 하나님 나라 신학, 하나님의 정치, 하나님의 경제를 가르쳐야 하며,274 이를 통해 사회적 약자들의 아픔에 공감할 줄 아는 공감 능력을 키워가야 할 것이다.

4. 비폭력 평화의 영성과 영성 교육의 방향

넷째, 머튼과 나우웬의 영성은 비폭력 평화의 영성이라는 공통점이 있다. 두 사람의 비폭력 평화의 영성은 그들이 관상적 영성을 통해 하나님이 생명의 하나님이라는 사실과 인류는 모두 하나님의 자녀요 서로 형제자매라는 사실을 깨달은 데서 비롯된 것이다. 머튼은 "깊은 홀로 있기에서 나는 형제자매들을 진정으로 사랑할 수 있게 하는 온유함을 발견한다. 홀로 있으면 있을수록 나는 더 많은 사랑을 그들에게 줄 수 있다. 고독과 침묵은 형제와 자매들을, 그들이 하는 말 때문이 아니라 그들의 존재 자체를 사랑하라고 나를 가르친다"275라고 하였다. 따

---

274 정원범, 『세상 속 하나님나라 공동체』(논산: 대장간, 2021) 참조.
275 Merton, *The Sign of Jonas*, 261-62, John Dear, 『살아 있는 평화』(*Living Peace*),

라서 예수님의 비폭력 평화의 영성이 우리 몸의 DNA가 되도록 하기 위해서 앞으로의 영성 교육은 무엇보다 관상적 영성 교육과 훈련이 더욱 강조될 필요가 있다. 아울러 예수의 비폭력 신학과 평화 영성이 몸에 배도록 평화신학과 세계시민 교육을 가르치고 훈련하는 일에 역점을 뒤야 할 것이다.

5. 통전적 영성과 영성 교육의 방향

다섯째, 머튼과 나우웬의 영성은 통전적 영성이라는 공통점이 있다. 그들의 영성은 영혼과 육체, 마음의 변화와 사회 변화, 신비적 관상과 사회 비판, 고독과 공동체, 기도와 행동이 분리될 수 없는 하나로 연결되어 있는 통전적 영성이다. 두 사람 모두 '관상은 그것이 순수한 것이라면 남을 위한 행동으로 표현되지 않을 수 없고, 관상으로 뒷받침되지 않은 사회적 행동은 아무런 결과를 얻지 못하고 만다'는 사실과 '온전한 영성을 이루기 위해서는 관상과 활동이 함께 요구되는 것'이라는 사실을 분명히 보여주었다.[276] 특히 두 사람의 영성은 관계적 특성을 지니고 있는데 이들의 영성은 1) 하나님과의 친밀한 관계, 2) 참 자아의 깨어남과 자신과의 친밀한 관계, 3) 다른 사람과의 친밀한 관계, 4) 자연과의 친밀한 관계가 매우 조화롭게 균형을 이루고 있는 통전적 영성이다.

선교지에서 은퇴한 후 영국으로 돌아온 뉴비긴이 영국교회의 쇠락

이현주 옮김(서울: 생활성서사, 2004), 25에서 재인용.
276 Robert H. King, 『토머스 머튼과 틱낫한: 참여하는 영성』(*Thomas Merton and Thich Nhat Hanh*), 이현주 옮김(서울: 도서출판 두레, 2007), 23.

현상을 보면서 영국교회의 쇠락은 교회가 교회의 공적인 역할을 포기하면서 기독교 신앙이 사사화된 데서 비롯된 것이라고 지적한 적이 있다.[277] 한국교회 역시 쇠락의 길을 가고 있는데 그 원인 중 하나는 교회가 교회의 공공성을 상실한 데 있다고 볼 수 있다. 그런데 이러한 공공성의 상실은 이분법적 사고에서 비롯된 것이다.[278] 이분법적 사고란 "인간과 세상의 실제를 육체와 영혼, 개인과 사회, 이 세상과 저 세상 등으로 분리시켜 신체, 사회, 이 세상을 영혼, 개인 및 저 세상보다 덜 중요하게 여기는 사고방식이다."[279] 또한 공공성 상실의 또 다른 원인은 사중적 차원의 균형 잡힌 영성을 잃어버렸기 때문이다. 따라서 앞으로의 신학 교육은 철저하게 신학생들의 사고를 이분법적 사고에서 통전적 사고로 전환시킬 필요가 있고, 균형 잡힌 영성을 회복할 필요가 있는데, 이를 위해 "온 교회(the whole church)와 전 인격(the whole person)이 전체적인 복음(the whole Gospel)을 전 세계(the whole world)에 증거"해야 한다는 WCC 제5차 나이로비총회의 슬로건에 주목할 필요가 있다.[280] 아울러 영성 교육 역시 개인주의적 영성과 교회 울타리 안에 갇혀 있는 영성에서 영혼과 육체, 인간과 자연, 마음의 변화와 사회 변화, 고독과 공동체, 기도와 행동 모두를 아우르는 통전적 영성으로 전환할 필요가 있다.

---

277 정원범, 『세상 속 하나님나라 공동체』(논산: 대장간, 2021), 150.
278 정원범, 『교회다운 교회: 참된 기독교 영성의 회복』(서울: 동연, 2021), 55.
279 이삼열, 『사회봉사의 신학과 실천』(서울: 한울, 1992), 37.
280 정원범, 『교회다운 교회: 참된 기독교 영성의 회복』, 319.

V. 나가는 말

지금까지 우리는 머튼과 나우웬의 신학과 영성 이해의 핵심 주제들과 그들의 영성이 가지는 특징을 살펴본 뒤에 그들의 영성의 공통점을 토대로 영성 교육의 방향을 제시했다.

오늘날 올바른 영성 교육과 영성 훈련이 절실해지는 이유는 매우 분명하다. 적지 않은 교회가 종교화되었고 기업화되었으며, 제도와 기관으로 변질되었기 때문이다. 다시 말해 오늘날의 교회가 교회의 본질과 신앙의 본질에서 너무도 멀어졌기 때문이다.[281] 닐콜은 "지난 수십 년 동안 미국을 비롯한 세계 많은 나라의 교회들은 마치 사업체를 운영하듯 교회를 운영해왔다. 기업 운영의 원칙을 교회 성장과 목표 달성에 적용하여 목사는 최고경영자가 되고 교인들은 영적 소비자가 되었다. 많은 교회가 어둡고 죽어가는 세상에 빛과 생명을 전하기보다 시장점유율에 더 큰 관심"[282]을 보여 왔다고 지적했다. 그 결과 그는 교회가 자기 본분을 망각한 지 오래되었고, 자기 본분이 무엇인지조차 기억하지 못하는 치매를 앓고, 뇌사상태에 빠져 있다고 평가했다.[283] 이 위기를 벗어나기 위해 그동안 교회는 여러 가지 시도를 해왔다. 새로운 문화 현상에 부합하는 교회가 되려고 노력하기도 했고, 새로운 프로그램을 도입하기도 했으며, 기업의 마케팅 전략이든 무엇이든 도입하여

---

281 정원범, 『새로운 교회운동: 교회 패러다임의 혁명』(논산: 대장간, 2016), 16; 김난예, 정원범, 『공동체 영성의 향기』, 113-19.

282 Neil Cole and Phil Helfer, 『교회 트랜스퓨전』(*Church Transfusion*), 안정임 옮김(고양: 스텝스톤, 2014), 43.

283 Neil Cole, 『오가닉 처치』(*Organic Church*), 정성묵 옮김(서울: 가나북스, 2006), 72-78.

시도해보기도 했고, 신학교에서는 다양한 교회 성장 이론들을 가르쳐왔다. 그러나 교회의 쇠락은 멈추지 않았고, 교회에 대한 신뢰도는 계속 추락해왔다.

이 위기를 극복하는 근본적인 대안은 무엇일까? 그것은 바로 참된 영성을 회복하는 일이라고 확신한다. 그도 그럴 것이 신앙의 본질과 교회의 교회다움을 결정짓는 것은 다름 아닌 건강한 영성, 균형 잡힌 영성이기 때문이다. 그런데 깊고 맑은 영성, 균형 잡힌 영성의 훌륭한 모델을 토마스 머튼과 헨리 나우웬이 매우 잘 보여주었다고 확신한다. 바라기는 월드미션대학교의 영성 교육이 토마스 머튼과 헨리 나우웬의 영성을 기반으로 해서 신학교의 영성 교육과 영성 훈련의 모델을 잘 만들어감으로써 교회를 살리는 훌륭한 영적 지도자들이 많이 배출될 수 있기를 간절히 희망한다.

참고문헌

김난예. 『정원범, 공동체 영성의 향기』. 논산: 대장간, 2019.

박재찬. 『토마스 머튼의 수행과 만남』. 왜관: 분도출판사, 2021.

오방식. 『토머스 머튼 이야기』. 서울: 새물결플러스, 2021.

_____. "토마스 머튼의 '하나님과의 연합'에 대한 연구." 「신학이해」 24(2002. 12.):
　　　167-203.

_____. "토마스 머튼의 영성과 윤리: 전쟁과 평화를 중심으로." 『기독교 영성과 윤리』.
　　　정원범 편, 217-25. 서울: 한들출판사, 2012.

_____. "토마스 머튼의 비폭력적인 삶을 위한 영성훈련에 대한 연구." 「신학과 실천」
　　　57(2017): 394.

_____. "토마스 머튼의 생태영성." 『토마스 머튼과 현대영성』, 87-88.

이삼열. 『사회봉사의 신학과 실천』. 서울: 한울, 1992.

정원범. 『교회다운 교회: 참된 기독교 영성의 회복』. 서울: 도서출판 동연, 2021.

_____. 『새로운 교회운동: 교회 패러다임의 혁명』. 논산: 대장간, 2016.

_____. 『세상 속 하나님나라 공동체』. 논산: 대장간, 2021.

_____. 『영성·목회·21세기』. 서울: 한들출판사, 2011.

Baker, James Thomas. *Thomas Merton Social Critic*. Lexington, KY: The Uni-
　　　versity Press of Kentucky, 1971.

Carr, Anne. 『지혜와 영을 찾는 삶: 토마스 머튼의 자기의 신학』(*A Search for Wisdom
　　　and Spirit: Thomas Merton's Theology of the Self*). 오방식 옮김. 예산: 샤마
　　　임, 2019.

Cole, Neil and Phil Helfer. 『교회 트랜스퓨전』(*Church Transfusion*). 안정임 옮김.
　　　고양: 스텝스톤, 2014.

Cole, Neil. 『오가닉 처치』(*Organic Church*). 정성묵 옮김. 서울: 가나북스, 2006.

De Vinck, Christoper.『헨리 나우웬: 한 상처입은 치유자에 대한 회상』(*Nouwen Then*). 김동완 옮김. 서울: 요단출판사, 1999.

Dear, John.『살아 있는 평화』(*Living Peace*). 이현주 옮김. 서울: 생활성서사, 2004.

Ford, Michael.『하나님을 사랑하는 자 헨리 나우웬』(*Wounded Prophet*). 박조앤 옮김. 서울: 두란노, 2003.

Furlong, Monica. *Merton: A Biography*. New York: Harper & Row Publishers. 1980.

Horan, Daniel P. "Why should anyone care about Thomas Merton today?" *National Catholic Reporter*. December 10, 2018.

King, Robert H.『토머스 머튼과 틱낫한: 참여하는 영성』(*Thomas Merton and Thich Nhat Hanh*). 이현주 옮김. 서울: 도서출판 두레, 2007.

LaNoue, Deidre.『헨리 나우웬과 영성』(*The Spiritual Legacy of Henri Nouwen*). 유해룡 옮김. 서울: 예영커뮤니케션, 2004.

Merton, Thomas.『고독 속의 명상』(*Thoughts in Solitude*). 장은명 옮김. 서울: 성바오로출판사, 2019.

_____.『마음의 기도』(*Contemplative Prayer*). 이영식 옮김. 서울: 성바오로출판사, 2011.

_____.『머튼의 평화론』(*Peace in the Post-Christian Era*). 조효제 옮김 왜관: 분도출판사, 2006.

_____.『묵상의 능력』(*Inner Experience*). 윤종석 옮김. 서울: 두란노서원, 2007.

_____.『새 명상의 씨』(*New Seeds of Contemplation*). 오지영 옮김. 서울: 가톨릭출판사, 2005.

_____.『십자가의 성 요한과 진리의 산길』(*The Ascent to Truth*). 서한규 옮김. 서울: 바오로딸, 2009.

_____.『인간은 섬이 아니다』(*No Man Is an Island*). 장은명 옮김. 서울: 성바오로출판사, 2011.

_____.『토마스 머튼의 시간』(*The Intimate Merton: His Life from His Journals*).

Edited by Patrick Hart and Jonathan Montaldo. 류해욱 옮김. 서울: 바오로딸, 2010.

_____. 『침묵 속에 하느님을 찾는 사람들』(*Cistercian Life*). 오무수 옮김. 왜관: 분도출판사, 2003.

_____. *Contemplative Prayer*. New York: Doubleday, 1969.

_____. *Dancing in the Water of Life: Seeking Peace in the Hermitage*. Vol. 5 of *The Journals of Thomas Merton(1963-1965)*. edited by Robert Daggy. San Francisco: HarperSanFrancisco, 1997.

_____. *Disputed Questions*. San Diego & New York: A Harvest/HBJ Book, 1985.

_____. *Disputed Questions*. New York: New American Library, 1960.

_____. Introduction to *The Monastic Theology of Aelred of Rielvaux*. by A. Hallier, vii-xiv. Spenser, MA: Irish University Press, 1969.

_____. *Love and Living*. Edited by Naomi Burton Stone and Patrick Hart. New York: Farrar, Straus and Giroux, 1979.

_____. *Love and Living*. Edited by Naomi Burton Stone and Patrick Hart. New York: Bantam Books, 1980.

_____. *New Seeds of Contemplation*. New York: New Directions, 2007.

_____. *Rebirth and the New Man*. Vol. 6 of *Thomas Merton: Collected Essays*. Trappist, KY.: Abbey of Gethsemane, n.d.

_____. *Seeds of Contemplation*. New York: New Directions, 1949.

_____. *Sign of Jonas*. New York: Harcourt, Brace and Company, 1953.

_____. *St. Bernard: Man Made in the Image of God – The Thirst for Living Water*. Taped Conference #85, Thomas Merton Studies Center, Bellarmine College, Louisville, Kentucky. Quoted in Michael A. Yonkers. *Man, the Image of God: The Theological Anthropology of Thomas Merton*. master's thesis. Loyola University Chicago, 1976.

_____. *The Cistercian Fathers and Their Monastic Theology*. Vol. 20 of Thomas Merton: Collected Essays. Trappist, KY: Abbey of Gethsemane, 1963.

_____. *The Climate of Monastic Prayer*. Spencer, MA: Cistercian Publications, 1969.

_____. *The Climate of Monastic Prayer*. Washington, D.C.: Consortium Press, 1973.

_____. *The Hidden Ground of Love: The Letters of Thomas Merton on Religious Experience and Social Concerns*. Edited by William H. Shannon. New York: Farrar, Straus, Giroux, 1985.

_____. "The Inner Experience: Notes on Contemplation (1)." *Cistercian Studies Quarterly* 18(1983): 1-7.

_____. *The Monastic Journey*. Edited by Kalamazu. Michigan: Cistercian Publications, 1992.

_____. *The New Man*. New York: The New American Library of World Literature, Inc., 1961.

_____. "The Primacy of Contemplation." *Cross and Crown* 2(March, 1950): 3-16.

_____. *The Road to Joy*. New York: Farrar, Straus & Girox, 1989.

_____. "The Time of the End Is the Time of No Room." In *Raids on the Unspeakable*, 51-52. New York: New Directions, 1964.

_____. *Thought in Solitude*. New York: Farrar, Straus & Giroux, 1958.

Nouwen, Henri J. M. 『기도의 사람 토마스 머튼』(*Encounters with Merton*). 김기석 옮김. 서울: 청림출판, 2008.

_____. 『꼭 필요한 것 한 가지, 기도의 삶』(*The Only Necessary Thing: Living a Prayerful Life*). 윤종석 옮김. 서울: 복있는사람, 2005.

_____. 『사랑의 존재』(*Beloved: Henri Nouwen in Conversation*). 윤종석 옮김. 서울: 청림출판, 2011.

_____.『삶의 영성』(*A Spirituality of Living*). 윤종석 옮김. 서울: 두란노, 2013.

_____.『스무살 마크에게 떠우는 헨리 나우웬의 영성편지』(*Letter to Marc About Jesus*). 윤종식 옮김. 서울: 복있는사람, 2000.

_____.『로마의 어릿광대』(*Clowning in Rome*). 김광식 옮김. 서울: 가톨릭대학교출판부, 2004.

_____.『마음의 길』(*The Way of Heart*). 이봉우 옮김. 왜관: 분도출판사, 1991.

_____.『모든 것을 새롭게』(*Making All Things New*). 윤종석 옮김. 서울: 두란노, 2000.

_____.『묵상의 영성』(*Behold The Beauty Of The Lord*). 심영혜 옮김. 서울: 아침영성지도연구원, 2002.

_____.『발돋움하는 사람들』(*Reaching Out*). 이연희 옮김. 서울: 성요셉출판사, 1997.

_____.『상처입은 치유자』(*The Wounded Healer*). 최원준 옮김. 서울: 두란노, 1999.

_____.『세상의 길 그리스도의 길』(*The Selfless Way of Christ*). 편집부 옮김. 서울: IVP, 2003.

_____.『영성수업』(*Spiritual Direction: Wisdom for the Long Walk of Faith*). 윤종석 옮김. 서울: 두란노, 2015.

_____.『예수, 내 인생의 의미』(*Brieven Aan Marc*). 이경우 옮김. 왜관: 분도출판사, 1998.

_____.『이는 내 사랑하는 자요』(*Life of the Beloved*). 김명희 옮김. 서울: 한국기독학생회출판부, 1998.

_____.『춤추시는 하나님』(*Turn My Mourning Into Dancing*). 윤종석 옮김. 서울: 두란노, 2009.

_____.『탕자의 귀향』(*The Return of the Prodigal Son*). 최종훈 옮김. 서울: 포이에마, 2009.

_____.『평화에 이르는 길』(*The Road To Peace*). edited by John Dear. 조세종 옮김. 서울: 성바오로출판사, 2004.

_____.『헨리 나우웬의 공동체』(*Community*). 윤종석 옮김. 서울: 두란노, 2022.

Nouwen, Henri J. M., Michel J. Christensen and Rebecca J. Laird.『헨리 나우웬의 7가지 영성훈련: 두려움에서 사랑으로』(*Spiritual Formation*). 윤종석 옮김. 서울: 두란노, 2011.

Nouwen, Henri J. M., Donald P. Mcneill and Douglas A. Morrison.『긍휼』(*Compassion*). 김성녀 옮김. 서울: 한국기독교학생회출판부, 2002.

Porter, Beth, ed.『헨리 나우웬, 내 영혼의 친구』(*Befriending Life*). 신현복, 신선명 옮김. 서울: 아침지도영성연구원, 2010.

Pritchett, Chris. and Marjorie J. Thompson.『삶이 묻고 나우웬이 답하다』(*On Retreat With Henri Nouwen*). 이원기 옮김. 고양: 엘페이지, 2015.

Santmire, H. Paul. *The Travail of Nature: The Ambiguous Ecological Promise of Christian Theology*. Minneapolis: Fortress Press, 1985.

Shannon, William H.『토마스 머튼: 생애와 작품』(*Something of a Rebel: Thomas Merton – His Life and Works*). 오방식 옮김. 서울: 은성출판사, 2005.

Shannon, William H., Christine M. Bochen, and Patrick F. O'Connell. *The Thomas Merton Encyclopedia*. New York: Orbis Books, 2002.

Veilleux, Armand OCSO. "Monk on a Journey." *Cistercian Studies Quarterly* 50(2015): 99-101.

Yancey, Philip.『내 영혼의 스승들 2』(*Soul Survivor*). 홍종락 옮김. 서울: 좋은씨앗, 2004.

Yonkers, Michael A. "Man, the Image of God: The Theological Anthropology of Thomas Merton." Master's thesis, Loyola University Chicago, 1976.

임동선 목사와 선교적 영성

신선묵 월드미션대학교 지도력과 영성 교수

I. 들어가는 말

필자가 학교에서 학생들에게 강의를 하면서 꼭 권하는 말이 있다. 학교에서 공부하는 것도 중요하지만 자신이 좋아하는 지도자를 선택해 한 사람을 깊이 연구하라고 강조한다. 학교에서는 학문으로 공부하기 때문에 가능하면 분야를 나누고 각 분야를 정확하고 세밀하게 공부하도록 한다. 가능하면 분야를 나누고 각 분야를 깊이 연구하는 것이다. 그러나 우리의 삶과 사역은 그렇게 나누어서 살 수 없다. 나누어서 공부한 것들을 총체적으로 모아 전체를 이뤄야 하는 것이다. 그렇기에 한 사람의 삶과 사역 속에는 모든 것이 종합되어 있어서 각 분야의 지식이 실제 상황에서 나타나는 총체를 볼 수 있는 것이다.

실제 지도자 한 명의 삶과 사역을 보면 각 분야로 나누어서 연구된 신학이 하나로 통합된 것으로 나타난다. 한 사람의 신학 사상을 깊이 연구하면 그 속에 각 분야로 나뉘었던 신학들이 통합되어 하나의 전체가 되는 것이다. 그러므로 한 위대한 신학자를 선택하여 그의 신학을 깊이 연구하면 그 속에 모든 신학 분야가 통합되어 나온다. 사실 우리에게 필요한 신학은 각 분야로 나뉜 신학이 아니라 통합되어 하나의 전체로 나타난 신학이다. 우리가 각 분야로 나누어 연구하는 이유도 통합을 잘하기 위함이다. 그래서 신학을 공부할 때 위대한 신학자 한 명을 만나는 것은 매우 중요하다.

이것은 비단 신학뿐 아니라 영성이나 사역도 마찬가지다. 우리가 각 분야로 나누어서 공부하고 배우지만 실제로는 한 지도자의 삶 속에 이 모든 것이 통합되어 그의 독특한 영성과 사역으로 나타난다. 그러므로 각 분야로 나뉜 연구를 하는 것도 중요하지만 모범적인 실제 사역자의 삶과 사역을 연구한다면 모든 분야가 통합된 존재를 만날 수 있을 것이다. 우리가 한 명의 영적 지도자로 성장하고 발전해가는 데에는 신학교에서 각 분야로 나뉜 학문을 공부하는 것도 물론 중요하지만 그 모든 것이 통합되어서 나타나는 모범적인 지도자를 만나서 그에게서 통합된 하나의 실제를 배우는 것이 더욱 중요하다. 우리의 삶과 사역에서 우리가 만나는 사람은 참으로 중요하다. 사람에게 받는 영향이 가장 크기 때문이다.

풀러 신학교에서 지도자학을 가르쳤던 로버트 클린턴 교수는 멘토링이라는 개념을 강조했다. 우리가 지도자로 성장하는 과정에서 하나님께서 우리의 삶 가운데 사람을 보내주셔서 그 사람을 통해 우리를 만들어가신다는 개념이다. 영향력이 있는 지도자 대부분은 그들의 삶에서 열 명 이상의 의미 있는 멘토를 만난다고 한다. 우리가 직접 만나서 제자 훈련을 받거나 함께 사역하고 사역의 기술을 전수받는 멘토도 있지만 우리가 직접 만나지 못하여도 보고 배울 수 있는 동시대 모범이 되는 멘토가 있고 또 역사적인 인물을 통해서도 멘토링을 받을 수 있다고 한다.

이 글에서는 미국 한인공동체의 대표적인 교회인 동양선교교회를 창립하시고 월드미션대학교를 세우신 임동선 목사의 삶과 사역을 살펴볼 것이다. 그는 우리 시대를 살아가면서 특별히 이민자로 살아가는 신앙인들과 목회자들, 사역자들에게 귀한 모범이 되어주시는 분이다. 그의 삶과 사역을 살펴보면서 우리가 추구해야 할 영성이 무엇인지 배울 수가 있을 것이다. 필자는 임동선 목사의 영성을 이해하기 위해 몇 가지로 관점으로 접근해보고자 한다.

첫째, 영성에 대한 연대기적인 이해다. 영성 형성을 과정으로 이해하는 것이다. 영성이란 어떤 상태에 도달하는 것이 아니라 끊임없이 성장해가는 과정이다. 여러 영성학자가 그 과정에 대한 도표를 만들었다. 여기에서 중요한 것은 영성이란 어떤 단계에 도달하는 것이 목적이 아니라 지속적으로 성장하고 발전하는 게 목적이라는 것이다. 설사 학자들이 영성에 대해 정의한 모든 단계를 통과하고 마지막 단계에 이르렀다 하여도 그것은 다시 순환하며 돌아간다. 이 글에서는 임동선 목사의 삶에서 평생에 걸쳐서 영성이 어떤 단계들을 통해 어떻게 형성되었는지 살펴볼 것이다.

둘째, 영성의 독특함에 대한 이해다. 우리 각 사람이 하나님과 맺고 있는 관계인 영성은 다양한 모습을 지니고 있다. 우리 각 사람이 개성이 다르고 은사가 다르듯이 하나님과의 맺고 있는 관계도 역시 다양하다. 우리가 이런 영성의 다양성을 이해하고 그런 다양성 속에서 자신의 영성은 어떤 유형인지 그리고 다른 영성들에는 어떤 유형이 있는지 객관적으로 이해하면 다른 사람의 영성에 자신의 영성을 투사하지 않고 각자 자신의 영성을 찾아가고 개발하고 풍성한 영성을 누릴 수 있도록 도울 수 있다. 이 글에서는 임동선 목사의 영성의 독특함을 이런 관점에서 살펴볼 것이다.

셋째, 영성에 대한 신학적인 관점이다. 신학적인 관점이 다양한 만큼 영성에 대한 이해도 다양할 수 있다. 그런데 어떤 하나의 신학적인 관점을 절대화하는 것보다는 다양한 신학적인 관점을 존중하는 것이 중요하다. 영성에 대해서도 마찬가지다. 영성을 한 가지로 정의하는 것은 힘들다. 각각의 영성에 대한 정의는 그것이 공헌하는 점이 있고 또 그것이 지닌 한계가 있다. 어떤 기준 하나만으로 영성을 절대화할 수 없는 것이다. 물론 신학과 영성을 한 가지 기준으로 통합하는 것이 필요하다. 그러나 한 부분을 절대화할 수는 없다. 그러므로 영성에 대해 통합적인 이해를 가져야 함과 동시에 그 모든 것을 연결하는 기초가 되는 핵심 개념을 살펴보는 것이 중요하다.

이상의 연구를 통해 다음과 같은 것을 얻고자 한다. 임동선 목사의 영성 가운데 선교가 어떤 위치를 차지하고 있는지, 그것이 구체적으로 어떻게 나타나는지 살펴보고자 한다. 그리고 이런 선교에 강조점을 두는 영성을 위해 월드미션대학교의 구성원들이 노력할 수 있는 지점들을 제시하고자 한다.

임동선 목사의 영성을 특징짓는 키워드는 선교다. 그것은 그가 지니고 있는 영성의 기질의 측면이기도 하고 그가 초기에 이성봉 목사님의 영향을 받아서 전도에 깊이 헌신하고 그의 삶을 선교에 목표를 두고 살아온 것의 표현이기도 하다. 선교라는 키워드 아래서 그의 영성의 특징을 몇 가지 살펴볼 수 있다. 첫째, 그는 복음주의적 영성, 특별히 서울신학대학원에서 교육받은 웨슬레 신앙 전통의 영성을 지니고 있다. 둘째, 그의 영성은 존재적인 차원을 넘어서 행동과 실천으로 전도와 선교를 강조하는 특징이 있다. 셋째, 그의 영성은 봉사와 교육을 포함하는 총체적인 선교적 관점을 지녔다. 넷째, 그의 영성은 이민 상황에 민감하게 반응한다. 다섯째, 그의 영성은 문화적으로 포괄적이고 그의 사역 관점은 전 세계적이다.

이러한 임동선 목사의 영성을 묶는 핵심어가 있다면 '선교'이고 그러므로 그의 영성을 '선교적 영성'이라고 정의할 수 있을 것이다. 단순히 우리의 존재적인 영성의 표현으로 혹은 한 측면으로의 선교가 아니라 선교가 곧 기독교 영성이고 선교가 아닌 영성은 없다고 말할 수 있다. 영성의 모든 부분이 중요하지만 하나님의 선교를 중심으로 우리의 선교의 관점에서 통합되고 이해되는 영성을 지녀야 한다. 그리고 그런 영성을 위해 월드미션대학교의 각 구성원들이 노력해야 한다.

II. 영성과 시간선

우리가 영성을 이해할 때에 시간 순서상으로 영성이 개발되는 과정의 관점에서 살펴볼 수 있다. 그동안 교회 역사에서 많은 영성학자가 한 개인의 영성을 개발 단계별로 나누고 각 단계의 특징을 제시했다. 아우구스티누스, 노르위치의 줄리안, 십자가의 요한, 아빌라의 테레사, 아시시의 프란치스코, 이그나티우스 로욜라도 내면의 여정과 외면의 여정에 대해 말했다. 또한 쇠렌 키르케고르는 인생길의 단계를 나누었고 제임스 파울러는 신학과 발달심리학을 연결하는 작업을 통해 믿음의 일곱 단계를 제시했다.[1] 특별히 이러한 관점을 더욱 자세히 전개한 학자로는 로버트 굴리히와 자넷 해그버그를 들 수 있다.

1. 믿음 계발의 6단계

로버트 굴리히와 자넷 해그버그는 믿음 계발 단계를 6단계로 나누었다. 그 여섯 단계의 특징을 살펴보면 1단계는 하나님을 발견하고 인식하는 것으로 우리 삶 가운데 하나님의 실재를 인정하게 되는 단계다.[2] 2단계는 제자의 삶의 단계로 다른 사람들과의 연합을 통해 하나님을 경험하게 되는 단계다. 각자 속한 그룹에서 하나님께서 누구시며 어떤 분이신지에 대한 개념을 지니고 있고 종종 중요한 인물, 특별한 지도자가 우리의 추구하는 것을 보여주며 그들은 우리의 모델이 되는 경향이 있다.[3] 3단계는 '행위'의 단계다. 이 시기는 우리가 의식적으로 일하는 때다. 사실상 이 단계에서 우리의 믿음은 '하나님을 위해 일함' 혹은 '하나님의 사역을 감당함'이라고 특징된다. 이렇게 3단계까지는 우리가 믿음을 행위의 차원에서 이해한다.[4] 그러나 4단계로 들어서면서 믿음은 내면화된다. 4단계는 내면의 여정 단계다. 이 단계에서는 매우 개인적이고 깊이 있는 여정이기 때문에 '내면'이라는 제목 자체로 잘 설명된다. 거의 언제나 불안한 경험으로 다가오지만, 그 단계를 통과한 사람은 치유를 경험한다.[5] 특별히 4단계의 마지막 부분에서 벽을

---

1 Janet O. Hagberg and Robert A. Guelich, 『더 깊은 믿음으로의 여정』(*The Critical Journey: Stages in the Life of Faith*), 변명혜 옮김(서울: 디모데, 2008), 29.
2 *Ibid.*, 62.
3 *Ibid.*, 85.
4 *Ibid.*, 109.

경험하기도 한다. 5단계인 외면의 여정은 하나님을 재발견하고 그분의 사랑을 받아들인 후의 다음 단계다. 이제 우리는 눈을 크게 뜨고, 그 결과를 인식하지만 두려워하지 않은 채 하나님께서 우리의 삶을 온전히 인도하시도록 하나님의 뜻에 굴복한다. 깊고 몹시 괴로운 내면의 여정을 경험하게 되면, 그 자연스러운 결과로 자아 중심적인 것을 벗어난 모험과 새로운 성취감을 가지고 활동적인 세상으로 다시 돌아오는 것이다.6 마지막으로 '사랑의 삶'으로 표현되는 6단계다. 이 단계에서는 세상 사람들에게 이전에 가능하다고 생각했던 것보다 더 명확하고 신실하게 하나님의 사랑을 나타낸다. 우리는 하나님께서 주시는 신뢰와 감사와 같은 방법으로 우리의 빛을 비춘다.7

2. 로버트 클린턴의 일반화된 시간선

로버트 클린턴도 지도자의 개발을 다루면서 시간선의 개념을 사용했다. 그의 개념은 영성 계발뿐만 아니라 사역 개발과 전략적인 개발까지 포함하고 있기에 실제 지도자들의 전체적인 영성 계발을 살펴보는 데 도움이 된다. 그는 일반 시간선(Generalized Timeline)과 독특한 시간선(Unique Timeline)으로 구분한다. 일반 시간선은 많은 사역자를 연구해 비교 분석하여 만든 시간선으로 이론적인 시간선이다. 이 세상의 어떤 누구도 그 시간선에 정확하게 일치하는 사람은 없다. 이론적인 시간선이기 때문이다. 그러나 동시에 모든 사역자가 이 일반화된 시간

---

5 *Ibid.*, 131.
6 *Ibid.*, 181.
7 *Ibid.*, 205.

선에 비추어서 자신의 영성과 지도력 개발을 평가할 수 있다. 각 단계의 특징을 살펴보면 첫 번째 단계는 정지 단계다. 하나님께서 주권적으로 지도자의 생애에 기초를 놓아줌으로 그를 계발하시는 단계다. 지도자 자신은 이 단계에 이루어지는 일에 대해 아무것도 할 수 없다. 우리가 이 단계에서 배워야 하는 것은 하나님의 역사에 적극적으로 응하는 것이다. 두 번째 단계는 인성 계발 단계다. 이 단계에서는 지도자가 하나님을 개인적으로 가깝게 사모하게 된다. 하나님께 기도하고 하나님의 음성을 듣는 것의 중요성을 배우게 된다. 그리고 어떤 형태로든 사역에 임한다. 하나님께서는 이 단계에 시험을 허락하시고 그들의 성품을 계발하신다. 세 번째는 성장하는 지도자가 다른 사람에게 기여하기 시작하는 단계다. 은사를 사용하는 사역을 하게 되고 효과적인 사역을 위하여 훈련을 받게 된다. 또한 여러 가지 상호 관계를 통해 그리스도의 몸이 무엇인지를 이해하게 하신다.

이상의 1~3단계에서는 지도자의 왕성한 활동이나 사역의 열매가 중점이 아니다. 아직 지도자를 통해 역사하시는 때라기보다는 지도자의 인격 안에서 역사하시는 시기다. 이제 네 번째 성숙 단계에서 지도자는 자신의 성령의 은사를 파악하고 사용하게 된다. 삶과 사역에서 우선순위를 이해하고 집중하는 단계이고 때로는 고립과 갈등, 위기 등을 통해 인격이 성숙하고 사역적으로는 열매를 풍성히 맺는다. 사역은 존재로부터 나온다는 원리가 중요하게 나타나는 시기다. 다섯 번째 수렴 단계에서는 하나님께서 지도자를 은사에 적합하고 사역 경험에 맞는 역할로 인도하여 그의 사역을 극대화한다. 지도자는 자신이 가진 최선의 것을 사역에 활용하고 그에게 적합하지 않은 것은 하지 않아도 되는 시기다. 인격적인 성숙과 사역의 성장이 함께 만나 절정을 이루는 황금기다. 그리고 마지막으로 여섯 번째는 회상 혹은 축제의 단계다. 전 생애를 통한 사역의 열매와 성장이 하나로 융화되어 인정받는 시기로 광범위한 영역에 걸쳐서 간접적인 영향력을 발휘하는 시기다.[8]

임동선 목사의 삶과 사역을 살펴보면 이런 지도자의 계발 단계를 마지막 단계까지 명확히 볼 수 있다. 우리 모두가 똑같은 삶을 살 필요는 없지만 우리가 목표를 삼고 따를 수 있는 삶이 어떤 단계들을 거쳐서 전개되는지 한 사람의 삶에서 구체적으로 볼 수 있는 것이다.

3. 로버트 클린턴의 독특한 시간선

클린턴 교수는 이상의 일반 시간선을 제시할 뿐만 아니라 각 개인의 삶에 나타나는 독특한 지도력 계발을 독특한 시간선 속에서 볼 수 있다고 말한다. 각 개인에게 나타나는 독특한 시간선이다. 자신의 삶을 시대별로 나누고 그 안에서 주요 이슈와 핵심 사건들을 살펴보는 것을 통해 자신의 삶에 타나난 하나님의 역사하심을 볼 수 있는 것이다. 임동선 목사의 삶을 시간선으로 정리해본다. 그의 삶을 크게 다섯 단계로 나누어보았다.

1) 한국의 격변기에 성장(1923~1945)

한 사람이 태어나는 역사적·지역적 환경은 그 사람의 삶에 많은 영향을 끼친다. 또한 그 사람의 출신과 가정환경도 긍정적이든 부정적

---

8 Robert Clinton, 『영적 지도자 만들기』(*The Making of a Leader*), 이순정 옮김(서울: 베다니출판사, 1993), 29-32.

이든 많은 영향을 준다. 어린 시절에 받는 교육도 그 사람의 전 삶에 걸친 영성과 지도력에 영향을 끼친다. 이것을 우리가 나중에 되돌아보았을 때에 하나님의 주권적인 섭리를 느낄 수 있는 출발점이 되기도 한다.

전통적인 교육(1923~1943)

임동선 목사가 태어난 환경에 여러 가지 요소가 있지만 무엇보다도 큰 영향을 준 것은 당시 출생했던 나라가 놓여 있는 상황이다. 그는 한국의 격변기의 역사 속에서 일제 강점기의 암흑기에 태어났다. 그리고 지역적으로는 대부도라는 섬에서, 가정환경으로는 유교적인 전통을 중시하는 가정에서 태어났다. 그리고 당시에 조부에게 기초 교육이라고 할 수 있는 학문을 배웠다. 그가 어렸을 적에 경험한 유교 문화는 그가 기독교 복음에 충실하면서도 다른 종교와 문화를 존중하는 자세를 갖는 데 기초가 되었다. 당시에 기독교의 영향은 특별히 없었지만 그의 형 임수열 전도사가 그 가정에 신앙의 뿌리를 내리고 있었다. 그리고 이것은 그가 나중에 삶의 위기 가운데 그 형의 하나님을 기억하고 기도한 근거가 된다.

북만주 이민 생활(1943~1945)

임동선 목사는 역사적·정치적 격변기에 대부도에서 더 이상 살기 힘들어서 북만주로 가족이 이사를 가고 그곳에서 간도특별부대에 들어간다. 이런 어린 시절에 했던 다른 문화 경험은 그가 나중에 문화를 가로질러서 미국으로 오고 또 세계를 돌아다니면서 선교하는 데 중요한 기틀이 되었다고 할 수 있다. 또한 나라가 어려움을 겪는 시기에 나라를 위하여 헌신하는 것은 그의 전 삶에 걸쳐 신앙이 애국심을 통과해 비쳐지는 것에 영향을 주었다고 할 수 있다. 이는 그가 나중에 군목으로 생활할 때에 군인을 이해하는 좋은 밑바탕이 되기도 하였다.

2) 영적 지도자로서 훈련과 전쟁 속에서의 목회(1945~1954)

임동선 목사는 삶의 위기 가운데 하나님께 기도를 드리고 화답의 음성을 듣는 경험을 한다. 이런 경험을 통해 그는 하나님을 만나고 헌신 하며, 신학 교육을 받게 된다. 이 단계에서 임동선 목사가 사역자로 헌 신하기로 결심하고 기본적인 훈련을 받는 일 그리고 중요한 멘토를 만나고 사역자로 들어서서 전임 사역을 하게 되고 자신의 은사를 발견 해나가는 과정을 볼 수 있다.

위기와 회심(1945~1946)

회심의 계기와 헌신의 과정은 사람들마다 다르지만 임동선 목사에 게 회심과 헌신은 동시에 일어났다. 그는 북한에서 인민군에게 잡혀가 김일성 앞에 가서 사형선고를 받는 위험스러운 상황을 맞았다. 이런 위기의 순간에 그는 형 임수열의 하나님을 부르고 하나님의 안심하라 는 음성을 듣는다. 이 위기 속에서 그는 지인을 만나 도움을 얻게 되고 기적적으로 그 위험한 상황에서 풀려나 남한으로 내려온다. 그는 이 과정에서 하나님께 헌신을 결심하고 남한으로 와서 사역자가 될 준비 를 한다.

서울신학대학(1946~1949)

임동선 목사는 형 임수열 전도사가 다니던 서울신학대학에서 교육을 받는다. 학교에서 부흥회를 통하여 회개하고 기도원에서 기도를 하는 가운데 성령 충만을 체험하고 자신의 부족함을 깨닫는다. 또한 체험을 통하여 거룩한 삶의 중요성을 깨닫는다. 이런 일련의 체험들은 웨슬리안의 신학적인 틀로 설명될 수 있다. 서울신학대학이라는 환경에서 기본적인 신학의 틀을 체험한 것이다. 그뿐만 아니라 당시에 지역교회에서 목회를 하다가 순회 전도자로 임명받고 전국을 돌면서 사역을 하던 이성봉 목사님을 만나고 그를 따라다니면서 전도를 한다. 이 만남은 그가 전도와 선교를 삶의 주된 사명으로 삼는 중요한 계기가 된다. 한편 그는 신학교를 다니면서도 경제적인 어려움 때문에 지게꾼을 하면서 학업을 이어가는데 이를 통해 건강한 삶의 자세와 근면성, 자립정신, 고난 체험, 사회를 이해하는 것의 중요성 등 그의 타고난 성품과 가치관을 엿볼 수 있다. 또한 그는 신학교를 다니며 부흥사로 활동한다. 그가 나중에 설교자로 많은 영향을 끼치는데 그런 초기 모습을 볼수가 있다. 부흥사로 활동하면서 축사 사역과 꿈과 환상을 통한 계시 등 많은 영적인 체험을 한다.

여주읍교회/동래온천교회(1949~1952)

임동선 목사는 첫 번째 목회지인 여주읍교회에서 처음 사역을 하면서도 축사 사역 등 영적 은사로 사역을 하고 전염병에 걸린 사람 집에 가서 심방하고 성도들을 섬기는 사역을 한다. 그리고 성경 말씀을 중요시 여겨서 목숨을 걸고서라도 말씀을 지키며 역시 꿈과 환상으로 하나님의 인도하심을 받는다. 그리고 전쟁을 맞이하여 성도들을 데리고 피난을 가면서 목자의 심정으로 그들을 끝까지 보호한다. 이는 사역자로 성장하는 도중에 닥친 시험들을 통과하는 것을 볼 수가 있다. 그는 전쟁 중에 피난 간 동래온천교회에서 2년 반 동안 목회를 하면서 교회를 성장시킨다. 또한 피난 생활 동안에 동래에서 서울신학대학 학업을 계속 이어간다. 한편 전쟁 중에 형 임수열 전도사가 순교를 당하는데 이 사건은 임동선 목사가 평생 빚진 마음으로 순교하는 자세로 사역을 해나가는 계기가 된다.

3) 군 선교(1954~1965)

임동선 목사는 지역교회에서의 목회를 마치고 군대에 입대하여 군목으로 사역을 한다. 그가 가진 신앙심과 애국심이 한데 묶이면서 그에게 가장 적합한 사역인 군목 사역을 하게 된다. 그가 받은 영적 은사와 더불어서 북만주에서의 군인 생활과 전쟁 중에 했던 목회 경험들이 어우러져 군목을 맡기에 가장 적절하게 준비된 것이다. 그는 후에 이민 목회를 하면서도 한국의 군 선교에 지속적으로 관심을 갖고 군인들의 세례식을 위해 한국을 방문하곤 하였다.

사천공군교회(1954~1957)

임동선 목사는 군인으로서 군목 사역을 열심히 했지만 주위의 민간인 사역도 동시에 감당한다. 단순히 군인들을 대상으로 한 목회뿐만 아니라 강연, 상담, 감옥과 병원 예배, 구제사업, 대민봉사, 특별 집회 등 다양한 사역을 했다. 이런 사역 중에서도 그는 누구에게도 모나거나 반감을 일으키지 않는 조화된 군종 업무를 하려고 노력했다. 이곳에서

흥가인 관사로 옮겨가면서 찬송과 기도로 이겨내고 잘 지내는 것과 같은 영적인 체험도 하게 된다.

공군본부 교회 사역(1957~1965)

임동선 목사는 미국의 공군장교 학교에 유학 오는 것을 계기로 다른 문화 경험도 많이 하게 되고 후에 미국 유학의 꿈을 품게도 되었다. 그리고 당시 이승만 대통령이 공군교회를 방문했을 때 "경무대부터 회개해야한다"라고 회개를 촉구한 말씀을 예언자적으로 선포한 일이 있다. 그는 이 시기에 숭실대학교에 진학하여서 학업을 지속한다. 그의 삶에서 지속적으로 나타나는 것이 배움의 자세다. 그는 배움의 기회가 있을 때마다 어려운 환경 속에서도 학업을 이어나갔다. 그리고 초대 군종감이 되어서 많은 연단도 겪게 되지만 군종 전체적으로 영향력을 발휘하기도 한다.

4) 이민 교회(1965~1989)

임동선 목사는 군대를 대령으로 예편하고 미국으로 건너간다. 사실상 한국에서 편안하게 있을 수 있는 위치였지만 새로운 배움의 도전을 위해 미국으로 발걸음을 옮긴다. 미국에서는 인쇄공 일을 하며 신학교에서 공부를 하고 동양선교교회를 세우는데, 그의 이전의 모든 경험이 수렴되는 시간이기도 했다. 동양선교교회를 개척하고 당시로는 흔치 않은 선교를 지향하는 교회를 세우고 나아가게 된다. 동양선교교회에서의 그의 목회를 두 가지로 요약할 수 있다. 첫째는 자신도 경험했듯이 어렵게 삶을 살아가는 이민자들을 격려하고 위로하는 목회였고,

둘째는 안디옥 교회를 모델 삼아서 선교 지향적인 교회를 세우는 것이었다. 한인 이민자들을 위로하고 그들에게 세계 선교에 대한 사명감을 불어넣어주어서 세계에 선교사를 파송하고 교회를 세우는 일에 집중한 목회였다. 이것이 *그*가 이해한 한인 디아스포라 교회의 사명이다.

이민 생활과 학업(1965~1970)

임동선 목사는 한국에서 편안하게 머물 수 있었지만 학업을 위해 42세의 늦깎이로 미국 생활에 도전한다. 미국에서는 인쇄소 직공으로 일하며 생활비를 벌었다. 그의 타고난 성품인 근면성과 성실함 그리고 도전 정신을 엿볼 수 있다. 인쇄소 사장이 교회 사역을 그만두면 언제든지 돌아오라고 할 정도로 그는 성실함을 인정받았다. 이런 생활이 당시에는 고난의 길이었지만 결국 이 생활을 통해 이민자들의 생활과 고난을 체험적으로 이해하게 된다.

한편 그가 미국에 온 것은 무엇보다도 학업을 위한 것이었다. 그는 북침례신학교에 입학하여 인쇄소 일 때문에 고된 가운데에서도 학업을 지속했다. 이때 베렌도 침례교회에 출석하면서 사역을 감당하기도 했다. 그는 회고하기를 미국에 와서 세 번 울었다고 말한다. 인쇄소에서 일하는 것이 너무 힘들어서 울었고, 마흔세 살 늦은 나이에 미국에 와서 공부하는 게 힘들어서 울었으며, 첫 번째 교회를 세울 때에 돈이 모자라서 울었다고 한다. 그만큼 그의 이민 생활의 시작은 눈물과 고난의 시간이었다.

동양선교교회(1970~1989)

임동선 목사는 신학대학 교수로 있었던 이천영 교수의 권유로 교회를 개척한다. 선교, 교육, 봉사를 목표로 하여 교회를 창립하고 사역을 시작한다. 그 후에 교회는 급속도로 성장하여 건물을 몇 차례 옮기며 현재 웨스턴 가에 있는 교회 건물에 자리 잡는다. 또한 그는 군목을 할 때도 그랬고 어렵게 이민 생활을 할 때도 그랬듯이 목회를 하면서도 학업을 지속하여 풀러 신학대학원에서 목회학 박사학위를 받았다. 그는 교회 성장학의 관점에서 동양선교교회를 분석하는 논문을 썼다.

동양선교교회 사역은 그가 그동안 삶을 살아오면서 형성된 신학과 영성의 결정판이라고 할 수 있다. 이때의 사역을 통해 선교라는 키워드를 중심으로 한 그의 영성과 사역을 살펴볼 수 있다.

첫째, 선교 지향적인 교회다. 당시에 선교의 비전을 가지고 지역교회를 세웠다는 것은 놀라운 일이다. 교회의 본질을 선교로 보았다는 점에서 획기적이다. 임동선 목사는 교회의 본질은 어디까지나 선교라는 것을 기억하고 선교를 교회의 제1목적으로 삼고 선교에 교회의 예산을 집중적으로 투자하며, 교회의 기관별로 선교지를 설정하여 후원했다. 교회 창립 초기부터 받기보다는 주는 교회로 목표를 설정하고 창립주일 헌금을 미자립 교회에 보조하는 것을 시작으로 한국의 농어촌 교회와 일본과 서독 등 많은 외국에 선교사를 파송하고 현지 선교사를 임용하여 선교했다. 1976년에 멕시코의 고아원을 방문하고 도운 것을 시작으로 의료 봉사를 하였고 그 후 일본과 독일, 로마, 중국, 인도 등으로 선교를 확산했다. 또한 선교사 지원자를 발굴해 교육하여 파송하고 선교 상황판을 통해 선교 지원 현황을 알렸다. 그리고 선교사들의 보고를 듣는 시간을 통해 더욱 선교를 위하여 헌신할 것을 도전하는 시간을 가졌다. 또한 단기 선교를 통해 선교의 비전을 심어주었다.

둘째, 교회가 놓인 목회 현장에 성육신화하는 사역이다. 동양선교회는 이민 공동체를 섬기는 교회였다. 그러다 보니 이민자들의 필요를 이해하고 그들을 사명으로 도전하는 사역을 했다. 이민 공동체가 가지고 있는 문제와 도전에 함께하고 그들을 위로하고 이끌어가는 모습을 볼 수 있다. 임동선 목사는 이민 생활을 깊이 연구하여 그들을 이해하고 그들을 이끌 수 있었다. 풀러 신학대학원의 목회학 박사 학위 논문을 보면 그가 얼마나 이민 사회를 철저히 연구하고 이해하고 있었는지 알 수 있다. 그가 파악한 이민 생활의 어려움은 다음과 같다. 한국과 미국의 문화 차이에서 오는 문화 적응이 어려움, 쉽게 극복되지 않는 언어 문제, 한국에서 누리던 사회적 지위와 이곳에서의 사회적 신분의 차이에서 오는 갈등, 자녀 교육을 하러 왔다고 하지만 자녀를 실제적으로 도울 수도 없고 부모로서 권위가 상실되고 또 자녀들이 빨리 영어에 적응하지만 부모들은 적응하지 못하는데서 오는 의사 전달 장애, 부부가 맞벌이를 함으로써 오는 부부관계의 변화, 자녀들이 그들의 롤 모델이 없음으로 인하여 오는 진로 문제의 혼돈, 부부관계의 변화와 이민 실패의 갈등에서 오는 부부 문제, 또 노인들이 당면하고 있는 의사소통의 어려움, 그들의 삶의 의미 상실, 자녀와의 갈등과 극단적인 외로움 등의 수많은 문제가 노정되어 있었다. 임동선 목사는 이러한 이민자들의 문제를 잘 이해했기에 그들을 진심으로 위로하고 이끌 수가 있었다.

임동선 목사는 미국 이민자들의 애환을 이해하고 위로할 뿐만 아니라 미국 이민 교회가 감당해야 할 사명과 비전을 제시했다. 미국 이민 교회는 특이성이 있다. 한국의 영성과 현 세대 세계를 지배하는 영어권의 문화 그리고 이중 문화를 소화함으로써 새로운 문화에 대한 적응력이 있으며, 좋은 교육 배경 등 한국과 미국의 두 측면을 소유하고 있는 특별한 그룹이다. 그는 하나님께서 복음으로 무장된 한국인들을 전략적으로 중요한 미국에 이주하도록 하심이 세계 선교의 사명을 위한 것이라고 파악하고 선교 중심으로 교회를 이끌어왔고 동시에 이민 교회에 선교에 대한 사명을 심기 위해 노력했다.

셋째, 그의 사역은 총체적인 사역이다. 그는 복음 전도와 선교에 충실하면서도 동시에 사람들의 온전한 필요를 채우기 위해 노력했다. 그는 사역의 개념적이고 추상적인 것에 머무르지 않고 실제 삶 속에서의 필요들을 채우는 일에 최선을 다했다. 동양선교교회의 목표 중에 하나가 '봉사'이듯이 임동선 목사는 동양선교교회를 이끌면서 이민 사회에 봉사하는 일에 힘썼다. 처음 이민 온 사람들을 위해 공항에서 픽업하는 일, 자동차 면허를 받도록 도와주는 일, 아파트를 얻도록 도와주는 일, 개인 보호를 받도록 도와주는 일 등의 개인적인 도움에서부터, 한글 학교를 운영하고 남가주 한글 학교를 위하여 후원하고, 준경찰서 설립을 위한 모금 활동, 노인 아파트 건립을 위한 모금 활동, 지진 피해 대상자들 돕기, 오후 학교, 유치원 등을 통한 교육, 각종 지역 행사에 교회 공간으로 활용 등 이민 사회에 많은 실질적으로 도움을 제공했다.

넷째, 세상 속에 존재하는 교회가 세상의 문화에 대해 수동적이거나 회피하지 않고 적극적으로 세상을 품고 이끌어가는 모습을 보여주었다. 임동선 목사는 미국 주류 사회에서 한국인 이민자들의 위상을 세우기 위해 노력했다. 특별히 다른 민족과의 관계를 개선하기 위해 실질적인 노력을 기울였다. 미국의 이민 사회는 한국인들만의 세계이면서 동시에 한국이 아니라 미국에 위치하고 있다. 절대로 한국인들끼리만 살 수 없는 환경에서 사는 것이다. 이민 사회에서의 봉사도 중요하지만 이민 사회가 미국 사회에서 우뚝 서는 일도 중요했다. 이를 위해 무엇보다도 이민 교회가 미국 사회에 실제적으로 봉사하고 섬기는 일을 해야 하는 것이다. 그는 이런 일들을 감당하기 위해 지역 사회에서 어려움을 당한 사람들을 돕고, 경찰서와 LA 시와 좋은 관계를 유지하며 그들을 초대하여 대접하고 자녀들에게 장학금을 지불했다. 특별히 한인 사회가 당면한 인종 문제를 해소하기 위해 타 인종들에게 장학금을 지불하고 일할 기회를 제공하기도 했다. 그뿐만 아니라 러시아, 남미 등 해외에까지 어려움이 있을 때마다 구호의 손길을 뻗쳤다. 한흑 갈등이라든지 지진과 폭동 등의 이슈에 민감하게 반응하며 섬김의 사역에 매진했다.

5) 지도자 양성과 세계 선교(1990~2016)

임동선 목사 생애의 마지막 부분을 몇 가지로 요약할 수 있다. 일반 지역교회 목회를 넘어서 지도자를 양성하는 일과 세계 선교를 감당하는 일이었다. 그의 삶에 전체적으로 흐르는 중요한 태도는 늘 배움의 자세를 가졌다는 것이다. 그와 동시에 지도자들을 세우는 일에 관심을 멈추지 않았는데 그는 동양선교교회 은퇴를 앞두고 있을 1989년에 세계선교대학원을 세웠다. 그는 총장을 역임하면서 학교를 통한 지도자를 세우고 파송하는 일에 헌신했다. 둘째, 세계 선교를 감당한 일이었다. 본인의 궁극적인 사명이 전도와 선교이고 세계를 돌아다니면서 선교사들을 위로하고 격려하고 도전을 주는 일을 감당했다. 그는 동양선교교회와 세계선교대학원을 통해 많은 선교사를 파송하고 세계 각지에 지역 교회를 세우며 세계복음주의 연합체를 만들어서 지속적으로 선교에 매진했다. 그는 늘 선교하다가 죽는 것이 소원이라고 말할 정도로 선교에 헌신했는데 자신이 직접 세계 각지를 돌아다니면서 선교사들을 위로하고 격려했다. 그러다가 자신의 소원을 이룬 것인지, 2016년 선교지에서 사역을 하다가 갑자기 병환에 걸렸고 귀국해서 하나님께로 돌아가셨다. 자신의 소명을 위해 끝까지 최선을 다하다 소천한 것이다.

월드미션대학교(1990~2012)

지도자에게 가장 중요한 사명 중 하나는 다른 지도자들을 세워서 다음 세대를 준비하는 일이다. 임동선 목사는 목회 중에 많은 사람을 지도자로 세웠지만 특별히 1989년에 세계선교대학원을 세워서 목회자와 선교사, 교육가를 양성하는 일을 시작했다. 그는 지성과 영성, 인격의 중요성을 강조하면서 비록 작은 학교로 출범했지만 앞으로 서부의 하버드와 예일, 프린스턴 대학에 버금가는 것을 비전으로 세우고 학교를 시작했다. 임동선 목사는 항상 비전을 가지고 미래를 바라보고 작게 시작하지만 결국은 그것이 쌓여 큰 사역이 이루어졌다. 당시에 이민 교회가 대학교를 세운다는 것은 엄두가 나지 않는 것이었지만 믿음을 가지고 시작했다. 월드미션대학교는 그 이후 임동선 목사의 비전 아래 지속적으로 성장하여 지금은 기독교 종합대학교로 발전하고 있다.

두 차례 동양선교교회 임시 사역

임동선 목사는 1989년에 65세의 나이로 목회 현장에서 은퇴했다. 하지만 후임 목회자를 초대하고 지도력을 이양하는 과정에서 어려움을 겪는다. 동양선교교회가 후임 문제로 몇 차례 어려움을 겪고 그 과정에서 임동선 목사는 임시 당회장을 두 번이나 맡아야 했다. 사실상

1세대 목회자가 은퇴하고 2세대 목회자로 넘어가는 지도력 이양 과정이 쉽지 않은 도전이고 많은 교회가 어려움을 겪고 있는 이슈다. 동양선교교회도 예외는 아니어서 지도력 이양 과정에서 안타깝게도 많은 어려움이 있었다. 이는 우리가 다 같이 연구하고 개선을 위해 노력해야 할 부분이다.

세계 선교 사역(2013~2016)

임동선 목사는 동양선교교회를 통해 지속적으로 미국과 세계 각 지역에 전략적으로 지교회를 개척하고 후원했다. 그리고 이 지교회들을 중심으로 교단이 아닌 선교연합체를 만들어 세계복음선교연합회를 창설한다. 직접 또는 간접으로 동양선교교회와 임동선 목사를 통해 설립된 교회는 미국에 사우스베이·세리토스·중부·알라스카·로건·유타·콜로라도·애리조나·시애틀·애너하임·뉴저지·샌디에이고·오리건·밸리 등지에 있으며, 남미에 상파울로·파라과이·콜롬비아·리오·에콰도르·아르헨티나, 캐나다에 포트무디, 유럽의 독일·로마·밀라노·이탈리아와 남태평양 시드니, 러시아와 아프리카의 남아공 등이다. 2000년에 원주민 지도자 대회를 열어 선교 지역 교회의 지도자를 배출하는 일에 관심을 가졌다. 또한 러시아의 모스크바와 파르티잔스크 두 곳에 신학교를 세우고 현지인들이 운영하며 교육하도록 하고 후원했다.

결국 그는 노구를 이끌고 선교지를 방문하여 중국에서 어려움을 겪기도 하고, 특별히 남미로 가서 선교를 하다가 어려움을 당하고 미국으로 귀국해 2016년에 소천했다.

III. 독특성과 영성 유형

하나님께서는 우리를 지으실 때 한 사람 한 사람 독특하게 지어주셨다. 이것처럼 놀랍고도 귀중한 사실은 없다. 우리의 독특성은 우리 삶 전반에 걸쳐서 나타난다. 그래서 자신의 독특성과 다른 사람들의 독특성을 이해하는 것은 우리의 삶과 사역에서 아주 중요하다. 오늘날 사람들의 개성에 대한 연구가 많이 진행되었다. 그리고 그 개성에 대한 이해를 바탕으로 자신을 보호하고 개발하며, 또 다른 사람들과 팀으로 일할 때에 차이를 알고 상호 존중하면서 효과적인 팀워크를 발휘할 수 있는 것이다. 그뿐만 아니라 우리가 지도자로 일할 때에도 사람들의 개성을 볼 수 있고 그것을 존중하는 방식으로 일해야 한다. 가정에서 자녀 교육을 할 때에도 우리가 바른 가치를 가르쳐야 하지만 동시에 자녀들의 개성을 존중하고 보호하며 계발해줄 필요가 있는 것이다.

우리가 개성을 이해하기 위한 여러 가지 틀이 있다. MBTI, DISC, 에니어그램, 기질론, 스트렝스 퀘스트(Strength quest) 등 다양한 방법이 있다. 어떤 하나의 도구가 절대적인 것은 아니고 각각의 도구들이 지닌 장단점이 있다. 이런 것을 통해 우리 각자의 독특성을 다 이해할 수는 없지만 상당한 도움을 받을 수 있다. 임동선 목사의 개성적 특징은, 직접 테스트를 통해 점검한 것은 아니지만 그의 삶과 사역을 관찰한 결과 MBTI 유형 중 ESTJ의 특징을 지닌다고 추측해볼 수 있다. 다음은 ESTJ 유형에 대한 성격 묘사다. 이 설명들을 보면 다분히 임동선 목사의 개성과 일치하는 부분이 많은 것을 알 수 있다.

경영자 유형인 ESTJ는 전통과 질서를 중시하는 성격으로, 자신이 생각하는 옳고 그름과 사회적 기준에 따라 가족과 공동체가 화합할 수 있도록 노력한다. 이들은 정직과 헌신과 존엄성을 중시하며, 어려운 길을 기꺼이 앞장서고 다른 사람들에게 명확한 조언과 지도를 제공한다. 이들은 사람들이 화합하도록 하는 일에서 자부심을 느끼며, 모든 사람이 지역 축제를 즐길 수 있도록 노력하거나 가족과 공동체의 전통적인 가치관을 지키는 역할 등을 담당한다.

경영자는 주변을 관찰하는 능력이 뛰어나며 명확하고 입증 가능한 사실을 중시한다. 또한 자신의 지식에 강한 믿음이 있기에 강한 저항에 부딪히더라도 원칙에 따라 자신의 비전을 밀어붙인다. 또한 어려운 프로젝트에 참여해 행동 계획을 개선하고 세부 사항을 정리하는 등 직접 행동하며 어려운 작업도 손쉽게 처리할 수 있는 능력을 지니고 있다.

그렇다고 경영자가 혼자 일하는 성격은 아니다. 이들은 다른 사람도 자신만큼 믿을 수 있고 높은 업무 윤리를 지닌 사람이기를 바란다. 이 때문에 무능력하거나 게으르거나 부정직한 동료나 부하 직원을 발견하면 분노를 표출할 수 있다. 이 때문에 경영자는 다른 관리자형 성격과 마찬가지로 융통성이 없는 사람이라는 평가를 받을 때가 있다. 그렇다고 경영자가 자신의 방식만을 고집하는 완고한 성격은 아니다. 다만 성실함과 정직함이 사회에 꼭 필요한 가치라고 믿고 있을 뿐이다.

이 유형은 모범을 보이는 지도자들의 유형이다. 경영자의 지도력은 민주 사회에서 특히 중요한 능력이며 경영자는 전체 인구의 11%를 차지하고 있다. 이러한 점을 생각하면 미국 대통령의 다수가 경영자 성격이라는 것도 그리 놀라운 사실이 아니라고 할 수 있다. 이들은 법치주의를 신봉하고 권위를 얻으려면 합당한 노력을 해야 한다고 생각한다. 경영자는 직접 헌신하고 정직하게 행동하며, 나태함이나 부정행위는 단호히 거절함으로써 모범을 보이는 지도자라고 할 수 있다. 이러한 성향은 특히 직장에서 두드러지며, 일을 성취하기 위해서는 직접 열심히 일해야 한다고 하는 사람이 있다면 바로 경영자일 것이다.

그리고 이 유형은 높은 책임감을 가지고 있다. 경영자는 모든 사람이 같은 길을 가거나 같은 방식으로 기여할 필요는 없다는 사실을 이해해야 한다. 진정한 지도자라면 개인과 집단의 강점을 파악하고 사람들이 아이디어를 제시할 수 있도록 도와야 한다. 이를 기억한다면 강점을 유지하면서도 모든 사람에게 도움이 되는 방식으로 사람들을 이끌 수 있을 것이다.[9]

로버트 클린턴은 우리의 은사를 분석할 때에 우리의 영적 은사뿐만 아니라 개성과 더불어서 우리의 자연적인 재능과 습득한 기술도 기독교 사역에서 중요하게 쓰임을 받을 수 있다고 강조하고 분석을 한다. 그리고 자연적 재능과 습득한 기술을 다음과 같이 정의한다.

타고난 재능이란 사람에게 태어날 때 주어져서 무엇인가를 이룰 수 있게 하는 능력, 기술, 재주 또는 소질이다. 크게 네 가지 부류로 나누어서 볼 수 있는데 창의적 재능, 인식 능력, 육체적으로 민첩함과 관계적 능력 등으로 볼 수 있다.[10] 이 분석의 관점에서 보면 임동선 목사는 주로 인식 능력과 육체적으로 민첩함의 능력, 관계적 능력에서 탁월함을 보인다. 인식 능력에서는 성취 지향적이고 탁월함을 추구하

---

9 "성격유형: 경영자 ESTJ-A/ESTJ-T," 16 Personalities, 2023년 2월 8일 접속, https://www.16personalities.com/ko/%EC%84%B1%EA%B2%A9%EC%9C%A0%ED%98%95-estj.

10 Robert Clinton, 『당신의 은사를 개발하라』(*Unlocking Your Giftedness*), 황의정 옮김(서울: 베다니출판사, 2005), 93.

며, 지구력과 인내심이 있고 기업가적인 선구적인 사고방식을 보이는 것을 볼 수 있다. 관계적인 능력에서는 지도력과 동기 부여의 능력이 뛰어나고 의사소통 능력이 뛰어나며, 사회적으로 민감한 모습을 그의 삶과 사역 가운데 보이고 있다.

습득한 기술이란 무엇인가를 성취하기 위해 배워서 취득한 능력, 기술, 재주 또는 소질을 가리킨다.[11] 어린 시절에 할아버지를 통해 받은 유교적 한학 교육, 만주에서 받은 군사 훈련, 서울신학대학교에서 받은 신학 교육, 지역 교회에서의 목회, 군 선교 사역, 이민 생활과 이민 목회 그리고 미국에서 지속적인 학업을 통해 그가 자신을 계속 계발하고 발전시키는 모습을 볼 수 있다. 특별히 인식지원 기술과 관계지원 기술에서 지속적으로 자신을 계발하는 모습을 볼 수 있다.

그는 평생에 걸쳐서 배움의 자세를 갖고 생활을 통해 지속적으로 기술들을 습득했다. 그는 타고난 지도자이기도 했지만 좋은 지도자가 되기 위해 끊임없이 노력했고, 성경과 신학을 깊이 이해하기 위해 지속적으로 노력했다. 특별히 목회 현장에서의 지도력과 소통 능력 그리고 비전을 세우고 구체적으로 이루어가는 능력 등을 계발하고 사람들을 더욱 이해하기 위해 쉼 없이 연구했다. 그는 성경을 많이 읽고 그곳에 많은 정보들을 담아서 미국 북침례신학교에서 졸업 시험을 볼 때에는 그 성경책을 보고서 신학교 교수들이 시험을 합격시켜주기도 했다.

그는 효과적인 소통을 위해 노력했는데 그의 설교나 강의 노트를 보면 항상 펜으로 반복해서 표시하면서 연습해 노트가 너덜너덜해진 것을 볼 수 있다. 또한 그는 강연을 갈 때마다 신학교 교수들에게 부탁

---

11 *Ibid.*, 103.

해 매번 새로운 자료를 받아 연구하며 좋은 강의를 하기 위해 지속적으로 노력했다. 목회를 잘하기 위한 노력도 지속했는데 풀러 신학대학원의 박사 논문을 보면 그동안의 동양선교교회 목회의 성장 비결과 또 논문을 통해 새로운 연구를 해나가는 모습을 볼 수 있다.

타고난 재능과 습득한 기술과 더불어서 영적 은사의 관점에서 그의 독특성을 이해할 수도 있다. 일반적으로 복음주의 신학자들은 영적 은사를 19~22가지 정도로 제시한다. 그러면서 그 속에서 우리가 받은 영적 은사를 이해하게 하는데 임동선 목사의 영적 은사를 살펴보면 몇 가지 모습을 살펴볼 수 있다. 로버트 클린턴 교수의 은사 구분법과 정의에 따르면 임동선 목사의 영적 은사를 다음과 같이 볼 수 있다.

무엇보다 가장 특징적으로 나타나는 은사는 권면의 은사다. 권면의 은사란 "사람들로 하여금 성경의 진리의 적용대로 살도록 강력하게 권하거나 일반적인 성경의 진리를 가지고 격려하거나 신자들의 필요에 맞는 성경 진리를 적용하여 줌으로써 위로하는 능력"[12]이다. 그는 설교를 통해 사람들을 위로하고 사명과 비전을 향해 강력하게 도전하는 은사를 지녔다. 그가 받은 가장 대표적인 은사라고 할 수 있다.

이와 더불어서 다스림의 은사가 있는 것을 볼 수 있다. 다스림의 은사란 "함께 결정하고 함께 일하는 것을 특별히 강조하면서 한 집단이 목표나 목적을 향해 나가도록 집단 전체에 영향력을 행사하는 능력"[13]이다. 목회 가운데 목회의 방향과 철학을 제시하고 사람들과 함께 결정하면서 교회가 목표나 목적을 향하여 나아가도록 전체에 영향력을 끼친다.

---

12 *Ibid.*, 220.
13 *Ibid.*

임동선 목사에게 나타나는 또 다른 중요한 은사는 사도의 은사다. 사도의 은사란 "하나님으로부터의 권위를 가지고 새로운 사역의 필요를 채우기 위하여 교회나 선교회 등을 새로 조직하며 지도자들을 개발하고 임명하는 특별한 능력"[14]이다. 임동선 목사는 동양선교교회를 세웠지만 단순히 교회를 개척한 것이 아니라 이민자들을 위한 교회, 선교 지향적인 새로운 교회 모델을 제시했다. 그뿐만 아니라 세계복음연합체를 조직하고 월드미션대학교를 창립하는 등 사역의 필요에 맞는 새로운 사역들을 세우고 지도자들을 키워서 사역을 맡기는 것을 볼 수 있다.

그 외에도 주는 은사가 있어서 늘 주는 것이 받는 것보다 복되다는 가치관을 가지고 베푸는 삶을 사는 것을 볼 수 있다. 또한 돕는 은사가 있어서 매우 실질적인 방법으로 개인적 혹은 교회를 통해 지역 공동체의 필요들을 채워주는 능력을 보여준다.

이상 임동선 목사가 받은 은사 중에 몇 가지를 중심적으로 강조했지만 사실상 그의 삶과 사역을 보면 더 많은 영적 은사가 있는 것을 알 수가 있다. 특별히 그의 사역 초기에는 하나님에게 꿈과 환상을 통해 계시를 받는 은사, 병을 고치는 은사, 귀신을 쫓는 은사 등도 나타났다. 그 이외에도 전도의 은사, 지혜의 말씀의 은사, 가르침의 은사, 목회의 은사 등등 정말로 풍성하고 많은 은사를 보인다.

그런데 우리 각자의 독특성은 삶과 인간관계, 지도력에만 나타나는 것이 아니라 우리가 하나님과 맺고 있는 관계에서도 나타난다. 다시 말하면 하나님께서는 우리를 만나주실 때에 우리의 독특성을 존중하

---

14 *Ibid.*

시고 그 방식을 통해 관계를 맺어주시는 것이다. 그러므로 우리가 하나님과 관계를 맺어가는 데에 우리의 독특함을 잘 이해하는 것이 필요하다. 그뿐만 아니라 우리가 지도자로 기능할 때에 우리의 방식을 다른 사람들에게 투사하지 않고 각 사람이 자신의 독특함을 존중하는 방식으로 하나님께 나아가고 영성 생활을 하도록 돕는 것이 필요하다.

빌 하이벨(Bill Hybel) 목사는 '리더의 길'(The Leader's Pathway, 1999)이라는 설교에서 사람들로 하여금 그리스도와 동행하는 삶에서 다른 어떤 사람의 기준치로 자신을 평가하지 말고 자기 자신이 될 것을 강조한다. 그리고 다음과 같이 7가지 영성 유형을 제시한다. 첫째는 관계적인 길이다. 몇몇 사람은 혼자 하려고 해보지만 되지 않는다. 그들은 다른 사람들과 연결되어 있어야 한다. 그들에게 길은 관계적인 것이다. 이런 사람들은 영성 계획을 세울 때에 '관계적인 필요'를 고려해야 한다. 둘째는 지적인 길이다. 이런 사람들은 어떤 일이 발생하기 이전에 마음이 완전히 활동해야 한다. 분석적으로 도전받아야 한다. 그들의 마음과 의지는 그들이 확신하기 이전에 움직이지 않는다. 일단 확신이 되면 마음과 의지는 따라온다. 예를 들면 루터나 칼뱅, 바울과 같은 사람들이다. 이 유형의 사람들의 영성 형성 계획을 세울 때에 그들의 '지적인 필요'가 고려되어야 한다. 셋째는 섬기는 길이다. 이 유형의 사람들은 조용히 일관성 있게 하나님의 나라 안에서 일한다. 그들은 하나님께 친밀함을 느낄 때에 행동한다. 그들은 타인은 섬길 때에 하나님께 가까이 있다는 느낌을 받는다고 말한다. 이런 사람들의 영성 훈련 계획을 세울 때에는 그들의 '섬김의 필요'를 고려해야 한다. 넷째는 묵상의 길이다. 교회 역사를 통해 어떤 사람들은 다른 박자에 맞춰 움직였다. 묵상하는 사람들은 그들이 홀로 있는 시간을 지키는데, 다른 사람들과의 활동은 그들을 고갈시키는 경향이 있다. 성경 읽기와 독서, 시 읽기, 하나님의 임재 안에 머물기 등을 좋아하고 홀로 기도하고 찬양하기 등으로 시간을 보낸다. 이들은 하나님의 음성을 들을 수 있는 능력이 있으며, 하나님과 신비적으로 함께할 수 있다. 그들은 종종 다른 사람들과 떨어져 있으며 주로 모든 사람의 양심으로 활동한다. 다섯째는 활동가의 길이다. 주로 행동하는 사람들로 그들은 그들을 인내의 한계까지 몰고 가는 도전적인 환경을 좋아한다. 그들은 소화할 수 있는 것보다 더 많은 하나님 나라의 일을 시도한다. 그들은 빠른 것을 좋아한다. 그들은 다른 사람들이 행동하도록 촉매제 역할을 한다. 이에 속하는 인물로는 무디, 웨슬리 등의 사람들을 꼽을 수 있으며 그들은 활동이 모퉁이에 다다라 하나님을 온전히 의존할 수밖에 없을 때에 하나님과 친밀함을 느낀다. 이들의 영성 형성 계획을 세울 때에는 이런 성향을 고려해야 한다. 여섯째, 자연주의자/창조물의 길이다. 이런 사람들은 하나님의 위대한 창조물의 장엄함 속에 들어갈 때에 살아 움직인다. 산이나 사막을 좋아하는 사람들이다. 이 모든 것에서 하나님을 본다. 창조물과 그들 배후에 있는 하나님을 묵상한다. 이들의 영성 형성을 계획할 때에는 이런 점들을 고려해야 한다. 마지막으로 일곱째는 예배의 길이다. 신령과 진정으로 예배하고 음악 예배 속에서 하나님의 임재를 보며, CD로 예배 음악을 들으며 은혜를 받는다. 이들의 영성 형성 계획을 세울 때에는 이런 점을 고려해야 한다.

　우리가 이런 영성에서의 여러 가지 유형을 이해하고 사용할 때에는 다음과 같은 점들을 유의해야 한다. 첫째, 우리는 우리가 하나님께 나아가서 은혜 받고 하나님을 친밀하게 느끼는 방식을 잘 이해하고 집중적으로 계발할 필요가 있다. 자신이 가장 많이 은혜 받고 하나님과의 관계가 깊어질 수 있는 방식을 이해하여 그것을 통해 하나님께 깊이 나아가야 한다. 중요한 것은 방식이 아니라 영적인 깊이다. 하나님의 뜻을 더욱 분명하게 이해하고 하나님께 더욱 친밀하게 나아가는 것이 중요한 것이다. 안 되는 것으로 자꾸 하려고 하지 말고 잘 되는 것을 통해 하나님을 깊이 체험하는 것이다. 남을 따르려고 하는 것보다는 자신의 모습으로 하나님께 나아가는 것이다.

둘째, 우리는 교회에서 하나님과 친밀함을 향해 나아가는 다양한 방식을 존중할 필요가 있다. 나는 나의 방식에 충실하고 깊이를 향해 나아가지만 동시에 다른 사람들은 다른 방식으로도 하나님께 깊이 나아갈 수 있다는 것을 존중해야 한다. 서로의 다름을 틀리다고 정죄하는 것이 아니라 다르지만 한 하나님을 향하여 나아가고 한 하나님을 경험하는 것임을 인정하고 존중하는 것이다. 그럴 때에 하나님은 우리 속에서 더욱 풍성하게 경험되고 우리는 하나님의 풍성하심 속에서 자유로움을 누리게 된다.

셋째, 우리가 지도자의 위치에 서서 다른 사람들의 영성을 지도하고 도와줄 때에 그 사람의 독특성을 배려해야 한다. 사람들로 하여금 나와 동일한 방식으로 하나님과 친밀해지도록 자신의 모습을 투사기보다는 그들이 자신의 독특함 속에서 하나님께 나아가도록 도와야 한다. 자신이 신학 서적을 통해 은혜를 받는다고 남에게 그것을 통해서만 하나님께 나아가도록 하는 것보다, 그 사람이 찬양과 경배를 통해 하나님께 깊이 나아갈 수 있다면 그 찬양 속에서 하나님께 나아가도록 도와주어야 한다. 진정한 사랑이란 서로가 자기 자신이 될 수 있도록, 특히 영적인 문제에서도 자기 자신이 될 수 있도록 배려하고 존중하는 것이다. 사람들에게 하나님께서 그들을 어떻게 만드셨는지 의식하게 하고 그들의 존재(Who They Are)의 관점에서 하나님께 나아갈 수 있도록 해야 한다.

이상의 여러 가지 영성 유형을 살펴보았을 때에 임동선 목사의 영성 유형을 몇 가지로 정리해볼 수 있다. 섬김의 길, 지적인 길, 금욕주의의 길, 활동가의 길의 영성이 그것이다. 먼저 섬김의 영성이다. 그는 사역 가운데 도움이 필요한 사람들에게 도움을 주는 일을 지속적으로 한 것을 볼 수 있다. 신학교에서 지게꾼으로 일할 때에도, 지역 교회에서 목회할 때에도, 군 선교를 할 때에도, 특별히 이민 교회 사역을 할 때에도 도움이 필요한 사람들의 다양한 필요들을 채워주는 사역을 한 것을 알 수 있다. 또한 그의 영성은 지적인 길의 영성이다. 그는 늘 삶 가운데 배움의 자세를 가졌고 지성적인 면의 발전을 도모했다. 한국에서 목회를 하면서도 숭실대학교를 다녔고 40대 중반의 나이에 미국에서 유학하면서도 낮에는 일을 하고 저녁에 신학교를 다닌 것을 볼 수 있다. 동양선교교회에서 목회를 하면서도 지속적으로 학업을 계속하여 풀러 신학대학원에서 목회학 박사를 취득했다. 또한 그는 금욕주의적인 영성의 모습도 지니고 있다. 자기의 것을 늘 다른 사람들에게 나누어주기를 즐겨하고 자기는 소유하지 않는 소박한 삶을 살아갔다.

이렇게 다양한 영성의 특징을 지녔는데 그중에서도 가장 대표적인 것은 활동가의 영성이다. 임동선 목사의 영성은 존재적인 면에서도 특징이 있지만 더욱 중요한 특징은 활동하는 영성이라는 점이다. 그가 모델로 삼고 있는 이성봉 목사나 웨슬리와 같은 사람들이 이 활동가의 영성의 대표적인 인물들이고 임동선 목사의 영성도 다분히 이런 영성 기질을 지니고 있다. 그는 늘 새로운 일에 도전하고 새로운 사역을 벌였으며, 큰 꿈을 품고 그 사역을 추진해나가는 영성의 특징을 보여준다.

IV. 임동선 목사의 영성 신학

알리스터 맥그래스는 영성을 "진정으로 의미 있는 종교 생활에 대한 탐구이며 그 종교가 갖고 있는 독특한 개념들을 함께 묶어주어 삶과 연관시키는 것으로 그 종교가 정의하는 범위와 규범 안에서 살아가는 삶의 총체적인 경험이다"라고 정의했다. 그는 한 걸음 더 나아가서 기독교 영성이란 "진정으로 의미 있는 그리스도인의 존재에 대한 탐구이며 기독교의 근본적인 개념들을 함께 묶어주어 삶과 연관시키는 것으로 기독교 신앙의 범위와 규범 안에서 살아가는 삶의 총체적인 경험이다"라고 말했다.[15]

기독교 영성이란 기독교 신학을 삶 가운데서 실제적으로 살아가는 것이라고 정의할 수 있다. 이런 기반 위에 영성을 다음과 같은 네 가지 관점에서 이해할 수 있다. 첫째, 하나님을 아는 것이다. 물론 단순히 하나님에 대해 지식으로 아는 것이 아니다. 둘째, 하나님을 온전히 경험하는 것이다. 셋째, 기독교 신앙의 원칙 안에서 존재의 변혁이다. 마지막 넷째, 삶과 생각에서 기독교의 진정성을 획득하는 것이다.[16]

영성과 기독교 영성을 위와 같이 정의했지만 사실상 영성은 다양한 강조점과 다양한 모습을 지니고 있다. 기독교 영성도 다양하게 나타나기에 어떤 하나의 개념으로 정의하기가 어렵다. 이렇게 기독교 영성이 다양한 모습을 띠게 되는 요인에는 여러 가지가 있다. 개인적인 차이와 종파적인 고려 사항 그리고 세상과 문화를 대하는 태도에 따라서 다양

---

15 Alister McGrath, 『기독교 영성 베이직』(*Christian Spirituality: Introduction*), 김덕천 옮김(서울: 대한기독교서회, 2006), 14-15.
16 *Ibid.*, 18.

한 모습을 띠게 된다.17 그와 동시에 영성은 신학이 삶 속에서 표현되는 것인데 신학 자체도 다양한 강조점을 지니고 있어서 영성 또한 다양한 모습을 띠게 되기에 영성을 일률적으로 정의하기는 힘들다. 그래서 기독교에서 영성이라는 말을 사용하면서도 각자가 다른 것을 의미하는 경우도 많아서 영성에 관한 토론이 어렵다.

맥그래스는 우리의 영성을 구성하는 요소를 세 가지로 보았다. 첫째는 개인적인 문제다. 그리스도인 각자는 서로 다른 배경, 개성, 사회적 지위뿐만 아니라 기독교 신앙의 주요 주제에 대해서도 조금씩 서로 다른 견해를 지니고 있다. 그렇기 때문에 영성에서도 개성은 굉장히 중요한 문제다. 둘째는 종파적인 고려 사항이다. 서로 다른 기독교 공동체는 기독교 삶의 본질을 이해하는 데 현격한 차이를 보인다. 그들은 주로 신학적 강조점이나 가르침과 관련된 부분에서 다른 단체와 자신들을 구별한다. 그러므로 최소한 현대 세계에 존재하는 다른 기독교 종파에 대해 기본적인 이해를 갖는 것은 중요한 일이다. 셋째는 세상, 문화, 역사에 대한 태도다. 몇몇 형태의 영성은 세상과 단절할 것을 매우 강하게 주장한다. 이들은 그리스도인의 진정성이란 세상의 일상적 삶을 포기하는 것이라고 여긴다. 또 다른 종류의 영성은 세상과 연결되어 있는 곳에서만 진정한 기독교를 발견할 수 있다고 논박한다. 중요한 것은 이러한 차이점들이 종파의 한계를 넘나들고 있다는 사실을 이해해야 한다.

이제 임동선 목사의 영성을 개인적인 특성과 종파적인 영향 그리고

---

17 *Ibid.*, 26.

세상과의 관계라는 관점들에서 살펴보자. 이런 관점에서 접근할 때 임동선 목사의 영성의 특징을 더욱 확실하게 정의할 수 있을 것이다. 그리고 이런 관찰을 통해 결론적으로 임동선 목사의 영성을 존재적인 차원과 활동적인 차원의 균형 속에서 이해하고자 한다.

삶과 사역 가운데 나타난 신학과 영성

임동선 목사는 일반적인 신학자는 아니다. 그러나 그의 삶 가운데 분명한 신학과 그 신학이 삶으로 표현된 영성의 모습을 찾아볼 수 있다. 영성을 여러 가지로 정의할 수 있지만 신학이 신학으로 끝나지 않고 삶과 인격과 사역으로 구체적으로 실현되는 것을 신앙 혹은 영성이라고 할 수 있다. 그런 의미에서 임동선 목사의 영성을 살펴보고자 한다.

일반 은총과 유교적 영성

임동선 목사는 유교적인 가풍의 집안에서 자랐다. 자랄 때에 유학자였던 할아버지의 영향을 많이 받았고 그 영향 가운데에서 학문의 기쁨, 의의 중요성, 애국심, 대장부의 기개, 삶의 자세 등을 배웠다. 기독교 신학에서 다른 종교 속에 들어 있는 영성을 어떻게 이해할 것인가 하는 문제는 중요하다. 종교 다원주의 시대를 살아가는 우리가 다른 종교에 대해 어떻게 생각할 것인가는 매우 중요한 문제다. 임동선 목사가 다른 종교의 영성에 대해 신학적으로나 사역적으로 다룬 적은 없다. 그러나 그는 다른 종교를 존중하며 살았다. 그것이 현시대를 살아가는 기독교인들이 지녀야 할 영성의 모습이다. 우리 기독교 안에 하나님의 구원의 복음이 들어 있지만 우리 기독교회를 완전한 것으로 볼 수는 없고 다른 종교 안에도 하나님의 일반 은총이 있다는 것을 우리가 간과 할 수는 없다. 임동선 목사가 군목으로 있으면서 다른 종교의 군인들과 함께 일할 수 있었던 것은 이런 배경이 영향을 주었을 듯하다. 한국의 기독교 전통 속에서 선한 일을 위해 다른 종교와 구별 없이 함께 일하는 것을 한국 기독교 초기에 잘 보여주었다.

임동선 목사는 타 종교인의 구원에 대한 문제를 신학적으로 다루지는 않았다. 하지만 그는 기독교 안에 하나님의 구원이 계시되어 있다는 분명한 신앙관과 더불어서 다른 종교를 존중하고 그 안에도 하나님의 일반적인 은혜가 있다는 것을 유교 전통에서 발견한 듯하다. 사실상 우리 한국의 기독교는 다분히 유교의 영향을 받은 것이 사실이다. 이로 인한 부정적인 면도 있지만 유교의 긍정적인 면들이 한국의 기독교 영성 안에 혼재되어 있음을 알 수 있다. 임동선 목사는 유교에서도 특별히 윤리적인 면에서 많이 배웠다. 어렸을 때에 할아버지의 교육 결과로 영향을 받은 것이다. 모든 고등 종교 안에 공존하는 윤리적인 면이 있다는 믿음은 이런 기초 위에 세워진 것이다. 천자문에 이어서 동문선습, 명심보감, 소학 등은 다 주자학의 영향을 받은 것들이다.

다문화 영성과 교차문화 사역

임동선 목사는 문화적으로 가로질러 삶과 사역을 한 이민자의 삶을 살았다. 이런 문화를 가로지르는 경험을 그는 어렸을 적부터 했다. 그의 청소년기에 그는 문화를 가로질러 만주로 이주했다. 본인의 의지는 아니지만 이런 문화를 가로지르는 경험이 그의 삶의 후반부에 미국으로 가는 행보의 기초가 되고 그의 사역이 문화를 가로질러 선교하는 사역으로 나간 것에 영향을 준 것이다. 그가 선교지에서 직접 선교를 한 것은 아니지만, 그가 어렸을 때에 타 문화를 경험하고 교차문화적인 관점을 가진 것이 그가 미국에 와서 사역을 할 때나 세계에 선교사들을 파송하고 그들을 격려하는 사역을 하는 데에 중요한 기초가 되었을 것이다. 그가 복음 전도 사역을 주로 하면서 늘 '세계는 나의 목장'이라는 웨슬레의 구호를 따라서 세계를 대상으로 한 선교 사역을 한 것을 볼 수가 있다.

초자연적인 경험과 하나님의 음성

임동선 목사는 만주에서 군인학교를 다니고 일을 하다가 해방을 맞이하여 가족과 함께 한국으로 돌아온다. 그런데 그 과정에 인민군에게 체포되어 사형 선교를 받는다. 그리고 그 위기 가운데 평소에 그를 위해 전도하던 넷째 형 임수열 전도사의 전도를 기억하고 하나님께 살려달라고 기도한다. "하나님! 만일 하나님이 살아 계시다면 나를 살려주십시오. 나를 살려주신다면 우리 형님처럼 신학공부를 하고 형님과 같이 하나님의 일을 하겠습니다. 이건 거짓 없는 제 중심입니다. 하나님!"18 이라고 서원기도를 한다. 그리고 그는 김일성을 만나고 기적적으로 사형을 면하고 남한으로 올 수 있게 된다. 우리가 하나님의 음성을 들을 때에는 성경 말씀 늘 통해 듣기도 다른 사람들을 통해, 혹은 마음의 감동을 통해 듣기도 한다. 그런데 임동선 목사는 개인의 체험을 바탕으

---

18 임동선, 『지구촌은 나의 목장이다』(서울: 쿰란출판사, 2004), 45.

로 하나님께서 직접적으로 말씀해주신 음성을 들은 것이다. 이런 경험이 그의 삶 가운데 반복된 것은 아니지만 그의 삶 가운데 중요한 순간에 이런 체험으로 확신을 얻고 어려운 시간들을 이겨낸 것을 볼 수 있다.

필자의 개인적인 일화로 한 번은 학교의 개강 부흥회가 끝나고 임동선 목사님을 집에 모셔다 드린 일이 있었다. 그날 개강 부흥회 강사로 오신 어떤 교수님은 설교 말씀 중에 우리가 하나님의 음성을 직접 듣는 것이 아니라 마음의 감동으로 깨닫는 것이라고 말씀하셨다. 그날 집에다 임 목사님을 모셔다 드리는데 이렇게 말씀하셨다. "나는 분명히 들리는 소리로 하나님께서 분명히 말씀해주셨는데… 그 교수님은 그런 것은 없다고 하시는구나." 물론 신앙생활에서 너무 신비적인 경험만을 추구하는 신앙은 위험할 수 있다. 그러나 하나님의 특별한 초월적인 역사에 대해 우리가 열려 있어야 한다. 임동선 목사의 삶과 사역의 초기에 보면 하나님의 초자연적인 역사를 많이 경험하며 사역한 것을 볼 수 있다. 이것은 분명히 그의 영성의 중요한 측면이었음을 부인할 수 없다. 이것은 그가 영성의 형성 초기 단계에 놓여 있던 신앙적인 분위기와 관련이 있을 것이다.

복음주의의 회심의 영성

임동선 목사의 영성의 첫 번째 특징은 회심의 경험을 강조하는 영성이다. 아마도 이것은 그가 처음 신학 교육을 받은 서울신학대학교의 영향이 크지 않았을까 한다. 이 회심의 경험은 복음주의 신앙에서 핵심적인 부분이기도 하다. 우리가 죄인임을 인식하고 예수님을 주님으로 모시는 것이다. 물론 회심의 경험이 사람에 따라서 다르게 나타날 수가 있다. 그러나 분명한 것은 이런 회심이 개인의 삶 가운데 분명히 있어야 한다는 점이다. 신학적 의미에서 중생이라는 것이 우리가 영적으로 생명을 얻어서 태어나는 과정을 하나님의 역사의 관점에서 기술하는 것이라면 회심은 인간의 경험 차원에서 자신의 죄를 인식하고 그것에 대해 슬퍼하고 괴로워하며 하나님이 원하시는 삶의 방향으로 전환하는 것이다.[19] 복음주의 전통에서는 이런 회심 경험을 강조하는 경향이 있다. 임동선 목사도 자신의 삶에서 이 회심의 경험을 강조한다. 물론 인간에게 나타나는 회심의 경험에는 다양한 형태가 있다. 그것이 일시적인 경험이 될 수도 있고 긴 과정에 걸쳐서 나타나는 의식하지 못하는 것일 수도 있다.

임동선 목사의 초기 신학을 형성한 성결교 신학은 중생을 강조하고 그와 동시에 회심의 경험을 특별히 강조하는 경향이 있다. 이런 분위기에서 그는 회심의 경험을 분명히 가지고 있는 것을 알 수 있다. 특별히 자신의 죄에 대한 분명한 자각을 강조하는 것이다. 복음주의자들의 죄에 대한 자각의 강조가 때로는 병적이고 억지스러운 면이 있다고 지적을 받지만 하나님 앞에서 우리의 죄악된 모습에 대한 인식은 하나님의 은혜에 대한 인식의 과정에서 반드시 거쳐야 할 측면일 것이다. 임동선 목사는 신학교 부흥회에서 본인의 회심 경험을 다음과 같이 자세히 묘사한다. "김응조 목사의 부흥회 설교를 통해 자신이 죄인임을 자각하게 되는 경험을 하였다. 솔직히 말해서 그때까지도 '나는 양심적인 사람, 의롭고 열심 있는 애국청년'이라는 자부심이 대단했다. 그러나 하나님이 보여주시는 밝은 빛 앞에서의 적나라한 내 모습을 보자 나야

---

19 John Stott, 『복음주의의 기본 진리』(*Evangelical Truth*), 김현희 옮김(서울: IVP 2002), 130.

말로 천하에 더러운 죄인 중에 죄인임을 깨닫게 된 것이다. 이런 죄인을 하나님이 살려주셨고 여기까지 인도해주셨다고 생각하니 눈물이 앞을 가렸다."

웨슬리안의 성결을 추구하는 영성

임동선 목사의 영성의 또 다른 특성은 성결의 영성이다. 이 역시도 그의 신앙의 초반부에 분명하게 나타나는데 이는 그가 받았던 신학 교육의 영향이 크다고 할 수 있다. 죄에 대해, 우리의 죄성에 대해 분명히 인식하고 성결의 삶을 살아야 할 것을 분명히 하는 것이다. 그러나 이것이 율법적으로 흐르지 않고 인간의 나약함으로 인하여 하나님의 은혜에 의존할 수밖에 없는 존재임을 자각하는 것도 중요하다.

임동선 목사는 본인의 체험을 통해 죄의 중대성을 깊이 깨닫는 경험을 하고 또한 성결의 삶을 살아야 한다는 깊은 결단을 하게 된다. 그렇지만 성결이 율법적으로 흐를 수 있는 위험성이 있다. 그는 성결을 위해 노력하는 삶을 살지만 본인의 의지로는 이룰 수 없다는 깊은 경험을 하게 된다. 이것이 그의 초기 신학을 형성한 성결교의 성결 교리다. 성결에 대한 강조와 더불어서 우리의 연약함을 깊이 자각하고 더욱더 하나님을 의지하게 되는 것이다.

그가 이성봉 목사의 추천으로 진부교회에 머물러 있을 때 꿈속에서 본 환상은 그가 평생에 성결의 삶을 중요하게 생각하는 기반이 된다. 그는 신학교 졸업을 앞두고 상원사라는 절에 올라가서 금식기도를 하기로 작정하고 올라갔다. 그러나 금식기도를 서원하고 6일 만에 미숫가루를 먹고는 자신의 나약함을 인식하고 하나님의 은혜에 의지해야

함을 깨닫게 된다. "미숫가루 사건은 나에게 모든 인간은 나약하다는 것을 인정케 했으며 예수님만이 참 신이라는 것을 깨닫게 하는 계기가 되었다"[20]라고 고백한다.

성령 체험의 영성

우리가 성령 세례 혹은 성령 충만 등 신학적으로 다양하게 설명할 수 있지만 임동선 목사의 삶의 초반부에 나타나는 또 하나의 영성의 특성은 성령 체험이다. 이것도 역시 그가 받은 신학 교육의 영향이 크다고 할 수 있다. 일반적으로 복음주의적 신학에서는 성령 세례를 강조하는 경향이 있다. 그런데 그 성령 세례를 중생의 경험과 동일한 것으로 보는가 아니면 중생 이후에 오는 2차적인 경험으로 보는가에 차이가 있다. 임동선 목사가 처음 영향을 받은 성결교회의 견해는 성령 세례의 2차적인 경험을 강조한다. 그리고 그것을 실제로 인간의 경험의 차원에서 성령 세례의 경험을 강조하고 있고 임동선 목사도 그런 자신의 경험을 나누고 있다.

그런데 신학적으로 궁극적으로 중요한 것은 성령 세례가 중생 이후에 있는 2차적인 경험이어야 하는가 아니면 중생 자체가 성령의 세례를 받은 것인가의 문제라기보다는 결국에 성령 충만을 향하여 나아가야 한다는 점에서는 논쟁의 여지가 없다. 그런 점에서 성령 세례에 대한 강조보다는 우리가 성령 충만한 삶을 살기 위하여 노력을 해야 할 것이며 결국에 그런 과정에서 성령의 역사하심을 체험적으로 경험하는 것

---

20 임동선, 81.

이 중요하다는 점을 보이고 있다. 그리고 이런 성령 세례의 체험적인 면을 강조하고 있는데 신학교 부흥회에서 그가 몸이 뜨거워지는 경험을 하는 것을 볼 수가 있다. 그리고 이곳에서 성령의 불체험을 하게 된다.

초자연적인 은사와 영성

임동선 목사의 삶과 사역의 초반부에 많은 초자연적인 역사와 은사들이 나타난다. 특별히 하나님의 계시와 축사를 실행하는 영성이다. 꿈을 통해 계시를 받고 하나님의 음성을 듣고 그리고 기도로 귀신을 쫓아내는 등 여러 가지 영적인 체험을 한다.

복음 전도의 영성

임동선 목사의 영성이 복음주의 전통, 특별히 웨슬리안 신학의 영향을 많이 받고 있는 것은 분명한 사실이다. 그것이 잘 나타나는 것은 그의 복음 전도를 향한 열정이라고 할 수 있다. 그의 삶의 전체에 걸쳐서 나타나는 사명의 핵심은 복음 전도와 문화를 가로지르는 선교다. 이것도 역시 그의 삶의 초반부에 나타나는데 특별히 당시 성결교단의 중요한 지도자였던 이성봉 목사의 영향을 많이 받았다. 이성봉 목사는 한국의 무디라고 불리는 분으로 신의주교회에서 목회를 하다가 교단에서 순회 전도자로 임명을 받고 한국 전역을 돌아다니며 전도 부흥회를 열었다. 임동선 목사는 그를 따라다니면서 많은 영향을 받았다.

교회 성장의 영성

임동선 목사에게서 궁극적으로 교회 성장을 추구하는 영성의 모습을 볼 수 있다. 그는 사역하는 목회지마다 교회를 성장시키는 열매를 맺었다. 특별히 동양선교교회의 교회 성장을 위해 노력하며 풀러 신학대학원에서 목회학 박사를 마치고 논문으로 교회 성장에 대해 연구하기까지 했다. 그의 교회 성장을 위한 노력은 개교회의 성장을 통해, 군선교를 통해 그리고 세계 선교를 통해 추구했다. 교회 성장의 의미는 믿지 않는 사람들이 믿게 되는 것에 궁극적인 가치를 두는 선교적인 관점이다. 그는 전도하고, 교회를 세우고, 해외에 선교사를 파송하는 활동을 하였다.

근면과 성실의 영성

임동선 목사의 영성에서 나타나는 중요한 영성의 특징 중 하나는 인격적인 열매로 나타나는 영성의 모습이다. 그는 늘 영적 지도자가 영성과 더불어서 인격이 좋아야 한다고 강조했고 인격은 고생을 하며 연단을 해야 형성된다고 하면서 고생을 피할 것이 아니라 그것을 통과해 인격적인 열매를 맺어야 한다고 강조했다. 그는 자신의 삶 가운데 늘 고난을 선택했고 고난을 통과할 때마다 성실함과 근면함으로 인격을 연마하는 것을 볼 수가 있다. 그는 신학교를 다닐 때에 지게꾼 일을 하면서 학업을 이어나갔다. 이런 그의 삶의 자세는 나중에도 계속되는 것을 볼 수가 있다. 미국에 이민을 와서 인쇄소에서 일하면서 공부를 했는데 그가 인쇄소에서 보인 성실함과 근면함은 사장에게도 깊은 감동을 주었다. 이런 성실함과 근면함은 그의 삶 전체에 걸쳐서 전개되는 것을 볼 수가 있다.

섬김과 낮아짐 그리고 반대하는 자를 끌어안음

임동선 목사의 인격적인 특성은 근면과 성실과 더불어서 섬김과 낮아짐 그리고 양보를 들 수 있다. 그는 살아가면서 욕심내고 싸우기보다는 양보를 많이 했다. 그리고 반대하는 자를 품는 것이 얼마나 힘든 일인가를 스스로 체험했다. 그러나 자신을 반대하는 사람이 자신을 반드시 해하는 사람은 아니라고 하였다. 그 삶의 마지막 부분에서 역설적 신앙의 본질이 나타나는 것을 볼 수가 있다.

순교적 영성

임동선 목사의 영성의 인격적인 특징 중에 가장 절정은 순교적 자세로 사역을 하는 모습이다. 그는 평생에 걸쳐 사역을 하면서 순교한다는 자세로 사역에 임했고 특별히 그는 선교하다가 순교하는 것을 소원했다. 결국은 그가 선교지에서 사역을 하다고 돌아와서 소천했으니 어느 정도 그의 마음의 소원을 이루었다고 할 수 있다. 그의 신앙에서 이런 순교적인 자세를 갖게 된 것은 그의 형 임수열 전도사의 영향이 컸다. 그에게 신앙을 갖게 해준 형이 인민군에게 죽임을 당하자 그 형의 몫을 자신이 감당하겠다며 순교적인 자세로 사역을 한 것이다. 그에게 순교적 영성이란 세상을 부정하는 측면의 영성이라기보다는 죽을 각오로 일한다는 면에서의 순교적 영성이다. 이것이 어찌 보면 순교의 진정한 의미가 아닐까 한다.

나라 사랑의 영성

임동선 목사의 영성의 중요한 특징은 나라 사랑의 영성이다. 이런 영성을 갖추게 된 것은 그가 국가적으로 많은 어려움을 겪는 시대에 살았고 많은 기독교 지도자들이 어려움 가운데 있는 나라를 위해 많은 일들을 하던 시대에 살았기 때문이다. 그는 군종감으로 근무를 하면서 신앙 교육과 더불어서 애국 교육을 시키는 일들을 하였다. 그의 신앙적인 성격이 개인의 차원에만 머무르지 않고 공적인 영역에도 많은 관심을 가지고 일하는 것을 볼 수 있는데 이런 배경과 환경이 그의 나라 사랑의 영성을 만들었을 것이다.

꿈과 비전의 영성

"지구촌은 나의 목장이다. 꿈을 가져야 한다. 월드미션대학교는 서부의 하버드, 프린스턴, 예일과 같은 학교가 되어야 한다"라고 말하며 임동선 목사는 늘 큰 꿈을 꾸며 큰 믿음을 가지고 나아갔다. 그의 꿈은 허황된 소망이 아니라 방향성을 갖는 꿈이다. 그는 믿음과 기도로 나아가는 사람이었다. 큰 꿈을 정해놓고 그것을 향해 믿음을 가지고 기도하면서 나아갔다. 물론 실제적인 일들을 구체적으로 성실히 해나갔다. 그의 꿈이 현재에 영향을 준다. 그는 자신의 고향을 방문해 초등학교에 가서 다음과 같은 말을 했다. "여러분 꿈을 가지십시오. 사람을 키우는 것은 그가 가진 꿈입니다. 내가 어떤 꿈을 가졌느냐? 큰 꿈을 가졌느냐?

그러면 큰 사람이 될 것입니다. 작은 꿈을 가졌는가? 그런 사람이라면 작은 사람이 될 것이 자명합니다. 사람은 그가 꾸는 꿈만큼 성장하는 것입니다. 그래서 아리스토텔레스 같은 철학자는 '희망이란 눈 뜨고 있는 꿈'이라고 했던 것입니다."[21] 이것이 그가 살아온 삶의 자세였다.

　지금까지 임동선 목사의 영성을 개인적인 특성과 종파적인 특성 그리고 신학적인 관점에서 살펴보았다. 이상의 연구를 바탕으로 볼 때에 임동선 목사의 영성은 정리하면 웨슬리안 전통의 복음주의적 체험적인 영성과 전도와 선교 지향적인 영성이라고 할 수 있다. 그의 체험적인 영성은 회심, 거룩함, 성령 충만 등의 복음주의 영성의 특징을 보여준다. 그러나 거기에서 끝나는 것이 아니라 선교 지향적인 영성의 특징이 있다. 선교 지향적인 영성을 좀 더 살펴보면 첫째, 그의 영성은 실천적이고 활동적이며 도전적인 모습을 보인다. 영성이 기본적으로 우리의 존재에 관한 문제를 다루는 것이라면 그의 영성은 행동화된 존재의 영성이라고 할 수 있다. 그에게 영성은 행동화된 존재의 이슈인 것이다. 둘째, 그의 활동적인 영성은 전도 활동을 시작으로 문화를 가로질러서 세계 선교에 임하는 영성이다. 그는 늘 사람들이 하나님께 회복되는 것을 중심에 두고 그의 비전을 늘 세계를 향했으며, 그것을 위하여 문화를 가로질러서 사역했다. 셋째, 사람들을 사랑하고 섬기되 삶의 현장에서 사람들의 실질적인 필요를 채워주며 섬기는, 상황에 민감한 성육화된 영성의 모습을 보여준다. 그는 지역 목회를 하든, 군 선교를 하든, 이민 교회에서 사역을 하든 늘 사람들이 처한 상황 속에서 그들을 이해하고 격려하며, 그들의 필요를 채워주는 사역을 감당했

---

21 임동선, 17.

다. 넷째, 사람들의 필요를 채우는 데에 총체적인 선교의 모습을 지녔다. 사람들의 하나님과의 관계의 회복을 도와주는 것과 더불어 사람들의 실질적인 필요를 채우는 일을 감당했다. 기본적으로 그는 육체의 활동을 중요시 여기고 세상에서 맞닥트리는 모든 일을 성실함과 근면함으로 감당했다. 그리고 마지막으로 그의 이런 선교 지향적 영성은 세상 속에서 성도들의 활동을 도전하게 하고 격려하며, 세상 문화 대해서도 수동적이지 않고 적극적으로 대처해나갔다. 교육을 통해 사람들이 세상 속에서 역할을 잘 감당하게 하는 일에 관심을 가졌다.

V. 임동선 목사 영성과 STI

지난 몇 년간 월드미션대학교 학생들의 영성의 특징을 파악하고자 영성 변화 검사(Spiritual Transformation Inventory, STI)를 실행했다. 이것은 바이올라 대학교 토드 홀(Todd W. Hall) 박사가 개발한 것으로 영성을 평가하고 영성을 계발하기 위한 구체적인 방안을 제시해준다. 개인적으로나 교육 기관에서 영성을 계발하고 싶지만 그것을 객관적으로 평가하는 기준과 방식이 모호하다. 그리고 그에 맞는 적절한 영성 계발 방식을 제시하는 것이 쉽지 않다. 그래도 STI는 이론적인 깊이와 과학적인 엄정성 그리고 전 국가적인 벤치마크와 실제적인 통찰력 등을 제시하는 좋은 모델로 많은 기독교 교육 기관에서 사용하고 있다. 여기에서는 영성을 크게 다섯 가지 기준으로 평가를 한다. 자신과 타인과의 관계, 하나님과의 관계, 영적 공동체와의 관계, 영적 실행과의 관계, 하나님 나라와의 관계 등 다섯 가지다. 먼저 자신과 타인과의 관계에 대해서는 다음과 같은 항목들을 평가한다. 1) 다른 사람들과의 정서적 안정감, 2) 상호 간의 영적 격려, 3) 용서, 4) 다른 사람들을 향한 사랑, 5) 영적 갱신, 6) 영적으로 성장하기 위한 내적인 동기 부여 등이다. 두 번째로 하나님과의 관계에서는 다음과 같은 항목들을 평가한다. 1) 안정감, 2) 하나님의 임재, 3) 친밀감, 4) 기도 중에 하나님을 경험, 5) 영적 실천 가운데 하나님을 경험, 6) 감사, 7) 신앙에서 비롯된 의미 등이다. 세 번째로 영적 공동체와의 관계에서는 다음과 같은 항목들을 평가한다. 1) 정서적 안정, 2) 소속감, 3) 관여, 4) 영적으로 집중된 우정, 5) 정서적인 지원, 6) 실질적인 지원, 7) 영적 성장을 자극, 8) 공동 예배 등이다. 네 번째 영적 실행과의 관계에서는 다음과 같은 항목들을 평가한다. 1) 하나님을 중심에 둔 삶, 2) 기도의 빈도, 3) 영적 실천의 빈도, 4) 미디어 사용에 미치는 영적인 영향에 대한 분별, 5) 고통 중에 하나님께 열려 있음, 6) 신앙에 대한 의구심을 이겨냄, 7) 신앙에 의지하여 시련에 대처, 8) 영적인 관점에서 삶을 바라봄 등이다. 마지막으로 하나님 나라의 관점에서는 다음과 같은 항목들을 평가한다. 1) 지역 교회에서 봉사, 2) 지역 교회 밖에서 봉사, 3) 자신의 신앙을 나눔, 4) 세계 선교를 지원, 5) 어려운 사람들을 돕기 등이다.

월드미션대학교에서 학생들을 대상으로 평가한 지난 몇 년간의 자료들을 보면 아래 표에서 보는 바와 같이 하나님과의 관계, 영적 공동체와의 관계, 영적 실행과의 관계에서는 높은 점수를 보이고 있지만 상대적으로 자신과 타인과의 관계가 가장 낮게 나오고 그 다음으로 하나님 나라와의 관계가 낮은 점수로 나왔다. 이런 점은 월드미션대학교의 교육을 반영하는 점도 있지만 더욱 근본적으로는 우리 학생들이 신앙생활을 하는 한국교회, 이민교회의 영성의 특징을 반영한다고 볼

	자신과 타인과의 관계	하나님과의 관계	영적 공동체와의 관계	영적 실행과의 관계	하나님 나라와의 관계
2015	44	66	63	60	52
2016	50	61	60	57	54
2017	30	56	49	44	43
2019	37	52	46	50	37
2021	43	71	49	60	48
2022	46	62	55	53	31
평 균	41.67	61.33	53.67	54.00	44.17

수도 있다. 영성의 균형 있는 발전을 위해서는 우리가 지닌 영성의 장점을 잘 살리는 것과 더불어서 부족한 부분에 대해 관심을 두어야 한다. 특별히 영성에서 하나님 나라와의 관계에 대해 관심을 주고 싶다. 이 측면은 우리 신앙생활에서 관심을 주어야 하는 중요한 부분일 뿐 아니라 월드미션대학교가 지향해야 할 모습이다. 하나님 나라와의 관계는 특별히 앞에서 살펴보았듯이 월드미션대학교 창립자인 임동선 목사 영성의 가장 중요한 특징이라고 할 수 있는 부분이다.

월드미션대학교의 사명 선언문은 "성경적 교육을 통해 변화를 받아 교회와 세상을 섬기는 인재를 양성한다"이다. 이 속에서는 말씀을 바탕으로 한 인격의 변화와 더불어 선교 활동을 지향하는 것을 볼 수 있다. 이것이 월드미션대학교의 영성 교육의 특징이다. 또한 월드미션대학교는 영성 교육을 해나가는 데에 창립자의 영성을 돌아보고 학교의 영성을 정의하고 나아갈 필요가 있다. 이런 면에서 임동선 목사의 영성을 연구하고 특별히 하나님 나라와의 관계에서 영성의 모범을 보인 창립자의 정신을 이어 받아 그 부분을 강조하는 교육이 필요하다. 월드미션대학교는 이런 면의 영적 성장에 한국교회와 이민교회에 공헌할 수가 있을 것이다.

이 글에서는 임동선 목사의 영성을 형성 과정과 특징, 신학적인 면에서의 영향 등에 대해 살펴보았다. 그가 삶으로 보여준 영성은 선교가 큰 부분을 차지하고 있는 것을 알 수 있었다. 이것이 임동선 목사가 우리에게 주는 가장 큰 도전이자 우리가 따라야 할 모범이다. 학생들을 대상으로 한 설문조사 결과에서 볼 수 있듯이 아직 월드미션대학교가 영성에서 이 부분에 충분한 관심을 주지 못하고 있고 어쩌면 우리 한인 이민교회가 가지고 있는 영성의 모습이라고 할 수 있다. 우리의 영성에서 다른 부분들도 중요하지만 하나님 나라와의 관계 부분에 더욱 관심을 기울일 필요가 있다. 사실상 STI에서 하나님 나라와의 관계를 영성의 중요한 부분으로 포함하고 있지만 그 실제적인 내용에서는 매우 협소한 관점을 가지고 있다. 하지만 임동선 목사의 영성에 대한 연구는 하나님 나라와의 관계에 강조를 두었다는 점뿐만 아니라 그 내용에서도 더욱 풍성하고 깊이 있는 영성의 모습을 보여준다. 이처럼 단순히 영성의 한 조각으로 하나님 나라와의 관계에 관심을 갖는 것을 넘어서서 기독교 영성에 대해 선교적인 관점에서 포괄적으로 영성을 이해해야 할 것이다.

VI. 나가는 말: 적용과 제안

이상에서 살펴본 바와 같이 임동선 목사의 삶과 사역에는 선교가 핵심 위치를 차지하고 있다. 그의 삶과 사역을 선교라는 키워드로 통합할 수 있는 것이다. 단순히 영성의 한 부분으로서 선교가 아닌 선교라는 키워드 아래 영성의 모든 부분이 통합되어 있는 것이다.

임동선 목사의 영성 접근할 때에 존재적인 영성이 먼저이고 그 다음에 그것의 표현 방식의 한 부분으로 그의 사역과 선교를 이해하는 것이 아니라 하나님의 선교의 관점에서 그의 선교 사역을 이해하고 그것의 기초로써 존재적인 영성을 볼 수 있다. 오늘날에는 하나님의 선교, 선교적 교회론 등의 출현으로 하나님의 선교 활동을 신학의 중심으로 삼고 그 관점에서 성경을 보고 신학화하고 영성을 이해하는 관점이 대두하고 있다.

물론 임동선 목사의 영성을 지금 이런 관점에서 접근하는 것은 무리한 점이 있다. 그가 의식적으로 선교적 교회론의 관점에서 영성을 보지는 않았을 것이다. 그것보다는 존재의 관점에서 영성을 이해하고 그것의 표출로서 선교를 이해하는 전통적인 관점이었다. 그럼에도 그의 영성을 살펴보면 선교를 전통적인 영성 표현의 한 측면으로 이해하기에는 너무 중요한 위치를 차지하고 있다. 오늘날 하나님의 선교 그리고 선교적 교회 영성이 말하고자 하는 많은 내용이 임동선 목사의 사역 속에 그 씨앗들을 볼 수 있는 것은 분명하다.

전통적인 영성과 선교에 대한 이해는 우리의 영성 생활에서 하나님과의 관계, 나 자신과의 관계, 타인과의 관계, 교회 공동체 속에서의 관계, 마지막으로 세상 속에서 우리가 선교를 열심히 해야 한다는 관점이다. 이것은 존재 중심적이다. 그러므로 신앙생활의 한 부분, 그중에서도 가장 주변에 놓인 존재의 표현일 뿐인 선교 활동을 열심히 하는 것까지 이루어져야 한다는 면에서 선교를 강조하는 영성이다. 이것은 본질적으로 우리가 하나님을 이해하는 신학을 할 때에 하나님의 존재에 대한 탐구에서 시작하는 전통적인 신학의 영향에서 나왔다.

선교적 영성이란 이렇게 우리가 존재적인 관점에서 영성을 잘 갖추어야 하고 그 표현으로 선교 활동을 열심히 해야 한다는 관점이 아니다. 선교적 영성이란 영성의 본질이 선교적이어야 한다는 것이다. 선교는 영성의 주변부가 아니다. 선교가 아닌 영성은 없는 것이다. 영성이란 활동 없이 존재적인 영성이 먼저 있고 그것이 선교 활동으로 표출되는 것이 아니라 선교가 영성이다. 다시 말해 선교가 아닌 영성이란 따로 없는 것이다. 그러므로 선교적 영성이란 우리의 존재적인 영성이 본질적으로 중요한 것이고 그것의 표현으로서 선교 활동에 영적인 의미를 부여하는 것이 아니라, 우리가 하나님을 이해하는 신학을 할 때에 하나님의 존재에서 출발하여 하나님의 활동을 이해하는 것이 아니라 우리가 경험하는 하나님의 활동, 즉 하나님의 선교 관점에서 신학을 하는 것이다. 우리는 하나님의 존재와 본질을 알 수 없다. 단지 그분의 선교 활동을 통해 그분을 알게 되는 것일 뿐이다. 존재보다 활동이 우선한다.

물론 결국 우리의 신학과 영성에서 존재와 활동이 다 중요하다. 그러나 그 중심축이 기존의 신학과 영성에서는 존재에 관심을 두었다면 현대 선교신학에서 그리고 선교적 영성에서는 하나님의 활동하심과 우리의 활동에 관심을 두는 것이다. 하나님이 선교 활동을 하시는 것을 이해하고 우리가 그 활동에 참여함의 관점에서 신학을 하는 것이다. 물론 존재와 인격이 중요하지 않다는 것이 아니다. 그러나 그것들의 중요성은 따로 떼어져 있는 것이 아니라 선교 활동의 기초이자 동기로서 중요성을 갖는 것이다.

하나님에 대한 이해뿐만 아니라 우리 인간에 대한 이해에서도 우리가 전통적으로 인간의 영과 육체를 나누고 영이 육체보다 본질적이고 중요하며 육체는 단지 영을 담고 있는 그릇이나 부산물 혹은 일시적인 것으로 보는 견해가 있다. 하지만 현대의 영성은 이런 이원론이 아니라 영과 육을 단지 다른 두 부분으로 여긴다. 그리고 육을 통해 구체화된 영이 실제적인 것이다. 그러므로 이 두 가지를 보되 육의 관점에서 영을 이해하는 것이다. 육으로 표현되지 않은 영은 추상적인 개념에 머무르는 것이기 때문이다. 물론 영을 중요하지 않게 보거나 무시하는 것은 아니다. 아직도 영성을 말하면서 인간의 영의 차원에서 말하고 강조하고 그것이 육화되지 않은 영성을 많이 보게 된다. 오늘날 일상 영성은 육화된 영성에 관심을 갖는다.

세상에 대한 이해에서도 컨텍스트와 텍스트의 관계에서 컨텍스트의 중요성이 강조된다. 전통적으로 컨텍스트를 텍스트가 펼쳐지는 현장이라는 관점에서만 접근했다. 고정된 텍스트가 있고 컨텍스트(세상)에 맞게 해석하고 적용하는 것이다. 그러나 현대 해석학의 발전으로 점점 더 텍스트의 의미는 컨텍스트가 결정하게 된다고 여기게 되었다. 텍스트가 없는 것은 아니다. 그러나 그 텍스트는 따로 어떤 절대적인 의미나 고정된 의미를 갖는 것이 아니라 컨텍스트가 텍스트의 의미를 결정한다. 그러므로 정말로 중요한 것은 컨텍스트가 된다. 컨텍스트 속에서 텍스트는 비로소 하나의 의미를 갖게 되는 것이다. 기독교 영성에서 세상으로부터 도피하는 영성이 아니라 세상에 적극적으로 긍정하는 영성이 관심을 받고 있다. 세상을 외면하는 것이 아니라 세상으로 들어가서 그 세상의 문제를 창조적이고 비판적인 관점으로 긍정하는 것이다. 선교적 교회, 공적 영성 등이 이런 면에서 관심을 보여주고 있다.

현대 신학이 점점 더 확장되고 삶의 실제적이고 구체적인 정황에 대해 관심을 확대해나가듯이 기독교 영성의 지평도 많이 넓어지고 있다. 그것을 담고 있는 것이 선교적 영성이라고 할 수 있다. 하나님의 활동하심(하나님의 선교), 인간과 세상에 대한 이원론적인 관점의 극복 그리고 상황화와 선교적 교회의 관점 등이 우리에게 선교적 영성이라는 새로운 관점을 제시해준다.

월드미션대학교가 지향해야 하는 영성은 단순히 전통적인 의미로 문화를 가로지르는 교회 성장을 위한 세계 선교에 헌신하는 학교, 전문성 개발을 통해 더욱더 실용적이고 효과적인 기술을 익히는 학교, 영성이라는 이름으로 개인적이고 내면적인 차원의 영성에 머무르는 학교가 아니라 하나님의 선교에 참여하는 학교, 인간의 영과 육이 통합된 전인적인 영성을 추구하는 학교, 세상을 적극적이고 비판적으로 대하나 긍정하는 모습, 하나로 통합하여 말한다면 선교적 영성을 추구하는 학교로 나아가야 할 것이다. 그러기 위해 다음과 같은 것이 필요하다.

첫째, 우리는 신학을 할 때에 '하나님의 선교' 관점에서 신학을 한다. 하나님은 선교하시는 하나님이다. 하나님을 어떤 추상적인 본질로 이해하는 것이 아니라 성서에 나타난 하나님의 활동을 이해하고 그 하나님의 활동에 우리가 참예하는 관점에서 우리의 신학을 한다.

둘째, 성경을 선교적인 관점에서 이해한다. 성경은 본질적으로 하나님의 존재와 본질에 대한 정의를 내리는 책이 아니다. 하나님이 세상을 어떻게 창조하시고 주관하시며, 그 속에서 일하셨는지를 기록한 하나님의 선교를 기록한 책이다. 선교는 성경의 몇몇 구절에 나타난 하나님의 명령이나 관심인 것이 아니다. 성경은 기본적으로 선교에 관한 책이다. 성경은 하나님의 선교 그리고 우리의 선교라는 해석학의 틀로 이해할 때에 올바로 이해할 수 있다.

셋째, 기독교 영성은 본질적으로 선교의 영성이다. 존재론적인 영성이 따로 있고 그것의 표현으로 선교가 있는 것이 아니라 기독교 영성은 선교의 틀에서 이해되어야 한다. 선교라는 틀 안에서 존재의 여러 측면이 이해되고 강조되어야 한다.

이상의 방식으로 접근한 선교적 영성은 다음과 같은 특징을 띤다.

첫째, 선교적 영성은 우리를 향한 하나님의 선교에서 출발한다. 즉 하나님의 은혜를 강조한다. 우리가 하나님 앞에 서고 하나님의 자녀로서 설 수 있는 것은 하나님의 절대적인 은혜에 의존한다. 영성을 우리의 의나 활동을 통한 성취로 이해해서는 안 된다. 하나님의 선교의 핵심은 바로 우리가 받을 자격이 없음에도 하나님의 주권적인 은혜를 받았다는 것에 기반을 둔다. 그러므로 하나님의 우리를 향한 선교에 대한 조건은 하나님의 은혜에 대한 믿음뿐이다. 이것이 복음의 핵심이다. 특별히 우리가 영성 훈련을 강조할 때에 하나님의 은혜에 분명한 기반을 두고 있지 않으면 우리의 공로로 흐를 위험성이 많다. 우리가 영성을 논의할 때에 유의해야 할 점이다.

둘째, 선교적 영성은 윤리를 강조한다. 선교적 영성에서도 존재적인 영성이 필요하고 중요하다. 결국 선교는 우리가 어떤 사람인가 하는 존재적인 표현이기 때문이다. 존재적 영성에서 가장 중요한 면은 거룩함과 윤리의 문제다. 우리가 선교 활동을 강조하면서 윤리적인 면을 무시한다면 그것은 하나님의 선교를 잘못 이해한 것이다. 하나님의 선교는 언제나 하나님의 거룩하신 성품을 반영한다. 그러나 이런 윤리성에 대한 강조는 율법주의로 흐를 위험이 다분하다. 그러므로 윤리문제를 영성의 요구 조건이라기보다는 방향성으로 인식해야 한다. 완벽주의나 율법주의로 흐르지 않고 윤리성을 추구하는 것은 선교적 영성의 중요한 밑바탕이 된다.

셋째, 선교적 영성은 신앙 공동체의 영성이다. 신앙 공동체는 사랑의 공동체가 되도록 부름을 받았다. 그리고 이런 사랑의 공동체가 되는 것을 통해 하나님을 세상에 증거하게 된다. 성도 간의 사랑의 실천과 용서와 화해의 실현은 상당히 어렵지만 그리스도의 몸으로서 하나님께서 하시는 사랑과 화해 사역의 중요한 표시가 된다. 우리가 서로 사랑하고 용서하는 것은 선교적 영성의 중요한 표식이다. 사실상 사랑과 화해가 우리의 영성에서 크게 도전을 받는 부분 중 하나가 아닐까 한다. 하나님의 사랑을 받고 누리는 것에서 우리가 서로서로 사랑하는 것을 실천하는 것은 큰 도전이다. 그러나 이것이 하나님에게 받은 사랑과 은혜의 자연스러운 표징이 되는 동시에 하나님께 속한 공동체의 특징이 되며, 세상에 대해 하나님의 사랑을 증거하는 구체적인 방법이 된다.

넷째, 선교적 영성은 선교적 교회의 영성이다. 선교적 교회는 단순히 교회가 선교 활동을 열심히 해야 한다는 뜻이 아니라 교회가 궁극적으로 지향해야 하는 것은 세상이어야 한다는 뜻이다. 선교적 영성은 세상에 대해 비판적이지만 긍정을 하는 영성이다. 세상을 부인하고 세상에서부터 회피하는 영성이 아니라 세상을 하나님의 활동의 대상으로 인식하고 그 세상에서 하나님께서 하시는 일을 분별하고 참여해 나가는 것이다. 세상에서 교회가 감당해야 하는 역할은 사람들을 교회 안으로 끌어들여 교회의 영향력을 확장하는 것이 아니라 하나님의 일들이 이루어지도록 역할을 하는 것이다. 우리의 영성이 구체적으로 실현되어야 하는 장소는 종교적인 영역의 한계 속에서가 아니라 바로 세상과 우리가 놓여 있는 삶의 현장과 공적인 영역에서다. 이곳이 하나님의 영역이라는 것을 우리가 믿음으로 선포하고 긍정하며, 그 안에서 하나님이 원하시는 삶의 질서가 이루어지도록 헌신하고 살아가는 것이다.

다섯째, 선교적 영성은 성육신의 영성이다. 육화된 영성이다. 영성이 육화되지 않으면 추상적인 개념으로만 남게 되고 그런 영성은 수단화될 위험을 직면하게 된다. 현장을 떠난 영성 추구는 매우 개인적이고 공허하며, 추상적이고 율법적으로 될 위험이 있다. 내려놓는 것, 십자가를 지는 것, 죄인임을 인정하고 가난한 심령으로 나아가는 것조차도 상황 속에서 진행되지 않으면 또 다른 율법이 된다. 이런 점들이 분명히 필요한 것들이다. 그러나 삶과 상황 속에서 의미가 정해지고 추구되어야 하는 자연스러운 것들이다.

참고문헌

임동선.『지구촌은 나의 목장이다』. 서울: 쿰란출판사 2004.

Calhoun, Adele A. *Spiritual Disciplines Handbook.* Downers Grove, IL: Inter-
    Varsity Press, 2005.

Clinton, J. Robert.『영적 지도자 만들기』(*The Making of a Leader*). 이순정 옮김.
    서울: 베다니출판사, 1993.

_____.『당신의 은사를 개발하라』(*Unlocking Your Giftedness*). 황의정 옮김. 서울:
    베다니출판사, 2005.

Gary, Thomas.『영성에도 색깔이 있다』(*Sacred Pathway*). 윤종석 옮김. 서울: CUP,
    2003.

Hagberg, Janet O.『더 깊은 믿음으로의 여정』(*The Critical Journey*). 변명혜 옮김.
    서울: 디모데, 2008.

McGrath, Alister.『기독교 영성 베이직』(*Christian Spirituality: Introduction*). 덕
    천 옮김. 서울: 대한기독교서회, 2006.

Stott, John, and Christopher Wright.『선교란 무엇인가?』(*Christian Mission in
    the Modern World*). 김명희 옮김. 서울: IVP, 2018.

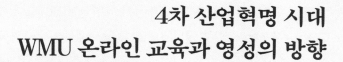

4차 산업혁명 시대
WMU 온라인 교육과 영성의 방향

최윤정 월드미션대학교 실천신학 교수

I. 들어가는 말

바야흐로 4차 산업혁명 시대가 도래했다. 이전 세대가 경험해보지 못했던 새로운 패러다임의 물결이 삶의 곳곳에 다가오고 있다. 교육 역시 학교 형태뿐만 아니라 교육 방법과 교육 주체에 걸쳐 많은 부분에 변화를 가져오고 있다. 온라인 교육의 수요가 늘어나면서 이에 따른 교육 시장의 판도가 바뀌고 있는 것도 4차 산업혁명 시대의 특징이다. 그렇다면 이 시대 교육에서 강조되어야 할 것은 무엇인가? 기계가 모든 것을 대신하는 시대에 인간이란 어떤 존재인가 하는 존재론적 물음에 우선 답할 수 있어야 하며 그 답을 전제로 교육 패러다임을 바꿔야한다. 그런 점에서 영성을 먼저 논하지 않을 수 없다. 크리스천 영성이란 하나님의 형상대로 지음 받은 인간이 가진 고유한 특질이며 그것은 시대가 바뀌어도 변할 수 없는 전제이며 가치이다.

월드미션대학교(이하 WMU)는 4차 산업혁명 시대를 맞아 온라인 교육에 적용할 수 있는 개념과 기술들을 적극적으로 도입하고 있다. 그러나 교육의 주체와 객체 모두 사람이며 이에 대한 가치를 인식함으로써 교육의 목적이 전도되지 않게 하는 것이 중요하다. 무엇을 배우는 가, 왜 배우는가, 어떻게 배우는가에 대한 물음에 항상 인간의 가치가 전제되어야 한다. 그런 면에서 하나님의 형상으로서 인간의 영성을 강조하는 일은 당연하다. 온라인 교육에서 어떻게 영성을 추구할 것인 가? 이에 대한 답이 온라인 교육의 바탕이 되어야 함에 주저함이 없다. 이 글에서는 4차 산업혁명의 특징을 알아보고 WMU 온라인 교육의 변천을 통해 WMU가 추구해야 할 교육 목표 중 영성의 방향과 적용에 관해 논하고자 한다.

II. 4차 산업혁명의 이해와 특징

우리는 4차 산업혁명 시대에 살고 있다. 4차 산업혁명은 인공지능과 빅데이터 등의 디지털 기술이 중심이 됨으로써 지금까지 견지해오던 산업과 경제 패러다임의 변화를 가속화하고 있는 것이 주지의 사실이다. 세계경제포럼 대표이자 경제학자인 클라우스 슈밥은 4차 산업혁명의 큰 특징은 과거 인류가 경험했던 산업혁명에 비해 더욱 광범위한 분야에서 눈부시게 빠른 속도로 진전될 것을 언급 바 있다.[1] 실제로 4차 산업혁명은 디지털에 국한된 것이 아니라 여러 업계의 혁신이 통

---

[1] Klaus Schwab, 『클라우스 슈밥의 제4차 산업혁명』(*Fourth Industrial Revolution*), 송경진 옮김(서울: 메가스터디북스, 2016), 5.

합된 것으로 20개 이상의 기술이 통합되어 새롭게 적용되거나, 하나의 발명에 국한된 것이 아니라 총괄적인 것이 상호 연결로 이루어지고 있다.

4차 산업혁명의 가장 큰 특징은 통합이다. 이는 상호 연결이라는 말로도 이해할 수 있으며 융합과 네트워크라고도 표현할 수 있다. 예를 들면 가정이나 사무실에서 사용하는 많은 전기제품이 인터넷과 연결되어 기능에서 시너지 효과를 일으킨다. 사물인터넷(IoT)은 센서나 소프트웨어를 장착한 사물의 네트워크로서 인터넷을 통해 데이터를 연결하고 교환할 수 있도록 한다. 이러한 연결은 사람과 사람, 사람과 사물, 사물과 사물로 확대되어 초연결을 이루어 유기적인 관계를 형성하면서 새로운 혁신을 만들어낸다.[2] 이러한 통합은 결국 전 세계적으로 사회 시스템을 변화시키는 핵심으로 작용한다.

4차 산업혁명은 이러한 통합을 바탕으로 사회적으로는 비대면 즉 언택트의 형식을 취하게 될 것이다. 예전에는 아날로그 방식으로 직접 사람을 통해 정보가 전달되었다면 사물 인터넷의 발달로 사물에 부착된 센서를 통해 실시간으로 데이터를 주고받을 수 있다. 의료 분야 또한 사물 인터넷으로 인해 획기적인 서비스가 이루어지고 있다. 예를 들어, 애플워치를 통해 혈압이나 혈당을 체크하여 그 정보를 병원으로 전송하면 환자의 상태를 비대면으로 파악하여 관리할 수 있게 하는 것이다. 하물며 구글, 월마트, 아마존 등의 기업은 드론을 통해 구매품을 소비자에게 배달하고 있다. 이러한 변화는 코로나 19의 유행으로 그 속도가 더 가속화되어 언택트 시대를 현대인들은 바로 앞에서 마주하게

---

2 유은숙 외, 『4차 산업혁명 *Why?*』(서울: 한국경제신문, 2018), 30.

되었다. 실로 이러한 기술의 발달은 언택트를 통한 비대면의 빈도를 증가시키고 있으며 인간 사회의 정보 처리가 비대면을 통해 주로 이루어지는 것을 알 수 있다.

4차 산업혁명이 가져올 큰 변화로 우선 노동 시장을 들 수 있다. 새로운 기술은 노동과 고용에 영향을 끼치게 되는데 특히 자동화는 인간이 담당하던 일을 기계가 담당함으로써 자본이 노동을 대체하고 있다. 이로 인해 노동자들은 일자리를 잃거나 일자리의 변화를 가져오게 될 것이며 또 새로운 산업 분야와 직종이 생겨나면서 고용 상황이 변화하거나 노동 환경이 변화하게 될 것이다. 슈밥에 따르면 앞으로 20년 사이에 자동화의 영향으로 현재 직업의 약 47%가 없어질 가능성이 있다. 그리고 새로운 직업군으로 말미암아 노동 시장 내 양극화 현상이 심화될 전망이다.[3] 그 이유는 고소득 전문직과 저소득 노무직 고용이 늘어나고 단순 업무 처리에 관한 중간 소득층의 일자리가 줄어들기 때문이다.

다음은 공유 경제다. 공유 경제란 생산품을 공유하여 협업 소비를 하는 것을 의미하는 것으로 소유자는 효율성을 높일 수 있고 이용자는 저렴하게 사용할 수 있는 장점이 있다. 공유 경제는 재화에 대한 접근 권한을 플랫폼에서 공유하는 "개인 대 개인의 거래(P2P)" 형태로 이루어지는데 그 시장 규모가 급속도로 증가하고 있다.[4] 공유 경제에서는 시간과 융합의 개념이 접목되어 업무 수행 방식이 변화되기도 한다. 예를 들어 구글 드라이브나 드랍박스에서는 실시간 공동 작업이 가능

---

3 Schwab, 69.
4 고경봉, "'P2P 공유경제' 3년새 10배로 성장," 〈한경〉, 2019년 6월 7일, https://www.hankyung.com/economy/article/2019060635291.

하다. 이로써 업무의 효율성이 제고되고 물리적·시간적 제한을 뛰어넘는 경제활동이 이루어진다. 이 공유 경제는 직업에도 변화를 가져오는데 이른바 프리랜서가 증가하게 된다. 이는 특정 기관에 소속된 것이 아니라 전문가와의 단기간의 계약을 통해 빠르게 업무를 수행하는 방식이다. 이를 긱 경제(Gig Economy)[5]라고 하는데 이것은 오늘날 기업들이 정규직이 아니라 필요할 때마다 임시로 고용하는 것을 말한다. 긱 경제는 새로운 일자리 창출과 경제 성장이라는 긍정적 효과도 있지만 고용의 질이 떨어지면서 소득 불안정을 심화할 수도 있다.[6]

끝으로 새로운 공동체로의 변화다. 이전의 인간관계는 물리적·시간적 제약을 받았기에 제한적이었다. 그러나 디지털 기술은 미디어 안에서 개인 대 개인 혹은 개인 대 그룹끼리의 실시간 상호작용을 가능하게 함으로써 시간과 지역을 초월한 인간관계를 형성하고 이익 집단을 구성하는 등 이데올로기와 문화와 종교를 넘어 인간 교류를 가능하게 함으로써[7] 지구화를 가속화하고 있다. 이러한 새로운 공동체가 미디어를 통해 구성, 확대되고 저마다의 목적과 관심사를 가지고 연합하는 것은 바람직하나, 이와 반대로 미디어 사용에 익숙지 못하여 가상공간에서 인간관계 맺는 것에 어려움을 느끼거나 현실 세계에서 사회 부적응의 문제가 발생한다면 이것은 새로운 변화에 따른 부작용이라 할

---

5 산업 현장에서 필요에 따라 사람을 구해 임시로 계약을 맺고 일을 맡기는 형태의 경제 방식을 말한다. 노동자 입장에서는 어딘가에 고용되어 있지 않고 필요할 때 일시적으로 일을 하는 '임시직 경제'를 가리킨다. 모바일 시대에 접어들면서 이런 형태의 임시직이 급증하고 있다. 택시는 물론 주차 대행이나 쇼핑 도우미, 가사 도우미, 안마사, 요리사까지도 모바일로 호출할 수 있다. 이들에 의해 경제가 주도되는 것을 '긱(Gig) 경제'라고 부른다.
6 이정선, "그날 일한 만큼… 미국 '인스턴트 급여' 확산," 〈한경〉, 2016년 7월 6일, https://www.hankyung.com/international/article/2016070595241.
7 Schwab, 14.

수 있다. 따라서 4차 산업혁명 시대에는 공동체의 개념에 대한 재정립이 필요하다.

III. 4차 산업혁명과 기술

4차 산업혁명은 기술혁명이며 새로운 기술 등장에 따른 사회, 경제, 정치 등에서 변화를 수반하게 된다. 이에 4차 산업혁명의 중심이 되는 기술의 분야와 특징을 알아보고자 한다.

1. 인공지능

인공지능(Artificial Intelligence)이란 지각과 추론 등 인간의 두뇌와 같은 기능을 하는 컴퓨터 시스템이나 프로그램을 말하는 것으로 인간이 지닌 자연 지능과는 다른 개념이다. 흔히 로봇이 인간과 같이 인지하고 말하고 행동하는 장면을 떠올릴 수 있는데 이 인공지능에 관한 연구는 4차 산업혁명 시대에 중심 과업으로 떠올랐다. 인공지능의 발달 단계는 3단계로 설명될 수 있는데, 어느 정도 사람처럼 사고하고 행동하지만 의식은 갖추지 못한 '약인공지능' 단계, 인간의 지능과 같은 '강인공지능' 단계 그리고 모든 면에서 인간을 초월하는 '초인공지능' 단계로 보통 분류한다.8 인공지능은 방대한 양의 데이터를 수집하고 그 데이터를 분석하고 판단하여 작동해야 하므로 수집된 데이터를 처리

---

8 Richard Susskind and Daniel Susskind, 『4차 산업혁명 시대 전문직의 미래』(*The Future of the Professions*), 위대선 옮김(서울: 와이즈베리, 2017), 371.

하는 딥 러닝(Deep Learning)이 필요하다. 딥 러닝은 '스스로 학습한다'는 개념인데 컴퓨터가 방대한 양의 데이터를 사람처럼 학습할 수 있도록 인공 신경망(Artificial Neural Network)을 기반으로 구축한 첨단 기술이다.

이 인공지능은 다양한 비즈니스에 도입되어 인간이 개입하지 않아도 기계 스스로 판단해서 작동함으로써 기업은 마케팅 대상을 분석, 파악하여 판매 전략을 세울 수도 있고, 금융 기관의 경우 잠재적인 부정 행위 사례를 미리 적발하기도 하며, SNS의 경우 포스팅을 분석하고 분류하여 사용자를 위한 최적의 알고리즘을 형성하기도 한다. 이러한 편리함에도 학습이 덜 된 상태에서 이루어진 판단을 얼마만큼 신뢰할지 혹은 알고리즘 조작에 따른 윤리 문제 등의 부정적인 면이 대두될 수 있다. 인공지능 로봇이 인간 역할을 할 때 인간은 과연 무엇을 할 것인가? 초인공지능이 인간의 능력을 뛰어넘는 역할을 한다고 해서 진짜 인간의 모든 점을 대신할 수 있는지에 대한 회의가 남을 수밖에 없다.

2. 사물 인터넷

4차 산업혁명 사회는 '초연결의 사회'(Hyper-Connected Society)를 특징으로 한다. 이는 컴퓨터가 중심이 되었던 지식정보 사회를 뛰어넘어 인간 대 인간, 인간 대 사물, 사물 대 사물이 디지털 기술에 의해 연결되고 결합되는 사회를 의미한다. 네트워킹의 발달은 정보의 공유가 더 활발하게 일어나도록 만들고 이러한 공유는 다양한 형태로 사물을 연결함으로써 새로운 가치가 경험되는 사회를 이룩하고 있다.[9]

사물 인터넷(IoT: Internet of Things)은 사람이 사용하는 각종 사물에 센서와 통신 기능을 부착하여 인터넷을 연결하는 첨단 기술이다. 개인 생활에서 혈압이나 심장 박동 등의 정보를 취합해서 건강관리를 한다거나, 가전제품을 컴퓨터와 인터넷으로 연결하여 그 설정값에 따라 자동으로 작동하게 하기도 하고, 산업 분야에서는 시설물을 모니터링해서 작업 능률과 안정성을 제고하거나, 생활 제품에 사물 인터넷을 도입함으로써 상품의 고부가가치를 창출하기도 한다. 이러한 사물 인터넷의 응용 및 이용 가능성은 무한하기에 생활 분야와 산업 분야뿐만 아니라 사회 공공 분야에서도 그 활용도가 증가하고 있다. 즉, CCTV와 GPS 등을 통해 노약자를 모니터링하기도 하며 대기오염과 환경오염에 관한 정보를 제공받아 에너지 사용을 조절하기도 한다.

세계경제포럼과 연결된 세계 현황 보고서는 이미 전 세계 인구보다 더 많은 사물 인터넷과 관련된 장치가 있으며 2025년까지 416억 개의 장치가 사람들을 대상으로 데이터를 확보하게 된다고 한다.[10] 사물 인터넷의 응용 프로그램의 상당수는 인류에게 혜택을 줄 것으로 예견하지만 반드시 인권과 윤리에 관계된 법 규정을 통해 통제해야 할 부분들이 생겨날 것이다.

3. 플랫폼

플랫폼(Platform)은 기차 정거장을 떠오르게 한다. 일반적으로 열

---

9 김진수 외, 『4차 산업혁명과 교육』(서울: 공감북스, 2019), 119.
10 World Economic Forum, "What is the Internet of Things?," Internet of Things, 2021년 3월 31일, https://www.weforum.org/agenda/2021/03/what-is-the-internet-of-things.

차와 승객과 화물이 모였다가 다시 움직이는 데 용이하게 다져놓은 평평한 땅을 지칭하는 용어이기 때문이다. 플랫폼은 연결의 장이고 그것을 통해 다양한 교류가 일어난다. 플랫폼은 기술과 정보를 바탕으로 다양한 목적을 지닌 사람들을 서로 연결함으로써 상호 소통하며 각자가 목적으로 하는 가치를 교환하는 장이라고 할 수 있다.

정보통신 기술의 관점에서 볼 때 플랫폼은 컴포넌트(Component)와 룰(Rule)로 구성되어 있다고 할 수 있다.[11] 컴포넌트는 플랫폼의 기반이 되는 시스템을 의미하는데 스마트폰의 단말기와 안드로이드 운영체제 등이 이에 해당한다. 그리고 룰은 네트워크 참여자나 플랫폼의 이해관계자를 컨트롤하는 규칙 등을 의미한다. 반면, 플랫폼을 가치 교환 관점에서 볼 때 플랫폼 사업자는 플랫폼을 운영하는 주체다. 구글플레이스토어를 개발하여 운영하는 구글이 플랫폼 사업자인 셈이다. 이에 대해 플랫폼 참여자는 다시 공급자와 수요자로 나뉘는데 구글플레이스토어에 앱을 개발해서 등록하는 사람이 공급자가 되고 필요한 앱을 다운받아 사용하는 유저는 수요자가 된다. 따라서 플랫폼이란 공급자와 수요자 등이 참여하여 각자가 추구하는 가치를 공정한 거래를 통해 교환할 수 있는 환경을 의미한다.[12]

이러한 플랫폼은 다자 간 거래에서 공정과 선순환의 구조를 형성하여 건강한 생태계를 형성하는 것이 중요하다. 우버(Uber)와 에어비앤비(Airbnb)는 플랫폼 비즈니스의 대표적인 예로 이들은 수요와 공급에 대한 가격을 낮추고 공급자와 소비자 간에 정당한 커뮤니케이션을

---

11 윤상진, "승강장에서 SNS까지, 플랫폼이란 무엇인가," 2019년 5월 2일 게시, https://www.peoplepower21.org/magazine/1627534.

12 *Ibid*.

통해 신뢰성을 올림으로써 공유 경제에 대한 가치를 높인다. 거래가 성사될 때마다 발생하는 자산이나 비용을 공유함으로써 모두에게 경제적 이익이 되는 구조를 만들어간다. 이러한 디지털 플랫폼은 앞으로 인간의 삶의 형태를 얼마든지 바꾸어나갈 것이다.

4. 가상현실과 증강현실

가상현실(Virtual Reality, VR)은 컴퓨터 등을 사용하여 실제와 흡사하지만 실제가 아닌 특정한 상황 혹은 그것을 구현하는 기술이다. 실제 존재하진 않지만 마치 실제로 존재하는 것 같은 현실을 만드는 것으로 이러한 가상 세계에서 실제와 다를 바 없는 환경을 오감으로 체험함으로써 현실 세계와 가상 세계를 넘나들게 된다. 지금까지 종종 영화에서 과거와 미래를 넘나드는 시간 여행을 구경하기도 했지만 이 기술을 통해 특정한 과거나 미래 시점에 대한 환경을 구현하거나 물리적 공간을 뛰어넘는 상황 재현으로 마치 실제처럼 그 상황을 체험할 수 있다. 가상현실을 통해 로마 시대 빌라도의 법정에 들어가 참관할 수도 있고, 우주복을 입고 우주 유영을 즐길 수도 있을 것이다. 이 가상현실 시스템에서 몰입형 미디어를 사용할 경우 진동, 촉각 등의 기능을 덧입혀 사용자의 감각 피드백을 활용해 실제와 같은 가상 경험을 할 수 있다. 이는 사용자가 가상 경험을 실제처럼 여길 수 있도록 인간의 동작을 정확하게 추적해 시간의 지체나 표현의 손상 없이 화면에 나타낼 수 있는 고급 기술을 구현해냄으로써 사용자의 만족도를 극대화하는 개념이다.[13]

---

13 김정규, "몰입형 가상현실의 몰입, 현존감, 공감의 개념과 하위차원에 대한 논의," 「차세대융합기술학회논문지」 6, no.2(2022): 203.

증강현실(Augmented Reality, AR)은 '확장된 현실'이라는 의미로 현실 세계에 가상의 정보를 덧씌우는 기술이다. 현실의 장면에는 존재하지 않으나 특수 안경을 쓰거나 스마트폰의 촬영 모드를 이용해 이미지나 정보가 덧붙어 보이는 것을 말한다. 이러한 기술은 주로 군사 분야에서 사용하는데 항공기 조종사들이 사용하는 HUD(Head Up Display)는 고개를 숙이지 않아도 눈앞에 현재 속도, 고도, 방향 같은 다양한 정보들이 나타나게 된다. 군용기는 증강기술을 더 이용하여 표적의 방향과 미사일 사정거리 등을 가늠할 수 있거나 폭탄을 투하할 때 그것의 경로를 파악해 무장 조준을 돕는 역할까지 할 수 있다. HUD에서 더 발전할 것이 HMD(Helmet Mounted Display)인데 헬멧에 화면을 달아 시야가 움직이면 화면도 같이 움직이게 한 것이다.

IV. 4차 산업혁명과 교육

사물 인터넷, 인공지능, 증강현실 등의 기술 발달로 초연결이 이루어지는 4차 산업혁명 시대는 기술의 혜택으로 교육 기회를 쉽게 얻을 수 있을 뿐만 아니라 교육 방법 또한 이전의 패러다임과 다른 새로운 시스템이 다양하게 구축되고 있다. 이제 머지않아 AI가 인간을 교육하는 시대, 혹은 교사의 역할에 변화가 오는 시대가 도래할 수도 있다. 이는 최첨단 기술을 갖춘 IT 기업들이 교육 사업에 참여하며, 방대한 지식 데이터를 갖춘 AI가 학생들을 가르치는 일을 상상하게 한다. 교사의 역할에서도 이전에 교사는 일방적으로 지식을 전수하는 역할을 했다면 앞으로는 촉진자(facilitator) 역할을 하며 학습을 간접적으로 도움으로써 학습자가 스스로의 문제 해결 역량을 키우도록 도울 것이다.

2014년에 개교한 미네르바 대학은 오늘날 새로운 교육 패러다임을 갖춘 고등 교육기관으로 부상하며 세계인들의 각광을 받고 있다. 이 대학에서는 소위 4차 산업혁명 시대의 리더를 키우는 목표를 가지고 기존의 대학들과 다른 교육 형태를 추구하고 있다. 우선 미네르바 대학은 기존의 대학들이 가진 공간 개념을 확장했다. 학생들이 다양한 나라들, 즉 미국, 영국, 독일, 대만, 인도, 아르헨티나, 한국 등에 직접 거주하면서 첨단 과학기술을 배울 수 있다.[14] 여러 곳에 흩어진 캠퍼스를 온라인 시스템으로 연결하여 학생들이 자유롭게 수업을 들을 수 있게 하였으며 이러한 방식은 코로나 시대를 거치면서 더욱 유용한 교육 방식으로 인식되게 되었다. 실제로 온라인 가상공간은 물리적 공간에 비해 학생들의 지적 활동을 더 효율적으로 할 수 있는 기반이 되고 있다.

미국의 전미교육협회(National Education Association)는 지난 2002년 정부, 기업, 학교가 협력하여 '21세기 역량 파트너십(Partnership for 21st Century Skill, P21)'을 설립하여 21세기에 필요한 역량을 교육할 수 있는 커리큘럼과 시스템을 만들기 위해 연구를 수행했다.[15] 이 연구에서 21세기 스킬이라 불리는 역량을 제시했는데 흔히 4C로 불리는 것으로 창의성(Creativity), 비판적 사고(Critical Thinking), 의사소통(Communication), 협력(Collaboration)을 포함하고 있다. 이것을 중심으로 4차 산업혁명 시대에 갖추어야 할 역량에 대한 교육 목표의 키워

---

14 이경호, "제4차 산업혁명시대 학교교육 혁신방안 탐색,"「교육문화연구」 26, no.1 (2020): 188.

15 류태호,『4차 산업혁명 교육이 희망이다: 교사, 학부모, 학생을 위한 미래 교육 길잡이』(서울: 경희대학교출판문화원, 2017), 43.

드를 살펴보면 다음과 같다.

1. 창의성과 융합

다양하게 발전하는 기술을 창의적으로 융합(Consilience)하여 새로운 기술을 만들어내는 것이 이 시대 학습 목표가 되었다. 기존의 학습 목표는 단순히 지식을 암기하고 그것을 자신의 현장에 적용하는 것이 었다면 오늘날은 적용을 넘어 새로운 개념을 창조하는 것까지 교육의 결과로 추구하게 되었다. 실제로 블룸이 제시한 '교육 목표 분류표'[16]에 따르면 1956년도 버전에서는 지식, 이해, 분석, 통합, 평가까지를 교육의 목표로 설정하고 있지만, 2001년도 개정판을 보면 기억, 이해, 적용, 분석, 평가를 거쳐 창조까지 학습의 최종 목표로 설정한 것을 알 수 있다. 지식을 융합하고 창의력(Creativity)을 갖추는 것은 단순한 가르침을 통해 발생하는 것이 아니라 학습자의 잠재력을 자극하여 이끌어내야 하는 작업이므로 교육 방법에 대한 좀 더 심도 있는 논의가 필요한 시대가 되었다. '유엔 미래보고서 2050'에서도 소통과 창의성, 분석력과 협업을 미래 핵심 역량으로 제시하고 있다.[17] 이는 교사가 전달해주는 내용을 수동적으로 암기하는 것에서 벗어나 스스로 생각하고 분석하여 창의적인 결론에 도달하도록 학습자의 역량을 기르는 교육으로의 변화가 필요함을 의미한다.[18]

---

16 Patricia Armstrong, "Bloom's Taxonomy," 2023년 1월 20일 접속, https://cft. vanderbilt.edu/guides-sub-pages/blooms-taxonomy/#:~:text=In%201956 %2C%20Benjamin%20Bloom%20with,goals%3A%20Taxonomy%20of%20E ducational%20Objectives.
17 정학경, 『내 아이의 미래력』(서울: 라이팅하우스, 2017), 55.

Bloom's Taxonomy

- **create** — Produce new or original work
  Design, assemble, construct, conjecture, develop, formulate, author, investigate
- **evaluate** — Justify a stand or decision
  appraise, argue, defend, judge, select, support, value, critique, weigh
- **analyze** — Draw connections among ideas
  differentiate, organize, relate, compare, contrast, distinguish, examine, experiment, question, test
- **apply** — Use information in new situations
  execute, implement, solve, use, demonstrate, interpret, operate, schedule, sketch
- **understand** — Explain ideas or concepts
  classify, describe, discuss, explain, identify, locate, recognize, report, select, translate
- **remember** — Recall facts and basic concepts
  define, duplicate, list, memorize, repeat, state

2. 비판적 사고와 공감

4차 산업혁명 시대는 정보의 홍수시대이기에 수많은 정보가 빅데이터로 저장되고 전달된다. 정보를 대하는 사람들은 정보 문해력을 갖추지 않으면 수많은 정보의 정글 속에서 길을 잃고 만다. 정보 문해력은 비판적인 사고(Critical Thinking)를 기본으로 한다. 비판적 사고란 논리적으로 판단하기 위해 사실을 분석하는 능력이다. 권오상은 비판적 사고를 "이성을 잘 사용할 수 있는 능력"이라고 규정하고 사람의 판단과 행동에 대한 근거를 설득력 있게 제시할 수 있는 기준과 원리를 인식론적으로 찾아내는 것이라고 설명한다. 그는 비판적 사고를 기르기 위해 "독립적 사고 능력과 개인의 자율성을 증진"할 뿐 아니라 "사고와 행동에 있어서 합리적 판단 능력의 증진"을 목표로 교육해야 한다고 강조한다.[19]

또한, 4차 산업혁명 시대에는 공감(Empathy)이 무엇보다 중요한데 이는 기계가 인간의 역할을 하고 기계와 인간이 소통을 하는 시대가

---

18 이소영, 『홀로 성장하는 시대는 끝났다』(고양: 더메이커, 2019), 150.
19 권오상, "비판적 사고와 논증적 글쓰기," 「사고와 표현」 10, no.3(2017): 48.

도래하면서 인간을 이해하고 공감하는 능력을 상실할 수 있는 위기의
식을 느끼게 되었기 때문이다. 공감은 인간이 기계와 구분될 수 있는
중요한 특징 중 하나다. 첨단 기술의 발전으로 인간은 기계와 디지털
언어로 소통하고 협력하기도 하며 온라인상에서 기계적으로 커뮤니
케이션을 하는 등 공감 능력을 상실할 수 있는 환경이 되었지만 여전히
인간은 존재론적인 측면에서 정서의 교류와 공감을 절실히 필요로 한
다. 공감은 단순히 사회적 관계를 맺는 것뿐만 아니라 사람이 느끼는
필요와 문제를 발견할 수 있게 해준다. 사람이 사람을 보고 정을 느끼
고, 사람의 이야기를 들어주며, 사람이 필요로 하는 공감을 나타낼 수
있는 정서적 힘과 배려심 역시 교육을 통해 함양해야 하는 중요한 요소
가 되었다.

3. 의사소통과 협력

4차 산업혁명 시대는 다양한 분야의 기술들이 융합되어 새로운 기
술이 끊임없이 탄생하는 다이내믹한 과정이 수반되므로 네트워킹을
통한 빠른 의사소통(Communication)이 매우 중요하다. 온라인 환경
에서 어디와도 연결되고 누구와도 소통함으로써 협력(Collaboration)
을 이끌어내고 협업을 통해 공동 작업을 할 수 있는 역량을 증진해야
하는 시대가 된 것이다. 근대 이후에 분업이, 현대에 와서는 전문화가
강조되곤 했지만, 4차 산업혁명 시대엔 촘촘한 네트워킹과 원활한 소
통 그리고 혁신을 도모하기 위한 협업을 통해 시너지를 강조하게 되었
다. 이러한 목표를 이루기 위해 구글과 페이스북 같은 세계적 기업들은
직원들의 업무 공간을 개방형으로 설계하여 의사소통과 협업이 원활

하게 이루어지도록 변화를 주었다.[20] 기존의 교육이 개인적인 성취를 이루기 위한 교육 방식을 추구했고 양방향 소통보다는 교육의 장이나 일반 사회생활에서 일방적인 소통이 우세했던 경험을 과감히 버리고 이제는 창의적 목표와 상생을 위한 네트워킹과 협업이 자유롭게 일어날 수 있는 교육 방법이 강조되는 시대를 맞이하게 되었다.

V. 온라인 교육의 부상과 발전

언택트는 새로운 교육 패러다임의 특징 중 하나다. 언택트 시대는 공간의 개념을 바꾸어놓고 있다. 공간은 이때까지 학생이나 직장인이 자신의 정체성을 자리매김할 수 있는 중요한 요소였다. 학생은 학교라는 공간에서 공부를 하고, 직장인은 직장이라는 공간에서 업무를 보면서 그곳에서 각각의 정체성을 보장받을 수 있었다. 그러나 4차 산업혁명 시대에는 교육과 산업 모두 인터넷 네트워크 안에서 자신의 정체성을 찾는 시스템이 이루어지고 있다. 학교에 가지 않아도 온라인을 통해 학습하며, 직장에 출근하지 않아도 인터넷을 이용해 재택근무를 할 수 있기 때문이다.

1. 온라인 교육의 개념

2000년대 이전부터 이루어져오던 통신교육(Correspondence Edu-

---

20 김지영, 『다섯 가지 미래교육 코드』(서울: 아이시티컴퍼니, 2017), 166.

cation)이 인터넷과의 결합을 통해 더욱 발전된 모습으로 오늘날 교육 수요자들에게 다가오게 되었다. 원격교육(Distance Education)으로서의 통신교육이 단순히 인쇄물을 통해 학습을 제공하는 형태였다면 온라인 교육은 교실, 사무실, 도서관 등의 기능을 감당할 수 있는 온라인 플랫폼을 기반으로 이루어진다. 오늘날 온라인 교육을 위한 대표적인 플랫폼으로는 무들(Moodle), 캔버스(Canvas), 파퓰리(Populy) 등이 있는데 이들 플랫폼에서 학생들은 영상 강의를 볼 수 있고 학습 자료를 다운로드 받을 수 있으며, 학생 대 학생 또는 학생 대 교수자 간의 상호작용을 통해 학습 시너지를 얻을 수 있다. 형성 평가나 총괄 평가를 위한 테스트 역시 플랫폼에서 이루어질 수 있고 점수와 코멘트 등의 평가도 그 안에서 이루어진다. 비대면 학습에 대한 단점을 보완하기 위하여 컨퍼런스 툴을 이용한 대면 학습도 병행할 수 있는 것이 온라인 교육의 강점이 되고 있다. 오늘날은 단순히 학습 자료 제공뿐만 아니라 플랫폼 안에서 학습자의 모든 교육 과정까지 관리할 수 있도록 플랫폼이 발전하고 있는데 이러한 형태를 학습 관리 시스템(Learning Management System, LMS)이라는 용어로 부르고 있다. 오프라인 교육, 통신 교육 그리고 온라인 교육의 특징을 각각 비교해보면 다음과 같다.

〈표 1〉 오프라인 교육, 통신 교육, 온라인 교육의 비교

	오프라인 교육	통신 교육	온라인 교육
학습 공간	-물리적 공간 -교수자와 학습자가 같은 물리적 공간에서 각각 교수와 학습 -실시간 교육과 실시간 참여	-각자의 공간 -일치된 학습 공간 없음 -비실시간 학습	-인터넷 가상공간 -각자의 공간에서 비실시간 혹은 실시간으로 가상 학습 공간에 참여

학습 시간	-지정된 시간 -실시간	-학습자의 개별 시간 -비실시간	-실시간 혹은 비실시간 -비실시간 학습시 물리 적 시간 제약 없음
상호 작용	-대면으로 상호작용 -비언어 커뮤니케이션 의 효과 -학습자 간의 실시간 상 호학습(프로젝트)	-이메일을 통한 질의응 답 -최종 피드백 위주	-플랫폼 안에서 학습 소 통 -채팅, 질문방을 통한 학습 소통 -컨퍼런스 툴을 통한 상 호작용
교육 자료	-교수자가 준비한 자료 공유 -제한된 시간 안에 자료 접근이 가능	-포맷팅된 한정된 자료	-실시간 검색을 통한 자 료 획득과 공유 -플랫폼 안에서 데이터 베이스 접근 가능
교수법	-교수자의 강의 중심 -프리젠테이션을 통한 그룹 학습	-교수자의 비실시간 강 의 중심	-학습자 중심의 학습 디 자인 -다양한 자료와 다양한 검색 엔진 제공 -학습의 동력이 학습자 에게 주어짐

2. 온라인 교육의 형태

온라인 교육은 형태별로 크게 E-러닝(Electronic Learning), M-러닝(Mobile Learning), U-러닝(Ubiquitous Learning), S-러닝(Smart Learning)으로 나뉜다. 우선 E-러닝은 전자 및 정보통신 기술을 활용하는 모든 교육 형태로서 IT 환경에서 사이버 가정학습, TV 방송이나 라디오 방송을 통한 자기주도적 학습 형태를 일컫는다. M-러닝은 랩탑이나 모바일 기기를 활용한 학습으로 인터넷을 활용한 실시간 혹은 비실시간 학습을 일컫는 말이며 이동성이 강조된 학습 형태라고 할 수 있다. U-러닝은 유비쿼터스 컴퓨팅 기술을 도입한 것으로 PC가 없이도

인터넷 접속을 통해 학습할 수 있는 형태다. 디지털 교과서, IPTV, 전자 칠판, 전자 교탁, 모바일 PC, 무선 인터넷 등을 이용하여 시간에 구애받지 않고 언제 어디서나 학습할 수 있는 것을 특징으로 한다. S-러닝은 U-러닝을 현실적으로 적용한 것인데 스마트폰, 태블릿 등의 개인 단말기와 클라우드를 기반으로 언제 어디서나 학습할 수 있는 학습자 주도형의 교육 형태를 의미한다.[21]

3. 플립드 러닝

온라인 교육의 단점을 보완하기 위해 출현한 학습 개념이 혼합 학습, 즉 플립드 러닝(Flipped Learning)이다. 이는 온라인 교육과 대면 교육을 적절하게 결합한 형태로 학생들은 이전에 교실에서 해왔던 강의 수강과 자료 읽기 등의 학습 활동을 미리 가정에서 수행하고 교실에서는 이미 습득한 지식을 적용하고 활용하는 토론과 문제 해결 그리고 프로젝트 등을 수행하는 것을 의미한다. 이는 전달식 수업을 개별 학습 공간으로 옮기고 전체 교실 공간은 상호 학습이 가능한 다이내믹한 환경으로 전환한 교육이라 할 수 있다.[22] 다시 말하면, 교수자 중심의 강의가 가정으로 이동하고 학습자가 개별적인 과제를 통해 수업 후 학습 적용을 해왔던 부분이 교실로 이동한 형태다. 이렇게 함으로써 학습자에게 많은 주도권과 책임감을 부여하고 교수자는 상호작용과 학생

---

21 노규성, "스마트러닝과 미래교육," 2012년 4월 9일 게시, https://issuu.com/hyung joonjun/docs/name1d43a4.
22 방진하, 이지현, "플립드 러닝(Flipped Learning)의 교육적 의미와 수업 설계에의 시사점 탐색,"「한국교원교육연구」31, no.4(2014): 299.

별 개별 학습을 지원하는 촉진자(facilitator) 역할을 수행하게 되는 것이다.[23]

<표 2> 블렌디드 러닝과 플립드 러닝의 비교

구분	블렌디드 러닝	플립드 러닝
정의	두 가지 이상의 학습 환경을 혼합하여 학습효과를 극대화(온·오프라인 학습 혼합)	사전 학습을 온라인 강의로 제공하고 이후 오프라인에서 심화 활동 진행
공통점	교수 방식의 혼합	
차이점	온라인 교육과 오프라인 교육이 별개	블렌디드 러닝에 선행 학습(가정에서 자가 학습) 개념이 추가됨 블렌디드 학습 방법의 특화된 방식

4. 미네르바 스쿨

미네르바 스쿨(Minerva School)은 2011년에 설립되었고 2014년부터 학생을 모집하기 시작했다. 이후 3년 만에 세계에서 가장 경쟁력 있는 대학이 되었다. 캠퍼스 없이 기숙사만 있으며 이 기숙사는 7개 도시(샌프란시스코, 베를린, 부에노스아이레스, 서울, 하이데라바드, 런던, 타이베이)에 거점을 두고 있다. 100% 온라인 화상수업으로 이루어지며 전세계 학생들이 함께 기숙사 생활을 한다. 학생들은 4년간 기숙사가 있는 도시들을 돌며 현지 문화와 산업을 배운다.[24]

---

23 이동엽, "플립드 러닝(Flipped Learning) 교수학습 설계모형 탐구,"「디지털정책연구」11, no.12(2013): 85.
24 이지성,『인공지능에게 대체되지 않는 나를 만드는 법, 에이트』(서울: 차이정원, 2019),

미네르바 스쿨의 교육 목표는 학생들이 배운 지식을 삶의 현장에서 응용하게 하는 것이다. 그럼으로써 사이버 세상이 아닌 실제 세상에서 살아가게 한다. 미래 사회에서는 현재의 단편적 지식 전달의 수업 방식은 의미가 없으며 창의력이 바탕이 된 새로운 역량을 배양하는 것이 중요하므로 창의력, 인성, 협동 역량, 커뮤니케이션 능력, 유연성 등을 키우기 위해 커리큘럼이 디자인되었다.

수업은 7개 도시에 흩어져 있는 학생들과 교수가 시간을 맞춰 온라인으로 만나 진행한다. 수업 전에 영상 강의를 미리 듣거나 학습 자료들을 읽고 와서 토론식 수업을 한다. 온라인 수업은 단순히 강의를 틀어주는 것이 아니라 자체 개발한 영상 통화 도구를 활용한다. 모든 강의는 20명 이하의 학생과 세미나 형식의 수업으로 진행된다. 학생들이 자유롭게 교수의 생각에 동의와 비동의를 표현하며 교수는 학생들에게 말할 기회를 자주 준다. 말을 많이 한 학생은 자기 화면에 빨간색 배경이 깔리고 말을 적게 한 학생은 녹색 배경이 뜬다. 따라서 교수는 화면 색깔을 보고 수업에 덜 참여한 사람을 파악하여 그 학생의 참여도를 높인다. 온라인으로 진행되는 미네르바의 수업은 100% 녹화되는데 학교 당국은 녹화된 수업을 보면서 교수의 역량을 평가한다. 모든 수업이 데이터로 남기 때문에 평가 과정도 투명하게 진행된다. 이때 일반 업무나 논문 작성을 통해 교수의 성과를 평가하는 것이 아니라 교수가 얼마나 학생의 성취도를 높이는 데 기여했는지를 중심으로 평가한다.[25]

237.

25 김민정, "세계가 캠퍼스인 대학교, 미네르바 스쿨," 2023년 1월 20일 접속, https://www.opencollege.kr/stories/370.

5. 메타버시티

메타버스는 초월을 의미하는 'meta'와 우주를 의미하는 'universe' 의 합성어다. 가상우주라고도 하며 가상공간에서 모든 활동을 할 수 있도록 만든 시스템의 총칭이다. 아직 이 메타버스는 정확한 개념이 설정되지 않았으며 이 시스템을 사용하는 주체에 따라서 서로 다른 정의를 내리고 있다. 서성은은 "단순한 3차원 가상공간이 아니라 가상 공간과 현실이 적극적으로 상호작용하는 공간이자 방식 그 자체이며, 현실과 가상세계의 교차점이 3D 기술로 구현된 또 하나의 세계"라고 정의했다.[26] 비영리 기술 연구단체인 미래가속연구재단(Acceleration Studies Foundation, ASF)에 따르면 메타버스는 "가상적으로 향상된 물리적 현실과 물리적으로 영구적인 가상공간의 융합"이라고 정의했 다.[27]

이 메타버스는 교육에 적용되기도 한다. 이전 교육이 물리적인 캠 퍼스라는 장소가 절대적이었다면 디지털 네이티브인 MZ 세대를 중심 으로 디지털 전환이 이루어지면서 교육 분야에서도 혁신을 맞고 있다. 디지털 공간에서 가상 환경을 통한 교육이 이루어지기 위해 메타버스 환경이 선호되는데 그 이유는 창작과 공유가 가능하고 자유가 보장되 어 높은 몰입도를 제공할 수 있기 때문이다.[28]

교육 기관들의 최근 공동 연구에 의하면 메타버스 플랫폼 클라우드

---

26 서성은, "메타버스 개발동향과 발전전망 연구," 〈한국 HCI학회 학술대회〉(2008): 601.
27 김준호, "온라인 몰입형 교육을 위한 메타버스 플랫폼 개발에 관한 연구"(박사학위논 문, 서울과학기술대학교 IT정책전문대학원, 2022), 4.
28 *Ibid.*

환경을 최적화하여 교육 서비스의 질을 높이고 참여 기관 간의 공유와 협력이 가능한 디지털 생태계 기반으로 구축하여 교육의 몰입도를 높인 하나의 모델을 만들었는데 그것이 바로 메타버시티(Metaversity)다. 메타버시티는 메타버스 공유대학 프로젝트로서 메타버스를 통해 교육 서비스를 확장하고 편의성을 강화하며 참가자 규모를 확대함으로써 메타버스 안에서 참여자 간에 더욱 자유로운 상호작용과 소통이 이루어지게 하는 것이다. 그야말로 메타버스 플랫폼 안에서 참여자 중심의 교육 환경을 구축함으로써 미래 교육에서 가장 중요한 몰입형 교육의 방향을 제시하려고 한 것이다.

이 메타버시티에는 강의실, 컨퍼런스룸, 회의실 등의 공간이 있고 입장할 수 있는 인원수를 제한하기도 한다. 강의실의 경우 화면 공유, 웹캠, 화이트보드, 그룹 미팅의 기능이 제공된다. 메타버시티에는 참가 학생 각자를 표현할 수 있는 아바타 기능이 있는데 MZ 세대가 좋아할 만한 캐릭터를 디자인하여 애니메이션 효과를 추가하여 움직일 수 있게 했으며 입학식, 수료식, 졸업식 등에도 참여할 수 있다.

6. WMU 온라인 교육의 전개와 발전

1) 선교를 위한 로컬 교육 시기(1989~2002)

월드미션대학교(이하 WMU)는 1989년 3월 첫째 주에 동양선교교회(Oriental Mission Church, 이하 OMC)를 설립한 임동선 목사가 학장으로 취임하고 32명의 신입생이 입학함으로써 로스앤젤레스 지역의 한인 신학교로 문을 열게 되었다. 처음에는 OMC 내에서 학교를 운영하다가 2003년도에 현재 학교 건물로 이전했다. 2003년도까지 캘리포니아 교육국(BPPE)과 기독교대학협의회(ABHE)에 정식 인가를 받고 한인 커뮤니티 안에서 신학교로서 위용을 갖추어나가기 시작했다. 임윤택에 따르면 설립자 임동선 목사는 복음 전도를 최우선 순위에 두는 인물이었다. 그는 이민자들의 영혼을 구원하고 그들이 다시 전도의 최전선에 나가 또 다른 이민자들을 전도함으로써 미주에 흩어져 있는 디아스포라, 더 나아가 세계에 흩어져 있는 한인 디아스포라를 복음화하는 목표를 세우고 맹렬하게 사역에 매진한 인물이다.[29] 그런 의미에서 그가 OMC 다음으로 설립한 WMU는 한인 커뮤니티 안에 있는 이민교회에서 사역할 목회자와 교회 지도자를 훈련할 목적으로 세운 것이 분명하다. 전도와 선교의 열정으로 가득 찬 주의 종들을 길러냄으로써 그들이 중심이 된 이민교회가 선교에 앞장서게 되는 꿈을 꾸었기에 실제로 이 시기에 로컬 지역에서 WMU를 졸업한 사람은 300명이 넘었고, 그들 대부분이 한인 커뮤니티 안에서 목회자와 평신도 지도자 등으로 사역하게 되었다.

이 시기 WMU 교육의 특징으로는 선교 지향적인 커리큘럼을 들 수 있다. 임동선 목사는 풀러 신학대학원에서 공부하면서 맥가브란 박사의 복음 전도 우선 원칙에 많은 영향을 받았다.[30] 따라서 풀러 신학교가 지향하던 선교 중심의 학교를 표방하며 선교 관련 과목을 커리큘럼에 많이 포함시켰던 것을 알 수 있다. 특히 미주라는 지역이 이민자에게는 타 문화권이고 이곳에서 이웃을 전도하는 것은 타 문화권 선교가

---

29 임윤택, "디아스포라 선교신학자 임동선 연구," 『임동선 목사의 선교신학』, 임성진 편 (서울: 쿰란출판사, 2019), 22.
30 임윤택, 23.

될 수밖에 없는 문화적 상황을 고려해 타 문화권 선교에 대한 인식을
충분히 고취하고자 했던 것을 알 수 있다. 이민자 신분으로 신학교에
입학했던 학생들은 그들의 다양한 삶의 스토리와 신앙고백에도 불구
하고 선교에의 부르심에 상당한 동기 부여가 되어 있었던 것으로 보인
다. 설립 초기에 확정지은 교명에서 알 수 있듯이31 학교의 사명과 교
육 목표 그리고 영성의 방향이 자연스럽게 선교로 귀결되었으며 그것
이 학교의 정체성으로 확립된 시기이기도 하다.

2) 원거리 학습자를 위한 원격 교육 시기(2003~2016)

이 시기는 로컬 학생들이 주류로 대다수를 이루었지만 선교지에
있는 사역자들에게 원격으로 통신 교육을 제공하면서 WMU 구성원들
의 거주지 폭이 넓어진 시기이기도 하다. 여전히 물리적인 학교 건물이
학습의 절대적인 요소이던 시기였지만 미국은 워낙 광대한 땅을 가진
데다가 밀레니엄 시대가 도래하면서 교육 자료를 디지털화하고 인터
넷을 통한 광범위한 소통이 가능해지자 원격 교육이 일반화되었다. 원
격 교육은 학습자가 교실에 직접 오지 않고도 학교가 제공한 자료를
통해 자가 학습을 하고 이메일이나 우편으로 교수의 피드백을 받을 수
있는 교육 시스템이다. 지금이야 선교지에도 인터넷 공급이 원활하지
만 2000년대 초까지만 해도 선교지의 인터넷 상황이 열악했고 선교사
들이 사역 기간 동안 현지를 떠나 공부한다는 것이 불가능한 현실이었
으므로 원격 교육 방법을 선택하여 공부할 수 있었다.

---

31 세계선교신학대학에서 World Mission University로 변경됐다.

모든 과목의 강의 영상을 녹화해 비디오테이프에 담거나 CD로 제작해 강의 노트와 함께 우편으로 선교지에 보내고, 학기를 마칠 때쯤이면 과제물을 우편으로 받아 채점을 하는 형태로 학사가 진행되었다. 그러다가 인터넷이 보편화되면서 교육 방법이 좀 더 발전되었다. 무들(Moodle)이 교육 플랫폼으로 자리 잡게 되었고, 오픈 소스를 표방하는 무들의 다양한 학습 기능을 이용하여 학습 자료에 대한 접근성을 높였다. 물론 컴퓨터 세대가 아닌 40대 이상의 성인 학습자가 다루기엔 어려운 기능들이 많았지만 단순한 기능들만 플랫폼에 연결하여 학습의 효과치를 최대한으로 높일 수 있도록 수업을 디자인했다.

그러다가 대학 과정이 전적으로 통신 교육에서 온라인 교육으로 전환되었다. 학사 과정은 미국 영주권자들과 시민권자들이 연방정부 장학제도인 FAFSA(Free Application for Federal Student Aid) 혜택을 입을 수 있는 장점이 있는데, 고등학교를 졸업하고 미국에 건너와 이민자로 살다가 뒤늦게 대학 교육을 받고자 하는 사람들에게 아주 좋은 기회가 되었다. 통신 교육은 교수자와 학습자 그리고 학습자와 학습자 사이에 상호작용 없이 자료를 가지고 혼자 공부해야 하는 방식이기 때문에 학습 관리가 어렵고 학습 동기가 불분명할 경우 학업을 지속할 가능성이 적은 단점이 있었다. 하지만 통신 교육에서 온라인 교육으로 전환되고 플랫폼에서 학습 활동을 하게 되면서 학습자의 학습 성취도가 높아지게 되었다.

대학원 과정의 경우 대학 과정보다 시기적으로는 더 빨리 플랫폼을 통한 온라인 교육을 시행했으나 물리적인 교실 학습과 비교했을 때 역시 상호작용의 결여 문제가 대두되었다. 무들에서 비실시간 토론을 하지만 한국 문화의 특성상 상대방의 생각과 다른 의견을 내놓았을 때 그것을 인격적인 모독이나 시비로 잘못 받아들여 토론의 방향이 틀어지거나 학습 동기를 망치는 요인으로 작용하기도 했다. 시간이 흐르면서 토론 방식에 익숙해지고 학생들이 좀 더 정제된 언어로 자기의 생각을 표현하면서 자연스럽게 온라인 매너가 형성되었다. 그럼에도 이 방식의 단점은 교수자와 학습자 그리고 학습자와 학습자 간에 학습 능률을 제고할 수 있는 정서적 교감이 결여된 상태로 학습을 이어나가는 것이다. 기계적인 강의 전달, 기계적인 토론, 기계적인 채점과 코멘트는 온라인 교육의 태생적인 결함으로 지적되기도 하였다.

이 시기는 여전히 지역 학생을 중심으로 한 캠퍼스 수업이 학교의 기본 교육 형태로 인식된 시기였으며, 다만 한국어 인프라가 적은 미국 내 한인 이민자들과 선교지에서 사역하는 사역자들에게 첨단 IT 기술을 이용하여 좀 더 발전된 학습자 중심의 원격 교육을 제공하는 시기였다고 할 수 있다.

3) 플랫폼 중심의 다양한 온라인 교육 시기(2017~현재)

이 시기는 원격교육센터를 온라인교육센터로 개명하면서 물리적 거리를 강조한 용어에서 탈피하여 물리적 거리감을 배제하고 온라인 플랫폼이라는 한 공간에서 활동하는 학습공동체의 개념을 표방한 시기라고 할 수 있다. IT 기술이 발전하고 온라인 교육 보급이 확대되었을 뿐만 아니라 평생교육이 보편화되면서 온라인 교육 시장이 크게 확장되었다. WMU는 이러한 트렌드에 편승하여 로컬 교육에서 온라인 교육으로 방향을 선회하여 더욱 넓은 지역과 다양한 사람들을 대상으로 리쿠르팅의 범위를 확대했다.

한국에서는 고등교육 과정에서 온라인 교육이 아주 제한적으로 제공되고 사이버대학이 온라인 교육에 대한 이미지를 차지하는 바람에 미국과는 달리 온라인 교육과 사이버대학 간에 모호한 등식이 성립하게 되었다. 따라서 온라인 교육은 평생교육의 일환 정도로만 간주되었다. 또 물리적인 교실만이 학습의 장이 되고 온라인은 그것을 대체할 수 없는 것으로 인식되어왔다. 그러나 이러한 고정관념은 팬데믹을 지나면서 서서히 변화했다. 온라인 플랫폼과 컨퍼런스 툴을 일반인들도 어렵지 않게 사용하고 물리적 공간에 모이지 않더라도 온라인에서 학습이 가능하다는 긍정적인 생각이 자리를 잡았다.

WMU는 팬데믹 직전에 시기적절하게 온라인 교육에 대한 적극적인 투자를 했고 강의 영상 포맷과 교육 자료 제작방식을 표준화하여 온라인으로 제공되는 모든 과목의 퀄리티를 조정했다. 그뿐만 아니라 플랫폼 개발을 통해 학습자의 학습 자료 접근성과 교수자와 학습자 그리고 학습자와 학습자 간에 상호작용을 제고하기에 이르렀다. 특히 기존의 토론학습 방식이 전적으로 비실시간 형태로 이루어졌다면 컨퍼런스 툴을 이용한 실시간 포럼을 8주 세션 동안 3회로 정하고 화상 미팅을 통해 적극적인 토론학습이 가능하도록 하였다. 학생들의 거주지역이 광범위해 시간대를 맞추기가 쉽지 않은 점도 있지만 모임 시간대를 바꿔가면서 학습자의 불만을 해소했다. 실시간 포럼에 참여하지 못하는 학생들을 위해서는 추후에 녹화분을 제공함으로써 포럼에서 다룬 주제를 개별적으로 학습할 수 있는 기회를 주었다. 간호학과와 음악학과 그리고 박사 과정의 경우는 커리큘럼 특성상 100% 실시간 온라인 수업을 진행하고 있다.

7. WMU 온라인 교육의 과제와 목표

이민교회 목회자와 사역자를 길러내는 로컬 신학교에서 세계에 흩어져 있는 선교사와 한인 디아스포라들에게 한국어로 신학과 상담학 교육을 제공하는 한인 신학대학으로서의 국면을 지나 이제는 본격적인 4차 산업혁명 시대를 맞이하면서 사회복지학, 간호학, 음악학, 예배학, 글로벌 리더십, 크리스천 코칭의 다양한 전공과 박사 과정으로의 학위과정 확대 그리고 한국어 트랙, 영어 트랙, 스페인어 트랙 등의 프로그램 확장 등이 이루어지고 이 모든 것을 온라인 교육 틀에 담아 이끌어가야 하는 현실적인 과제가 주어졌다. 그것은 주로 플랫폼의 발전, 온라인 교수학습 개발, 교수진 확충, 행정 자동화와 같은 외적인 부분뿐만이 아니라 교육 철학, 교육 목표와 같은 본질적인 부분에 대해 좀 더 깊이 생각하도록 하는 기회를 만들어주고 있다. 온라인 교육의 관점에서 바라볼 때 몇 가지 도전과 직면하게 된다.

1) 영성 개발

4차 산업혁명은 교육의 패러다임 변화를 가져올 것이다. 즉 4차 산업혁명 시대의 새로운 인재상이 설정되고 거기에 맞는 교육 목표와 교육 커리큘럼이 대두될 것이다. 기독교 대학으로서 다가올 시대에 부합한 교육 지표를 설정하는 일은 매우 중요하다. 이에 못지않게 기독교 대학이 어떤 시대적인 국면에도 불구하고 지속적으로 추구해야 할 중요한 가치가 있다면 그것은 바로 영성일 것이다. 영성은 하나님과의 관계 속에서 하나님의 주님 되심을 깨닫고 그 앞에 선 개별적 자아로서

나의 실존을 발견하는 일이다. 영성은 하나님의 형상으로서 자신에 관해, 하나님의 부르심에 부응하는 삶에 관해, 더 나아가 같은 피조물인 타인에 관해 생각할 수 있는 힘이다. 따라서 영적인 삶이란 자신이 하나님의 자녀임을 깨닫고 이 세계가 하나님의 피조물임을 인식하기 위해 내적인 성찰과 외적인 봉사를 이루어나가는 과정이라 할 수 있다.[32]

WMU 커리큘럼은 신학이 기본 과목으로 구성되어 있다. 신학은 기독교 세계관을 형성하는 데 기본 전제가 되며 이 신학함을 통해 하나님과 맺는 인격적인 관계, 삶에 대한 인식, 이웃을 향한 자세 등을 배워나간다. 영성이라는 것은 하나님을 인식하는 지적인 영역이 아니라 궁극적으로 하나님을 인격적으로 체험하는 것이라고 할 때 학습 공동체 안에서 하나님을 인격적으로 만날 수 있는 다양한 활동이 제공되어야 한다.[33] 이러한 교육을 통해 개인과 공동체가 신앙적으로 성숙되며 하나님의 부르심에 대한 개인과 공동체의 삶의 헌신이 깊어지는 것이다.

4차 산업혁명 시대는 인간과 기계가 협력하며, 인간의 지능을 능가하는 AI가 출현함으로써 인간의 존재론적 질문과 정체성에 관한 혼란이 인간 의식을 강타할 수 있는 시대이기도 하다. 이때 기계와 구별될 수 있는 인간 본질의 타당성을 인식하게 해주는 것은 기계를 만들고 기계를 사용할 수 있는 인간, 그러한 인간은 결국 하나님이 지으셨다는 자의식을 발견하는 일이다. 더 나아가 그러한 인간들이 공동체 안에서의 인격적인 교제를 통해 하나님이 부여하신 삶의 의미를 찾는 것이다.

---

32 Karen Marie Yust and Byron Anderson, 『기독교교육과 영성: 참된 영성 회복을 위한 기독교교육』(*Taught by God: Teaching And Spiritual Formation*), 이규민 옮김(서울: 대한기독교서회, 2016), 92.

33 박상진, "신학교육의 기독교교육모델로서 실천지향적 신학교육," 「장신논단」 49, no.4 (2017): 383.

이와 더불어 공동체 안에서 타인을 돌아보고 하나님이 지으신 피조물들을 향해 긍휼의 마음을 갖는 것은 통전적 기독교 영성에서 발견되는 관점이다. 통전적 기독교 영성은 삼위일체 하나님과의 교제 가운데 영과 육을 모두 통합하여 전인격적으로 보는 관점 안에서 설명하는 것이며 개인뿐 아니라 이웃과의 교제로 연결되는 관계의 영성이라고 할 수 있다. 이 관계는 이웃과 교회 공동체를 넘어 자신이 속한 커뮤니티와 사회로까지 나아가는 영성이다. WMU가 기독교 대학으로서 이러한 교육 목표를 온라인 교육을 통해 성취하기 위해서는 통전적 영성에 관한 이해와 구체적 적용이 커리큘럼과 비공식 커리큘럼 그리고 잠재적 커리큘럼을 통해 이루어져야 한다.

2) 공동체와 코이노니아

4차 산업혁명 시대의 중요한 키워드는 공유 경제, 융합, 커뮤니케이션, 협력 등이다. 이러한 단어가 내포하는 개념은 결국 공동체성이라고 할 수 있다. 새로운 시대의 인재는 소통에 능하고 필요한 곳에서 원활하게 협력할 수 있는 관계적 인물이다. 부버는 나와 너의 관계에 기초한 공동체는 서로 떼어낼 수 없으며 대화와 공동체는 살아 있는 상호관계성을 가지게 되므로 개인의 완성은 타인과의 참된 대화와 관계성 안에서 가능하다고 강조한다.[34] 인간이 하나님과, 인간이 인간과 그리고 인간이 세계와 상호작용하며 관계를 맺을 때 공동체가 이루어지고 그 공동체는 만남의 장이 되고 교육의 장이 된다. 즉 교육은 공동체의

---

34 고용수, 『만남의 기독교교육사상』(서울: 장로회신학대학교출판부, 1996), 93-95.

삶으로부터 말미암는다. 『만남의 기독교교육사상』에서 루이스 쉐릴(Lewis J. Sherrill)은 하나님과의 대화란 하나님께서 계시를 통해 인간에게 보이시고 인간은 믿음으로 응답함으로써 만남이 이루어졌을 때 발생하는 것으로 대화의 원리는 쌍방이 참여하는 것임을 강조한다. 이러한 쌍방 소통이 곧 코이노니아며 이 코이노니아가 기독교 교육의 방법이라고 주장한다.[35]

기독교 공동체에 몸담으면서 그 안에서 예수 그리스도를 발견하고 신앙의 성장을 도모하는 개개인을 향한 교육은 다분히 공동체적이어야 한다. 이것은 기독교 공동체가 함께 추구하는 기독교 정체성 안에서 자신을 찾고, 지식을 추구하며, 미래를 향해 성장할 동력을 얻게 되기 때문이다. 따라서 기독교 공동체는 그 안에서 개인이 단순히 사회화되고 문화화되는 것을 뛰어넘어 타인들과 대화하고 상호작용함으로써 자신의 신앙을 유지하는 것뿐만 아니라 타인을 이해하고 돌보며, 공동체가 가진 비전을 함께 성취해나가는 것이다. 이로써 신앙 교육은 완전히 공동체를 담보로 하게 되는 것이다.[36]

4차 산업혁명 시대의 온라인 교육은 교육 공동체 안에서 교육의 목표와 의미를 발견하고 나와 너의 관계성 속에서 신앙과 영성을 증진할 방안을 도모하는 것이 중요하다. 대면 교육은 이러한 공동체성을 형성하기에 용이하지만 온라인 교육은 그렇지 않다. 온라인의 특징은 분절, 개별화 그리고 익명성이기 때문이다. 온라인 교육이 수행되는 플랫

---

35 *Ibid.*, 212.
36 Thomas Groom, 『신앙은 지속될 수 있을까?』(*Will There Be Faith?*), 조영관, 김경이, 임숙희 옮김(서울: 가톨릭대학교출판부, 2014), 236.

폼은 단지 교육 자료를 제공하는 수단과 도구가 아니라 다양한 관계성 속에서 타인과의 대화와 상호작용이 일어나는 공동체의 열린 장으로 역할을 할 수 있어야 한다.

인류는 팬데믹을 겪으면서 4차 산업혁명 시대가 가져다줄 부정적 국면을 앞당겨 체험하는 시간을 갖게 되었다. 그중에 하나가 비대면이다. 이 비대면 국면은 그동안 물리적 공간을 통해 형성되던 공동체성과 관계성이 해체되는 듯한 위기감을 가져다주었다. 하지만 엔데믹을 맞이하면서 비대면 시기에 적극적으로 사용하던 플랫폼, 컨퍼런스 툴, SNS 등이 대면 국면을 보조하고 강화하는 역할을 할 수 있다는 것을 발견했다. 온오프라인이 적절하게 조합되어 학습자들의 관계가 돈독해지고 학습공동체로서 정체성을 든든히 자리 매김한 가운데 진정한 코이노니아를 경험할 수 있다면 WMU 온라인 교육이 추구하는 목표가 어느 정도 달성되었다고 할 수 있을 것이다.

3) 사회적 섬김과 실천

교육은 인간 내면의 변화뿐만 아니라 행동의 변화까지도 목표로 한다. 성경은 우리에게 구원에 합당한 삶을 살 것을 권면한다. 즉, 마음을 새롭게 함으로 변화를 받아 하나님의 선하시고 기뻐하시고 온전하신 뜻이 무엇인지 분별하며 사는 것이다. 4차 산업혁명 시대의 획기적 진보와 발전에도 인간 사회가 당면하게 될 수많은 문제점이 있다. 고용 불안정에 따른 사회 불안이 그중 하나다. 인공지능의 발달로 인간이 담당해온 많은 일을 로봇이 하게 되고 기업은 생존과 이윤의 극대화를 위해 이러한 변화를 수용할 수밖에 없을 것이다. 고용 시장의 지형도가 변화하고, 대량 실직과 고용 불안이 가중되며, 부익부 빈익빈 현상이 심화하는 위기 앞에서 과연 시민들은 무엇을 할 수 있겠는가? 또 4차 산업혁명 시대에 예상되는 폐해 중에 누구나 예상하는 가장 큰 위험은 정보의 편중이다. 4차 산업혁명 시대는 누가 정보를 가지고 있는가, 누가 빅데이터를 사용하느냐에 따라 권력이 이동하고 자본이 움직이며 계급의 차이가 심화된다. 이런 원치 않는 변화와 사회적 혼란을 최소화하기 위해 시민들이 나서서 할 수 있는 일은 무엇인가?

새로운 4차 산업혁명 시대에 도래할 부정적 메커니즘에 대항하여 개인적, 사회적 대처 방안을 마련해놓아야 한다. 바로 새로운 가치관과 이념의 정립이다. 새 술은 새 부대에 담아야 한다는 성경 말씀처럼 새로운 시대를 이해하고 적응할 수 있는 시민의 역량은 새로운 가치관을 수용하는 데서 말미암는다. 고등 교육기관으로서 WMU 온라인 교육은 이러한 시대 요구에 부응하는 교과 과정을 제공할 수 있어야 한다. 기존의 수많은 직업군이 사라지고 새로운 직업이 요구되는 시대 변화에 부응하여 노동력을 재생산할 수 있는 평생교육의 실천과 강화도 WMU가 지향해야 할 사회적 섬김의 한 모습이다.

기독교 공동체가 보유하고 있는 선한 영향력은 우리가 사는 사회를 향해 뻗어가야 한다. 제자도는 개인의 삶을 넘어 이웃 사랑을 실천하는 실천적 영성이 바탕이 되어야 한다. 개인의 영적 성장은 기독교 공동체인 교회의 존재 목표에 대한 근거가 되고, 그것은 다시 사회적 실천을 나타냄으로써 궁극적으로 세상을 변화시키는 예수 그리스도의 뜻을 이루게 되는 것이다. 4차 산업혁명 시대가 직면할 사회 문제는 이전에 겪었던 문제와는 다른 국면의 문제인 동시에 어느 시대에나 위기로 다가왔던 문제와 동일한 것일 수도 있다. 그것은 바로 인간 존재론에 관한 것이다. 아무리 기계가 활보하는 세상이 된다 하더라도 인간의 존엄에 대한 가치가 훼손되어서는 안 된다. 인간됨의 가치는 어느 순간에라도 지켜내야 하며 그것에 대한 책임은 기독교 대학이 감당해야 할 숙명적 주제임이 틀림없다.

8. 존 웨슬리와 기독교 영성 전통

WMU는 복음주의 초교파 기독교 대학으로 다양한 신학적 관점을 허용하나, 설립 당시에는 웨슬리언 복음주의 신앙 노선을 견지하고 선교에 역점을 두는 학교로 출발했다. 이제 기독교 종합대학으로 뻗어가며 WASC 인가를 준비하는 지점에서,[37] 또 로컬 캠퍼스 기반에서 본격적으로 글로벌 온라인 기반으로 전환된 시점에서, 다시 한번 WMU의 신학 배경을 확인할 필요가 있다. 특히 온라인 교육의 철학과 목표에서 영성이 중심과제로 떠오른 만큼 WMU 설립시 바탕으로 했던 웨슬리언 영성을 되짚어봄으로써 WMU 온라인 학습 공동체의 영성 형성을 위한 무게중심을 다시 한번 다지고자 한다. 이 장에서는 존 웨슬리의 생애와 더불어 그의 개인적 영성, 공동체 영성, 사회적 영성에 관해 알아봄으로써 4차 산업혁명 시대에 WMU가 추구해야 할 영성의 기초를 재확인하고 온라인 교육에 적용할 영성 형성에 대해 살펴보고자 한다.

---

37 WASC(Western Association of Schools and Colleges): 미국 서부교육인증위원회.

1) 존 웨슬리의 생애

웨슬리는 18세기 가장 위대한 복음전도자요 부흥운동가로 알려진 인물이다. 그를 중심으로 한 복음주의 운동은 감리교로 발전했고 그의 사역의 영향은 19세기 성결 운동과 20세기 오순절 운동에까지 미쳤다. 웨슬리는 1703년 6월 28일 영국의 엡워즈(Epworth)에서 태어났다. 그의 부친 사무엘 웨슬리는 영국 국교회의 목사였으며 모친 수잔나는 신실한 크리스천으로 그들은 슬하에 열아홉 명의 자녀를 두었는데 웨슬리는 그중 열다섯 째였다. 그가 다섯 살이 되었을 때 부친이 봉직하던 교회 목사관에서 불이 나 구사일생으로 살아나는 경험을 했는데 그는 항상 이 일을 기억하고 자기 사진 밑에 "불에서 꺼낸 그슬린 나무 조각"(슥 3:2)이란 성경 구절을 쓰고 하나님이 자신을 살려주신 이유를 생각하며 하나님께 헌신했다고 한다.[38]

그의 모친 수잔나는 아주 엄격한 사람으로 아이들에게 일찍부터 기도하는 법을 가르치는 등 매일 경건 생활을 준수하도록 교육하여 자녀들은 모두 어릴 때부터 하나님의 실재와 성경 말씀을 아주 강력하게 깨닫게 되었다. 웨슬리는 당시로선 최상의 교육을 받았다고 할 수 있는데 상류층 자녀들이 다니는 차터하우스에 들어가 대학을 준비한 끝에 1720년 옥스퍼드 대학에 입학했고 고전, 문학, 신학, 역사, 과학 등의 학문을 폭넓게 공부했다. 그는 히브리어와 헬라어도 열심히 배워 성경을 원어로 능숙하게 읽을 수 있는 실력을 갖추게 되었다.

1726년, 그는 옥스퍼드 대학을 졸업한 뒤 부친과 형의 뒤를 이어

---

38 홍성철, 『불타는 전도자 존 웨슬리』(서울: 세복, 1999), 127-29.

영국교회의 목사가 되었고 옥스퍼드 링컨 칼리지로부터 강의를 맡아 달라는 제의를 받아 그곳에 계속 머물게 되었다. 그의 동생인 찰스 웨슬리는 옥스퍼드 대학의 학생들을 모아 소그룹 모임을 하고 있었는데 존 웨슬리가 여기에 합류하여 그들을 지도하게 됨으로써 이후에 신성회(Holy Club)의 모태가 되었다. 신성회는 기도와 성경 연구를 중심으로 모인 소그룹으로 당시 대학가에 파고들었던 도덕적 방종을 거부하고 순수한 신앙 성장을 위해 노력하며 특히 봉사 생활에 최선을 다했다.39 웨슬리는 가난한 어린이들을 모아서 가르치고, 빈곤에 빠진 사람을 구제하며, 죄수를 방문하는 등 나름대로 경건 생활을 했지만 자신의 신앙에 대해 늘 회의와 고민을 품고 있었다.

1735년 웨슬리는 당시 영국의 식민지였던 미국 조지아에 선교사로 자원하여 원주민 선교를 위해 떠나게 되었다. 그것이 하나님에게 완전히 복종하는 길이라고 믿고 미국을 향했으나 원주민들이 쉽게 복음을 받아들이지 않았고 개인적인 일까지 겹쳐 2년이 채 못 되어 다시 영국으로 돌아왔다. 영국으로 돌아오는 배 안에서 심한 폭풍우를 만난 웨슬리는 큰 두려움에 휩싸여 평정심을 잃게 되었는데 그 와중에도 고요히 찬송을 부르는 모라비안 교도들을 보고 깊은 감명을 받았고 하나님의 임재에 관한 그들의 확신을 부러워하게 되었다.40 영국에 돌아온 후 그는 영적으로 깊은 침체 상태에 빠지게 되었으나 모라비안 친구인 피터 뵐레(Peter Boehler)에게 믿음이 생길 때까지 설교하라는 조언을 받고 내적인 신앙의 힘을 다시 얻게 되었다.

---

39 Martin Schmidt, 『존 웨슬리』(*John Wesley*), 김덕순, 김영선 옮김(서울: 은성, 1997), 120-21.
40 *Ibid.*, 188.

1738년 그는 런던의 작은 기도 모임에서 그동안 자신을 괴롭혀오던 내적 고민이 사라지고 구원의 확신을 체험하는 회심의 사건을 겪었다. 그는 그 사건을 통해 비로소 예수 그리스도를 통해서만 구원을 얻을 수 있다는 확신과 그리스도께서 죄를 사하여주시고 죄와 사망의 법에서 구원해주셨다는 믿음을 갖게 되었다.[41] 그 회심 사건을 계기로 웨슬리는 복음에 대한 확신과 더불어 실천적인 삶을 사는 복음전도자로 전향한다. 모라비안들과 교제하며 그들의 공동체 영성에 많은 영향을 받았지만 그들이 성만찬과 같은 은혜의 수단에 무심한 것을 이유로 결별하고 감리교 운동에 전념한다.

그는 교구 목회 대신 순회 설교자로 자청하며 사역하기 시작했고 믿음으로 완전한 구원을 받을 수 있다는 복음의 메시지로 동시대 사람들을 변화시켰다. "세계는 나의 교구다"라고 외치며 사람들이 모인 곳이면 어디든지 찾아가는 열정적인 전도자였던 그는 평생 4만 번의 설교를 하면서도 서문, 요약 발췌, 편집, 책 편찬 등의 기록이 1,536개나 되는 왕성한 저술가였고,[42] 평생 새벽 4시면 일어나 2시간씩 기도하고 일주일에 두 번씩 규칙적으로 금식 기도를 하는 하나님의 사람이었다. 그는 죽기 며칠 전까지 영국에서 노예제도가 폐지되도록 하원위원에게 편지를 쓰고 흑인 노예들에게 세례를 베푸는 등 동시대를 개혁하는 개혁가로 사명을 다했다.

41 *Ibid.*, 342.
42 허천회, "웨슬리의 지성에 대한 깊은 이해," 「활천」827, no.10(2022): 111.

2) 존 웨슬리의 개인적 영성

웨슬리는 35세에 강렬한 복음적 회심을 체험하는데 그 체험으로 말미암아 그의 신학과 사역을 새롭게 정립하게 된다. 그의 신학의 줄기는 예정론을 바탕으로 한다. 칼뱅의 이중 예정론에 맞서 그는 인간의 자유의지를 바탕으로 한 예지 예정론을 주장하게 되었으며 그것은 구원이 일회적인 사건이 아니라 성화의 과정을 거쳐 완성되는 것이라고 보았다.

칼뱅이 택함 받은 자들만 구원을 받을 수 있다는 선택적 은총과 구원을 주장한 반면 웨슬리는 구속과 은총의 보편성을 주장하며 그 누구나 값없이 주시는 은총으로 말미암아 구원을 받지만 그것은 전적으로 인간의 자유의지에 의해 선택될 수 있다는 견해를 취했다. 칼뱅의 구원론이 예정론을 바탕으로 칭의와 중생이 함께 일어나는 것이라면 웨슬리의 구원론은 칭의와 중생 이후의 삶이 성결 가운데서 완성되는 성화의 과정인 만큼 그의 구원론은 삶 전체를 바탕으로 한다. 이렇게 그의 영성의 중심은 삶 전체를 하나님 나라를 추구하는 구원의 과정으로 본데 있다.

웨슬리는 성화를 위한 신앙적 삶의 표준을 성경에 두었다. 그는 성경을 탐구하는 일을 가장 중요하게 여겼다. 성경 말씀을 주야로 묵상함으로써 유일하신 참 하나님을 알게 된다고 늘 고백했다. 그는 성경을 통해 하나님을 알고 서로의 신앙을 고백함으로써 영적 성장에 유익이 되도록 신도들을 권면했다. 그는 신도들에게 성경을 묵상하고, 설교를 통해 은혜 받을 것을 강조했다. 그의 평생에 신앙과 목회의 표준은 성경이었기에 매일 히브리어와 헬라어로 된 성경을 읽으면서 하나님의 말씀을 연구했다. 그는 성경 지식에 능통했고 그가 작성하는 모든 글에는 성경 구절을 항상 인용했다. 웨슬리 신학에서 최고의 권위는 성경이고 그에 의해 조직된 감리교의 모든 교리적 바탕도 바로 성경이라 할 수 있다. 그가 지향한 성경 연구에는 중요한 요소와 목적이 있는데 그것은 개인 성화, 은혜 안에서 성장하도록 서로 돕기 그리고 공동체 안에서의 성경 연구였다.

그는 구원에 대한 하나님의 은총 수단을 '성경 연구'와 '기도'와 '성찬'이라고 여겼는데, 그의 구원론에 따르면 하나님의 은총을 유지하기 위해 인간은 말씀 앞에 나아가고, 기도로 향하며, 성찬에 참여함으로써 주님을 대망해야 한다. 이는 성화의 길로 나아가기 위한 방편이요 그 성화를 통해 마침내 하나님의 구원이 완성되는 것이다. 이를 통해 그가 강조한 영성이 전통적인 기독교 영성의 의미에서 실천, 훈련 그리고 연단이라는 것을 알 수 있다.[43]

웨슬리의 영성은 초대 교회 교부들에게 많은 영향을 받았다고 할 수 있다. 그는 고대 교부 마카리우스(Macarius)가 쓴『50편의 영적 설교』를 읽고 감동을 받아 '마음의 순결'을 강조했다. 영성이 일어나는 장소를 마음 또는 영으로 본 마카리우스와 마음이 청결한 자는 하나님을 볼 것이라는 예수님의 말씀을 좇아 기독교 신앙이 추구하는 목표를 마음의 순결에 두었다. 마음이 혼미하고 어두워져 죄가 들어오고 그 결과 타락했기 때문에 마음을 깨끗하게 하는 성화의 길을 따르는 것이 웨슬리 영성의 출발이다. 성화의 길은 하나님의 은혜와 인간의 노력의 협력 가운데 이루어진다. 하나님이 주권적으로 역사에 대해 인간이 수

43 이후정,『성화의 길: 오늘을 위한 웨슬리의 영성』(서울: 대한기독교서회, 2001), 207.

동적으로 반응하는 것이 아니라 끊임없이 성화의 노력을 함으로써 하나님 형상을 회복해야 하는 것이다. 그는 여기에 성령의 역사가 이 성화에 대한 원동력이 된다고 여겼다.[44]

웨슬리는 또 토마스 아 켐피스(Thomas à Kempis)가 쓴『그리스도를 본받아』에서 그리스도인의 성화와 온전함에 대해 영감을 얻었다. 참된 영성은 예수 그리스도를 본받아 그분의 형상에 일치하는 것이며 온전함은 그리스도인의 생활의 핵심이자 성경의 궁극적인 교훈이라는 깨달음을 확신하게 되었다.[45] 그의 영성 형성에 영향을 미친 또 다른 책은 윌리엄 로(Willian T. Rowe)가 쓴『그리스도의 완전』이다. 그는 이 책을 읽고 그리스도인에게 참으로 중요한 것은 외적 선행이 아니라 내적 성결, 즉 우리 영혼이 하나님과 연합하는 것이며, 자신의 모든 존재를 드려 전적으로 헌신하는 것이 참된 회심이며 사명인 것을 고백한다.[46]

웨슬리는 이렇듯 다독을 통해 영적인 성장과 변화를 이루었다. 어릴 때부터 성서와 기독교 고전을 읽는 습관을 길렀던 그는 평생 3,000여 권을 읽은 것으로 전해진다.[47] 그 당시는 계몽주의 시대라고는 하나 하루에 3만여 권씩 책이 출판되고 각종 미디어에서 정보가 쏟아지는 오늘날과는 분명히 달랐을 것이다. 책의 두께도 그렇고 전기도 발명되기 훨씬 전의 시기였으므로 액면에 드러난 숫자로 그의 엄청난 독서량을 평가할 수 없는 일이다. 그는 후에 평신도 설교자와 일반 성도들에

---

44 이후정,『존 웨슬리의 역사 신학적 조명』(서울: 감리교신학대학출판부, 1995), 136.
45 이후정,『성화의 길: 오늘을 위한 웨슬리의 영성』(서울: 대한기독교서회, 2001), 28.
46 *Ibid.*, 29.
47 허천회, "웨슬리의 지성에 대한 깊은 이해,"「활천」827, no.10(2022): 111.

게도 경건의 지식을 더하고 설교를 잘할 수 있도록 독서를 적극 권장했다. 그는 1750년에 『기독교 문고』(Christian Library)를 출판하여 영성의 대가들을 소개하면서[48] 그들의 경건 생활과 영성 훈련에 대해 읽고 배우는 것이 성화에 이르는 은총의 수단임을 강조했다.

그는 평신도 설교자들에게 하루에 6시간 이상씩 책을 읽는 훈련을 하도록 권면했다. 그는 감리교인들을 위해 그가 가장 영향을 크게 받았던 『그리스도를 본받아』를 발췌하여 출판한 『그리스도인의 모범』을 출판하여 늘 읽도록 하였다.[49] 그는 서문의 지침에서 매일 시간을 정해 놓고 책을 읽되 만약 다 못 읽으면 반드시 다음 날 그 분량을 채우라고 제안했다. 또 책은 영혼의 유익을 위해 읽어야 하며 성령의 내적 조명을 통해 잘 이해한 것을 실천하게 해달라고 기도하면서 읽고, 진지하게 새겨가면서 읽고, 규칙적으로 읽되 자신에게 관련한 부분은 반복해서 읽도록 했다.

웨슬리안 영성의 4대 요소를 흔히 성서, 이성, 전통, 체험이라고 한다. 이 중에서 성서와 이성과 전통은 영국 국교회에서도 강조한 영성이나 여기에 웨슬리는 체험을 추가했다. 로벳 윔즈에 따르면, 성서는 구원의 길을 제시하며 신앙과 실천에서 최종적인 권위를 지니는 것으로, 이성은 참 종교의 기초이자 성서 해석의 오류를 막는 기제로, 전통은 초대 교회와 교부들을 거쳐 영국 국교회에 이르는 표준으로 그리고 체험은 성서와 전통으로부터 다양하게 변동할 수 있고 표준화할 수 없는 것으로 정의한다.[50] 그는 유럽에 계몽주의 바람이 불 때 영적 각

---

48 *Ibid.*
49 김진두, 『웨슬리의 실천신학』(서울: 기독교대한감리회 홍보출판국, 2005), 125-26.
50 Lovett H. Weems, JR, 『존 웨슬리의 신학과 유산』(*Pocket guide to John Wesley's*

성의 기치를 들고 일어난 사람이다. 그 당시 웨슬리의 체험적 영성을 비난하는 사람들이 있었지만 그는 합리주의 시대 신학자였다. 그는 경건주의자였고 동시에 개혁주의자였으며, 성서에 우선을 두면서도 체험을 거부하지 않는 영성가였다. 특히 그는 성령의 역사를 강조하여 체험에 대한 자신의 주관주의에 빠지지 않았다.

무엇보다 그의 체험적 신앙은 기도에 바탕을 둔다. 그는 모친 수잔나에게 밤 8시 자기 전과 새벽 4시 일어난 후 항상 주기도문이나 짧은 기도문을 외우도록 훈련받았으며 그러한 훈련은 그가 자신의 집에 기도방을 두고 매일 기도하는 삶을 살게 되는 원동력이 되었다. 그는 오직 기도를 통해서만 성령을 받게 되며 하나님의 역사는 기도의 응답을 통해 이루어진다고 생각했다. 그는 기도는 성도의 영적 생명의 호흡과 같고 다른 모든 방법은 기도와 병행할 때 도움이 되는 것으로 여겼다. 기도는 죄에 대해 각성하고, 하나님의 약속이 우리 안에 이루어지기를 바라며, 이웃을 위해 요청하고, 하나님의 선하심과 인자하심에 대해 감사하는 그래서 하나님께 드리는 기도는 회개와 간구와 도고와 감사로 이루어지는 것이다.[51] 웨슬리는 이러한 기도는 하나님과 올바른 관계를 맺고 신앙이 성장하며 깊은 은사와 영성을 체험하기 위해 반드시 필요하다고 강조했다.

3) 존 웨슬리의 공동체 영성

웨슬리는 복음주의 운동을 전개하며 영국에서 감리교가 탄생하게

---

message today), 이은재, 이관수 옮김(서울: 진흥출판사, 2005), 21.

51 김진두,『웨슬리의 실천신학』(서울: 기독교대한감리회 홍보출판국, 2005), 104-05.

했지만 그것은 결코 영국교회에 대한 분파 운동이 아니었다. 그는 감리교 운동을 영성 운동으로 규정하며 영국교회 공동체를 영적으로 갱신하고자 했다. 웨슬리는 그리스도의 몸인 신자들이 교회를 믿음과 사역의 공동체로 만들어야 한다고 말하며 교회를 이루는 몸으로서 교회를 더욱 거룩하게 세워가야 한다고 강조했다.

웨슬리는 감리교 신도들 간에 조, 속회, 신도회 등을 조직하여 영적 교제와 상호 돌봄을 통해 서로에게 선한 영향력을 미치도록 하였다. 감리교가 영국 내에서 영적 운동을 일으키고 크게 부흥하게 된 여러 이유 중 하나는 이러한 상호 결속력이다. 이러한 신도 간의 교제와 훈련이 신앙 성장에 유익함을 가져왔고 교회의 부흥을 가져오는 역할을 했다. 이렇듯 기독교 영성에서 공동체의 역할은 중요하다. 공동체 훈련을 통해 개인의 영성을 성장시킬 뿐만 아니라 공동체 관계를 통해 하나님과의 관계를 바로잡아 나갈 수 있는 통찰을 얻게 되는 것이다.

신성회(Holy Club)

신성회는 웨슬리의 동생 찰스 웨슬리가 옥스퍼드에서 대학생활을 할 때 성경 공부와 경건 서적을 읽기 위한 모임으로 시작되었으며 웨슬리가 그 모임에 합류하여 지도자가 됨으로써 본격적인 활동을 벌여나갔다. 신성회는 매일 오전 6시부터 9시까지 기도 시간을 갖고 헬라어로 성경을 읽었다. 그 외 초대 교회 이야기와 중세 신학자들의 서적 그리고 종교개혁 시대에 쓰인 경건 서적들을 읽었다. 당시 영국교회가 1년에 3번 정도 성찬을 행할 것을 권고한 데 반해 신성회에서는 초대 교회의 전통을 따라 매주일 성찬식을 가졌다. 웨슬리는 『매일 기도집』을 발간하여 매일의 아침기도와 저녁기도를 실었으며 '매일의 자기 성찰과 일람표도 거기에 포함해 규칙대로 생활하게 하였다. 이러한 규칙적이고 엄격한 생활 덕에 주위로부터 메서디스트(Methodist)라는 별명 외에 열광주의자들(Enthusiasts)라는 별명도 얻었다.[52] 이와 같이 옥스퍼드에서 시작한 신성회 활동은 웨슬리가 회심한 이후 본격적으로 시작되는 감리교회 운동의 출발점이 되었다.

조(Band Meeting)

웨슬리는 헤른후트에서 모라비안들과 만나면서 그들이 2명에서 5명으로 구성된 작은 모임을 결성한 것을 보고 조 모임을 일주일에 세 번씩 갖게 되었다. 이 조 모임에서는 서로 간에 죄를 고백하고 제자 훈련을 하며, 영적 각성을 체험함으로써 신자들의 신앙 성숙을 도모했다. 주로 신앙고백을 위한 모임으로 진실한 신앙과 완전한 성화를 추구하는 소규모의 모임이며 신앙의 성취도가 비슷한 사람들끼리 구성되었다. 속회가 신도회의 핵심 조직으로 윤리적·영적 생활을 가르치고 훈련하며 교제를 나누기 위한 모임인 반면, 조는 속회의 핵심 조직으로 체험적인 신앙으로 신앙을 성숙하게 하기 위해 서로 죄를 고백하며 완전한 성화를 추구하는 소모임이었다. 속회와는 달리 조는 죄 용서에 관한 확신을 지닌 사람만이 참여할 수 있었다.[53]

속회(Class Meeting)

1742년 런던에서 파운더리 신도회가 설립된 이후 각 지역에서 감

---

52 Howard Snyder, 『혁신적 교회갱신과 웨슬레』(*The Radical Wesley*), 조종남 옮김 (서울: 대한기독교출판사, 1986), 64.
53 *Ibid.*, 82.

리교 신도회가 조직될 때 속회도 함께 구성되었다. 원래 속회는 자신이 가장 믿을 수 있는 사람들로 하여금 돌봄을 받게 함으로써 작은 공동체가 사랑으로 서로를 돌아보아 신앙을 지키고 은혜의 삶을 살게 하며, 말씀에 복종하여 선행을 행함으로 공동체 안에서 성화를 이루어가는 모임이었다.

속회는 나이, 성별, 결혼 유무를 초월하여 한 가족 같은 분위기로 모였다. 속회는 거주 지역별로 나뉘었으며 일주일에 한 번씩 모든 신도가 의무적으로 참여해야 하고 지도자를 두어 모임을 진행하도록 하였다.[54] 속회의 회원 자격은 구원을 갈망하는 자라면 누구나 가능했고 증서를 발급받아 가입이 허락되면 3개월의 예배 기간을 거친 후 속회의 대표격인 속장에 의해 자격을 부여받았다. 이 속회 모임을 통해 많은 사람이 서로 돌보며 사랑으로 교제하게 되었고, 진리를 함께 추구하며 그리스도 안에서 함께 성장하는 경험을 하게 되었다.

웨슬리는 속회가 성경적인 근거를 지닌 은혜의 방편임을 강조했고 실제로 속회는 함께 돌보고 훈련하며 양육하는 신앙 공동체 역할을 했다. 속회를 통해 많은 사람이 회심했고 신앙의 부흥을 경험하게 되었는데 영국과 미국에서 이 속회는 20세기 초까지 교회와 사회를 갱신하고 개혁하는 데 지대한 영향력을 끼쳤고 감리교인들의 영성 생활에 대한 구심점 역할을 했다. 속회는 개인적인 영적 성장뿐 아니라 공동체의 경건 및 교제를 이루는 조직적인 기구의 역할을 담당했다.[55] 웨슬리의 영성은 개인의 경건을 넘어 공동체에 역사하시는 하나님의 사람으로의 돌이킴이며 이를 위해 함께 노력하는 공동체적 성화였다. 속회는

---

54 *Ibid.*, 78.
55 *Ibid.*, 76.

단순한 목적으로 시작되었지만 교회가 보여준 은혜의 수단이 되었고 이것을 통해 그리스도교 신앙의 목표인 성화를 공동체 차원에서 이루어가도록 하는 역사적 모델이 되었다.

감리교 공동체가 당시 영국 사회에서 강력한 영성 운동으로 일어나게 된 이유는 성도의 연합과 교제와 훈련을 통한 양육과 영적 성장이 바탕이 되었다. 웨슬리는 이러한 것을 통찰했고 그의 평생에 걸쳐 공동체 연합과 훈련을 강조했다. 이것이 감리교 영성 운동의 가장 큰 특징이라 할 수 있다.

연합 신도회(The United Societies)

신도회는 감리교 조직 중에서 가장 큰 단위라고 할 수 있다. 웨슬리는 영국 국교회 목사였던 부친 사무엘 웨슬리가 조직했던 '엡워스 신도회'로부터 유익함을 체험했고, 이후 그가 모라비안 공동체와 교제하면서 소그룹을 모방해 '패터레인 신도회'(Fetter Lane Society)를 조직했다. 웨슬리는 그 후에 신학적인 견해 차이로 모라비안과 결별하면서 휘필드와 더불어 브리스톨에서 '메서디스트 연합신도회'를 결성했다. 그 당시 메서디스트 신도회는 영국 국교회에 속한 조직이었고 웨슬리는 그 조직을 통해 경건 훈련과 전도 그리고 구제에 힘썼다. 이후 웨슬리는 신도회 조직을 늘여가게 되는데 이들 신도회가 모여 연합신도회를 조직했다. 웨슬리는 신도회 회원들이 경건 훈련과 실천 등을 통해 철저한 영성 생활을 할 것을 강조했다.[56] 이 신도회에서 웨슬리가 강조한 규칙은 악을 행하지 않고, 적극적인 선행과 돌봄 그리고 하나님의

---

56 이후정, 『성화의 길: 오늘을 위한 웨슬리의 영성』(서울: 대학기독교서회, 2001), 117.

율례대로 살아가기 위해 훈련과 양육을 받을 것 등이다.

이러한 연합신도회의 규칙을 통해 개인의 영성뿐만 아니라 공동체의 영성을 웨슬리가 상당히 중요하게 여겼다는 것을 알 수 있다. 진리의 공동체 안에서 나눔과 교제를 실천하고 영적으로 함께 성장하기 위해 협력하는 모습을 통해 감리교의 정체성을 세워간 것이다.

4) 존 웨슬리의 사회적 영성

웨슬리는 복음운동가로뿐만 아니라 사회운동가로도 유명하다. 그 이유는 당시 감리교 운동이 계몽주의 시대 유럽의 각종 사회 부조리에 대항하고 가난한 사람을 돕는 일을 도맡아 했기 때문이다. 18세기 영국 사회는 산업혁명의 초기 단계로 많은 변화를 겪고 있었다. 도시로 진출한 사람들은 극심한 빈곤과 싸워야 했고 질병, 범죄 등의 사회적 고통에 시달렸다. 이런 사람들은 술과 매춘, 도박 등에 빠져들었고 도시 곳곳에 암울함과 절망이 가득한 상황이었다. 영국교회는 기존 체제를 그대로 유지하기 위해 도탄에 빠진 시민들을 돕기보다는 그들이 처한 상황을 하나님의 섭리로 받아들이도록 유도하고 있었다. 그리하여 사회를 변화시키기보다는 사람들을 도덕적으로 지치게 해 어려운 시대 상황을 개인의 힘으로 극복하도록 계도하고 있었다.

이러한 상황에서 웨슬리가 이끈 감리교 운동은 개인 영성뿐만 아니라 사회 영성까지 주장하여 신도들로 하여금 사회적 선행을 실천하도록 강조했다. 개인과 공동체를 넘어 사회적 실천을 통한 영성의 삶을 추구한 것이다. 곧 사회 참여를 공로주의에서 여기는 바와 같지 않게, 성화의 삶 곧 영성적 삶의 실천으로 여긴 것이다. 이렇듯 웨슬리 영성은 개인의 구원과 공로적 삶에 머무는 것이 아니라 그리스도를 닮아가고자 하는 개인의 성화의 삶이 공동체와 사회로 영향력을 미쳐 사회 전체의 변화의 밑거름이 된다는 통전적 영성을 갖춘 것이었다.

웨슬리는 유럽의 계몽주의 당시 합리주의를 따라 인간의 자유와 정의를 주장하는 일련의 사회운동가를 부정적으로 생각했다. 이성적인 종교 원리에 따라 사람의 내면을 변화시키고 사회를 개혁하는 것은 궁극적인 변화와 개혁이 아니라고 여긴 것이다. 그는 영적 회복 차원에서 하나님의 형상 회복을 강조했다. 인간은 전적으로 타락한 존재이고 부패한 인간은 오직 그리스도의 은혜로 말미암아 새로워진다. 그러한 인간의 목표는 하나님의 형상을 회복하는 것이다. 웨슬리에 따르면 하나님의 형상 회복은 종교적 절차가 아니라 하나님으로부터 다시 태어남이며 하나님의 영이 그 마음속에서 역사하시는 은혜를 깨닫는 것이다. 그는 그리스도인이 사회적 문제를 회복하기 위해서는 거룩성의 회복에서부터 출발해야 한다고 생각했다. 이 거룩함의 기준은 바로 하나님의 형상을 회복하는 것이다.[57]

웨슬리의 영성은 온전한 구원을 이루기 위한 성화에 있다. 성화란 거룩하게 변화해가는 과정이며 이 성화의 목표는 그리스도인의 완전이다. 그가 강조하는 완전이란 매 순간 하나님의 사랑과 은혜 그리고 성령님의 도우심을 필요로 하는 의존적 완전이며, 동시에 우리 마음이 전적으로 하나님만 사랑하고 하나님이 기뻐하시는 일만 행하려는 순수한 의도로서 완전인 것이다. 그는 구원을 받으려면 칭의에서 그치지 않고 성결된 삶으로 변화해야 한다고 주장했다. 그러한 삶은 성화의

---

57 김영택, "존 웨슬리의 인간학: 하나님의 형상과 도덕법," 「신학과 선교」 no.38(2011): 51.

장이기에 수동적인 태도에 머무르지 않고 적극적인 이웃 사랑으로 나타내야 하는 것이다.

당시 거룩한 삶을 강조하는 경건주의는 개인 구원에 몰입되어 있었다. 그리하여 내세를 지향하며 현실을 도피하며 정치에 관여하지 않는 등 이원론적 성향이 강했다. 이런 까닭에 경건주의는 세상을 변혁하는 데는 영향력을 미치지 못한 것이 사실이다. 이에 비해 웨슬리의 영성 운동은 개인적 변화와 성화뿐만 아니라 사회적 변화와 성화까지 중요하게 여겼고 18세기 영국 변화의 큰 원동력이 되었다. 웨슬리의 영성은 기도, 성경 연구, 독서 등의 개인의 내적인 영성에서 출발하여 점차 그 영향력이 공동체와 사회 전체를 향해 뻗어가는 자발적이면서도 적극적인 성격을 띠었다고 할 수 있다. 결국 이러한 영향력은 영국교회 갱신뿐만 아니라 영국 사회 전체와 동시대 전 세계에 미쳤다 해도 과언이 아니다.

웨슬리는 영국 내 곳곳을 다니면서 신자들이 양육 받을 수 있게 속회를 조직했다. 그는 평신도 지도자를 세워 자신처럼 돌아다니면서 가난한 자들을 위해 사역하도록 했다. 가난한 사람들에게 옷과 음식을 나누어주고 무료 의료 사역을 실시했을 뿐만 아니라 무료 약국 개설과 함께 가정 의학 사전도 편찬했다. 그는 가난한 사람들을 심방하는 것이 그리스도의 사랑과 긍휼을 직접적으로 실천하는 것이라고 강조했다.[58]

그의 사회 참여에 대한 또 다른 예는 인권에 대한 관심에서 나타난다. 인권은 하나님의 형상대로 지음 받은 창조의 권위에서 찾아볼 수 있다. 하나님의 피조물인 인간이 지닌 고유한 권리는 그 어떠한 이유에

---

58 *Ibid.*, 58.

서라도 빼앗길 수 없다. 인권에 관한 웨슬리의 관심은 당대 여성들의 인권 신장 운동과 노예제도에 대한 저항 등으로 나타났다. 그는 교회 내에서 여성을 영적 지도자로 세웠고 흑인 노예제도를 반대했다. 그는 흑인 노예들도 하나님의 피조물이라고 생각했고 반노예 운동과 노예제 폐지 운동을 적극 지지했다. 그는 1736년 미국 여행에서 노예 시장의 잔인함을 목격하고 그들을 위한 상황 개선을 위해 세 가지를 주장했다. 그것은 첫째, "열악한 환경에 대해 합리적으로 저항하기", 둘째, "식민지 행정가의 노예제도 거부에 대해 찬성하기", 셋째, "흑인 노예 개개인에 대한 목회적 관심이었다."[59]

웨슬리의 사회적 영성은 개인의 인격과 영성 그리고 성화의 삶이 이웃 사랑으로 흘러 사회를 변화시키고자 하는 청지기적 삶의 소명에 기초한다. 실제로 이러한 통전적 영성을 통해 당대의 사회가 변화하고 그 변화가 이웃과 세계에까지 미쳤다는 것에 큰 의미가 있다.

9. WMU 온라인 교육과 영성 형성 적용

1) 공식, 비공식, 잠재적 커리큘럼

WMU 커리큘럼을 보면 대학 과정과 대학원 과정에서 성경과 신학 과목을 반드시 수강해야 한다. 대학 과정의 경우 모든 학과가 전공 외 성경과 신학 과목을 30학점 이수해야 하고, 대학원의 경우 목회학과와 신학과를 제외한 모든 학과에서 기본적으로 성경 및 신학 과목을 9학

---

59 *Ibid.*, 55.

점 이수해야 한다. 이는 성경적인 관점과 신학의 틀 안에서 전공 학문을 이해하도록 하기 위함이며 크리스천으로서 실천적인 삶을 살도록 훈련하기 위함이다. 영성 및 영성 형성에 관련한 과목으로는 대학 과정에 2과목이 개설되고, 목회학과와 신학과를 제외한 대학원 과정에도 2과목이 개설되어 있다.

그 외에 학생들은 채플과 학생 사역을 재학 중에 이수해야 한다. 채플은 '무들'에 올라온 예배 영상을 보고 말씀 요약과 적용점을 작성하여 제출해야 해당 주에 출석으로 간주된다. 무들에는 예배 영상, 채플 보고서 제출방 외에 나눔방이 있어 해당 주에 지정된 학생들이 자기소개 글과 기도 제목을 올리고 다른 학생들이 댓글을 남김으로써 함께 교제할 수 있도록 한다. 채플방의 장점은 대학과 대학원 그리고 모든 학과 재학생들이 함께 섞여 예배 공동체를 이루고 함께 교제를 나눌 수 있다는 점이다. 대학과 대학원 수업이 다르고 학과마다 필수과목이 달라 서로 모를 수 있고 더구나 온라인 플랫폼 내에서 철저히 분리되어 교제의 접점이 없는 상황에서 온라인 채플방이 예배와 교제의 역할을 해내고 있다는 사실은 고무적이다. 학생 사역은 전공 관련 실습이 없는 대학과 대학원 학과에서 4학기에 걸쳐 교회나 기독교 기관에서 한 학기 동안 사역을 하고 현장 지도자의 평가서를 받아오게 하는 것인데 이것은 현장 사역을 통해 섬김과 봉사의 영성을 개발하기 위한 것이다.

이러한 공식 커리큘럼 외에 비공식 커리큘럼이나 잠재적 커리큘럼을 통해 영성 형성이 이루어질 수 있다면 바람직할 것이다. 공식 커리큘럼은 교육 목표에 대해 공식적으로 디자인된 교과 과정을 의미한다. 비공식 커리큘럼은 정식으로 채택된 교과 과정은 아니지만 학교가 지정한 활동 등을 통해 교육 목표가 성취되도록 하는 것을 말한다. 잠재적 커리큘럼은 교육 현장의 고유한 문화나 분위기 등을 통해 교수자나 학습자 모두 의식하지 못하는 상태에서 저절로 학습되는 것을 의미한다. 실제적으로 학교에서는 공식 커리큘럼이나 비공식 커리큘럼을 통해 학습되는 것보다 잠재적 커리큘럼을 통해 학습되는 것이 훨씬 크고 많다.

　비공식 커리큘럼으로는 온라인 수련회, 세미나 그리고 단기 선교 등이 있는데 이것들을 통해 학생들은 영성 개발과 훈련의 기회를 가질 수 있다. 단기 선교는 재학생 선교사가 사역하고 있는 선교지를 후보지로 물색하여 동료 재학생들이 방학 동안 사역을 위해 함께 방문하는 것인데 비공식 커리큘럼의 좋은 예가 될 수 있다. 그 밖에 학과별 모임을 위해 블로그 형식의 열린 플랫폼을 제공하고 학습조, 기도조, 코칭조 등 5명 미만의 학생을 묶어 목적에 따른 상호 도움을 제공받을 수 있도록 하는 것도 좋은 시도다. 팬데믹 기간을 지나면서 각종 컨퍼런스 툴이 사용되고 있으나 앞으로는 메타버스 캠퍼스를 이용하여 학생들이 메타버스 기도실에 모여 기도회를 하거나 수련회실에서 영성 수련을 하는 등 가상공간을 활용해 몰입도를 높이는 영성 교육의 효과도 기대해볼 수 있다.

　무엇보다 중요한 것은 잠재적 커리큘럼이다. WMU가 어떤 문화를 가졌으며 앞으로 어떤 문화를 추구해나갈 것인가 하는 것은 영성 형성에서 매우 중요하다. 결국 교육의 대부분은 이 잠재적 커리큘럼을 통해 이루어지기 때문이다. WMU가 인본주의 세파 가운데서 얼마나 복음과 신앙을 강조하는가, 교수자와 학습자가 진리 공동체를 세우기 위해 얼마나 사랑 안에서 노력하는가, 시대적 어려움과 공동체의 아픔이 있을 때 채플과 소그룹 모임에서는 얼마나 함께 기도하며 믿음을 선포하는가, 지구적 재난과 고통이 있을 때마다 WMU 공동체가 어떻게 크고 작은 실천들을 도모하는가, 이 모든 것이 WMU 영성의 토양이 되며 이러한 모습을 통해 진정한 영성이 형성될 것이다.

2) 온라인 공동체와 그룹핑

4차 산업혁명 시대의 특징 중의 하나가 공동체성의 발현이다. 상호작용을 통한 협업이 중요한 시대인 만큼 온라인에서 공동체성을 확보할 수 있는 길을 모색해야 한다. 존 웨슬리의 영성 형성에 따르면 공동체가 매우 중요한 역할을 했다는 것을 알 수 있다. 그가 조직한 신도회나 속회나 조 같은 공동체는 서로 돌아보아 믿음을 격려하고 선한 일을 도모하려는 의도가 담겼고 실제로 이러한 조직을 통해 감리교가 형성되고 부흥하는 등 개인과 신앙 공동체의 발전에 많은 기여를 했던 것을 알 수 있다.

WMU 온라인 교육에서는 플랫폼이 물리적인 학교의 역할을 하고 있다. 각 클래스에 등록되어 있는 학생들이 무들에 입장하면 들어와 있는 학생들을 실시간으로 파악할 수 있고 그들과 메신저로 소통할 수 있다. 각 클래스 안에서는 자기소개와 매주 토론방을 통해 상호작용할 수 있도록 되어 있다. 채플방의 경우 비실시간으로 영상 예배를 드리고 매주 나눔방을 통해 일정한 수의 학생들이 자기소개와 기도 제목을 나누고 있다. 기본적으로 학습에 관한 상호작용은 할 수 있게 되어 있으나 공동체의 영성 형성을 위해 이런 것을 능가하는 조직이 필요해 보인다.

현재 학과별, 과목별로 되어 있는 학습 공동체를 넘어 영성 형성을 목적으로 한 동아리 모임 형성이 이루어진다면 바람직할 것이다. 경건 서적 읽기를 위한 독서 동아리, 중보기도를 위한 기도 동아리, 단기 선교를 위한 단기 선교 동아리 등을 조직하고 지도교수를 붙여 플랫폼 안에서 실시간 혹은 비실시간으로 활동하게 하면 동아리의 목적에 따라 공동체 영성 훈련과 영성 개발이 이루어질 수 있다. 초반에 학생들이 자발적으로 움직이기 힘들다면 동아리 활동을 학생 사역이나 현장 학습으로 간주하여 학교가 그 구성을 주도할 수도 있다.

동아리 모임을 온오프라인에서 번갈아가며 모이면 모임 성격과 목표를 분명히 할 수 있다. WMU 온라인 학생들의 거주지 분포도가 전 지구적이므로 한 장소에 일제히 모이기는 어렵더라도 의도적으로 대면 모임의 기회를 가질 수 있다면 참가자들끼리 관계가 더욱 돈독해질 수 있을 것이다. 동아리는 동아리 모임으로 끝나는 것이 아니라 팬데믹 전에 캠퍼스에서 개최했던 축제를 온라인으로 옮겨와 동아리 축제를 정기적으로 개최할 수 있다. 메타버스 캠퍼스에 동아리관을 만들고 그곳에서 할 수 있는 온라인 활동을 기획하고 준비한 자료 등을 전시하여 재학생들에게 관람하게 하면 축제를 통한 학습 목표가 이루어질 것으로 기대할 수 있다.

3) 캠페인과 운동

존 웨슬리에게 사회 영성은 매주 중요한 의미를 지닌다. 웨슬리는 구원이 단회적으로 완성되는 것이 아니라 일생을 통해 성화의 과정 가운데 이루어지는 것으로 보고 인간의 자유의지가 선을 선택하여 살아가는 실천적 삶을 중요하게 여겼다. 그는 당대 크리스천들로 하여금 가난한 사람들을 구제하고 섬길 수 있는 실천 영성을 강조했다. 복음주의 기독교 대학인 바이올라 대학 심리학과 교수인 토드 홀(Todd W. Hall)의 영성 규정에 대한 다섯 가지 항목을 보면, 자신 및 타인과 관련한, 하나님과 관련한, 커뮤니티와 관련한, 실천과 관련한, 하나님의 나라와 관련한 내용들을 포함하고 있다.[60] 이렇듯 실천적 영성을 제외하고는 통전적 영성을 생각할 수 없다.

오늘날 많은 지구적 이슈가 우리 삶 안팎에 존재한다. 지구 온난화, 각종 질병, 부의 편중 문제, 환경 문제, 기술문명으로 인한 인간 소외 문제 등 과학의 발전으로 인한 유토피아가 세워지는 것 대신 그것의 부작용으로 인한 재앙이 엄습하는 것이 오히려 큰 위협으로 다가온다. 크리스천은 종말을 기다리는 사람들이 아니다. 어떻게 해서든 다음 세대에 은혜의 복음과 생명을 전해줄 사명을 지닌 사람들이다. 현재의 지구적 위기는 우리의 위기만이 아니라 우리 자녀들이 직면해야 할 위기이고 다음 세대가 고스란히 껴안아야 할 재앙이다.

지구적 이슈에 대한 실천 항목들을 정하고 그것을 함께 실천해나갈 수 있도록 캠페인과 운동을 시행하는 것이 바람직하다. 학생들이 자발적으로 그러한 캠페인과 운동을 열어나갈 수 있도록 공식 또는 비공식 커리큘럼 안에서 장을 만들고 시행과 확산과 평가가 이루어질 수 있도록 해야 할 것이다. 또 그것이 재학생 자신에서 시작하여 가정으로 또 커뮤니티로 확산될 수 있도록 구심점을 만들어야 한다. 자칫 학습 공동체 역할만 충실하여 학업 외에 중요한 것들을 간과하거나 놓칠 수 있다. 그러나 파커 팔머가 "가르침이란 진리에 대한 순종이 실천

---

60 "Spiritual Transformation Inventory," 2023년 2월 5일 접속, https://www.spiritualmetrics.co.

되는 공간"[61] 이라고 말했듯이 온라인 학습 공동체 안에서 실천적 영성의 방향이 제시되고 그것을 함께 추구하는 역동성이 나타나야 한다.

VI. 나가는 말

필자는 이 글에서 4차 산업혁명 시대 교육의 특징과 방향을 알아봄으로써 WMU 온라인 교육이 추구하는 방향과의 일치성을 찾으려고 했다. 그것은 영성, 공동체, 사회적 실천으로 압축될 수 있다. 첨단과학이 발달할수록 인간은 소외를 극복하기 위해 존재 가치를 찾아 고군분투한다. 그러기 위해서는 공동체가 필요하고 공동체 연대를 통해 자신들의 가치를 확증해나가야 한다. 그러한 공동체는 자기들 안에 머물러 있지 않는다. 더 넓은 가치의 추구를 위해 사회 안에서 실천한다.[62] 이런 면에서 존 웨슬리는 오늘날 우리에게 구체적인 적용점들을 시사한다. 그는 크고 작은 신앙 공동체를 형성하여 영성 운동을 일으켰을 뿐 아니라 거기에서 변화된 사람들은 암울한 시대적 상황을 뚫고 섬김과 실천을 통해 동시대 사람들을 구원했다. 교육가이자 사회운동가인 파커 팔머는 교육은 영적 형성이며 진리 공동체의 회복이라고 했다. WMU 온라인 교육이 이 시대를 향한 교육 목표를 향해 도약하기 위해서는 진리 공동체로서의 확증과 자부심 그리고 영성 형성을 향한 구체적인 몸부림과 실천이 필요하다.

---

61 Parker Palmer, 『가르침과 배움의 영성』(*To Know As We Are Known*), 이종태 옮김(서울: IVP, 2000), 131.

62 *Ibid.*, 87.

참고문헌

고용수. 『만남의 기독교교육사상』. 서울: 장로회신학대학교출판부, 1996.

권오상. "비판적 사고와 논증적 글쓰기." 「사고와 표현」 10, no.3(2017): 39-66. doi: 10.19042/kstc.2017.10.3.39.

김영택. "존 웨슬리의 인간학: 하나님의 형상과 도덕법; 하나님의 형상과 도덕법." 「신학과 선교」 no.38(2011): 39-66. doi: 10.35271/cticen. 2011. 38.39.

김정규. "몰입형 가상현실의 몰입, 현존감, 공감의 개념과 하위차원에 대한 논의." 「차세대융합기술학회논문지」 6, no.2(2022) : 202-208. doi: https://doi. org/10.33097/JNCTA.2022.06.02.202.

김준호. "온라인 몰입형 교육을 위한 메타버스 플랫폼 개발에 관한 연구." 박사학위논문, 서울과학기술대학교 IT정책전문대학원, 2022.

김지영. 『다섯 가지 미래교육 코드』. 서울: 아이시티컴퍼니, 2017.

김진두. 『웨슬리의 실천신학』. 서울: 기독교대한감리회 홍보출판국, 2005.

김진수, 김한별, 박상영, 이태욱. 『4차 산업혁명과 교육』. 서울: 공감북스, 2019.

김홍기. 『존 웨슬리의 역사신학적 조명』. 서울: 감리교신학대학출판부,1995.

류태호. 『4차 산업혁명 교육이 희망이다: 교사, 학부모, 학생을 위한 미래 교육 길잡이』. 서울: 경희대학교출판문화원, 2017.

박상진. "신학교육의 기독교교육모델로서 실천지향적 신학교육: 신학대학원(M.Div) 을 중심으로." 「장신논단」 49, no.4(2017): 365-397. doi: 10.15757/kpjt. 2017.49.4.014.

방진하, 이지현. "플립드 러닝(Flipped Learning)의 교육적 의미와 수업 설계에의 시사점 탐색." 「한국교원교육연구」 31, no.4(2014): 299-319. doi: 10.24211/ tjkte.2014.31.4.299.

서성은. "메타버스 개발동향과 발전전망 연구." 〈한국 HCI학회 학술대회〉(2008):

1450-57.

유은숙, 최재용, 양성길, 김종용, 민문희, 박연순, 윤성임, 이가원, 이미소, 최재경. 『4차 산업혁명 Why?』. 서울: 한국경제신문, 2018.

이경호. "제4차 산업혁명시대 학교교육 혁신방안 탐색: 미국 '미네르바 스쿨' 혁신사례를 중심으로." 「교육문화연구」 26, no.1(2020): 179-199.

이동엽. "플립드 러닝(Flipped Learning) 교수학습 설계모형 탐구." 「디지털융복합연구」 11, no.12(2013): 83-92. doi: http://dx.doi.org/10.14400/JDPM. 2013.11.12.83.

이상진. "존 웨슬리의 영성연구." 박사학위논문, 호서대학교 연합신학전문대학원, 2008.

이소영. 『홀로 성장하는 시대는 끝났다』. 고양: 더메이커, 2019.

이지성. 『인공지능에게 대체되지 않는 나를 만드는 법, 에이트』. 서울: 차이정원, 2019.

이후정. 『성화의 길: 오늘을 위한 웨슬리의 영성』. 서울: 대학기독교서회, 2001.

임윤택. "디아스포라 선교신학자 임동선 연구." 『임동선 목사의 선교신학』, 임성진 편. 12-50. 서울: 쿰란출판사, 2019.

정학경. 『내 아이의 미래력』. 서울: 라이팅하우스, 2017.

허천회. "웨슬리의 지성에 대한 깊은 이해." 「활천」 827, no.10(2022): 113.

홍성철. 『불타는 전도자 존 웨슬리』. 서울: 세복, 1999.

Groom, Thomas. 『신앙은 지속될 수 있을까?』(*Will There be Faith?*). 조영관, 김경이, 임숙희 옮김. 서울: 가톨릭대학교출판부, 2014.

Palmer, Parker. 『가르침과 배움의 영성』(*To Know as We are Known*). 이종태 옮김. 서울: IVP, 2000.

Schmidt, Martin. 『존 웨슬리』(*John Wesley*). 김덕순, 김영선 옮김. 서울: 은성, 1997.

Schwab, Klaus. 『클라우스 슈밥의 4차 산업혁명』(*Fourth Industrial Revolution*). 송경진 옮김. 서울: 메가스터디북스, 2016.

Snyder, Howard. 『혁신적 교회갱신과 웨슬레』(*The Radical Wesley*). 조종남 옮김. 서울: 대한기독교출판사, 1986.

Susskind, Richard, and Daniel Susskind.『4차 산업혁명 시대 전문직의 미래』(*The Future of the Professions*). 위대선 옮김. 서울: 와이즈베리, 2017.

Weems, Lovett H.『존 웨슬리의 신학과 유산』(*John Wesley's Message Today*). 이은재, 이관수 옮김. 서울: 진흥출판사, 2005.

Yust, Karan, and Byron Anderson.『기독교교육과 영성』(*Taught by God: Teaching and Spiritual Formation*). 이규민 옮김. 서울: 대한기독교서회, 2016.

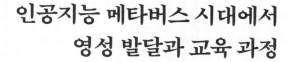

인공지능 메타버스 시대에서 영성 발달과 교육 과정

김난예 한국침례신학대학교 기독교 교육학 은퇴교수

I. 들어가는 말

세계의 모든 카메라가 2016년 3월 9일부터 15일까지 대한민국 서울에 집중되었다. 하루 한 차례의 대국으로 총 5회에 걸쳐 진행된 알파고(AlphaGo)와 이세돌 기사 간의 바둑 대결이 펼쳐진 것이다. 최고의 바둑 인공지능 프로그램과 바둑 최고 인간 실력자의 대결로 최종 결과는 알파고가 4승 1패로 이세돌에게 승리했다. 알파고를 개발한 구글의 인공지능 연구 총괄자 커즈와일(Ray Kurzweil)은 2005년 『특이점이 온다』라는 저서를 발표한 후, 알파고 대 이세돌의 딥마인드 챌린지 매치(Deepmind Challenge match)를 통해 인공지능이 인간지능을 능가하는 시기 '특이점'(Singularity)이 근접하고 있음을 보여준 것이다. 그는 2029년에는 희로애락을 표현하고 농담도 할 수 있을 정도의 감성 지능을 가지고 사람과 관계를 맺는 컴퓨터가 등장할 수 있다는 가능성을 예측했고, 2045년에는 인공지능이 모든 인간의 지능을 합친 것보다 강력할 것이며, 초인공지능(Artificial Super intelligence, ASI)으로 발전할 것이고, 생명공학과 관련된 연구가 완료되어 인류는 죽음이 없는 영생을 누릴 것이라고 예측했다.[1]

그렇다면 21세기 과학이 신의 자리를 넘보고 죽음 없이 영원히 살 수 있다고 도전하며, 최고의 과학을 자랑하는 인공지능 메타버스 시대에 사람들은 왜 영성에 주목하는 것일까? 종교인이나 비종교인이나 사람들은 다양한 영성 캠프, 영성 세미나, 영적 지도자들을 찾아다니며 신령한 것에 취하거나 머무르려 한다. 미국 캘리포니아 주에서 발간되는 한 신문은 '콜로라도의 외딴 곳에서 경험하는 영적 재충전'이라는 제목하에, 콜로라도 주에만 일반인들의 영적 재충전을 위한 영성 캠프장과 수도원이 수십 개나 세워져 있다고 보도한 적이 있다. 미국의 시사 주간지 〈뉴스위크〉지도 그동안 판매에서 우위를 차지했던 성이나 자기개발에 관한 책보다 명상, 기도, 영성에 관한 책들이 더 인기를 끌고 있다고 보도했다.[2] 영성의 열기는 '영'이나 '영적'이라는 단어로 기업의 마케팅 분야에서도 사용되고 있다. '아이 트러스트'(I trust)라는 비누로 목욕하고, '스피리추얼'(Spiritual)이라는 화장품을 쓰며, '블리스'(Bliss, 천상의 기쁨)라는 이름의 화장수로 몸을 촉촉하게 하고, 영혼을 새롭게 하기 위해 '리버스'(Rebirth)라는 이름의 파우더를 바른다.[3]

사람들이 과학 기술의 편리함과 물질적 풍요로움을 누리지만 내일

---

1 김난예, "인공지능 시대의 영적 민감성," 「한국기독교신학논총」 106(2017): 291.
2 Bruce Damarest, 『영혼을 생기나게 하는 영성』(*Satisfy Your Soul: Restoring the Heart of Christian Spirituality*), 김석원 옮김(서울: 쉴만한물가, 2004), 41-42.
3 Leonard Sweet, 『영성과 감성을 하나로 묶는 미래교회』(*Postmodern Pilgrims*), 김영래 옮김(서울: 좋은씨앗, 2002), 75.

에 대한 불안과 두려움과 허무감은 커지고 있다. 더욱이 세상은 코로나19 엔데믹으로 이전과는 다른 새로운 문화와 사회생활 패턴이 익숙해지고 트렌드도 급변하고 있다. 사람들은 트렌드에 적응을 하면서도 과학 기술을 넘어선 좀 더 위대하고 초월적인 것에 기대고 의지하며, 자신을 이끌어줄 것을 찾고 있다.

그러나 교회와 신학 교육은 이런 변화와 세상의 요구에 잘 대응하지 못하며 지나간 좋은 시간이 되돌아오기를 은근히 기다린다. 내일은 현재가 지속되면서도 변화되는 것이므로 기다려서는 안 되고 스스로 창조해가야 한다.[4] 한계를 모르는 현대 과학과 성공 추구의 삶에서 지치고 목적을 잃고 방황하며 살아가는 사람들이 영성을 추구하며 떠돌고 있다. 디지털 인공지능 메타버스 시대에, 길 중의 길을 인도해야 하는 신학 교육은 일반 학문과 과학을 뛰어넘고 인간의 이성과 과학으로 설명할 수 없는 그 길을 안내하는 시대적 사명을 감당해야 한다. 눈앞에 펼쳐지고 있는 시대와 사회의 흐름을 느끼며 신학 교육의 교육 과정은 피상적인 것이 아니라 신학 교육의 정체성을 확인하고 시대를 이끌 수 있는 구체적이고 실현 가능한 방법을 찾아야 한다. 우리가 상상하지 못한 시대가 온다 하더라도, 신학 교육은 시대를 인도하고 이끌어갈 수 있는 원동력과 중심을 잃지 않고 더 적극적이고 능동적으로 시대를 이끌 교육 목적을 제시하며 교육 과정을 구상하고 실천으로 옮겨야 한다. 신학대학교와 교회의 존재 목적은 시대가 어떠하든지 삶의 목적과 방향을 잃고 몸과 마음과 영혼이 죽어가는 사람들이 생명의 삶을 살도록 돕는 것이기 때문이다.

---

4 김난예, "AI시대 여성의 공감적 감성 함양을 위한 기독교교육의 과제," 「기독교교육논총」 62(2020): 36.

디지털 인공지능 메타버스 시대는 탈현실, 초연결, 초실감으로서 메타 사피엔스로 살지 않으면 살아가기 힘든 세상이 되었고 살아남기 위해 전쟁 같은 경쟁을 하며 성공을 향해 달려야 한다. 불안과 초조와 우울과 무기력으로 좌절하며 스트레스에 시달리는 것을 해결하고 마음의 평안과 신체적 안녕감을 얻고자 사람들은 영성을 찾아 떠난다. 하지만 순수하게 찾아 떠난 영적 욕구는 자칫 끝없는 인간의 욕망의 바다를 떠돌게 되고 상품화되고 기업화된 또 다른 늪으로 끌려들어 간다.

따라서 디지털 인공지능 메타버스 시대에 '영성'이 무엇인지 알고 인간의 영적 욕구와 영적 욕망을 분별하며, 욕망의 늪으로 끌려가지 않아야 한다. 이를 인도할 지도자를 양성하는 신학대학교의 현실은 어떠하며, 신학대학원 학생들의 인생 시기와 특징 그리고 삶의 과제가 무엇인지 파악하는 것은 매우 기본이 되는 일이다. 신학대학원 학생들의 영성 발달은 삶의 궁극적인 목적과 방향으로 연결되며, 신학대학원에서 공부하는 동안 영성 발달을 어떻게 도울 수 있을 것인가에 대한 해답을 줄 수 있기 때문이다. 더 나아가 영성 발달 및 영성 형성을 위한 신학대학원의 교육 과정을 어떻게 구성하며 계획하고 준비해야 할 것인가에 대한 정보와 지혜를 얻을 수 있기 때문이다.

II. 메타버스 사회의 특징

코로나19 이후에는 삶의 방식과 기준을 전체적으로 변화시키는 '포스트 코로나 뉴노멀' 시대가 열렸다. 이는 세계 경제와 기업의 변화는 물론 인간의 삶에 변화를 촉구하는 계기가 되었고, 디지털 기술을 기반으로 시대적 전환을 요구하는 혁신의 선도적 기회로 작용하고 있다. 포스트 코로나 뉴노멀 시대의 환경 변화에 대응하기 위해 세계 각국은 코로나19 이후 경제 회복과 경쟁력 강화를 위한 대안으로 '디지털 전환'을 채택하고 있으며, 새로운 국가 정책 질서를 만들어가기 위한 전략을 마련하는 데 총력을 기울이고 있다.[5] 특히 아날로그 시대와는 달리 디지털 시대에는 모든 것이 각자 독립적이지 않고 서로 연결되어 있기에 어느 한 주제를 논한다 하더라도 각 요소들이 연계될 수밖에 없다. 그래서 메타버스 현대 사회의 특징을 한 마디로 기술한다는 것은 무모하겠으나 분명한 것은 인간의 모든 삶의 영역에서 변화의 흐름이 매우 빠르다는 것이다. 메타버스 사회에서는 메타 풍요, 메타 연결, 메타 장수, 메타 자본, 메타버스와 아바타, 메타 센서, 메타 인공지능, 인공지능-인간 협업, 로봇과의 공생, 메타 재생에너지, 메타 예방보험, 메타 교통수단, 메타 주문생산 배송, 메타 사물인터넷, 나를 나보다 잘 아는 인공지능, 메타 BCI, 아바타로 쇼핑하기, 메타 지속가능성, 메타 크리스퍼 유전자 편집기술 등 무한한 기회와 가능성의 세상, AI 메타버스 새로운 디지털 세상이 열리고 있다.[6] 메타버스를 이루는 주요 특성은 연결성(Seamlessness), 실재감(Presence), 상호운영성(Interoperability), 동시성(Concurrence), 경제성(Economy) 등이며 이는 메타버스

---

5 한국지능정보사회진흥원, "포스트 코로나 시대 디지털 대전환과 사회변화 전망," *GDX REPORT 2022-1*, 2022. 3.

6 박영숙, 제롬 글렌, 『세계 미래보고서 2022: 메타 사피엔스가 온다』(서울: 비즈니스북스, 2021), 10-29. 『세계 미래보고서』는 글로벌 미래를 연구하는 그룹인 '밀레니엄 프로젝트'에 속해 있는 수천 명의 전문가가 다양한 미래 예측 기법을 활용해서 10년 후의 미래를 예측한 내용을 핵심으로 담고 있으며, 매년 세계미래회의 컨퍼런스에서 발표되는 보고서이다.

내에서 경험의 연결·연계, 실재감, 가상과 현실의 연결, 동시 자동접속,
경제활동 등이 가능하다.

1. 탈현실 사회

　제4차 산업혁명으로 인한 메타버스 디지털 시대의 다양한 변화의
위기 속에서 사람들은 미래 사회의 양상에 대해 기대와 두려움의 양가
감정을 지니고 있었다. 그런데 한 번도 경험하지 못한 큰 문제를 경험
했을 때 인간 본능에 매우 깊게 뿌리박힌 행동 패턴은 직면하여 싸우거
나 도망치든지 아니면 경직되는 것이다. 이런 주춤거림 사이에 코로나
19로 인해 메타버스 세계로 들어가는 속도가 급격히 빨라지면서 가
속화되었다. 메타버스가 처음 등장한 것은 1992년 SF 작가 닐 스티븐
슨(Neal Stephenson)의 소설 『스노우 크래시』(*Snow Crash*)에서였지
만 코로나19 상황에서 더욱 확산되었다. 피할 수 없으면 즐기라는 말
대로 각 나라와 기업들은 피할 수 없는 '메타'라는 새로운 키워드를 통
해 미래를 조망하고 인류의 변화상을 살펴보며 준비할 수 있는 통찰의
기회를 갖게 되었다.[7]
　그런데 21세기 메타버스 디지털 사회의 트렌드 중 가장 큰 영향을
미칠 흐름은 탈현실화이다.[8] 탈현실화란 현실을 탈출한다는 것으로
예컨대 화성으로 이주하는 것은 기술적으로 가능할지라도 매우 제한
적이다. 만일 0.1%가 화성으로 갈 수 있다면 나머지 99.9%는 어디로

---

7 박영숙, 제롬 글렌, 『세계 미래보고서 2022』, 171.
8 김대식, 『메타버스 사피엔스: 또 하나의 현실, 두 개의 삶, 디지털 대항해시대의 인류』
　(서울: 동아시아, 2022), 154.

도피할까?[9] 이를 가능하게 하는 것이 메타버스이며 탈현실화의 한가운데 메타버스가 있다. 메타버스(metaverse)란 가상을 뜻하는 'meta'와 우주를 뜻하는 'universe'의 합성어로 웹을 기반으로 현실 세계와 같은 사회·경제·문화 활동이 이루어지는 3차원의 가상세계를 일컫는다.[10] 현실 세계를 초월한 또 하나의 세상이라는 의미이며, 현실에서 이루어지는 상호작용을 가상공간에 구현한 여러 가지 형태나 콘텐츠를 통칭하는 말이다. 메타버스는 더 이상 '가상현실'이 아닌 '또 하나의 현실'로서 거부할 수 없는 트렌드가 되었고 인류의 삶과 역사의 방향을 완전히 뒤바꾸고 있으며 가상현실에서 일상을 살아가고 가상의 문화를 현실 감각 이상으로 경험할 수 있게 한다.[11] 메타버스는 인간 시각의 한계를 뛰어넘고, 메타버스 공간 속에서 현실세계의 나를 대신한 아바타가 자유자재로 다른 아바타들과 촉감을 경험하고, 24시간으로 분절되지 않는 가상의 시간을 경험하여[12] 탈현실화를 실감하며, 결국 현실 문화에도 영향을 주어 인류의 새로운 역사를 열고 있다. 이러한 메타버스 열풍을 반영하듯 2021년 10월 페이스북 최고경영자 마크 저커버그(Mark Zuckerberg)는 회사명을 '페이스북'에서 '메타'로 변경하며, 메타버스 서비스 관련 직원을 1만 명 더 늘렸고 2022년에는 12조 원을 투자하여 기술을 개발하고 있다.[13] 한국 정부는 5천억이 넘는

---

9 "[SDF 다이어리] 지난 30년이 우리 인류에게 가장 평화롭고 행복한 시간이었다고요?," 〈SBS 뉴스〉, 2022년 3월 27일 게시, https://news.sbs.co.kr/news/endPage.donews_id=N1006687729&plink=COPYPASTE&cooper=SBSNEW SEND.

10 박영숙, 제롬 글렌, 『세계 미래보고서 2022』, 171. 1992년 출간된 소설 『스노우 크래시』 속 가상세계 명칭인 '메타버스'에서 유래한다.

11 김대식, 『메타버스 사피엔스』, 183.

12 송민우, 안준식, 『메타사피엔스: 현실이 된 가상을 살아가는 메타버스의 신인류』(서울: 파지트, 2021).

예산을 메타버스에 투자했으며, 2021년과 2022년 출간된 트렌드 전망서들은 하나같이 메타버스를 다루고 있다. 2022년 1월에 열린 메타버스 엑스포와 CES 2022에서 이미 보았듯이 메타버스 미래 기술의 활용과 발전 가능성은 무궁무진하다.

탈현실화된 미래는 가상현실(VR), 증강현실(AR), 혼합현실(MR), 확장현실(XR)로 형태가 급속도로 진화 중이지만 이 외에도 서로 다른 여러 개의 현실로 갈라진 다중현실의 모습을 띨 것이다.[14] 이를 증명하는 한 사례가 '필터 버블'인데, 필터 버블이란 정보가 이용자에게 선별적으로 제공됨에 따라 이용자가 스스로 선호하는 정보 안에 갇히는 현상이다. 2021년 2월 과학 전문지 「네이처」는 미국 사회가 이미 사이버 공간에서 정치적으로 2개 이상의 필터 버블로 갈라졌다는 연구를 소개했다. 그러나 이는 단지 정치적 신념이라는 한 가지 기준에 따른 분열일 뿐, 이용자들이 지닌 취향과 신념의 수는 여럿이고 그에 따라 인터넷 공간에서 현실이 다시 여러 개로 쪼개지는 일은 매우 쉽다. 세대 차원에서도 탈현실화는 동일한 물리적 공간 안에서 살아감에도 불구하고 4개의 서로 다른 세대가 같은 사회에서 공존하며 이들은 '1차적 현실'을 서로 달리 받아들인다. 특히 Z세대의 뇌는 아날로그 현실보다 디지털 현실을 '편안한 고향'으로 느끼며 디지털 공간은 더 이상 '가상'이 아닌 '현실'이 되고 있다. 이는 점점 더 많은 Z세대와 그 이후의 알파 세대가 인터넷 공간으로 도피하거나 이주할 수 있다는 것이다.[15] 그뿐

13 배재성, "페이스북, '메타'로 회사 이름 변경," 〈중앙일보〉, 2021년 10월 29일. https://www.joongang.co.kr/article/25019234#home.

14 김대식, 『메타버스 사피엔스』, 21.

15 Ibid., 143-44.

만 아니라 메타버스 미래 세대들은 정보 안으로 직접 들어가 경험하는, 가상과 실제를 넘나들며 확장되는 세계가 가능해져 가상세계에서 여러 개의 자아를 설정해두고 상황과 역할에 따라 각기 다른 나에게 임무를 부여하고 수행케 할 수도 있다. 학생들에게 학교는 더 이상 필요 없고 온라인 세상에서 자기주도적 배움을 찾으며 자신만의 새로운 관계망을 만들어나갈 수 있다. 또한 탈현실화된 사회에서는 사람들이 현실의 공간적·시간적 제약으로부터 더욱 자유로워진다. 또 메타버스에서는 탈인간화되기에 자유로운 소통과 상호작용의 대상이 인간이 아닌 동물과 식물, 사물에까지 널리 확장되고 진실의 책임에서도 벗어나 탈진정성을 불러오며, 확실치 않은 것도 얼마든지 거침없이 말할 수 있을 것이다. 현실의 변화를 겪으며 인간이 변하고 사람들의 의식도 변화할 것이다. 이전까진 사실, 진리, 진실을 추구하고 그것이 의식의 기반이었으나 현대에는 진리가 과연 중요한가라는 의구심이 점증하고 탈진정성의 시대가 도래할 수 있다.

2. 초연결·초실감 사회

코로나19로 4차 산업혁명 메타버스 디지털 사회가 가속화되면서 초지능·초연결·초실감이 현실화되었다. 최첨단 과학 기술의 메타버스는 가상세계와 현실을 연결할 뿐 아니라 물리학과 생물학을 연결하여 전혀 다른 차원의 세상을 열었고, 연관이 없어 보이는 분야와 영역을 하나로 연결하고 융합했다. 디지털 네트워크의 빅데이터는 시간과 공간의 틀에 가두지 않고 인간이 따라갈 수 없는 초지능 인공지능 AI를 구축했고, 정치·경제·사회·문화·정치·종교·예술·체육 등과 같은 범주와 연결되고 융합되었다. 즉 과학 기술의 발달은 각 개체와 영역이 가진 고유한 특성과 성질의 경계와 한계를 허물고 초연결적 관계성을 가지고 새로운 형태로 진화·발전하며 새로운 세상을 만들어낸다. 따라서 초지능·초연결 메타버스 사회는 고도화된 과학 기술을 통해서 인간과 인간(P2P)의 관계를 초월하여 인간과 사물(P2M), 사물과 사물(M2M)이 네트워크를 통해 상시 접속하고 상호작용하는 사회로서 세상 만물이 촘촘하게 연결되어 긴밀하게 소통할 뿐 아니라[16] 인간의 삶을 구성하는 모든 개체와 연결되어 서로 영향을 주고받는 총체적인 네트워크를 구성하는 사회를 의미한다. 스마트폰의 대중화를 통해 모든 것이 연결되는 사회를 이미 경험하고 있지만 메타버스는 이보다 더 앞선 초연결 사회를 이룰 것이다. 메타버스는 제조·금융·물류·유통·사회·문화·국방·교육·관광 등 모든 영역과 연결되고 확장될 뿐 아니라 경계가 허물어지며 완전히 다른 패러다임의 변화를 일으키고 있다.

그뿐만 아니라 메타버스는 초실감 시대를 열어가고 있다. 초실감이란 사람의 오감을 최대한 사실적으로 만족시켜 사실과 가상의 경계가 느껴지지 않을 만큼의 현장감을 제공하는 기술이다.[17] 메타버스의 초실감에 생명력을 불어넣는 VR(Virtual Reality, 가상현실)과 AR(Augmented Reality, 증강현실) 기술이 발전하고 상호 융합하면서 MR(Mixed Reality, 혼합현실)은 물론 극대화된 몰입감과 현실세계와 동일한 환경

---

16 김민형, 김형주, "사물인터넷과 초연결사회: 개념적 토대 및 기술인문학의 가능성," 「영상문화」 27(2015): 216; William H. Davidow, 『과잉연결 시대』(*Overconnected*), 김동규 옮김(고양: 수이북스, 2011); 서울디지털포럼사무국 편, 『커넥티드』(서울: 시공사, 2011) 등을 참조.

17 우탁, 전석희, 강형엽, 『메타버스의 미래, 초실감 기술』(서울: 경희대학교출판문화원, 2022), 39, 162, 174, 245.

을 구현해주는 XR(eXtended Reality, 확장현실)이 있다.[18] 또 촉각이나 운동감, 힘 등을 디지털로 재현해 가상의 촉감을 만들어내는 햅틱스(Haptics), 메타버스 플랫폼에서 계속 몰입할 수 있도록 돕는 게이미피케이션(Gamification)도 초실감을 더해준다.[19] 메타버스의 초실감은 교육 훈련·관광·의료 분야 등에 적용되어 현실세계에 영향을 미치기도 한다.[20] 따라서 현대 사회에는 현실의 한계를 넘어 상상할 수 있는 거의 모든 것을 표현할 수 있는 디지털 세계가 열리고 있다.

3. 메타 사피엔스 사회

메타버스의 중심에는 역시 인간이 있기에 21세기가 열린 후 제4차 산업혁명을 추동하는 과학 기술, 특히 디지털 기술의 진화가 가속화되면서 인류의 미래상에 대한 다양한 전망과 용어가 등장해왔다. 현존하는 인류 호모 사피엔스(*Homo sapiens*), 즉 '슬기로운 사람'[21]을 대신하여 디지털 기술을 이용해 섬세하게 구현되는 '메타휴먼'(Metahuman), 과학 기술의 도움으로 신체적·인지적·정신적 역량이 향상된 '증강인류'(Augmented Human) 등으로 미래 인류를 떠올린다. 유발 하라리의 저작인『호모 데우스』(*Homo Deus*)를 비롯하여 디지털 사회를 살아가

---

18 박영숙, 제롬 글렌,『세계 미래보고서 2022』, 171.
19 우탁, 전석희, 강형엽,『메타버스의 미래』, 182, 204, 237-41.
20 성영조, 이영석,『메타버스, 우리의 일상을 바꾸다』(수원: 경기연구원, 2022), 4.
21 생물학에서 생물의 종마다 분류학 기준을 학명이라 하며 학명의 표기는 1758년에 식물학자 칼 폰 린네가 고유한 체계를 고안했고, 주로 라틴어를 사용한다. 주로 속, 종 이름으로 구성된 2명법을 사용하지만, 종에 따라서 아종 이름을 붙여서 3명법을 사용하기도 한다.

는 인류를 '호모 디지쿠스'(*Homo Digicus*), '호모 스마트쿠스'(*Homo Smartcus*), '호모 컨버전스'(*Homo Convergence*), '호모 커넥서스'(*Homo Connexus*) 등의 다양한 용어로 표현해왔다. 그뿐만 아니라 사피엔스 (*Sapiens*)라는 명목으로 스마트폰에 중독된 인간 '포노 사피엔스', 인류 의 디지털 사용에 초점을 맞춘 '테크노 사피엔스', 코로나19 위기에 맞닥뜨린 인류의 미래 전망과 통찰을 제시한 '코로나 사피엔스', 공포 영화를 통해 인간의 심리를 분석한 '호러 사피엔스' 등도 있다. 이 모든 것은 기술을 비롯한 과학 기술의 진화로 등장하게 될 '초월적 인류'를 설명하려는 것이다. 이렇게 과학 기술의 진화로 열리는 새로운 세상을 살아갈 미래 인류를 부르는 용어들이 난무하는 상황 속에서 '메타 사피 엔스'가 주목받고 있다.

메타 사피엔스는 과학 기술과 인간의 상상력이 결합되어 만들어낸, 과학 기술로 구현될 초월적 미래 사회를 살아가게 될 인류를 총칭한 다.[22] 즉 메타버스 디지털 기술사회에서 살아갈 인류로 '초월'을 뜻하 는 '메타'와 '현 인류'를 뜻하는 '사피엔스'의 합성어이다. '메타'는 고도 로 발전하고 있는 ICT 기술을 이용해서 세상을 '지능화'와 '가상화'로 이끌고 있는 현재의 변화를 상징함과 동시에 과거의 기술적·시공간적 한계를 뛰어넘는 '초월'과 현실이 아닌 가상의 공간에 '또 다른 나'를 말하는 신인류이다. 그렇다면 '나라는 존재는 무엇일까?' '나의 정체성 은 무엇일까?' 뇌 안에는 자기 몸과 자신의 정체성을 표현하는 호문쿨 루스(homunculus)라는 영역이 있는데 경험에 따라 이 영역이 확장되 면 정체성도 확대될 수 있다. '결정적 시기'에 원숭이의 팔에 막대기를

---

22 박영숙, 제롬 글렌, 『세계 미래보고서 2022』, 34, 36-37.

달아 몸처럼 활용할 수 있도록 만들면, 원숭이는 막대를 자신의 몸으로 인식한다. 이처럼 인간이 디지털 현실의 아바타를 자신과 완전히 동일시할 것이다. 인간이 뇌 과학적으로 '현실'을 끊임없이 재구성해 받아들이기에 메타버스에서 살아가는 것은 생물학적인 인간에게도 문제가 되지 않는다고 한다. 인간은 세계를 있는 그대로 경험하는 것이 아니라 경험하는 현실은 뇌가 만들어낸 착시 현상이라고 한다. 우리가 경험하는 현실은 인풋(input)이 아니라, 우리 뇌의 해석을 거친 결과물인 아웃풋(output)이기 때문이다.[23] 그래서 Z세대의 뇌는 교육, 놀이, 사회활동, 소비를 디지털 현실에서 이어가고 있다. 이렇게 신기술로 인간의 마음과 뇌를 재설계할 수 있을 때 호모사피엔스 자리에 메타사피엔스가 앉게 될 것이다. 이른바 새로운 세계를 위한 새로운 인간(A new man for a new world)형이다.

III. 메타버스 사회의 영적 관심

현대인들은 메타버스에 탑승하지 않으면 불확실한 미래가 더 아득해지고 시대에 뒤쳐질 것 같은 불안감마저 느낀다. 수많은 상상력과 혁신적 과학 기술이 지금 이 순간에도 세계 도처에서 뿜어져 나오고 불멸과 행복과 신성을 얻으려는 끊임없는 노력은 계속되고 있다. 우리는 이런 거대한 변화 속에서 살아가는 사람들의 심리적 특성과 그것을 해결하고자 하는 영적 욕구와 욕망을 살펴보아야 한다. 더 나아가 인간

---

23 김대식, 『메타버스 사피엔스』, 160.

의 욕망을 부추기는 가속화된 종교화에 대해서 살펴보는 것은 메타버스 시대를 살아가는 사람들이 정신을 차려 중심을 잃지 않고 하나님이 기뻐하시고 선하게 여기시는 삶을 살도록 보살펴야 할 책임이 있기 때문이다.

1. 메타버스 사회의 심리적 특성

2015년 발생한 메르스(MERS)로 많은 시민과 환자가 불안과 공포를 경험했으며 확진 환자의 70.8%가 우울, 불면, 긴장, 공격성, 기억력 저하, 환청 등의 정신과적 문제를 겪었다.[24] 2020년부터 시작된 코로나19가 장기화되면서 공포와 사회적 고립감, 우울감, 무기력증을 경험하는 사람들이 증가하여 '코로나 블루'라는 신조어까지 등장했다. 전 세계에서 우울증과 불안 증세를 호소하는 환자가 각각 27.6%와 25.6% 늘어났고, 한국 국민의 48%는 불안과 우울감을 경험하였으며, 불안과 우울을 느끼는 비율은 10대 40.0%, 30대 46.5%, 50대 52.2%로 연령이 증가할수록 그 정도가 심해지는 것으로 나타났다.[25] 세계질병부담연구(GBD) 2020은 코로나19가 정신건강에 미치는 영향을 분석한 결과 우울증장애 5,300만 명, 불안장애 7,600만 명 이상의 환자가 발생했다고 보고했다.[26] 이처럼 재난 경험은 물리적·신체적 피해뿐

---

24 신지윤 외, "2015년 한국 메르스 사태 1년 이후 생존자들의 정신과적 문제," 「신경정신의학」 58(3)(2019): 246.
25 전국 17개 광역시·도 15세 이상 1,500명 대상 모바일 설문조사 결과(표본오차: 95%, 신뢰수준: ±2.53%). 이은환, "코로나19 세대, 정신건강 안녕한가!" 「이슈&진단」 414(수원: 경기연구원, 2020), 8에서 재인용.
26 분석 대상은 펍메드 등 의학데이터베이스 논문(2020년 1월 1일~21년 1월 29일)

아니라 불안·우울 등 심리적 충격으로 이어지고, 긴장·두려움 등을 확산시켜 개인과 사회에 큰 영향을 미친다. 초기에는 잘 적응하는 듯 보여도 일정 시점이 지나면 현실적인 문제로 악화될 수도 있다.[27]

이러한 불안은 코로나로 확연해졌을 뿐이지 이미 인간 존재와 삶의 자리에 있어왔다. 인간에게는 실존의 한계와 죽음의 불안과 공포 위에 통제 불가능한 자연재해, 전쟁과 테러 등에 대한 두려움과 불안이 항상 존재한다.[28] 죽음과 인생의 허무에서 오는 실존적 불안(angst)이든 이를 피하려는 신경증적 불안이든 간에 인간이 불안을 느끼는 것은 살면서 자연스럽고 일반적인 일이다. 20세기 후반까지는 계획적이고 합리적이고 안정적이고 예측 가능한 사회였다. 하지만 21세기가 시작되자 불확실하고 끝없이 변화하며 예측 불가능한 사회가 되었기에 바우만(Zygmunt Bauman)은 이를 '불안의 시대'라 말한다. 즉 빛의 속도로 변화가 빠르고 삶의 모습과 형태가 바뀌고 다양하게 변화하는 변동성과 이러한 변화의 변수가 많기에 예측이 어려워지는 불확실성과, 인간 관계가 복잡해지고 다양한 요인으로 영향을 주고받으면서 발생하게 되는 복잡성 그리고 현재 일어나는 현상에 대한 전례가 없어서 정확한 기준을 가지고 판별하고 해석하는 것이 더욱 어려워지는 모호성이 합쳐져 불안의 시대가 되었다. 바넷(Bennett)과 르모니(Lemoine)는 이

가운데 주요 우울장애와 불안장애 유병률을 검토한 것이며, 대유행 전과 대유행 상황에서 유병률의 변화를 국가와 지역별, 성별, 연령별로 산출했다. 그중 한국이 우울증 유병률 1위, 36.8%로 발표되었다. 박지영, "코로나19로 전세계 우울증 5,300만 명," *Medical Tribune*, 2021년 10월 14일, http://www.medical-tribune.co.kr/news/articleView.html?idxno=102572.

27 박주언 외, "재난정신건강 평가도구," 「대한불안의학회지」 11, no.2(2015), 92.
28 Zygmunt Bauman, 『유동하는 공포』(*Liquid Fear*), 함규진 옮김(서울: 웅진씽크빅, 2009).

러한 변동성(volatility), 불확실성(uncertainty), 복잡성(complexity), 모호성(ambiguity)의 첫 글자를 따 현대를 뷰카(VUCA) 시대라 한다.[29]

더욱이 뷰카의 세상에서 메타버스의 초연결성과 초실감은 다양한 정체성과 유연성을 가지고 상황과 환경에 따라 수시로 바뀌어야 하기에[30] 불안정하고 불확실하며 정체성의 모호성을 더욱 겪게 한다. 즉 서로 상충할 수 있는 다양한 경험세계는 한 개인에게 혼란을 줄 수 있으며 다양한 정체성과 가변적인 역할들 속에서 끊임없이 변화를 추구해야 하기에[31] 사람들은 늘 불안하고 좌절하며 우울하게 된다. 지금까지 전혀 경험해보지 못한 과학 기술 사회의 위기감과 자본주의 시장 경제 체제에서 과도한 경쟁과 성과를 위한 정신적 압박은 피로와 우울, 번 아웃(burn-out) 등 피로사회[32]를 만들고 시간이 지날수록 우울·불안·초조·외로움·공허함·짜증·분노와 같은 피하고 싶은 감정들이 내면화된다.[33] 이렇게 촉발된 위기는 고통을 안겨주면서 현실에 대한 분노와 미래에 대한 불안과 욕구 좌절을 경험하게 하며, 극단적인 선택을 하거나 끝없는 욕망을 향해 달리게 한다.

---

29 정하은, "삶과 신앙을 연결짓다," 『미래세대와 기독교교육』, 김난예 편(서울: 한국기독교교육학회, 2022), 95-97에서 재인용.
30 Sherry Turkle, 『스크린 위의 삶: 인터넷과 컴퓨터 시대의 인간』(*Life on the Screen: Identity in the Age of the Internet*), 최유식 옮김(서울: 민음사, 2003), 271-72.
31 이양숙, "디지털시대의 경계불안과 포스트휴먼," 「구복학회」 26(2020): 613.
32 한병철, 『피로사회』(*Mudigkeitsgesellschaft*), 김태환 옮김(서울: 문학과지성사, 2012), 23.
33 김기석, 『욕망의 페르조나: 욕망에 사로잡힌 사람들』(서울: 예책, 2019), 82.

2. 현대인의의 영적 욕구와 욕망

우리 시대의 삶이 심각한 위기라는 것은 인간이 하나님을 만날 수 있는 영적 욕구를 잃어버리고 눈앞에 보이는 욕망을 따라 살기 때문이다. 우리는 여전히 욕구와 욕망 사이에 서 있다. 욕구와 욕망은 보통 거의 같은 의미로 사용되거나 때때로 서로 혼용되어왔지만 프랑스의 정신분석학자 라캉(Jacques Lacan)은 '욕구'(need)와 '욕망'(desire)을 구분했다. '욕구'가 인간이 가진 자연적·생물학적 본능에 상응하는 개념이라면 '욕망'은 권위 및 인정과 관계되는 용어다.34 즉 욕구는 만족하지 못하는 내면적인 상태로서 생물학적 충동이며, 충족되면 사라지는 무언가 부족한 결핍 상태를 의미한다. 반면 '욕망'은 또 다른 욕망의 대상이자 타인의 인정에 대한 것으로 결코 충족될 수 없는 사회적 구성물이다.35 한 개인의 욕구와 사회적 요구 사이에 생기는 간격을 라캉은 욕망이라 불렀다. 완전히 충족될 수 없는 인간의 욕망은 끊임없이 새로운 대상을 찾는다. 이러한 라캉의 견해를 우리말 말뭉치 검색을 통해 살펴보면36 '욕구'를 본능적인 것으로 '욕망'은 세속적인 것으로 인식하고 있다.

---

34 윤평중 외, 『주체개념의 비판』(서울: 서울대학교출판부, 2003), 66.
35 Doopeida(두산백과사전)의 아래 글을 보라. "욕망〔désir, desire, 欲望〕,"
   http://www.doopedia.co.kr.
36 '본능적 욕구'가 23회, '본능적 욕망'이 5회, '세속적 욕구'가 1회, '세속적 욕망'이 14회의 빈도수를 보인다. 민족문화연구원 현대 한국어 용례 검색기(SJ-RIKS),
   http:// db.koreanstudies.re.kr.

1) 영적 욕구

물질적 풍요로움이 더할수록 영적 황폐함이 극심해지고[37] 급속한 과학 기술 혁명과 사회적 변화에 따른 정신병리 현상들과 안전하지 못한 사회 속에서 느끼는 실존의 불안함은 그 어느 때보다도 영적 욕구를 자극하고 있다.[38] 신체적 안녕감과 마음의 평화를 위한 활동으로 요가를 하는 미국인은 2002년 이후로 43% 증가하여 2005년에는 1,650만 명에 이르렀다.[39] 미국 성인들의 명상 인구는 2003년도 1,000만 명이었는데 2017년에는 전체 인구의 14.2%에 달했고 이는 2012년에 비해 3배나 증가한 것이다.[40] 또한 개인의 자기초월적 욕구는 불교의 마음챙김 명상(mindfulness meditation)이나 기독교의 관상기도(contemplative prayer)와 향심기도(centering prayer) 등에 참여하는 사람이 증가하는 것을 보아도 알 수 있다. 불안의 시대와 극심한 경쟁속에서 겪는 좌절과 고통은 그 어느 때보다 자기초월적 욕구를 자극한다. 이는 현대를 살아가는 사람들의 좌절과 상처를 치유할 필요가 있다는 신호다.[41]

그런데 이러한 영적 욕구는 모든 인간의 내면에 내재해 있다. 직위 고하, 빈부 차이, 남녀노소, 동서양, 고대와 현대 등에 관계없이 인간에

---

37 김난예, 정원범, 『공동체 영성의 향기』(논산: 대장간, 2019), 103.
38 Max Lucado, 『하나님을 향한 영적 갈망 목마름』(*Come Thirsty*), 최종훈 옮김(서울: 두란노, 2005).
39 Patricia Aburdene, 『메가트렌드 2010』(*Megatrends 2010*), 윤여중 옮김(서울: 청림출판, 2006), 35.
40 신진욱, "세계의 엘리트들 명상하는 이유," 〈법보신문〉, 2020년 4월 20일, http://www.beopbo.com.
41 조현, 『우린 다르게 살기로 했다』(서울: 한겨레출판사, 2018), 226.

게 존재한다. 자아를 실현하고 사회적으로 남부러울 것 없이 안정적 삶을 살고 있는 사람들도 영적 욕구에 대한 관심이 많다. 즉 인간은 사회적 변화를 뛰어넘어 실존적 불안을 초월하기 위해 근원적인 영적 욕구를 갖고 있다. 미국의 정신분석학자이며 철학자 러너(Michael Lerner)는 20년간 미국의 중간 소득 노동자들의 직업 스트레스와 물질적 욕구에 관해 연구했다. 보통 미국인들은 돈과 권력, 성공과 명예와 같은 현실적이고 물질주의적 욕구만을 강하게 갖고 있을 것이라는 예상과 달리 "대부분의 사람들은 그들의 삶 속에서 의미와 목적을 향한 진정한 욕구를 갖고 있다. 경쟁적인 시장 경쟁의 이기심과 물질주의를 초월할 수 있고 초월적 의의를 갖고 있는 중요한 것에 뿌리내릴 수 있는 의미와 목적에 대한 욕구를 갖고 있다"[42]라고 밝혔다. 러너는 인간은 삶의 더 깊은 의미와 목적과 상호 돌봄과 사랑의 관계를 위한 근원적 욕구를 갖고 있다는 것을 말하고 있다. 무한(無限)과 궁극(窮極)을 향한 물음, 즉 산다는 것이 도대체 무엇인지에 대한 전체 삶의 의미를 묻고 무한자(無限者)를 추구하는 질문을 던지게 한다. 결국 인간은 하나님을 향하도록 창조되었고 인간 영혼에 하나님의 모습이 새겨져 있어서 인간은 주를 찾기에 갈급해 한다(시 42:1). 아우구스티누스는 "하느님, 당신은 우리들을 당신에게 향하도록 만드셨기에 우리들의 마음은 당신 안에서 쉴 때까지는 평안해질 수 없습니다"[43]라고 고백한다. 의식하든 의식하지 않든 인간 내면에서 영원한 존재를 동경

---

42 Michael Lerner, *Spirit Matters*(Charlottesville: Hampton Road Pub., 2000), 75.

43 Aurelius Augustinus,『고백록』(*Confessiones*), 제11판, 최민순 옮김(서울: 성바오로출판사, 1977), 1; Aurelius Augustinus,『고백록』(*Confessiones*), 성염 옮김(서울: 경세원, 2016), 1.1.25.

하는 영적 욕구는 분명한 목적과 의미가 있기에 이를 찾으려고 갈급하지만 현대인의 가장 심각한 불행은 그 영적 욕구를 다른 것으로 대체하고 있는 것이다. 현대의 과정철학자 화이트헤드(A. N. Whitehead)는 현대는 하나님을 잃어버렸기에 하나님을 다시 찾고 있다고 갈파하며, 영국의 현대 영성신학자 리치(K. Leech)는 현대 서양인들의 영적 고갈의 근본 원인은 그들이 하나님을 상실한 데서 비롯되었다고 주장한다.

2) 영적 욕망

메타 풍요 시대에 온갖 물질적 풍요에도 불구하고 현대인들은 여전히 내면에서 영적 단순함, 고요함, 평화로운 삶을 갈구하지만 엉뚱한 곳에서 찾고 있다. 초고속 경제 성장과 초연결·초실감의 메타세계에서 성공과 물질만능을 목표로 하는 순간 모든 인간적 가치는 뒤로 밀리고 고립은 심화될 수밖에 없다.[44] 현대 물질만능주의 소비사회는 재화 축적과 쾌락적 소비, 행복과 성공을 위해서 물질 소유와 돈이 삶의 중심이 된다고 생각한다. 또 물질은 인생의 만족을 초래한다고 믿기에 소비를 통해 만족을 추구하고 소비 욕구의 만족을 목적이나 의무처럼 생각한다.[45] 이런 풍조는 물질적 소비 욕구의 일차적 만족을 벗어나 정신적 소비를 가져오며 소비를 위한 소비가 되었다. 소비지상주의는 욕망의 실현을 최고의 미덕으로 부추기어 필요한 것 외에도 자신의 공허함과 그 공허감이 채워질 수 있다는 희망으로 소비하고 쇼핑을 즐긴다. 만족을 모르는 욕망은 소비와 과시에서 영적 만족과 자아 만족을 찾으려

---

44 김기석, 『욕망의 페르조나』, 86.
45 송인숙 외, 『착한 소비 윤리적 소비』(서울: 시그마프레스, 2010), 10에서 재인용.

한다. 그러나 사람이란 기본적으로 채워질 수 없는 욕망들로 구성되어 있기에 어떠한 물질적 풍요와 상품으로도 삶의 의미와 행복을 얻지 못하고 절대 만족할 수도 없다. 인간은 가진 것에 만족하는 법이 없고 뭔가를 이루었을 때 만족하는 것이 아니라 더 갈구하기 때문이다.

화이트(White)는 소비주의가 지배하는 현대의 이런 모습을 지구 위에 떠돌아다니는 하나의 거대한 상점으로 비유했다. 이 비유로 보면 쇼핑몰은 영적 욕구의 충전소가 아니라 영적 욕망의 성전이 된다. 쇼핑 몰은 고독한 사람에게 위안을, 지루한 사람에게 흥분을, 정신적으로 고갈된 사람에게 즐거움을 제공한다.[46] 성전이 되어버린 쇼핑몰에서 제공되는 각종 제품으로 성찬의 떡과 포도주를 대신하지만 공허함과 불안은 커져간다. 독일의 사진작가 거스키(Andreas Gusky)[47]의 작품 '99센트'나 거대한 물류창고를 찍은 '아마존' 등은 현대인의 욕망을 최대한 만족시키는 쇼핑 문화를 지적하고 있는데 그 속에 전도된 욕망이 자리 잡고 있음을 보여주는 것이다. 물질문명의 위대한 발전과 성공은 또 다른 야망과 욕망을 낳는다. 이것이 나쁜 것이 아니라 지나침이 문제 인데 노화와 죽음을 극복하고 더 나아가 분에 넘치는 행복을 추구할 것이며, 결국 인류를 신으로 업그레이드하여 '호모 데우스'로 바꾼다.[48]

46 서성록, "쇼핑몰, 위안·흥분·즐거움 주는 '현대인 영적 성전' 되다," 〈크리스천투데 이〉, 2022년 4월 25일, https://www.christiantoday.co.kr/news/347061.

47 안드레아스 거스키(Andreas Gusky)는 런던, 뉴욕, 파리, 취리히, 베를린, 베이징 등의 도시를 거쳐 서울 아모레퍼시픽 미술관(2022. 3. 31~8. 14)에서 작품전을 열 었다. 그의 작품은 쇼핑센터, 아파트, 호화 유람선, 최신식 고층 건물, 북한의 정치 체조, 산업 구조물 등 현대 사회의 풍경으로 가로세로가 똑같이 반복되는 이미지들이 다. 이를 통해 규격화된 '똑같음'(sameness)이 무한 질주의 경쟁을 펼치는 물질 중심 주의의 개성 없는 사회 분위기를 보여주는 듯하다. 서성록, "쇼핑몰, 위안·흥분·즐거 움 주는 '현대인 영적 성전' 되다"에서 재인용.

48 Yuval Noah Harari, 『호모 데우스』(Homo Deus), 김명주 옮김(서울: 김영사, 2015),

스캇 펙(Scott Peck)은 이러한 생활양식은 기독교적이지 않다고 하며, 프로이드는 쾌락 원칙을 넘어서 인간의 욕망을 충족시키지 못하는 유일한 길은 죽음뿐이라고 한다. 사람들은 여전히 마음 깊은 곳에 영적 욕구를 갈구하고 있지만 예수로부터 멀어져 있는 사람들은 영적 욕구를 욕망으로 대체하고 하나님 이외의 엉뚱한 곳에서 헛된 허상을 찾고 있다. 하나님께서 인간 안에 불어넣어주신 영적 욕구는 우리를 하나님과 연결해준다. 하나님은 우리와 깊은 친밀감을 나누기 위해 우리 안에 '영적 욕구'를 심어놓으셨다. 그런데 현대인들은 목말라야 할 진정한 대상을 떠나서 다른 것에 대해 더 주리고 목말라한다. 소비하고 과시하고 즐거움에 탐닉하는 일은 고독한 삶과 진지함을 대가로 요구하지 않는다.

3. 현대인의 영성과 종교화

이 시대 최고의 메가트렌드는 영성에 대한 탐구다.[49] 늘 새로운 것을 찾아가고 따라가야 하는 무한 경쟁의 전쟁에 따른 피로감과 불안에 몸부림치다가 발길이 머문 것이 영성의 세계다. 인간이면 누구나 어린 시절부터 초월적 존재가 있다는 것을 체험하게 되는데, 융은 이것을 누미노줌(Numinosum)이라 명명했다. 종교인이든 비종교인이든 영적 갈급함과 내적 만족을 얻기 위해 영성을 추구하고 영적 갈급함을 해결하기 위한 방법들을 찾아 헤매지만 늘 허기지고 목마르다. 영적으로 정서적으로 완벽하게 만족시켜주는 것을 결코 찾지 못한다.[50] 우리

39.
49 Aburdene, 『메가트렌드』, 33.

는 진정한 영성이 아닌 것을 위해 돈을 쓰며 만족을 주지 못하는 것을 위해 수고하고 있기 때문이다.

1) 영성과 종교성

수천 년 동안의 종교 역사에서 영성 이해와 영성 생활의 실천이 다양한 방법으로 전개되어왔기에 영성이란 용어는 다의적인 함축성을 지니고 있다. 또한 사용하는 사람이나 종교 혹은 사회마다 다양한 의미로 사용될 수 있다는 점에서 그 의미가 애매하다. 영성은 육체나 물질이 아닌 것을 총칭하는 용어로 사용되기도 하고, 인생의 근본적 질문을 하는 것, 특정 종교에 입문하는 것, 자신의 내면적 삶과 의미를 추구하는 것, 표현할 수 없는 마음의 상태나 신비 체험 혹은 초월적인 삶을 의미하기도 한다. 영성은 또한 영성과 비영성의 경계가 분명하지 않다는 점에서 모호하다. 유재봉은 영성은 그 자체가 불분명한 개념이어서 영성과 영성 아닌 것이 완전히 구획되기보다 다양한 스펙트럼을 가진 '정도의 문제'(matter of degree)로 여긴다.[51] 인간 내면의 무엇인가를 표현하는 것이라면 그것이 무엇이든지 영성이라는 용어가 사용되고 있어서 이 두 개념을 명료화하기가 매우 어렵고 영성과 종교성이 중복되는 부분이 있고 학문적 관점이나 또 관점에 따라 차이가 있어서 이 둘을 구분하기가 쉽지 않다. 물론 여기서 영성은 철학자들이 말하는

---

50 정신과 의사이자 심리치료사인 스캇 펙은『아직도 가야 할 길』에서 영적인 것과 정신적인 것을 구별하지 않았다.
51 유재봉. "교육에서의 영성회복: 학교에서의 영성교육을 위한 시론," 「교육철학연구」 35(1)(2013): 104.

것만도 아니고 기독교나 종교에 국한된 것도 아니다.[52] 영성에는 종교적 영성과 비종교적 영성이 있고 보통 영성이라 할 때에는 이것을 모두 포함하기에 이를 넓게 종교성이라 말하기도 한다. 영성이란 본래 종교에서 비롯되었으나 반드시 제도적 종교에 한정되지 않고 종교적이지 않은 것에도 확대하여 사용할 수 있다. 다만 삶의 의미 추구 방식, 내면 함양 방식, 삶 속의 영성 표출 방식, 공동체와의 관련성 면에서 각각 차이가 있다. 종교적 영성은 신이나 초월적 존재와 관련하여 특정한 방식으로 진리를 추구하지만 비종교적 영성은 반드시 초월적 존재를 두지 않으며 일상적인 것 이상의 것을 비구조화하여 다양한 방식으로 파악한다는 특징이 있다. 그러나 자신에 대한 관심을 넘어 초월적이고 이상적인 가치를 추구한다는 점, 인간의 존재 의미와 내면성을 강조한다는 점, 역동적이고 생명력 있는 삶의 영위를 추구한다는 점, 인간의 모든 측면을 통합한다는 점은 종교적 영성이든 비종교적 영성이든 공통적인 특성으로 본다.[53]

최근에는 이 둘을 구별하고자 하는 시도가 많다.[54] 종교심리학자 진바우어(Zinnbauer)는 동료들과의 연구에서 영성은 전통적 의미에서 광의의 종교성을 의미했으나 영성 연구의 발현으로 종교성에서 이원화되었고, 전통적인 종교에서 요구하는 조직화된 절차나 한계 없이

---

52 *Ibid.*, 152-53.

53 이은실, "영성 발달: 대학 교육에서의 개념과 평가 방법 탐색," 「기독교교육논총」 42 (2015): 209.

54 Peter C. Hill et al., "Conceptualizing religion and spirituality: Points of commonality, points of departure," *Journal for the Theory of Social Behavior* 30, no.1(2000): 51-77; David O. Moberg, "Assessing and Measuring Spirituality: Confronting dilemmas of universal and particular evaluative criteria," *Journal of Adult Development* 9, no.1(2002): 47-60.

신성함을 경험할 수 있게 하는 것으로 보았다.[55] 즉 영성이 좀 더 넓은 개념으로 신념이나 가치관 등을 대표한다면, 종교성은 좀 좁은 개념으로 특정 종교라는 맥락 안에서 공적이고 제도화된 표현이다.[56] 종교성과 영성을 구분해본다면 종교성은 본질을 다루는 정적이고 기관 중심적이고 개관적이고 신념에 기초하는 것이며, 영성은 기능적이고 역동적이고 개인적이고 주관적이고 경험에 기초하는 것이다.[57] 즉 종교성은 조직된 종교, 구체적 내용의 종교, 부정적 이미지를 내포한다면, 영성은 개인적 영성, 기능적 영성, 긍정적 의미의 이미지를 담고 있다. 힐(P. Hill)과 그의 동료들도 종교와 영성을 구분하면서 종교는 정형화된 의식이나 틀이 있고 종교 활동 중심이며, 신조와 멤버십이 중요한 반면, 영성은 구체적이고 기능적이며, 독립적이고 개인의 경험과 체험을 강조하는 것으로 비교한다.[58] 교육사상가이며 교육철학자였던 파울로 프레이리(P. Freire)는 영성은 존재의 방식이고 체험의 방식이라 말한다.[59] 메이(R. May)와 부버(M. Buber) 그리고 다른 사람들이 지적한 것처럼 영성은 초월적 차원의 인식을 통하여 자기·타인·자연

55 Brian J. Zinnbauer, Kenneth I. Pargament, and Allie B. Scott, "The Emerging Meanings of Religiousness and Spirituality: Problems and prospects," *Journal of Personality* 67, no.6(1999): 890-919.

56 석창훈, 『종교성 측정의 원리와 실제』(파주:한국학술정보, 2021), 29.

57 Brian J. Zinnbauer amd Kenneth I. Pargament, "Religiousness and spirituality," in *Handbook of the Psychology of Religion and Spirituality*, eds. Raymond F. Paloutzian and Crystal L. Park(New York: Gilford Press, 2005), 24, 이은실, "영성 발달," 208에서 재인용.

58 이은실, "영성 발달," 208.

59 James D. Kirylo and Drick Boyd, 『파울로 프레이리 신앙·영성·신학』(*Paulo Freire his faith, Spirituality, and theology*), 최종수 옮김(서울: 신앙과지성사, 2021), 38.

·생명과 관련하여 인식 가능한 어떤 가치로 구별되는 것으로 개인이 최상의 것, 또는 궁극적인 것으로 보는 어떤 것이다. 종교는 사회적 수단, 또는 체계화한 수단으로 그것을 가지고 사람들이 영성을 표현하는 것이다. 종교와 영성은 서로 관련지을 수 있으면서도 영성은 종교에 의존하지 않는다. 영성은 종교의 조직체 없이 존재하며 진정한 종교는 영성 없이 존재할 수 없다. 에리히 프롬(E. Fromm)은 종교를 포괄적으로 정의하는 것이 매우 어렵지만 대개 하나의 집단에 공유되고, 각 개인에게 목표 설정과 헌신의 대상을 주는 사상과 행동과의 조직 일체를 의미한다고 하였다.[60] 사회학자 피터버거는 종교를 사회 유지의 도구로 보았고, 역사학자 유발 하라리 또한 종교의 목표는 사회구조를 만들고 유지하며 대규모 협력을 조직하는 도구로서 종교는 무엇보다 질서에 관심이 있다고 하였다.

영성이 종교와 근본적으로 다른 것은 종교가 세속적 질서를 굳건히 하려는 시도라면 영성은 기존 종교의 법, 제도, 의식 등 관습 질서의 안주에서 벗어나 자유로움을 얻는 것이기에 영성은 종교에 위협이 된다. 종교 자체는 영성으로 가는 길목이고 영성 그 자체는 아니며[61] 종교성의 핵심은 인간 영혼의 능력인 영성(Spirituality)이다. 영성과 종교는 동일한 부분이 많지만 영성은 종교 자체가 아니며 종교의 형태를 취하거나 종교와 혼용되어 사용되지만 동의어는 아니다. 영성은 "나는 어디에서 의미와 가치를 찾을 수 있는가? 나는 어떻게 초월적 존재와 사람, 이웃, 자연과 연결되어 있다고 느끼는가? 어떻게 살 것인가? 어

---

60 Erich Fromm, *Psychoanalysis and Religion*(New Haven: Yale University Press, 1971).
61 Harari, 『호모 데우스』, 256.

떻게 죽을 것인가?"에 관한 것이다. 종교는 "무엇이 참되고 옳은가? 무엇이 선이며 악인가? 내가 지켜야 할 예배 의식과 행위는 무엇인가?"에 대한 질문이다. 영성과 종교가 중복되는 것은 개인의 경험으로서 신념, 평안, 성찰, 윤리 및 경외심 등이며 이런 경험의 변화는 생각하고 느끼고 행동하는 방식에 영향을 미친다.[62]

영성은 사람들의 삶에 활력을 주고 초감적인 실재를 향해 뻗어 나가 도록 도와주는 태도와 신념, 실천이다. 슈나이더스(S. Schneiders)는 "영성은 순수하게 영적인 것만을 추구하는 것으로 궁극적 가치와 자기 초월을 통해 온전한 삶을 추구하는 경험"[63]이라 정의한다. '나는 누구 인가', '인생의 의미는 무엇인가'와 같은 질문에서 시작하여 초월적 존 재, 신성함, 신과 연결되고자 하는 순전한 욕구다. 즉 삶의 의미와 목적, 연민, 깨달음, 웰빙을 추구하는, 돈으로는 살 수 없는 것들에 대한 갈급 함이며[64] 타협 없는 진리 추구의 여행이다. 이것은 일상세계의 관습과 계약을 의심하고 미지의 목적지를 향해 신비의 길로 떠나는 '영적 여행' 이다.[65] 이런 영적 여행은 종교 제도권 내에 머무는 것이 아니라 우리 의 가장 깊은 내면과 이웃 인간 동료와 자연과 하나님을 향해 다가가기 위한 발돋움이다.[66] 이런 변화가 개인적 차원에 머무르는 것이 아니라 그가 속한 가정, 사회, 국가뿐 아니라 이웃과 자연세계로 넓어지고 깊

---

62 Lynda Elaine Carré, "Wellspring Passages," accessed February 15, 2023, https://www.wellspringpassages.com/spiritual-care.

63 Sandra M. Schneiders, "Approaches to the Study of Christian Spirituality," in *The Blackwell Companion to Christian Spirituality*(2005): 16, 영성연구회 평상, 『오늘부터 시작하는 영성 훈련』(서울: 두란노서원, 2017), 23에서 재인용.

64 Aburdene, 『메가트렌드』, 33-34.

65 Harari, 『호모 데우스』, 258.

66 김난예, 정원범, 『공동체 영성의 향기』, 126.

어지고 커지는 것이 종교에서 영성으로 가는 길이다. 본훼퍼의 말대로 종교는 하나님께로 가기 위한 길이고 영성은 하나님께로 가기 위한 사람의 길이다.67 종교가 하나님을 세상과 구별되어 멀리 계신 초월적 존재로만 여기고 종교 행위를 통해 문제를 해결해주는 해결사로 생각한다면, 기독교의 영성은 참된 인간의 원형이신 예수님을 따라 참된 인간, 즉 타자를 위한 존재가 되는 것이라고 본훼퍼는 말한다.68

2) 가속화된 종교화(accelerated religiousization)

따라서 영적 욕구는 영성을 추구하지만 종교는 영적 욕망을 향해 간다. 인간은 순수하게 영적 추구를 찾아 여행을 떠나지만 물질세계의 만족할 줄 모르는 유혹은 더 보암직하고 먹음직한 욕망이 이끄는 종교화의 길로 인도한다. 모든 종교의 길이 순전한 영적 욕구로 시작되지만 겉 사람이 좋아하는 돈과 섹스와 권력을 미끼로 끊임없이 욕망을 유혹하기에 만족할 줄 모르는 끝없는 욕망은 자기도 모르게 또다시 새로운 다른 욕망을 찾아 종교화된다.

메타버스 디지털 과학 기술이 발달할수록 인간은 더 기계화되고, 물질문명의 혜택이 풍요해질수록 인간의 끝없는 욕망을 부추기는 기계는 더 인간화되기를 원한다. 기계화된 인간, 아니 어쩌면 인간화된 기계는 인간의 종교성 안에 들어 있는 순전한 영성, 영적 욕구를 종교

---

67 고재길, "본훼퍼의 비종교적 해석과 교회의 윤리적 실천," 『믿음, 삶, 그리고 하나님 나라』(서울: 성광문화사, 2008), 428, 정원범, 『교회다운 교회』(서울: 도서출판 동연, 2016), 118에서 재인용.
68 정원범, 『신학적 윤리와 현실』(서울: 쿰란출판사, 2004), 24, 28.

화하고 세속화한다. 과학문명이 발달할수록 종교가 인간 삶의 무대에서 점차 사라질 것이라는 예고와는 달리 불교, 힌두교, 기독교, 유대교, 회교 등 그 외의 많은 종교가 되살아나 제각기 힘을 발휘했다.[69] 확실하고 절대적이며 중심적인 자리에 직관적이고 상대적이며 주변적인 것들이 자리 잡으며 각 종교들은 인간의 영적 욕구를 충족시키기 위해 각 종교가 지닌 전통, 교리, 예전 등 모든 방법을 총동원했다. 이런 문명사적 전환 상황을 배경으로 나타난 것이 종교 부흥이며, 사회적 양극화와 극심한 경쟁 속에서 겪는 좌절과 고통은 그 어느 때보다 자기 초월적 욕구를 자극했다.

신학자 칼 바르트는 종교란 '인간 자신이 바라는 소망에 맞게 하나님을 부합시키기 위해 인간이 창조한 어떤 것'이라 비판했으며,[70] 엘룰은 기독교는 교회가 제도화되고 교회 조직이 계급제도로 변하면서 종교가 되었고, 권력과 성공주의와 결탁하면서 종교로 변질되었으며, 기독교 신앙이 도덕주의로 변형되면서 종교가 되었다고 비판한다. 종교는 자기초월적이고 영적인 욕구를 지닌 사람들을 창조적인 방식으로 인간 삶의 근원과 교통하도록 인도하는 데에 실패했다. 제도화되고 기획된 많은 프로그램은 오히려 지친 몸과 마음을 영적으로 피곤하게 만든다. 이런 것들은 종교 지도자들을 자기초월적 명상이나 선불교 명상, 마인드 컨트롤, 최면술, 심리 치료, 요가 등으로 이끌기도 하고, 동양의 고전들이나 자기 마음대로 혼합한 뉴에이지 의식으로 인도하

---

69 Harvey Cox, 『영성·음악·여성』(*Fire from Heaven*), 유지황 옮김(서울: 도서출판 동연, 1996), 18-19; Samuel M. Powell, *A Theological of Christian Spirituality* (Nashville: Abindon Press, 2005), 17.
70 정원범, 『교회다운 교회』, 118에서 재인용.

기도 하며, 때로는 신흥종교나 이단에 빠지게도 한다. 심지어 돈, 섹스, 권력, 스포츠, 음식, 인기 등이 종교에 스며들어 종교의 세속화와 종교화를 가속화했다. 그러나 순전한 기독교 영성은 지금 바로 여기서 고통과 기쁨 속에서 영혼의 중심에 예수님과 더불어 끊임없이 친밀하게 교통하면서 살아갈 때에만 실제적인 것이 된다. 물론 각 종교들은 이러한 영성을 추구하며 종교화되지 않기 위해 노력하며 종교가 지닌 고유한 신앙과 여러 가치를 지키고 세속화되지 않으려는 개혁을 통해 발전해 온 것은 사실이지만 종교는 점점 종교화로 가속화되고 있다.

IV. 현시대 신학대학원 학생 이해와 영적 성숙

1. 신학대학원의 현실

목회자를 지망하는 신대원 지원자는 지난 2010년 이후로 현저하게 감소했다. 입시경쟁률이 한때 고시 수준으로 높았던 장신대 신대원 경쟁률은 2000년 5.83:1이었으나 2001~07년에 4점대, 2008년 3점대, 2015년 2점대로 하향세를 이어오다 2020년 1.84:1에서 2022년 역대 최저치 1.8:1을 기록했다.[71] 신대원 입학을 위해 재수 삼수를 한다는 것은 옛말이고 이제는 1:1 경쟁도 되지 않는 신대원이 더 많다. 총신대 신대원은 예장 합동과 예장 개혁의 합병 직후인 2005년 경쟁률 3.73:1과 2007년 4.5:1의 높은 경쟁률이었으나 2011년 3.23:1 이후

---

71 각 대학교 홈페이지에 나온 것을 기초로 하였고 홈페이지에 없는 것은 대학알리미와 여러 인터넷 신문을 참고했으나 각 인터넷 신문사마다 경쟁률이 조금씩 차이가 있다.

경쟁률이 2점대로 내려왔고, 2017년부터는 1점대 경쟁률이었다. 감신대 신대원은 2006년 1.34:1, 2007년 1.07:1, 2008년 1.22:1, 2009년 1.64:1, 2010년 1.74:1로 줄곧 1점대 경쟁률을 유지했으나 그 후로는 정원 부족이다. 한신대 신대원도 2018년 0.89:1, 2019년 0.83:1, 2020년 0.81:1, 2021년 0.73:1, 2022년 0.41:1까지 내려왔다. 2022년 역시 각 신학대학원 전형 결과는 성결대 0.40:1, 아신대 0.28:1 등 어두웠다.[72] 경쟁률이 줄고 신입생 충원율이 떨어지자 장신대는 300명 정원을 2017~19년까지 3년간 매년 12명씩 감축하였고, 한신대도 2020년과 2021년 각각 정원을 5명씩 줄였다.[73] 침신대도 정원을 감축했고 수차례에 걸친 추가 모집으로 경쟁률을 확보했다. 이에 대한 것은 〈표 1〉에 나타나 있다.

2019년 전국신학대학협의회(KAATS) 40개 회원대학 중 10개 학교가 신입생 정원을 채우지 못했고 이 중 3개 대학은 대학기관인증평가의 선결 조건 충원율 95%에도 미치지 못했으며, 2021년에는 대부분의 학교가 학생들을 충원하지 못했다. 신대원 충원율이 급감한 가장 큰 이유는 학령인구 감소인데 2021년 대학 입학정원(47만 2,496명)을 유지한다면 미충원 규모는 3년 후 8만 명으로 현재보다 2배 증가하고, 2040년에는 입학 가능 인구가 28만 3천 명까지 줄어들어 40% 감소한다.[74] 우리나라 학령인구가 감소하고 있을 뿐 아니라 앞으로 심화될

---

72 하나은, "2021학년도 신학대학원 경쟁률 0%대 추락…이유는?," 〈데일리굿뉴스〉, 2021년 1월 11일, https://www.goodnews1.com/news/articleView.htmlidxno=107110.
73 최승현, "신학대학원 경쟁률도 '1점대', 총신 1.13:1, 장신 1.8:1," 〈뉴스앤조이〉, 2022년 1월 20일, https://www.newsnjoy.or.kr/news/articleView.html?idxno=303948.

<표 1> 각 대학교 신대원 별 경쟁률과 충원율(2018~2022)

경쟁률										
학교 연도	장신 264명	총신 393명	침신 210명	감신 146명	한신 80명	합신 XX명	고신 154명	서울신 160명	백석 300명	한세 85명	안양신 30명
2018	2.14	1.57	1.13	1.08	0.89	1.5	1.14	1.11	1.18	0.94	2.02
2019	2.09	1.37	1.01	1.22	0.83	1.29	1.21	1.04	1.20	1.09	1.55
2020	1.88	1.30	1.08	1.17	0.81	1.28	1.34	1.14	1.42	0.96	0.36
2021	2.40	1.38	0.87	1.22	0.73	1.18	1.23	0.54	1.16	0.97	0.37
2022	1.81	1.13	1.07	0.85	0.41	1.06	1.05	0.96	1.14	0.58	0.15
신입생 충원율										
2020	100%	100%	89.5%	102.1%	67.5%	102%	91.6%	90%	105%	84.1%	31.7%
2021	100%	100%	76.2%	53.3%	60%	103%	105.2%	78.1%	98%	42.4%	XX%
2022	100%	100%	92.2%	74.7%	38.7%	90%	76%	84.4%	97%	42.2%	15%

것이라는 점에서 심각하다.

충원율이 미흡하자 각 신학대학원들은 교육의 기회를 놓친 40세 이상의 만학도 학생들을 선발했고 지방 신학대학교 중 30% 이상의 재학생이 만학도인 경우도 많다. 이는 교육 기회 균등의 장점도 있으나 현실적으로는 정원 미달을 메꾸는 방법으로 활용되어 부작용도 적지 않다.[75] 때로는 만학도 유치에 급급하여 입시 사정도 제대로 하지 않고 선발하고, 생계를 위해 학교 수업은 등한시하고 예배 및 경건 훈련을 면제해주는 사례가 많다. 또한 한국적 상황에서 남자들은 군복무를 마치면 20대 중후반이 되며 자립이 어렵고 40세가 되어도 미혼자들은

---

74 이인창, "모집정원보다 지원자 많은 신대원 4곳뿐," 〈기독교연합신문 아이굿뉴스〉, 2022년 1월 27일, https://www.igoodnews.net/news/articleView.html?idxn o=68715.

75 "신학대가 비어간다. 정원 못 채우는 신학대 25%… 만학도 뽑아 연명", 〈국민일보〉, 2019년 6월 24일.

교단	대학	신입생 충원율	교단	대학	신입생 충원율
감리회	감리교신학대학교 신학대학원	53.3%	예장통합	한일장신대학교 신학대학원	92.0%
	목원대학교 신학대학원	53.3%		부산장신대학교 신학대학원	84.0%
	협성대학교 신학대학원	38.0%		영남신학대학교 신학대학원	81.1%
예장합동	칼빈신학대학원	95.0%		호남신학대학교 신학대학원	69.5%
	광신대학교 신학대학원	93.9%		대전신학대학교 신학대학원	47.9%
	대신대학교 신학대학원	86.7%	기성	서울신학대학교 신학대학원	78.1%
기하성	한세대학교 영산신학대학원	42.4%	예성	성결대학교 신학대학원	45%
기침	한국침례신학대학교 신학대학원	76.2%	기장	한신대학교 신학대학원	60.0%

*자료 출처: 대학알리미

모두 자신을 청년이라고 생각한다.

2. 신학대학원생들의 특징과 발달 과제

1) 신학대학원생들의 인생 시기

인간은 전 생애를 통해 발달한다.[76] 발달심리나 교육심리 등은 전 생애 발달(life-span development)을 단계나 주기로 나누고 그 시기에 나타나는 특징을 고려하며 발달과 교육의 과제를 삼는다. 레빈슨(D. Levinson)은 인생을 4계절인 아동기와 청년기(0~22세), 성년기(17~45세), 중년기(40~65세), 노년기(65세 이상)로 나누었다. 그는 주로 남성들을 대상으로 성년기 발달을 연구했고 발달 단계가 바뀌는 5년간은 과도기인 발달의 가능성을 탐색하는 시기로 보았다. 프로이드(S. Freud)는 청소년까지 발달의 대상으로 보고 구강기(0~2세), 항문기(2

---

76 정옥분, 『전생애 인간발달의 이론』(서울: 학지사, 2015).

~3세), 남근기(3~6세), 잠복기(6~11세), 생식기(11세 이후)의 5단계로 나누었다. 하비거스트(R. Havighurst)는 인생을 6단계로 나누어 영아 및 유아기(0~5세), 아동기(6~12세), 청년기(13~22세), 성인 초기(22~30세), 중년기(30~55세), 노년기(56세 이후)로 나누고 발달의 각 단계마다 달성해야 할 과업이 성공적이어야 다음 단계에서 요구되는 과업을 잘 해낼 수 있다고 말했다. 에릭슨(E. Erikson)도 하비거스트와 같은 견해로 인생을 8단계로 나누며 각 발달 단계마다 이루어야 할 과제를 제시했다. 8단계와 발달 과제는 영아기(0~2세: 신뢰감 대 불신감, 희망), 유아기(2~3세: 자율성 대 수치심, 의지), 학령전기(3~6세: 주도성 대 죄책감, 목표), 학령기(6~12세: 근면성 대 열등감, 능력), 청소년기(12~28세: 정체감 대 역할 혼미, 충실), 성인기(19~25세: 친밀감 대 고립감, 사랑), 중년기(25~54세: 생산성 대 침체성, 배려), 노년기(55세 이후: 자아 통합 대 절망, 지혜)이다.

위에서 살펴본 바와 같이 학자마다 발달 구분 연령과 명칭이 다소 다르고 강조하는 점도 제각각이지만 대체적으로 발달심리학과 교육학에서는 영아기(0~1세), 유아기(1~5세), 아동기(6~12세), 청소년기(13~19세), 청년기(20~29세), 장년기(30~40세), 중년기(41~64세), 노년기(65세 이상)로 구분한다. 하지만 100세 시대에 늦은 결혼과 사회적 인식의 변화로 30대까지 청년으로 보는 경우가 많아서 장년의 나이도 덩달아 올라가는 감이 있다. 이렇게 청년기와 장년기 범위가 모호하고 유동적일 뿐만 아니라 용어도 다르지만 최근에는 청년과 장년을 아울러 '청장년'으로, 중년과 장년을 아울러 '중장년'으로 부른다. 청년의 사전적 의미는 신체적·정신적으로 한창 성장하거나 무르익는 20대이지만 청년은 나이를 규정하는 법에 따라 20~39세, 14~29세, 30~

49세 등 다양하게 분류한다. 장년의 사전적 정의를 종합하면 사람의 일생 중에서 한창 기운이 왕성하고 활동이 활발한 30세에서 40세 안팎의 사람들이다.[77] 따라서 100세 시대에 40대는 중년이 아니라 후기(後期) 청년기로 청년기의 후반부이며 삶의 내리막길이 아니라 오히려 확장된 청년기를 완성해가는 시기라고 말한다.[78] 젊음이라는 단어를 수식하는 열정, 자신감, 에너지는 여전하면서 살아오면서 얻은 지혜로움과 여유까지 아우른 세대가 바로 후기 청년기인 30~40세다.

그런데 10년 전만 하더라도 신대원생들의 평균 나이가 27~29세였으나 지금은 점차 높아지고 있다. 이는 학부 신학과 졸업 후 곧 신학대학원으로 진학하지 않고 몇 년씩 쉬었다 오는 학생들이 늘어났고, 일반 대학을 졸업하고 직장 생활을 하다가 늦은 나이에 소명을 받고 오는 학생들이 많아졌기 때문이다. 2010년 이후 학령인구 감소로 입학생 충원율이 낮아지자 신대원들은 만학도 유치에 꽤 큰 성과를 거두었고, 특차 입시를 통해 고급 공무원 출신, 박사학위 소지자, 선교사나 선교 단체 간사로 5년 이상 사역한 자, 선교사 자녀 등을 면접만으로 선발하고 있어서[79] 대부분 신학대학교의 신학대학원생들의 평균 나이가 30세가 넘게 되었다. 따라서 신대원 학생들은 20대 후반에서 40세 안팎의 청장년기에 해당한다 할 수 있다. 신학대학원 M.Div. 학생

---

77 권요한 외, 『교육학용어사전』(서울: 교육과학사, 2006)의 용어 "장년"; 한국교육학회, 『교육심리학용어사전』(서울: 학지사, 2000)의 용어 "장년"; 〈위키백과〉의 용어 "장년"을 참조.
78 송은주, 『4050 후기청년: 당신의 진짜 인생이 시작된다』(서울: 더난출판사, 2017).
79 신원하, "신학생 급감 시대에서 신학생 유치와 양성 방안에 대한 연구," 〈2022 미래포럼〉, 2022년 3월 30일, https://www.kscoramdeo.com/news/articleView.html-idxno=22659.

들을 청장년으로 보는 것은 인생의 발달 단계별 구분과 시대 흐름, 사전적 정의와 신학대학원생들의 연령을 감안한 것이다.

2) 신학대학원생들의 특징

신학대학원생들의 인생 시기는 주로 청장년기이다. 이때는 자신의 목표를 향한 성취 욕구와 성공 욕구가 높고 인정받고자 하는 욕구가 많다. 자신이 이루고자 하는 이상과 목표에 접근하면 자신감과 자존감이 높아지나 충족되지 않으면 자신에 대한 실망감과 좌절감을 느낀다. 심리학자 뉴가튼(B. Neugarten)에 따르면 모든 사회문화에서 삶의 특정한 과제들을 이루는 데 적절하다고 인식되는 나이가 있는데 이를 '사회적 시계'라 하며 결혼, 출산, 사회 진출, 주택 구입, 교육 연령 등이 포함된다. 사회적 시계에 맞춰 살지 못하는 사람들은 스트레스 및 자존감의 어려움을 겪게 될 수 있다. 그러나 사회적 시계는 사회의 변화에 따라 유동적인데 메타버스 디지털 사회의 특성과 풍요로운 물질세계로 인해 사회적 시계와 맞지 않을 수도 있다. 결혼과 출산이 많이 늦어지는 추세는 우리나라뿐 아니라 미국에서도 1970년에 비해 6배나 증가한 예에서 잘 드러난다.[80]

신대원생들의 청장년(靑壯年)기를 전기와 후기로 나눈다면 전기는 20대 후반에서 30대 초반으로 청년기적 특성을 지닌다. 이들은 대학을 졸업한 후라서 직업과 결혼과 주거 문제에 집중한다. 좋은 직장을

---

80 소향, "사회적 시계," 소향심리상담센터, 2018년 1월 22일 게시, https://m.blog.naver.com/PostView.naverisHttpsRedirect=true&blogId=theself777&logNo=221190574832.

얻고, 내 집을 마련하고, 행복한 가정을 이루는 것이 평범한 사람들의 평범한 꿈이지만, 지금은 이루기 힘든 꿈이라고 생각하는 청년들이 많아지고 있다.[81] 최근 20여 년간 졸업자 현황과 고용지표를 살펴보면 대학과 대학원 졸업자 수는 해마다 증가했지만 대기업 취업자 비율은 줄고 비정규직 비율은 늘었다. 대학을 졸업한 후에도 청년들이 취직을 할 때까지 평균 43개월이 걸려[82] 30세가 훌쩍 넘는다. 결혼하고 가정을 형성하는 일도 점점 어려워지고 있다. 30대 남성은 경제력과 혼인율이 비례하며, 30대 여성은 주관적 사회경제적 지위에 따라 달라졌다. 20대는 전체적으로 취업률과 혼인율이 대폭 하락했다.

하지만 청장년 전기는 신체적으로 활력 면에서 최고 수준이며 사회적으로는 부모에게서 독립하여 직업을 가지고 듬직한 사회인으로 사회적 역할을 시작할 뿐 아니라 배우자를 만나 결혼하여 자신의 가정을 이루고 자녀를 낳아 부모가 되는 시기다. 직장 및 사회생활에서는 활발한 활동을 펼쳐가며 친밀한 인간관계로 사회적 관계를 형성하고 축적된 지식을 바탕으로 다양한 관점에서 문제를 파악하고 해결하는 현실적 능력의 발달이 이루어진다. 긍정적인 자기정체성을 지닌 사람은 사회적 친밀감을 형성하여 좋은 관계를 맺고 어려운 일도 인내하며 잘 풀어가지만 그렇지 못한 사람들은 소외감을 느끼며 자신에게 몰두하거나 삶의 의미를 느끼지 못한다.

---

81 김승연, 최광은, 박민진, 『장벽사회, 청년 불평등의 특성과 과제』(서울: 서울연구원, 2020), https://www.si.re.kr/node/64574.

82 김진하, 황민영, "서울시 청년층 이직·재취업 특성과 청년실업의 정책 시사점"(한국고용정보원, 2018), '청년패널조사', 2009~2017년 자료를 분석한 결과, 청년 취업 경험자는 첫 취업까지 평균 43개월이 소요된다. 하지만, 그렇게 노력해서 들어간 첫 직장을 떠나는 청년(이직 경험자)의 비율도 52.5%에 이른다.

청장년 후기는 30대 중후반에서 넓게는 40대 초반까지다. 취업 연령이 늦어지면서 가정을 꾸리는 시기가 늦어지고, 비혼 인구도 많아졌지만 이 시기는 회사에서 허리 역할을 하며 자신의 능력을 인정받아 최대한 발휘하기를 원한다. 승진을 위한 자기 계발과 새로운 지식 축적 및 필요한 배움의 기회를 찾고 관계적 안정감에서 보람을 느끼며 사회적 활동이 활발하여 사회적 관계 안에 있는 타인들과 친밀함을 갖는다. 가정에서는 부모의 역할이 가장 많이 요구되기에 가족구성원을 돌볼 뿐 아니라 타인을 돌보고 배려하며 좀 더 좋은 세상을 만들기 위해 여러 가지 삶의 모양으로 사회에 기여하며 보람을 느끼고 의미 있는 곳에 시간을 쓰려는 의지가 있다. 버는 돈도 많지만 쓰는 돈도 많아 생산과 소비에서 주체적이고, 경제적 불안을 해소하기 위해 누구보다 적극적으로 재테크 상품을 구매하고 자기 계발에 돈을 쓰는 등 생산성이 높은 연령대다. 이런 면에서 청장년 후기는 에릭슨이 말하는 자기정체감이 드러나기도 한다. 그러나 무엇보다 가정과 직장과 사회에서 자신의 삶을 충실하게 살아내고 헌신하는 삶을 통해 생산성이 빠르게 증진되며 성취되는 시기다.

신체적으로는 나이 들어감을 스스로 느끼게 되고 피부 탄력성이 줄어들고 주름이 생기는 등 외모 변화가 나타나기 시작한다. 이 시기의 건강 상태가 전체적인 노화 속도 및 삶의 질에 크게 영향을 미치며 건강이 급격히 악화하는 경우도 많다.

3) 신학대학원생들의 삶의 과제

신대원에서 공부하는 청장년 시기는 성공과 성과주의로 몰아가는 세상에서 물들지 않고 살아남기 위해 누구보다 충실히 살아가지만 이루어놓은 것도 없고 안정된 것도 없는데 시간은 빠르게 지나가고 해야 할 일이 많기에 조급함이 생긴다. 조급함은 불안과 스트레스를 가져와 몸과 마음이 지치고 자기 자신의 꿈을 유보할 수밖에 없다. 공부를 하면서도 자신의 위치를 자리매김하기에 애써야 하고, 빨라진 은퇴와 평균 수명 연장으로 은퇴 이후에도 수십 년을 살아가야 하는 상황이 되면서 미래에 대한 불안이 증가하고, 치솟는 물가로 인해 할부 인생의 폭이 점점 넓어져 빈부 격차가 확연해지고 경제적 기반이 매우 약하다. 청장년 시기의 신대원생들은 유치원이나 초·중등학교에 다니는 아이들 교육비를 감당해야 하므로 어깨가 무겁다. 자녀의 조기교육과 경험이 미래에 미치는 영향과 무한경쟁 사회에서 부모의 재력이 자녀의 능력이 되고, 부모의 재력에 따라 자녀의 인생이 달라진다는 것에 부모로서 무력감을 갖게 된다. 자녀양육비에서 높은 비율을 차지하는 것이 사교육비인데 2021년 조사에 따르면 한 명의 사교육비는 36만 7천 원으로 전년 대비 21.5% 증가했고 초중고의 사교육 참여율은 75.5%다. 이는 대한민국 부모 대부분이 자녀의 성공이 곧 자신의 성공이라 생각하며 경제적인 부담을 크게 안고도 자녀의 사교육에 많은 돈을 투자하기 때문이다. 계속 증가하는 자녀의 사교육비를 충당하려고 노동시장에 장시간 노출되어야 하는 부담이 크다. 교회의 사례비는 그저 스쳐지나갈 뿐, 월급일 전에 통장 잔고가 바닥나 현대판 '보릿고개'를 경험하며[83] 하나님의 은혜로 사는 것을 경험한다.

열심히 일해도 남는 것은 허무함뿐이기에 돈 많은 부모에게 유산으

---

83 2021년 통계청 자료, 정하은, "삶과 신앙을 연결짓다," 106에서 재인용.

로 받은 '건물주'의 꿈! 청장년에게 가장 큰 희망은 '건물주'다. 지금의 장년 세대와 노인 세대들은 더럽고 힘들고 위험한 일(3D)이라도 마다하지 않고 평생직장을 삼아 열심히 일하고 성실하게 살면서 그 대가로 경제적 부를 얻었다. 그러나 청장년 세대는 그 전 세대들이 이루어놓은 발판에서 시작했지만 평생직장은 없고 불안정하며, 소비는 늘고 기대치와 눈은 높아졌다. 이런 현실에서 청장년은 부모가 되고 자녀를 양육하고 가정을 돌봐야 할 뿐 아니라 사회적 역할에서 실패자가 되지 않는 것이 그들이 당면한 삶의 과제가 됐다. 또 책임은 무겁고 불안정한 삶의 현실에서 무엇을 할 수 있고 무엇을 해야만 할까에 대한 막막함과 답답함과 두려움이 내면에 자리 잡고 있다. 이러한 삶의 과제를 안고 있는 청장년 시기가 신대원 학생들의 인생 주기에 해당한다.

3. 신학대학원생들의 영성 발달

영적 성장이나 성숙 및 발달의 목표는 하나님과 친밀감을 가지고 하나님과 연결되어 있다는 깨달음으로서 사랑으로 이웃과 인류 자체의 진보를 위해 봉사하는 삶을 사는 것이다.[84] 여기서는 편의상 '영성' 또는 '영적'이라는 용어와 '성장, 성숙, 발달, 형성'의 개념들을 구분하지 않고 혼용하여 사용했다.

---

84 M. Scott Peck, 『아직도 가야 할 길』(*The Road Less Traveled*), 최미양 옮김(서울: 열음사, 2007), 4부 "은총" 참고.

1) 영성 발달의 의미와 개념

오늘날 종교인이든 아니든 기독교 영성이 아닌, 보편적 의미의 '영성'을 지극히 주관적으로 이해하고 막연하게 말하는 사람이 많다. 보편·통합적·현대적·종교 초월적 영성을 모두 통합하고 동서양의 모든 주요 신비 사상과 전통 지혜의 전일적 영성에 바탕을 두는 윌버(K. Wilber)는 영성이 개화된 사람, 충만한 사람, 영적 성장이 멈추거나 메마른 사람, 영성을 상실하거나 영적 장애가 있는 사람이 있다고 말한다. 윌버는『통합심리학』에서 영성의 다양한 특성을 모두 포괄하여 통합적 영성의 정의를 다섯 가지로 요약한다.[85] ① 영성은 어느 발달 계통에서나 최상위의 의식 수준을 수반한다. ② 영성은 여러 발달 계통의 최상위 수준들의 총합이다. ③ 영성 자체는 별개의 발달 계통이다. ④ 영성이란 발달의 어느 단계에 있든지 가질 수 있는 삶의 궁극적 관심사에 대한 덕성의 태도이다. ⑤ 영성은 기본적으로 절정 체험을 수반한다. 그러나 ①과 ②는 포스트-탈관습적 수준 이상의 고도의 영성 수준이고 ③ ④ ⑤는 보통 사람에게 있을 수 있고 정도의 차는 있다고 한다. 이것은 영성 발달이 초의식, 자아 초월, 자각 및 알아차림, 깨달음의 수준으로 발달된다는 것을 말한다.

그러나 이러한 영성과는 달리 기독교 영성은 그 중심에 하나님의 아들 예수 그리스도가 있으며 과거형이 아닌 현재형으로서 하나님과 교제하며 구체적 삶에서 하나님을 체험하는 신앙이다. 토마스 머튼

---

85 Ken Wilber, *Integral Psychology: Consciousness, Spirit, Psychology, Therapy* (Boston: Shambhala, 2000), 129-38: Ken Wilber,『켄 윌버의 통합심리학: 의식·영·심리학·심리치료의 통합』, 조옥경 옮김(서울: 학지사, 2008), 129-34.

(Thomas Merton)은 인간이 물세례로 자신의 의지를 고백하고 약속하지만 내적 갱신의 지속적인 역동성을 위해 성령으로 지속적으로 거듭나야 한다고 말한다. 인간의 발달이 연속적 여러 단계를 거치듯이, 영적 발달도 성령 안에서 탄생하여 연속적인 단계를 거쳐 성령의 생명 안에서 성장하고, 새 생명이 심화된다. 영적 발달은 지속적인 거듭남을 통해 피상적 생명은 버려지고, 성령의 신비롭고 보이지 않는 자아는 점점 더 드러나고 활발해진다. 참된 그리스도인의 거듭남이란 새로워지는 변화, 곧 인간이 점진적으로 이기심에서 해방되고, 사랑 안에서 성장하여 새 사람으로 성숙하는 것이다.[86] 영 자체가 생명이 있어 자라기 때문에 영성도 성장하고 발달하며 성숙되어간다는 것이다.

기독교 영성이 인간의 힘과 능력과 노력으로 얻어질 수 없다는 신학적 견해에 전적으로 동의하지만 영적 발달을 교육학적인 측면에서 보면 인간이 해야 할 일도 있다. 아이리스 컬리(Iris Cully)는 교육학적인 관점에서 인간의 본성과 교육 및 양육에 의한 의도적인 개발의 상호작용이 영적 성장을 가능케 한다고 주장한다.[87] 진정한 기독교 영성은 묵상과 기도와 예식과 성서 공부를 통해 영적 삶을 계발하는 것이며, 하나님의 사랑을 가지고 세상으로 들어가 사람들에게 그 사랑을 말하며 실천하는 삶의 과정이다. 영성은 마치 인간의 노력이나 관여와는 무관한 것, 혹은 단지 초자연적 힘에 의해서만 전적으로 성취되는 것으로 보지 않고 그것을 위한 계발 노력이 병행될 때 비로소 영적 성장을 이룰 수 있다. 즉 기독교 영성이 특정의 노력을 통해 계발되어야 할 것임을 시

---

86 Thomas Merton, "Rebirth and the New Man," 239.
87 Iris V. Cully, 『영적 성장을 위한 교육』(*Education for Spiritual Growth*), 오성춘 옮김(서울: 한국장로교출판사, 1993).

사하며 이와 관련한 신학대학교와 교회의 영성 훈련 노력이나 장치의 중요성을 환기시킨다.

따라서 영성 발달이나 성숙은 그 발달 수준이나 상태의 발현 정도와 속도를 '발달' 라인을 빌려 설명하기 위한 하나의 방법이다. 영적 '성숙' 과 '발달'을 하나로 정의하기가 쉽지 않지만 대체로 3가지 발달 측면으로 설명할 수 있다. 즉 종교적 경험, 초월적 존재와 관계없는 인간 내면의 경각심, 발달의 다양한 양상과 연결하여 설명하는 것이다.[88]

첫 번째, 종교적 경험으로 영성 발달을 설명하는 것은 신학에서 주로 사용하는 방법으로 영성 형성(Spiritual formation)이기도 하다. 그러나 알리스터 맥그래스(A. McGrath) 말대로 기독교 영성의 다양성을 인정하고, 하나님의 영을 경험하는 다양한 방식이 다양한 영성의 유형들을 만들기에 종교적 경험으로 발달 모델을 제시하기에는 적합하지 않다. 윌리엄 제임스(W. James)의 말대로 종교 경험은 매우 다양하여 그 다양성과 독특성과 주관적 특성으로 이를 구조화하거나 모델화하기는 쉽지 않기 때문이다.

두 번째, 초월적 존재와 관계없는 인간 내면의 경각심으로 영성 발달을 보는 것은 기독교 영성 발달과 성숙 모델로는 적합하지 않다. 기독교 영성은 그 중심에 예수 그리스도가 있기 때문이다.

세 번째, 발달의 다양한 양상과 연결하여 기독교 영성 발달을 설명하는 것은 적절하다. 왜냐하면 발달은 전체적이며 상호연결성을 가지고 상호보완할 뿐 아니라 서로 영향을 주고받으며 목적지향성을 지녔기 때문에 현재로서는 이 발달 모델이 가장 적합하다고 여겨진다.

---

88 이은실, "영성 발달," 210.

일반적으로 '발달'이나 '성숙' 차원에서 발달을 설명하는 적합한 세 가지 차원은 연령, 개인적 발달 형태, 문화적 요인이다. 인간 발달의 연령으로 구분된 단계를 따라 영성 발달을 설명하고, 발달에 대한 이해를 바탕으로 개인의 발달 상태에 맞는 영적 학습 환경과 경험을 준비하고 계획하며, 통합된 전체적 인간 이해를 하는 것이다. 즉 인간의 한 영역의 변화는 전체에 영향을 미치고 외부 체계와 끊임없이 상호작용하며 상호의존하는 존재로 영성 발달을 설명하는 것이다.

2) 영성 발달 모델

그렇다면 기독교 영성 발달 및 성숙 모델이란 무엇인가? 파울러(J. Fowler)처럼 영적 성장을 발달 진화적인 단계로 구분하는 학자도 있고, 수도원 전통이나 신학자들 중에는 발달 단계로 구분하지 않으나 경험적 자료를 기초로 영성 발달을 제시하는 경우도 있다. 전자든 후자든 명확히 드러나지 않은 단계들과 패턴들을 어떻게 구조화할 것인지가 문제다. 분명한 것은 신대원 학생들의 기독교 영적 성장과 발달은 다차원적이고 통전적이어야 하며 자신의 존재와 삶의 목적을 포함하되 핵심은 하나님 중심의 영적 성장이어야 한다.

성경은 분명하게 영적 성숙 모델을 제시한다. 영적 성숙은 하나님의 영을 따라 사느냐 살지 않느냐에 달렸고 그 결과는 열매로 나타난다. 열매는 열매를 맺게 하는 나무의 정체성이며 본질이다. 정욕과 탐심으로 육체의 욕심을 이루면 "음행과 더러운 것과 호색과 우상숭배와 주술과 원수 맺는 것과 분쟁과 시기와 분냄과 당 짓는 것과 분열과 이단과 투기와 술취함과 방탕함과 또 그와 같은 것들"(갈 5:19-21)이 열매다.

성령을 따라 산 삶의 열매는 "사랑과 희락과 화평과 오래 참음과 자비와 양선과 충성과 온유와 절제"(갈 5:22-23)다. 성령의 열매로서 영적 성숙은 단계나 순서가 없으며 언제 어떤 열매가 맺히는지는 개인의 성격 특성과 하나님과의 친밀감 및 체험의 강도와 정도에 따라 다르다. 이는 개인의 영적 성숙이나 성장을 위한 좋은 모델이라 여겨진다.

그러나 보편적 신앙 성숙과 발달 모델을 제시한 파울러는 신앙은 평생 일곱 번의 질적 변화를 겪으며 단계적으로 성장한다고 말한다. 그는 인간이면 누구나 갖는 보편적 관심사로서 신앙이 발달한다고 전제한다. 발달은 연령에 따라 단계적으로 성장한다는 구조주의 원칙을 따라 피아제의 인지 발달, 콜버그의 도덕 발달, 에릭슨의 자아 이론을 적용하여 신앙의 발달 단계를 미분화된 신앙(0~2세)을 제외하고 6단계로 제시했다.[89]

0단계 미분화된 신앙(Undifferentiated Faith)은 0~ 세로 신앙 발달의 기초가 형성되는 시기로서 상호성의 질, 신뢰, 자율성, 희망, 용기 또는 이와 상반되는 것들은 이 후에 신앙 발달에서 일어날 수 있는 모든 것의 기초가 되거나 또는 침해의 위협이 될 수 있다.

1단계 직관적-투사적 신앙(Intuitive-Projective Faith)은 3~7세로 논리적 사고라기보다는 무한한 상상력이 발달되어 환상과 현실을 구분하지 못하는 경향이 있다. 이 단계의 신앙은 끝없는 상상력으로 경험하는 세계와 존재의 조건들을 이미지로 통합하고 직관적이고 상징적으로 이해한다. 이때 금기나 도덕적·교리적 기대를 강요함으로 상상력이 악용될 수도 있다.

---

89 James W. Fowler, *Stages of Faith: The Psychology of Human Development and The Quest for Meaning*(San Francisco: Harper Collins, 1995), 98-105.

2단계 신화적-문자적 신앙(Mythic-Literal Faith)은 8~12세이고 인과관계를 파악할 수 있고 신앙의 이야기들을 논리적 구조에 따라 서술할 수 있으나 설화 또는 이야기의 주인공들을 신인동형론적으로 이해한다. 도덕적 규범이나 신조들도 문자적으로 이해하며, 상징들을 신화적으로 이해하고 신앙을 문자적으로 파악하므로 신화적인 면이 남아 있다.

3단계 종합적-인습적 신앙(Synthetic-Conventional Faith)의 청소년기는 자신의 이념과 경험적 신앙을 따르기보다는 인습과 중요한 타인의 표준과 지시에 따라 의미를 부여하고 신봉한다. 이런 '순응주의'로 타인의 기대가 지나치게 내면화되면 자율성을 잃을 수 있다. 발전적 신앙을 위해서는 개관적인 입장과 충돌되는 견해나 사건들이 자신이 속해 있는 공적인 배경들과 어떤 관계가 있는지 비평적 성찰의 경험과 전망을 경험해야 한다.

4단계 개별적-성찰적 신앙(Individual-Reflective Faith)은 청년기에서부터 30대 중반 이후다. 새로운 자아정체성(identity)과 세계관을 바탕으로 자주적인 결단을 하여 실존적 신앙을 가지려 할 때 긴장이 발생한다. 이때 자신의 비판적 성찰을 통한 자아가 실재나 혹은 다른 사람들의 세계관과 과도하게 동일시되는 자기도취적 성격을 가질 수 있다. 이 단계에선 공식적인 입장을 가지고 있던 상징에 대해서는 비신화화의 성향이 나타나서 내적인 의미를 추구하게 된다.

5단계 결합적 신앙(Conjunctive Faith)은 중년기다. 개별적-성찰적 신앙이 보편적인 것을 자신의 것으로 개별화한다면, 5단계 결합적 신앙은 분리되고 무시되었던 것들을 성찰을 통해 자신과 통합한다. 신앙은 내적으로 성숙되며 상징과 신화와 종교의식을 통해 실재의 깊이를 인식하고, 자신의 경험 안으로 모순과 역설과 진실을 통합하며, 자신의 것이 아닌 타인의 진리도 용납할 수 있는 여유가 생기고 인종·계급·종교적 공동체·국가들이 갖는 한계에서 자유로워진다.

6단계 우주적 신앙(Universalizing Faith)은 궁극적인 관심과 만남을 귀히 여기며 세상 속에서 영원을 체험하고 초월적인 모습으로 하나님과 완전한 연합을 한다. 신앙은 영원성(eternity)을 향해 정의와 사랑을 실천하고, 자아는 초월적 실재가 현재의 삶 속에서 변형되어가므로 순교할 수 있다. 이 단계에 속한 사람들은 궁극적 환경에 대한 그들의 느낌 인식이 모든 존재를 포괄하는 신앙을 소유한다. 이러한 단계에 도달한 인물들은 간디와 마틴 루터 킹 주니어, 테레사 수녀 등이다. 그러나 우주적 신앙을 가진 자라 할지라도 완전하지 않다.

윌버는 파울러의 신앙 발달 단계에 근거하여 종교적 신앙 영성 발달을 7단계로 제시한다.

(1) 마법적-투사, 1인칭 욕망이 지배하는 단계(마법적 단계)

(2) 신화적-문자적, 구체적인 신화와 설화 단계(신화적 단계)

(3) 인습적 순응자, 2인칭적 집단 인습이 지배하는 단계(후기 신화적 단계)

(4) 개인적인 반성, 3인칭적 사회적 인습이 지배하는 단계(합리적 단계)

(5) 공동체적, 다원주의적, 다문화적, 탈(脫)인습적 자기 단계(다원적 단계)

(6) 탈인습적, 보편화된 통합적 사회 단계(통합적 단계)

(7) 자아초월적 온우주적 일심의 공동체 사회 단계(초통합적 단계)

이때 6단계의 영성은 자아실현 단계에서의 타인에 대한 배려와 포용, 관심과 사랑의 이타적 행위를 실현할 수 있는 통합적 수준이고, 7단계의 영성은 자아초월적이고 이타적인 헌신과 사랑을 실현할 수 있는 높은 수준이다.

에릭슨은 사회심리이론에 근거하여 인간 발달을 8단계로 나누었고 각 시기에 이루어야 할 과제를 제시했다.[90] 그리스도인의 영성 발달을 에릭슨의 8단계에 근거하여 살펴보는 것은 매우 유익하다. 특히 신학대학교에 입학하여 목회자가 되기 위해 준비하는 동안 어떠한 덕목을 익혀야 하는지 살펴볼 수 있기 때문이다. 여기서 에릭슨의 단계별 나이를 제시하지 않은 것은 영적 성장은 어느 단계에서든 시작할 수 있고 신체적 발달 나이가 아닌 영성이 발달하고 성장하는 구조적 단계를 나타내고자 하는 것이다. 영적 성장의 구조적 단계는 다음과 같다.

1단계는 하나님과 신뢰감을 형성하는 단계다. 삶에서 축적된 모든 것을 배설물로 여기고 하나님을 전적으로 의지하고 인생의 주인으로 신뢰할 수 있는 마음을 배우는 것이다. 과거와 현재와 미래가 비록 절망적이라 할지라도 미래를 향한 방향성을 찾으며 끊임없이 앞으로 걸어가는 여정에서 '어떤 희망을 만들어가는가?' '우리가 원하는 것은 무엇인가?'에 대한 미래 지평을 '희망'으로 그려내는 것인데 그 희망은 하나님을 신뢰하는 것에서 비롯된다. 희망은 바라는 것이 충족될 것을 믿는 견고한 믿음이며 일시적인 후퇴나 어려움에도 불구하고 계속 유지되는 큰 그림이다.

2단계는 하나님의 사랑을 수용하는 법을 배우는 단계다. 내가 하나님을 사랑한 것이 아니라 하나님이 나를 사랑한다는 것을 깨닫고 하나

님을 사랑하는 법을 배우되 긍정적 변화를 위해 소통하며 미래를 위한 관계의 틀을 세워야 한다. 새로운 하나님의 길을 창조하려는 '의지'는 자율성에서 나온다. 의지는 자유와 자기 통제를 실천하기 위한 거부할 수 없는 확고한 자기 결심이다. 이 의지는 신앙을 수용하고 따르기 위해 없어서는 안 될 요인이다.

3단계는 자신의 의지가 계획을 세우고 목표를 설정하며 그것을 달성하고자 하는 주도성(initiative)을 보일 때 하나님의 뜻과 섭리를 파악하며 인생의 주도권을 하나님께 드리는 단계다. 자신이 인생의 주인이 되면 갈등이 일어나고 허탄한 것에 사로잡혀 목적의식이나 용기가 부족하게 되고 죄의식이 형성된다. '목적'은 삶의 목표를 계획하고 수행하려는 용기를 수반한다. 영적 발달은 영적으로 유익한 것을 추구하고 하나님의 뜻을 알아차리고 참여하려는 목적이 있기에 죄의식에서 해방되어 하나님과 건강한 관계를 맺게 한다.

4단계는 교회의 전통과 성서의 가르침과 공동체로부터 물려받은 신앙을 자신의 이성과 논리적 능력으로 이해하고 내면화함으로써 영적 성장을 하게 되며 공동체의 전통을 습득하는 단계다. 이때 영적 발달의 덕목은 '유능감'(competence)이며 끈기와 근면성이 요구된다. 유능감은 주어진 자신의 사명을 감당하고 완성하는 데에 재능과 지혜로 충성하는 것이다.

5단계는 그리스도인으로서의 정체감에 대한 의문을 갖고 심사숙고하는 시기다. 자아정체감이란 그리스도인으로서 자기 자신에 대한 자각, 자기의 위치와 능력, 역할 및 책임에 대한 분명한 인식으로 자신의 신앙을 결정하고 고백하는 것이다. 분명한 정체감을 지니면 어떠한 시련과 고통도 감내할 수 있지만 정체감 형성에 실패하고 혼돈에 빠지면 자신이 누구이며 어디에 속해 있고 어디로 향하는지 모르게 된다. 영성이 종교화되면 자아정체감 혼돈으로 감정적 과잉과 동일시를 하거나 방어를 위해 배타적이고 무자비하며 매우 편협한 태도가 나타날 수 있다. 신앙의 정체감이 잘 형성되면 자아는 충실(fidelity)해지며, 타인과의 관계에서 성실하고 정직하고 순수하게 청지기 역할을 유지한다. 여기서 충실성이란 "가치 체계의 불가피한 모순에도 약속한 바들을 지켜나갈 수 있는 능력"이다.

6단계는 하나님과의 친밀한 관계를 형성하는 단계로 사랑은 친밀감에서 나온다. 이 단계의 그리스도인은 하나님과 친밀한 관계를 형성하는 법을 배우며 책임감 있는 성숙한 그리스도인으로 기능하기 시작한다. 하나님과 타인과의 관계에서 친밀감은 영적 교제를 형성하는데 진정한 영적 교제를 위한 친밀감은 신앙 정체감과 영적 충실함을 분명하게 형성한 사람들 사이에서만 가능하다. 그 결과 친밀한 영적 교제는 자신은 물론 상대방이 속한 모든 것을 넘어 '사랑'(love)할 수 있는 힘이 생기게 한다. 에릭슨은 사랑을 가장 위대하고 인간에게 가장 지배적인 덕목이라고 여겼다.

7단계의 그리스도인은 성숙한 사고, 종교적 전통에 대한 개방적 사고, 인격의 성숙, 타인 돌봄이라는 신앙의 열매를 맺는다. 신앙공동체를 통해 자신의 개인적 성숙뿐 아니라 다음 세대의 성장 발달을 도우며 자신의 신앙을 전수하고자 노력한다. 이때 '돌봄'(care) 또는 '배려'가 발달되지 않으면 침체감이나 권태감에 빠진다. 배려는 다른 사람을 향한 폭넓은 관심과 염려로 가르치고 지도하고 돌보고자 하는 욕구이며, 가르침을 받는 사람들을 위해서뿐만 아니라 자신의 정체감을 실현하도록 돕는다.

8단계 그리스도인은 자신의 삶을 회상하고 성찰하며 모든 것을 은혜로 받아들이고 죽음과 삶의 문제에 의연해진다. 지나간 과거를 후회하고, 놓쳐버린 기회에 대해 분노하고, 좌절감과 증오로 자신의 삶을 바라본다면 절망뿐이지만 반대로 그 모든 것이 은혜였음을 깨닫는 것은 '지혜'(wisdom)다. 지혜는 자아 통합에서 나오고 삶을 의미 있게 보낸 사람들에게서 나타난다. 지혜는 모든 기능이 감소함에도 주어진 모든 것이 하나님의 은혜였다는 걸 깨닫게 하며 영적인 통합을 이루게 한다.

이처럼 단계별로 정리하여 영적 성장이 질서정연하고 예측할 수 있는 것처럼 이야기했으나 영적 성장은 모든 그리스도인이 순차적으로 경험하는 것도 아니고 연령에 따라 성숙되는 것도 아니다. 각 단계의 성숙은 마주치는 '위기'를 성공적으로 해결했을 때 나타나는 인간의 자질 또는 내면의 힘이며, 각 단계는 내면적 힘이나 자질을 확립할 기회를 제공하는 것이다. 또한 각 덕목을 확립했다고 해서 그것이 영원히 지속되는 것이 아니라 그 단계에 고착될 수도 있고 뒤로 후퇴할 수도 있으며, 새로운 갈등에 휘말릴 수도 있다. 영적 성숙은 부단한 자기 비움과 성찰을 통해 예수 그리스도에게로 나아가는 진정한 사람의 길이다. 또한 하나님의 형상을 회복하고 하나님의 부르심에 응답하는 것으로 그 부르심에 얼마나 기꺼이 응답하며 살아가느냐에 달려 있다.

V. 월드미션대학교 신학대학원생들의 영성 발달을 위한 교과 과정

'영성'이라는 용어는 5세기경 위(僞)「예로니모 서간」에 처음 등장한 이후 20세기에 들어서 소드로(A. Saudreau)의 『영성개론』과 푸라(P. Pourrat)의 『그리스도교 영성론』이 출판되면서 일반화되기 시작했다.[91] 한국교회가 영성 또는 영성 생활이라는 말을 처음 사용하기 시작한 것은 1970년대 말 또는 1980년대 초부터다. 영성에 대해 한국 신학계가 공식적으로 논의한 것은 1984년 "신학 교육에 있어서 영성 훈련"이라는 주제로 모였던 전국신학대학협의회 제19차 정기총회에서가 처음인 것 같다. 그 이후 계속하여 영성에 대한 학문적 논의와 영성 관련 세미나, 영성 훈련 집회 등 영성운동이 활발하게 일어나고 있다.[92] 하지만 영성과 영적 성숙에 대한 강조에도 불구하고 종교 지도자들의 성숙한 인격과 영적 성숙을 찾아보기 힘들 정도로 영성은 그리스도인들의 삶과 괴리되었다. 이는 단지 이론으로만 영성을 익힐 뿐 영적 삶을 살지 못하는 데에서 오는 현상이다.[93]

그렇다면 교회 지도자들을 양성하는 신학대학교에서는 영성을 위한 교육 과정을 어떻게 운영하고 있으며, 물질만능 성공주의 피로사회의 시대적 상황을 거슬러 올라갈 수 있는 사역자들을 위한 교육 과정은 무엇인가? 교육이 인간성 상실과 파편화를 벗어나 총체적 인간을 회복

---

91 전달수, "영성,"『한국가톨릭대사전』 제9권(서울: 한국교회사연구소, 2002), 6257.
92 김난예, 정원범,『공동체 영성의 향기』, 142.
93 부영호, "그리스도인의 영적 성장에 대한 발달 심리학적 연구: 에릭슨의 심리·사회적 발달이론을 중심으로"(석사학위논문, 광주가톨릭대학교대학원, 2006), 1-2.

하려면 영성 교육이 중요하다는 인식이 늘면서 교육 과정에서 영성 교육의 중요성이 논의되었다. 신학 교육에서 교육 과정의 핵심으로 학생의 영적 발달을 요구하는 현상은 21세기 디지털 메타버스 인공지능 시대에 살아남기 위한 출구를 영성에서 찾으려는 시도다.

1. 한국 신학대학원들의 교육 과정과 영성 발달

영성 발달이나 성장을 위해 제공되는 신학대학원 M.Div. 교육 과정은 교육 철학 및 교육 환경과 교육의 질에 따라 학교와 개인의 미래가 확연히 달라진다. 영성 발달을 위한 교육 과정의 질적 향상이 영성 교육의 성과를 가져오며, 교육 과정은 물론 교육 내용이나 교육 방법에 대한 연구를 통해 다양하고 체계적인 영성 교육을 실시하여 신학교와 학생의 교육 목적에 도달하고, 스스로 성장하는 삶을 살 수 있도록 도와줄 수 있다. 각 신학대학교들의 기독교 영성 교육은 신학적 입장과 해석에 따라 강조점이 다르지만 '개신교'라는 범주의 영성은 일시적으로 생활의 활력을 주는 신비적인 체험이라기보다는 일상적인 삶 가운데 성령과 교제하면서 하나님의 말씀대로 경건한 삶을 사는 것이다.[94]

각 신학대학원 M.Div. 교과 과정에서 영성 발달과 성장 또는 영성 형성을 위한 교육 과정을 얼마나 포함하고 있는지 살펴보면 〈표 1〉과 같다. 각 학교들의 공통점은 예배가 주 2~3회 있으며 영성 발달 및 영성 훈련을 위한 필수과목은 학교마다 특성이 있다. 장신대는 목표를 '경건과 학문'에 두고 필수로 경건을 위한 신학 생활과 실천 및 훈련을

---

94 유재봉, "교육에서의 영성회복," 105.

강조하며, 선택에서도 역사신학, 조직신학, 실천신학, 기독교교육 분야에서 총 10개의 영성 관련 과목이 있다. 특히 장신대 경건훈련은 신대원 입학생들이 1년간은 기숙사에서 함께 생활하며 영성 훈련을 받고 있다는 것이 주목할 만하다. 총신대는 필수과목으로 경건훈련 I, II를 2학점씩, 예배와 예전 2학점, 실천과 개강수련이 각각 6학기 P학점이지만 영성 선택과목은 없다. 감신대는 필수로 웨슬리 영성 수련을 두 학기 각 2학점으로 진행하지만 영성 선택과목은 없으며, 고신대는 학생예배 외에 영적 성장을 위한 과목이 없다. 침신대는 멘토링&바이블리딩을 4학기 P학점으로 진행하는데 이는 각 신학대학교의 신대원에서 진행하는 멘토 제도와 같다. 월드미션대학교는 필수로 예배 외에 영성과 훈련(3학점), 영성 형성과 코칭(3학점)의 두 과목이 있으나 선택과목에서는 영성 관련 과목이 없다.

아래의 표는 각 신학대학원들의 M.Div. 교과 과정에서 비교과 활동이나 각종 프로그램 등이 포함되지 않은 것이다. 정규 교과 과정 외에 영향을 주는 잠재적 교육 과정이나 영 교육 과정의 효과는 영성 발달에 매우 중요한 역할을 하지만 이를 분석하지는 못했다. 대학 구성원과 분위기, 교수와 학생 간의 상호작용, 교육 환경 등은 교육 과정만큼 중요하다. 아래에 나오는 〈표 1〉은 주로 학교 홈페이지를 참고했고 궁금한 것은 문의를 통해 제시한 것이다.

<표 3> 영성 성숙 및 형성을 위한 교육 과정

	총 학점 및 과목 수	영성 필수	영성 선택
장신	84학점(필수51+선택33) 1과목: 3학점 개설 강좌 수: 구약(33) 신약(28) 역사(39) 조직(31) 실천(17) 기독교와 문화(20) 선교(35) 기교육(34) 교회음악(14) 공통과목(16)	신학생활 1, 2, 5, 6 (4×0학점) 신학생활 3, 4(2×1학점) 경건실천 1-6(6×0학점) 경건훈련(p) (*경건훈련은 1년 동안 기숙사에서 함께 생활한다)	역사) 기독교 영성과 경건의 역사(3) 조직) 신학·영성·실천(3) 실천) 기도의 실제(3) 영성과 치유(3) 영성의 이론과 실제(3) 영성지도의 실제(3) 영성훈련의 실제(3) 교육) 기독교 영성교육(3) · 성격 유형과 신앙 성숙(3) 선택 트랙) 영성과 공동체 목회
총신	100학점(필수82 + 선택18) 1과목: 2학점 학점 구약(12) 신약(12) 조직(15) 역사(11) 실천(16) 선교(6) 언어(6)	경건훈련 I-II(각 2학점) 예배와 예전(2) 실천 6P+개강수련회 6P 학생예배	
감신	84학점(교단필수12+필46+선24) 1과목: 2학점 교단필수 6과목, 필수 16과목, 선택 8과목	예배실습 I-V(0.5×6 학기) 웨슬리영성수련(2×2 학기) 학생예배	
고신	1과목: 2-3학점, 일반대: 106학점(필수95+선택11) 학점 구약(20) 신약(19) 교의학(14) 역사신학(12) 실천신학(20) 선교학(5)	학생예배 I-VI(0.5×6 학기)	

	윤리학(5) 고신신: 96학점(필수86+선택10) 구약(18) 신약(17) 교의학(14) 역사신학(9) 실천신학(20) 선교학(5) 윤리학(3)		
침신	90학점(필수37+선택53) 1과목: 2학점 학점 구약(18) 신약(18) 역사신학(8) 조직신학(8) 실천신학(21) 기독교교육(2) 기독교윤리/종교철학(6) 자유선택(9)	멘토링&바이블리딩 I-IV(p) 학생예배 I-IV(0×4학기)	
WMU	85학점(필수69+선택12) 1과목: 3학점 학점 성서(12) 신학/역사(19) 실천신학(36) 현장실습(6) 일반선택(12)	실천)영성과 훈련(3) 영성형성과 코칭(3) 학생예배 I-VI(0.5×6학기)	

　학교에서 영성 발달과 성장을 소홀히 하는 것은 단지 인간의 영적 측면의 상실만 가져오는 것이 아니라 인간성 전체의 상실로 이어지는 심각한 문제다. 영성은 인간의 한 측면이면서 동시에 인간의 모든 면에 생명력을 부여하고 통합하기 때문에 영적 성장 없이는 인간의 모든 측면을 통합할 수 없으며, 인간 전체의 역동성을 상실하게 된다.

　대학교에서 영성 발달의 접근이 미진한 이유는 교수들이 학생들의 영성 발달에 관심이 적고 이해가 낮기 때문이다. 학생들의 영성 함양을 위한 프로그램에 대해서는 강조되고 있으나, 교수들에게 학생들의 신앙과 영성 발달에 대한 이해를 증진하도록 돕는 교수 개발 차원의 프로그램 사례는 아직 찾아보기 어렵다. 교수들은 학생들의 영적 발달을 돕는 중요한 위치에 있으므로 이들을 대상으로 한 교수 개발 프로그램도 개척해야 할 필요가 있다.[95] 즉 교수의 학문적 전문성과 영성이 균형을 이루도록 학교 차원에서 돕는 것도 중요하다. 이신형은 기독교 대학 정체성 회복 방안으로 대안 채플을 통해 기독교 대학의 선교 목적을 회복하자고 주장한다. 교수가 참여하는 기독교 교양과목을 개발하여 교수들의 학술 활동에서 믿음과 학문의 융합을 기하자는 것도 같은 맥락이라 하겠다.[96]

2. 신학대학원 학생들의 영성 발달

1) 복음 사역을 위한 목회자 양성

기독교 영성, 즉 기독교 신앙이란 하나님과 인간 사이에 형성되는 관계성의 총칭이며 삶 전체를 통해 전개되는 통전성 혹은 총체성이다. 이런 통전적 기독교 영성 발달은 삶 전체에서 전개되고 인지 정서 행동의 총체적 차원에서 이뤄지며, 인간의 전인적 변화와 성장과 밀접한 관계가 있다. 물론 신학대학원에서 3년간 신학을 공부하면서 영성 발달과 성장은 개인차가 확연하게 드러난다. 그런데 이런 개인차 외에 학교는 무엇을 어떻게 제공하여 영성 발달을 도울 수 있을까? 유재봉은 영성을 추구하는 교육이 되려면 삶의 목적과 같은 궁극적 질문을

---

95 이은실, "영성 발달," 232.
96 이신형, "기독교대학 정체성 회복을 위한 연구,"「한국조직신학논총」40(2014): 130, 129-72.

제기해야 하고, 바깥으로 드러나는 모습보다 인간의 내면 성장에 초점을 두며, 결과적으로는 균형 잡힌 전인격적 인간으로의 성장과 발달에 초점을 둘 것을 제안한다.[97] 신학대학원은 목회자 양성을 위한 교육기관이므로 영성 교육뿐 아니라 목회자로서 말씀을 해석하고 그 숨겨진 뜻을 파악하고 전달할 수 있는 하나님에 대한 신학적 교육과 목회에 필요한 목회적 소양 교육도 교육 과정에 포함되어야 한다.

신학대학원이 이런 목표를 갖고 있음에도 앞에서 살펴본 대로 각 신학대학원의 교육 과정은 '신학을 교육하는'(theological education) 쪽으로 많이 기울어져 있다. 이론적 신학 교육에 못지않게 중요한 것은 현장에서 복음 사역을 감당할 '사역자 양성'(ministerial formation)이다. 교회사학자 박명수도 지적했듯이 한국의 신학대학원들은 이론적 신학 교육에 더 기울어져 있다. 신대원의 "신학 교육은 복음 사역을 위한 목회자 양성"(theological education as ministerial formation for the gospel ministry)에 그 일차적 목적이 있기에 이 두 가지가 균형을 이루어야 한다.[98] 신대원 교육은 주지주의적이고 학문적인 신학 교육 외에도 목회자의 목회적·영적 성장을 계발할 수 있는 교육 과정과 비판적 사고, 지식 습득, 기술 개발, 영적 정체성 형성을 위한 교육 과정을 제공해야 한다. 교육은 단지 정해진 학점을 축적하는 것이 아니라 개인의 모든 측면의 전체적인 영적 형성을 포함하는 것이다.[99] 교육은 이제는

---

97 유재봉, "교육에서의 영성회복," 107, 109.

98 신원하, "신학생 급감 시대에서 신학생 유치와 양성 방안에 대한 연구," 〈코람데오닷컴〉, 2022년 3월 30일 게시, https://www.kscoramdeo.com/news/articleView.htmlidxno=22659.

99 Marilyn Naidoo, "Ministerial Formation of Theological Students through Distance Education," *Theological Studies* 68, no.2(2012): 1-2.

가르치고 배우는 것이 아니라 인간의 전인적 계발이 주요 목표인 존재론적 활동이 되었다. 이것은 이미 학생들이 다양한 과제를 수행할 수 있는 능력과 기술을 갖추도록 순수 교육에서 의도된 훈련으로 패러다임을 전환하는 것이다. 교육 과정은 '무엇을 배울 것인가'(인지적으로)에 대한 관심이 학습 방식(비판적으로)과 '어떻게'라는 질문(과정을 다루는)으로 옮겨갔다.[100]

따라서 신학 교육 기관들은 교회가 어떤 사람을 필요로 하는지 묻고 양질의 교육을 제공하기 위한 연구를 하며, 신실한 기독교 사역자로 준비시키기 위한 신학 교육과 영성 훈련 및 전인격 성숙 교육 과정을 설계할 필요가 있다. 학문적 신학 연구와 영적인 목회자가 되기 위해 필요한 것들을 개발할 수 있고 동시에 거룩함 속에서 성장하는 것에 도전받고 기독교 영성 습관을 갖는 영성 교육 과정, 목회 성찰 그룹을 통한 교육 과정, 멘토나 영적 지도자 활용, 지역 교회 공동체에의 참여 활동 등 다양한 방법을 통해 훈련받을 수 있다.

2) 영적 삶과 일상적 삶의 균형

"교육은 개인이 신체적, 인지적, 감성적, 윤리적 통합을 통해서 완전한 인간으로 나갈 수 있도록 하는 것이 교육의 근본 목적에 대한 확대된 정의다."[101] 교육이 고려하는 인간은 대체적으로 모든 시대와

---

100 *Ibid.*, 1-8.
101 유네스코한국위원회, 『존재하기 위한 학습: 교육세계의 오늘과 내일』(*Learning to Be: The World of Education Today and Tomorrow*)(서울: 유네스코한국위원회, 2021), 249.

장소에서 동일한 보편적 인간이지만 특정한 교육 과정이 상정하는 개인은 대단히 구체적인 존재며, 제한된 시간과 공간에 존재하는 동안에 인간 본질의 두 측면을 변증법적으로 조화할 수 있는 존재다. 인간은 스스로에게 진실할수록 자신의 소명을 더욱 긴밀하게 따르게 되고 인류 전체의 공동 사명에 더 가까이 다가가게 되며, 자신의 개인적인 감정과 사고, 존재를 통해 다른 사람들과 소통하기 때문이다.[102]

이런 면에서 최근에는 신학 교육이 전인적 인간 발달에 관심을 기울여야 한다는 인식이 증가하고 있다. 이는 성공적인 사역을 준비하는 데에 영적인 강화와 성격 형성 및 관계적 기술이 인지 발달만큼 중요하다고 인식하기 때문이다.[103] 위의 교육 과정 분석과 우리나라 학교 현장에서 보듯이, 객관적 지식이나 정보를 강조하다 보면 그것을 내면화하는 주체의 역할을 간과하게 되며, 객관적으로 표현되지 않는 잠재적 교육 과정이나 암묵적 지식을 배제하게 된다. 학교에서 가르치는 지식은 파편화되어 있어서 아무리 많이 가르치고 배우더라도 그것들을 통해 사물을 전체적·통합적으로 관련지어 볼 수 있는 안목이 형성되지 않는다.[104] 대부분의 교육자는 가치와 태도, 신념과 관련된 딥러닝은 정서적 영역이 관여하지 않는 한 발생하지 않는다는 데 동의한다.[105]

---

102 *Ibid.*, 249.

103 Paul Overend, "Education or Formation: The Issue of Personhood in Learning for Ministry," *Journal of Adult Theological Education* 4, no.2(2007): 133-48.

104 유재봉, "교육에서의 영성회복," 100.

105 Barbara Martin, and Leslie Briggs, *The Affective and Cognitive Domains: Integration for Instruction and Research, Education Technology*(NJ: Engelwood Cliffs, 1986), Marilyn Naidoo(2012), 1-2에서 재인용.

그렇다면 영적 삶과 일상적 삶이 분리되지 않도록 이를 연결해줄 정서란 무엇이며 인간의 영적 성숙에 어떤 영향을 주는가? 조나단 에드워즈는『신앙과 정서』에서 정서와 참된 신앙과의 관계를 통찰해낸다. 그는 인간의 능력을 이성과 감정, 의지로 분류하는 것 외에, 인간 영혼의 기능을 지성과 정서로 분류한다.106 지성(understanding)은 단순 인식과 사유를 포괄하는 개념이고 정서(affection)는 감정(emotion)과 유사하나 같지 않으며, 지성이 인식한 것에 끌리거나 끌리지 않는 방식으로 영향을 미치는 무엇 즉 성향(inclination)이다. 성향이 외면적 행위와 관련되어 드러나는 부분은 의지라 하고, 성향이 지성과 관계할 때에는 마음(heart)이라 부른다.107 인간의 정서와 감정이 영적 성장과 발달에 매우 중요한 이유는 하나님이 인간과 만나는 장소가 마음이기 때문이다. 진정한 영성은 격정이나 감정 또는 상식과 지성에 치우치는 것이 아니라 마음이 균형을 이루는 것이다. 그는 정서의 본질과 신앙에서 정서의 중요성과 참된 신앙의 큰 부분을 이루는 여러 가지 정서에 대해 언급하며 인위적인 감정과 조작된 체험 그리고 혼란스러운 영성 추구를 분별했다. 영적 정서들은 영적 감화와 작용들에서 발생하며 이는 그 자체가 지닌 초월적 탁월함 때문이다. 참되고 거룩한 정서들은 영적 탁월성에 담긴 아름다움과 감미로움을 사랑하며 영적으로 이해할 수 있는 조명 받은 마음에서 생긴다. 그뿐만 아니라 영적 정서는 삶에서 아름다운 균형을 보이며 합리적이고도 영적인 확신을 수반

---

106 Jonathan Edwards, 『신앙과 정서』(*The Religious Affections*), 서문강 옮김(서울: 지평서원, 2009), 36.

107 Jonathan Edwards, 『신앙감정론』(*The Works of Jonathan Edwards Volume 2: Religious Affections*), 정성욱 옮김(서울: 부흥과개혁사, 2005), 33.

하고 성품을 변화시키며, 겸손과 부드러움과 자애로운 마음을 샘솟게 한다. 사랑과 온유와 고요함과 용서와 자비의 정신을 촉진시키고 영혼을 지식과 논리와 확신의 터전에 서게 하며, 거룩한 영적 성숙과 실천 신앙의 열매를 맺게 한다.

이런 면에서 성인 발달 연구로 유명한 하버드 대학의 정신의학자 베일런트(George Vaillant)는 희망, 감사, 관용, 이해, 기쁨, 용서, 연민, 믿음, 경외, 사랑, 공동체성과 같은 것들을 긍정의 감정으로 말하며, 이러한 덕목들을 수천 년간 종교가 발전시킨 영성의 덕(virtues)이라고 부른다. 그는 영성을 "우리를 다른 사람들과 이어주고, 우리가 신을 어떻게 이해하든 우리를 신에 대한 경험과 결부시키는 긍정적 감정들의 혼합체라고 정의한다.[108] 이러한 긍정적 감정과 정서의 경험과 그것의 중요성에 대한 의미 부여는 기독교 영성의 추구에서도 이미 중요하게 인식되어왔다. 신앙인들에게 감사와 기쁨, 불안과 분노 같은 정서적 경험들은 매우 중요하게 그들의 삶에 영향을 미친다.

특히 한국 문화에서 정서와 감정이 갖는 중요성이 지성이나 이성보다 중요하게 작용할 때가 많다는 사실은 우리의 신앙과 일상의 사회적 삶에서 정서적 측면이 얼마나 중요한가를 드러낸다. 영적인 삶과 일상의 삶을 균형 있게 유지하려면 정서적 중요성을 기독교 영적 성숙이나 영성 형성에서 의미 있게 다룰 때 영적 삶과 일상적 삶의 통합은 더욱 촉진될 것이다. 왜냐하면 인간은 사고할 수 있는 이성적이며 지성적인 존재이면서 동시에 감정을 느끼고 표현하는 정서적 존재이기 때문이

---

108 George E. Vaillant, *Spiritual Evolution: A Scientific Defense of Faith*(New York: Broadway Books, 2008). 저자는 이러한 긍정 감정들이 생물학적으로 뇌와 연결되어 있고, 사회적 관계와 함께 영성의 핵심을 이룬다고 말한다.

다. 월드미션대학교(WMU)는 세계 선교와 목회자 양성이 M.Div.의 중요한 교육 목표라면 이것에 비중을 두어서 교육을 해야 할 것이고 이를 위해 교육 과정을 신학 교육과 목회자의 영성 형성에 균형을 맞추어 구성하되 영적 삶과 일상적 삶이 균형을 유지하도록 정서적 접근의 교육 과정이 필요하다.

진정한 기독교 영성은 전인적(holistic)이어서 인간의 몸과 영혼, 영성적인 측면과 인간적인 측면을 분리하는 이원론적 입장을 취하지 않으며, '초월적' 또는 '내면적' 세계에만 관심을 두는 것이 아니라 조화로운 균형을 필요로 한다. 초월성을 강조하면 인간 세상에서 도피하게 되고 영성을 하나님과의 관계에만 제한하며, 공동체를 무시하고 개인에게만 몰두하는 오류에 빠질 수 있다. 반면 하나님의 궁극적 실재를 무시하고 이 세상에서의 삶에만 관심을 기울인다면 진정한 영성의 길에서 벗어나게 된다. 기독교 영성은 성령 안에서 예수 그리스도와의 만남을 통한 인격적 관계에 기초하여 그리스도 안에서 그리스도에 의해 형성되는 과정(process of formation)으로 그 주도권은 하나님께 있으며, 그 목적은 그리스도인으로 성숙하는 것이기 때문이다.[109] 물론 인간의 영적 성숙과 발달은 어느 한 지점에서 완성되는 것이 아니라 끝없는 완성과 학습의 과정이다.

---

109 석창훈, 『종교성』, 107-08.

3. 월드미션대학교 신학대학원생들의 영성 발달을 향한 교육 과정 제안

교육은 이미 성공을 위한 수단이 되었다. 신학과 목회자 양성을 목적으로 설립된 신학대학교들의 현실도 이와 크게 다르지 않고 이러한 현상은 더욱더 악화되고 있다. 한국의 대학 교육 평가는 신학대학교의 특수성을 인정하지 않고 대학 교육이라는 범주로 평가하고 있다. 이러한 교육 현실에서 신학 교육은 더욱 성경적이고 복음적인 교육 방향과 교육 틀을 제시해야 한다. 또한 이 세상을 위한 존재로서 신학대학교의 정체성을 재확인해야 한다.

1) WMU 정체성 및 교육 목적

월드미션대학교(이하 WMU)는 학교명이 말해주듯이 세계 선교의 목표와 신념을 가지고 설립되었다.

WMU의 설립자 임동선은 "이 학교를 세운 것은 좋은 목회자를 기르기 위함이요, 열성적인 선교사를 기르기 위함이요, 평신도 지도자를 기르기 위함"이라고 말한다.[110] WMU의 비전은 "이 세상 땅 끝까지 하나님의 나라가 임하기를 바라보면서 문화와 국경을 초월하여 기독교 정신을 가진 다양한 분야의 지도자들을 양성하는 미서부의 대표적인 종합대학교"로 발전하는 것이다. 따라서 WMU의 정체성은 세계 선교이고 교육 목표는 이것을 잘 감당할 수 있는 지도자 양성과 질 높은

---

110 임동선, "회고와 전망, 2000,"「CATALOG 2022-2023」, 7에서 재인용.

대학으로의 발전이라 할 수 있다.

특히 신학대학원 목회학 석사(M.Div.) 과정은 기본적으로 목회에 헌신할 사람들을 위한 것으로 성경, 영성, 신학과 전통, 문화, 기술 분야에서 학습 결과를 기대하고 있다. 이 가운데 성경 및 신학과 전통은 학문적 접근이고 문화는 정의적(affective) 접근이며, 기술은 행동적 능력 함양이고 영성은 전인적 접근이다. 특히 WMU의 '영성은 개인적인 성숙과 영성 형성을 통해 사회적 변화를 위한 기독교 신앙의 적용과 실천을 나타낼 것'을 기대한다.

그러나 M.Div. 교육 과정 필수 69학점 중 정체성을 직접적으로 확인할 수 있는 선교 관련 과목은 선교신학(3학점)뿐이고 영성 관련 과목은 영성과 훈련(3학점)과 영성 형성과 코칭(3학점)이다. 즉 지·정·의를 포함한 전인적 접근으로서 영성을 함양할 기반이 약하며 다른 신학대학교와 같은 주지주의 학문적 교육 과정으로 운영하고 있다.

따라서 WMU의 정체성 및 교육 목적은 세계 선교와 목회자로서의 신학적 정체성을 형성할 수 있는 신학 교육의 역할을 확인하고, 21세기 디지털 시대에 선교적 사명을 활력적으로 감당할 수 있는 교육 과정의 재고가 필요하다. 또한 정체성 확립을 위한 신학 교육 과정은 기독교인 전체가 살아가고 있는 모든 현장에 적합한 실천 내용을 제시해야 한다.

2) 전문성과 인간성을 갖춘 교육

WMU의 목표 중 전문성은 "전공 분야에 대한 이론적 이해와 실제적인 기술을 갖게 하는 것"이다.[111] 학생들이 목회 현장에서 다양한 사역을 할 수 있도록 신학적·영적 전문성을 준비시키며, "다양한 배경의 학생들로 구성되기를 기대하면서 인종, 피부색, 연령, 성별, 신체적 조건 또는 출신에 따른 차별을 하지 않는다"는 포용성을 명시하고 있다. WMU의 이런 전문성과 포용성은 디지털 시대의 +자형 목회자 양성이다. 지금까지는 전문가로서 깊이를 의미하는 'I'와 다방면에 대한 폭넓은 지식을 의미하는 '—'가 통합된 T자형 인재가 주목받았으나 앞으로는 글로벌 시대에 적응하기 위해 Specialist(자신의 맡은 분야의 전문가), Generalist(다양한 분야의 폭넓은 교양을 구비한 사람)의 특성에 Humanist(남을 먼저 배려하는 따뜻한 마음의 소유자) 특성까지 3박자를 고루 갖춘 '+자형 인재'가 필요하다는 뜻이다.112 즉 전문가라고 할지라도 다른 분야와 소통하고 협력할 수 있는 능력과 포용력 있는 인간상을 필요로 한다. 성공의 필요조건이 전문성이라면 충분조건은 인간성이다. 신학 교육은 전문성도 중요하지만 영성을 갖춘 인격적인 사람이 사역 전문성을 갖도록 교육해야 한다.

오늘날 나타나고 있는 존재 의미 및 목적의 상실, 인간성 상실, 파편화된 자기정체성 등 많은 병리 현상은 영성 부재에서 비롯되었고 이는 인격적 인간성을 방해한다. 학교 교육은 삶의 형식이나 삶의 의미와 근원을 추구하기보다는 성공 추구의 수단이 되어 사실상 '영혼 없는 교육'이 되었다. 영성은 총체적 인간 형성을 가능하게 할 뿐만 아니라 생명력 있고 인간다운 삶을 추구하고 회복시킨다. 목회적 전문성과 전인적 인간성을 함양하려면 교육 과정에서 학제 간 연구를 적극적으

---

111 「월드미션대학교 CATALOG 2022-2023」, 19.
112 김홍기, "디지털 시대 인재상은 +자형", 〈Hello DD〉, 2004년 6월 23일 게시, https://www.hellodd.com/news/articleView.html?idxno=8547.

로 지원하고 교수와 교수, 교수와 학생 간 교류를 더욱 활발히 촉진해서 자신의 관심과 전공분야 이외의 다른 분야에 대한 이해도를 높이고 소통하며 협력해야 한다. 또 '가르침'보다 '배움' 중심의 융합적 학습과 개별 학습보다는 '네트워크 협력 학습'을 확산하고[113] 강의실 위주의 인지적인 수업보다는 실제 상황에서 과업을 수행하는 액션 러닝(action learning)과 팀 빌딩(team building), 정서적 측면 혹은 인간적 측면의 능력을 함양하는 소프트 스킬 트레이닝(soft skill training),[114] 강의실 안과 밖을 연결하고 심화하는 플립드 러닝(Flipped Learning), 행동-성찰-성찰된 행동의 공유적 실천(shared praxis) 등의 수업 방식을 통해 교육의 질을 높여야 한다. 물론 과목에 따라 방법은 다르지만 단편적인 지식을 암기하는 것이 학습의 전부는 아니다.

3) 함께 더불어 살아가는 공동체 교육

WMU는 교육의 결과로 "문화적 맥락의 특수성을 이해하고 하나님의 영원한 말씀을 변화하는 세계와 특정 개인과 회중에게 적용(문화)" 하며 "자신의 전문적인 사역 영역 안에서 효과적인 사역 기술을 나타낸다(기술)"고 하였다. 21세기에는 자연과 이웃과 내가 모두 조화롭게 함께 더불어 사는 것을 배우는 것이 중요한 교육의 과제다. 다른 사람들의 역사와 전통, 가치를 이해하고 존중함으로 언제 어디서나 일어날

---

113 박성익 외,『교육방법의 교육공학적 이해』(서울: 교육과학사, 2015), 342-46, 371-78.
114 조성준, "T자형 인재가 뜬다."〈최낙언의 자료보관소〉, 2023년 2월 15일 접속, http://www.seehint.com/word.asp?no=12151.

수 있고 일어나고 있는 갈등들을 평화롭고 합리적인 방법으로 풀 수 있어야 한다. 교육이란 하나님이 만드신 모든 피조물이 함께 더불어 사는 것을 배우며, 함께 살기 위해서 요구되는 보편적 가치관과 삶의 태도를 배우는 것이다. 함께 사는 것(living together)을 생각하고 배워야 하는 이유는 아무리 지식과 기술이 고도로 발달하여도 인류가 인종·종교·문화·전통·습관의 다름을 뛰어넘어서 함께 살 수 있는 능력을 갖추지 못하면 전쟁과 테러와 총칼과 폭탄이 난무하는 세상을 볼 수밖에 없기 때문이다.[115]

유네스코는 21세기 세계 교육의 목표와 방향을 모색하기 위해 1993년부터 1996년까지 세계적인 교육전문가 14명으로 구성된 '21세기교육위원회'를 조직 운영했고 그 의장으로 전 유럽연합의 총재였던 자끄 들로르(J. Delors)를 임명했다. 그가 1996년 유네스코에 제출했던 보고서에는 미래 교육이 지향해야 할 목표를 ① 알기 위한 교육(learning to know) ② 행동하기 위한 교육(learning to do) ③ 참 인간이 되기 위한 교육(learning to be) ④ 함께 사는 것을 배우는 교육(learning to live together)으로 설명했다.[116] 알기 위한 교육은 지식 그 자체가 아니라 지식을 얻기 위한 능력을 숙달하는 것이고, 행동하기 위한 교육은 직업 기술을 습득할 뿐만 아니라 여러 상황에 대처하고 협력하여 일할 수 있는 능력을 얻는 것이다. 참 인간이 되기 위한 교육은 자율성, 판단력, 책임감을 가지고 행동할 수 있도록 지속적인 인격 성숙을 향하는

---

115 김난예, "함께 사는 것을 배우는 교육," 「기독교교육논총」 20(2009): 85-111.
116 Jacques Delors, 『21세기 교육을 위한 새로운 관점과 전망: 유네스코 21세기 세계 교육위원회 종합보고서』(Learning: The Treasure within – Report to Unesco of the International Commission on Education for the Twenty-first Century), 김용주 외 옮김(서울: 도서출판 오름, 1997).

내면의 여행이다. 함께 살기 위한 교육은 타인을 이해하고 다름과 다양성을 인정하면서 함께 살아가는 것이다. 보고서에서 보여주듯이 지금까지의 교육은 주로 알기 위하여, 좀 더 정확히 표현한다면 아는 것을 힘으로 삼아 잘 살기 위한 것이었으나 21세기에는 모두 함께 더불어 살아가는 능력을 배우는 것을 중요한 교육 과제로 삼고 있다. 사람들은 오늘의 세계가 서로 연관되어 있다는 상호의존성과 문화적 다양성을 배워서, 다른 사람들의 역사와 전통과 가치를 이해하고 존중함으로써 언제 어디서나 일어날 수 있고 일어나고 있는 갈등들을 평화롭고 합리적인 방법으로 풀어가는 것을 배우고 교육해야 한다.[117]

나쁜 학교는 학생만 모집하고, 좋은 학교는 학생에게 유익한 여러 서비스를 제공하고, 훌륭한 학교는 공동체를 형성한다. 물론 학교가 학생을 모집하여 학생이 성숙하고 목회의 길을 잘 갈 수 있을까를 생각하여 그에 맞는 교육 과정과 서비스를 제공할 뿐 아니라 공동체를 더 건강하고 행복하게 만드는 방향으로 나아가기 위해 선제적인 노력으로 함께 움직일 때 학생 자체가 교회가 된다. 그래서 관계를 성장시키고 서로를 지원하며, 서로 배우는 법을 돕고 다른 사람과 나누고 책임적이 되는 것, 이것이 바로 일상의 교회가 되는 것이다.[118] 현재의 문화적 위기 속에서 복음을 가장 강력하게 증명해 보이는 것은 길과 진리와 생명이신 예수를 구현하는 공동체가 되는 것이다. 건강한 공동체는 우리 안에서, 우리를 통하여 살아가시는 예수의 삶을 따라 살아간다.[119]

---

117 김난예, "함께 사는 것을 배우는 교육," 88-89.
118 Eddie Giggs and Ryan K. Bolger, 『이머징교회』(*Emerging Churches: Creating Christian Community in Postmodern Cultures*), 김도훈 옮김(서울: 쿰란출판사, 2008), 172-73.
119 *Ibid.*, 146.

4) WMU의 영성 훈련

WMU의 교육 목표 중 영성은 "경건의 훈련과 복음의 실천을 통해 영적, 인격적 성숙을 나타내게 한다"고 명시되어 있다. 그러나 교육 과정에서 보듯이 영성은 필수 69학점 중 예배(3학점)를 제외하면 8.7%, 예배(3학점) 포함하면 실천신학 분야에서 6학점(영성과 훈련, 영성 형성과 코칭)으로 13%, 선택 12학점을 모두 영성으로 선택한다고 가정하더라도 24.7%에 해당한다. 물론 이외에 WMU만의 잠재적 교육 과정이 있지만 모든 학교마다 있는 정도이며 그 또한 명시적이지 않다.

그렇다면 현실에서 영적으로 건강한 삶, 조화로운 삶을 실현해가기 위해 학교가 기여할 수 있는 적극적인 역할은 과연 무엇일까? 신학교에서 공부하는 동안 한 개인의 삶에서 개인의 현실 생활과 영적 수행을 어떻게 결합할 수 있을까? 영성 훈련은 곧 자기와의 싸움이며 내면으로 가는 길이기에 마음을 수련하고 양심의 순수를 파고드는 것이지만 마음과 양심마저 타락했기에 끊임없이 말씀과 사귀며 성령의 도움과 임재를 요청해야 한다. 그동안 한국교회는 지나치게 부흥과 성장주의에 매달려왔으며 신학교는 이를 뒷받침하며 내적 생활을 도외시해왔다. 21세기 디지털 시대에 신학교가 하나님의 사람들을 잘 양육하여 세계 선교와 교회의 일꾼으로 역할을 감당하게 하려면 이제는 외적 성장보다는 내면의 영적 성숙을 위한 교육 과정을 제공해야 한다. 새벽기도, 방언기도, 통성기도, 금식기도, 백일기도, 철야기도, 산기도 등 기도의 방법은 다양하나 대부분의 내용이 내면 성숙과 중보 기도가 아니라 기복 기도에 머무르고 있다.

영성은 기복 기도 의식을 뛰어넘는 초지각적 존재와의 관계 속에서 발생하는 경험의 결과로서 그에 따른 신념과 태도 및 실천의 능력이다. 따라서 영성 훈련은 기복적 물질주의와 물량주의로 인해 잃어버린 자신의 깊은 내면세계로 떠나는 여행임과 동시에 정적인 혹은 존재론적인 의미를 뛰어넘어 동적인 활동이다. 반생명·반정의·반평화에 대한 저항의식과 비판적 성찰을 통하여 복음의 본질 회복과 실천이 발생할 수 있도록 의식과 삶의 태도를 바꾸는 것이다.120 이는 성서에 기초를 두고 예수 그리스도의 말씀과 삶을 철저하게 실천하고 따르려는 인간의 주체적 수련이 결합되는 것이다. 영성 훈련은 세상으로부터 도피나 개인의 영적 만족, 이를 위한 은둔, 도피적 은신처를 찾는 것이 아니라 오히려 일상과 신앙 행위 속에서 하나님과 깊은 관계를 맺는 것을 추구하는 가운데 하나님의 뜻을 실행에 옮기는 실천적 영성이며 생활이다. 세상 한복판에서 하나님의 뜻을 구현하는 영성, 하나님 나라의 제자이자 시민으로서 억눌리고 소외된 자들을 돌보는 섬김과 헌신의 영성으로 이어져야 한다. 따라서 WMU의 영성 교육은 세상을 향한 섬김과 헌신으로 나타날 수 있는 실천적인 과정으로 구성해야 한다.

5) 교육 과정 개선

한국교회의 문제는 신학 교육에서 비롯된다고 할 수 있다.121 그러한 신학 교육을 개선하려는 노력은 오랫동안 있어 왔다. 앞에서도 살펴

---

120 윤화석, "한국 일반교육의 현실과 기독교교육의 방향성," 「기독교교육논총」 38(2014): 210.
121 박상진, "신학교육의 기독교교육모델로서 실천지향적 신학교육: 신학대학원(M.Div)을 중심으로," 「장신논단」 49, no.4(2017): 381-91.

보았듯이 이론 중심적이고 신학 우선 원칙으로 신학 교육은 이론과 삶의 괴리가 뚜렷했다. 따라서 신학 교육의 개혁은 제도화된 신학 교육의 교육 과정을 재고하는 것에서 출발해야 한다. 즉 교육 과정을 개선하기 전에 현재의 교육 과정에 대한 체계적 분석을 한 후, 신학 교육의 목적 혹은 목표 및 세부 목표들이 어떤 과정을 거쳐 교육 과정으로 구조화되는가를 중요하게 고려해야 한다.[122]

메타버스 시대에 WMU 신학대학원의 교육 과정에 대한 연구가 진행된다면 WMU의 필수과목 수와 선택과목 수, 학점, 신설과목 수나 영성 관련 과목 수에 대한 조사보다 더 선행해야 할 것은 신학 교육의 목적과 목표에 대한 논의다. ATS(북미신학교협의회, The Association of Theological Schools)가 제시한 신학대학원 교육 과정 지침으로 연세대학교, 하버드 대학교, 예일 대학교, 유니온 대학교 신대원의 교육 목적과 커리큘럼을 비교 분석한 김현숙에 따르면 신학 교육은 신학적 사고 능력, 목회 현장과 그 현장을 둘러싸고 있는 사회 이해, 목회의 필수 자질 형성, 목회 현장에 필요한 지도력 기술 활용 등의 교육 목표를 포함해야 한다.[123] 이러한 교육 목표를 연구하고 큰 목적을 확립한 후 각 과목의 목적이 학교 전체의 교육 목적과 어떻게 연계되었는가를 살펴보는 것이다.

따라서 WMU 신대원 학생들의 영성 발달을 향한 교육 과정을 더 이상 동화(assimilated)되어야 할 교과목으로만 규정해서는 안 된다. 오히려 인간 안에서 일어나는 하나의 과정으로, 다양한 경험을 통해 자신의 영적 정체감을 찾고 세계와 소통하는 학습 과정으로 이해해야

---

122 김현숙, "신학교육의 목적과 커리큘럼 개선," 「기독교교육정보」 19(2008): 15.
123 *Ibid.*, 17.

한다. 이런 인식의 변화를 기반으로 교육 과정(curriculum) 자체를 새롭게 해야 하며 학교는 영성과 인성과 지성의 인큐베이터가 되어야 한다. 단 교육체계(educational system)나 사회제도의 변화는 기술 변화보다 훨씬 긴 혁신의 시간을 필요로 하며 학교의 존재를 위한 교육 개혁은 '작은 개선'이 아니라 '크고 근본적인 개혁'이어야 한다. 전체적인 교육 과정(educational process)의 목적과 양식의 '총체성'이라는 개념 없이 교육 과정이나 제도를 찔끔찔끔 개선하는 방식은 결코 바람직하지 않다. 각 부문을 어떻게 재구성해야 할지 알기 위해서는 우선 전체에 대한 비전이 필요하다. 단순히 교과 과정 개편이나 교육공학적 요소들의 도입 그리고 약간의 정책과 제도의 변화를 통해 이루려는 시도는 한계를 드러낸다. 지속적이고 성장 가능한 학교를 만들기 위해서는 미래 지향적 신학 교육의 총체성을 그리며 당장의 실현 가능성보다는 장기적 변혁의 인내와 지속성을 염두에 두고 전체적 그림을 그려야 한다.

VI. 나가는 말

AI 메타버스 과학 기술이 메타 장수 시대를 열며 디지털이 만들어낸 세상에서 하루 종일 놀고 배우고 쇼핑하며 아바타를 통해 현실과는 구별되는 삶을 살게 되는데 사람들은 왜 영성에 주목하는지 생각해보았다. 사람들은 메타 풍요 속에서도 과학 기술을 넘어선 더욱더 위대하고 초월적인 것에 의지하고 기대며 이끌어줄 그 무엇, '영성'을 찾고 있다. 21세기는 영성의 시대로 디지털 인공지능 메타버스 사회에서 메타 사피엔스 시대가 오고 있지만, 개인의 욕구와 사회적 요구 사이에 생기는 간격 즉 인간의 욕망은 그칠 줄 모르고 끝이 없다. 물질적 풍요로움이 더할수록 영적 황폐함이 극심해지고 급속한 과학 기술 혁명과 사회적 변화에 따른 정신병리 현상들과 안전하지 못한 사회 속에서 느끼는 실존의 불안함은 그 어느 때보다도 영적 욕구를 자극하고 있다. 영적 욕구는 모든 인간에게 내재해 있다. 이것은 삶의 깊은 의미와 목적을 찾고 싶은 욕구, 상호 돌봄과 사랑의 관계에 대한 욕구다. 하지만 현대인들은 불행하게도 그 영적 욕구를 다른 것으로 대체하며 하나님을 상실한 데서 영적 고갈을 느끼고 있다.

영성은 종교보다 넓은 개념으로 인간의 근원적 욕구에 해당하는 것이다. 영성은 기독교에서만 전적으로 사용되는 용어가 아니라 여러 종교에 걸쳐 광범위하게 사용되고 있어 다의적이고 모호하며, 종교성과 중복되는 부분도 있지만 구별되기에 영성과 종교성을 구분했다. 종교성 가운데 기독교 영성의 중심은 예수 그리스도 삼위일체 신앙(faith)이다. 기독교 교육학자인 그룹(T. Groom)은 신앙을 믿음(believing)으로서의 신앙, 신뢰로서의 신앙(trusting), 행동 또는 실천(doing)으로서의 신앙으로 나누며 성숙한 신앙을 위해 유기적이고 통합적인 성장을 촉진해야 한다고 말했다.124

따라서 신학 교육과 영성을 연결할 때 영성이 신학 교육을 통해 얼마나 발달하는지, 신학 교육의 어떤 요인들이 영성 발달에 영향을 주는지 알아야 한다. 하지만 신학 교육에서 여러 여건상 종교나 신앙, 영성에 관련된 태도나 인식의 변화는 극히 제한적인 수준에서 다루어졌

---

124 석창훈, 『종교성』, 30-31.

고[125] 신학대학원에서의 연구는 매우 미진하다. 신학 교육에서 이런 연구가 필요한 것은 신학대학원 학생들의 인생 시기가 청장년기에 해당하기에 신학도로서 정체감이 형성되지 않으면 사명에 충실할 수 없고 역할이 혼미해져서 두 세계에 발을 걸칠 수 있기 때문이다. 또 가정과 직장과 사회에서 자신의 삶을 충실하게 살아내고 헌신하는 삶을 통해 생산성이 빠르게 증진되며 성취되는 시기에 예수 그리스도의 길을 가고 있기에 세상과 인생에 질문을 던지며 신앙의 길을 가도록 영적인 지도를 필요로 한다. 신학대학원 학생들의 영성 발달과 영적 성숙은 삶의 궁극적인 목적과 방향으로 연결되며, 공부하는 동안 영적 성장은 그들의 삶의 방향과 세계 선교 및 목회에 많은 영향을 준다.

이를 위해 신학대학원 교육 과정은 시대를 읽으며 학교 전체의 단기 비전은 물론 중장기 비전을 수립하는 것이 필요하다. 성장이 지속 가능한 신학대학교를 만들기 위해 미래지향적 신학 교육의 총체성을 그리며 당장의 실현 가능성보다는 장기적 변혁의 인내와 지속성을 염두에 두고 전체적 그림을 그려야 한다. 분명한 것은 과거 아날로그 시대는 지났고 지금 눈앞에 펼쳐지고 있고 또 앞으로 우리의 상상을 뛰어넘어 끝없이 발달할 수 있는 인공지능 메타버스 시대에 신학대학교의 존재 목적과 교육 철학이 무엇인가를 재확인하며 존재하기 위한 오늘과 내일의 정체성을 점검해야 할 필요가 있다. 학생들을 가르치기에 앞서 먼저 소명을 받은 신학대학교 이사들과 교수들과 직원들은 전심전력으로 모두가 지혜를 구하고 힘을 모아 신학 교육의 미래를 위한 그림을 그리되 학생들과 함께 그려야 한다. 학생들은 더 이상 교육의 대상만이

---

125 이은실, "영성 발달," 204.

아니라 교육의 주체이기도 하다. 학생들은 생산자이자 소비자로서 신학 교육의 비전을 나누고 고통 가운데서 삶의 희망을 노래하며, 동역자로서 함께 그림 그리기에 동참해야 한다. 그 큰 그림은 세계 교육의 흐름을 주시하되 내 삶에 예수 그리스도를 중심에 두고 인간 존중 교육, 전문성과 영성이 균형 잡힌 교육, 함께 더불어 살기 위한 공동체 교육을 온 마음과 몸으로 실천하면서 그리는 것이다. 영성적 삶과 일상적 삶의 균형을 이루고 예수 그리스도의 장성한 분량에 이를 수 있도록 영적 훈련을 게을리 하지 않으며 실천의 모범을 보이는 그림이다.

메타 사피엔스 시대에 우리가 지금 경험하고 있는 가상현실 문화는 현실을 배제하고 도피하기 위한 것이 아니라 현실에 무언가를 더해주는 수단일 뿐, 그것이 현실을 대체하지는 않는다.126 우리는 이러한 변화 속에서 기존의 교과 과정을 메타버스 시대에 어떻게 결합해야 할 것인지 고민해보아야 한다. 물리적 육체는 물질적인 상호작용에서 벗어나지 못하지만, 정신과 정신적 육체가 되는 아바타는 현실 공간에 속박되지 않는다. 메타버스는 우리가 살아갈 우주가 현실의 물질 우주에 한정되지 않는 세계관 확산에 의의가 있다.127 이 상황을 기회로 연결하기 위해 새로운 혁신 방법을 시도해야만 한다. 이 새로운 변화를 주도하기 위해 우리가 해야 할 과제는 '미래 비전'을 설계하는 것이다. 신학 교육이 무엇을 지향하는지 명확하다면 우리는 '던져진 미래'를 사는 것이 아니라 '만들어가는 미래'를 살 수 있다.

---

126 *Ibid.*, 184-87.
127 김대식, 『메타버스 사피엔스』, 93.

참고문헌

고재길. "본훼퍼의 비종교적 해석과 교회의 윤리적 실천." 『믿음, 삶, 그리고 하나님 나라』. 서울: 성광문화사, 2008. 정원범, 『교회다운 교회』. 서울: 도서출판 동연, 2016에서 재인용.

김기석. 『욕망의 페르조나: 욕망에 사로잡힌 사람들』. 서울: 예책, 2019.

김난예 편집. 『미래세대와 기독교교육』. 서울: 한국기독교교육학회(2022): 95-97

김난예. "인공지능 시대의 영적 민감성." 「한국기독교신학논총」106(2017): 283-312.

_____. "함께 사는 것을 배우는 교육." 「기독교교육논총」20(2009): 85-111.

_____. "AI시대 여성의 공감적 감성 함양을 위한 기독교교육의 과제." 「기독교교육논총」62(2020): 11-41.

김난예, 정원범. 『공동체 영성의 향기』. 논산: 대장간, 2019.

김대식. 『메타버스 사피엔스: 또 하나의 현실, 두 개의 삶, 디지털 대항해시대의 인류』. 서울: 동아시아, 2022.

김민형, 김현주. "사물인터넷과 초연결사회: 개념적 토대 및 기술인문학의 가능성." 「영상문화」27(2015): 215-238.

김승연, 최광은, 박민진. 『장벽사회, 청년 불평등의 특성과 과제』. 서울: 서울연구원, 2020. https://www.si.re.kr/node/64574.

김진영. "메타버스 환경을 위한 기독교적 리터러시(Literacy) 연구." 「복음과 선교」58, no.2(2022): 37-70.

김진하, 황민영. "서울시 청년층 이직·재취업 특성과 청년실업의 정책 시사점." 「서울연구원 정책 과제연구보고서 연구보고서」(2019): 1-101.

김현숙. "신학교육의 목적과 커리큘럼 개선." 「기독교교육정보」19(2008): 7-47.

박상진. "신학교육의 기독교교육모델로서 실천지향적 신학교육: 신학대학원(M.Div)

을 중심으로." 「장신논단」 49, no.4(2017): 381-391.

박성익, 임철일, 이재경, 최정임. 『교육방법의 교육공학적 이해』. 서울: 교육과학사, 2015.

박영숙, 제롬 글렌. 『세계 미래보고서 2022: 메타 사피엔스가 온다』. 서울: 비즈니스북스, 2021.

박주언, 강석훈, 원성두, 노대영, 김원형. "재난정신건강 평가도구." 「대한불안의학회지」 11, no.2(2015): 91-105.

부영호. "그리스도인의 영적 성장에 대한 발달 심리학적 연구 - 에릭슨의 심리·사회적 발달이론을 중심으로." 석사학위논문, 광주가톨릭대학교 대학원, 2006.

서울디지털포럼사무국 편. 『커넥티드』. 서울: 시공사, 2011.

석창훈. 『종교성 측정의 원리와 실제』. 파주: 한국학술정보, 2021.

성영조, 이영석. 『메타버스, 우리의 일상을 바꾸다』. 수원: 경기연구원, 2022.

송민우, 안준식. 『메타사피엔스: 현실이 된 가상을 살아가는 메타버스의 신인류』. 서울: 파지트, 2021.

송은주. 『4050 후기청년: 당신의 진짜 인생이 시작된다』. 서울: 더난출판사, 2017.

송인숙, 천경희, 홍연금, 윤명애. 『착한 소비 윤리적 소비』. 서울: 시그마프레스, 2010.

신종 코로나바이러스 심리지원 가이드라인. 세종: 보건복지부·국가트라우마센터, 2020.

신지윤, 박혜윤, 김정란, 이정재, 이해우, 이소희, 신형식. "2015년 한국 메르스 사태 1년 이후 생존자들의 정신과적 문제." 「신경정신의학」 58, no.3(2019): 245-251.

우탁, 전석희, 강형업. 『메타버스의 미래, 초실감 기술』. 서울: 경희대학교출판문화원, 2022.

유기종. 『기독교 영성』. 서울: 은성, 1997.

유네스코21세기세계교육위원회. 『21세기 교육을 위한 새로운 관점과 전망: 유네스코 21세기 세계 교육위원회 종합보고서』(*Learning: the treasure within - Report to UNESCO of the International Commission on Education for the*

Twenty-first Century). 김용주, 김재웅, 정두용, 천세영 옮김. 서울: 도서출판
　　오름, 1997.

유네스코한국위원회.『존재하기 위한 학습: 교육세계의 오늘과 내일』(*Learning*
　　to be: the world of education today and tomorrow). 서울: 유네스코한국위
　　원회, 2021.

유재봉. "교육에서의 영성회복: 학교에서의 영성교육을 위한 시론."「교육철학연구」
　　35, no.1(2013): 97-117.

윤화석. "한국 일반교육의 현실과 기독교교육의 방향성."「기독교교육논총」38(2014):
　　197-225.

윤효녕, 윤평중, 윤혜준, 정문영.『주체개념의 비판』. 서울: 서울대학교출판부, 2003.

이신형. "기독교대학 정체성 회복을 위한 연구."「한국조직신학논총」40(2014):
　　129-71.

이양숙. "디지털시대의 경계불안과 포스트휴먼."「구복학회」26(2020): 607-643.

이은실. "영성 발달: 대학 교육에서의 개념과 평가 방법 탐색."「기독교교육논총」42
　　(2015): 201-239.

이은환. "코로나19 세대, 정신건강 안녕한가!"「이슈&진단」414(2020): 1-25.

임규혁, 임웅.『교육심리학』. 서울: 학지사, 2011.

전달수.『한국가톨릭대사전』제9권. 서울: 한국교회사연구소, 2002.

정옥분.『전생애 인간발달의 이론』. 서울: 학지사, 2015.

정원범.『교회다운 교회』. 서울: 도서출판 동연, 2016.

_____.『신학적 윤리와 현실』. 서울: 쿰란출판사, 2004.

조현.『우린 다르게 살기로 했다』. 서울: 한겨레출판사, 2018.

조효남. "통합이론과 영성: 영성에 대한 통전적 접근."「영성과 보건복지」1, no.2
　　(2013): 1-47.

한국지능정보사회진흥원. "포스트 코로나 시대 디지털 대전환과 사회변화 전망." *GDX*
　　REPORT 2022-1, 2022.

한병철.『피로사회』(*Mudigkeitsgesellschaft*). 김태환 옮김. 서울: 문학과지성사,

2012.

Augustinus, Aurelius. 『고백록』(*Confessiones*). 최민순 옮김. 서울: 성바오로출판사, 1977.

_____. 『고백록』(*Confessiones*). 성염 옮김. 서울: 경세원, 2016.

Bauman, Zygmunt. 『유동하는 공포』(*Liquid Fear*). 함규진 옮김. 서울: 웅진씽크빅, 2009.

Cully, Iris V. 『영적 성장을 위한 교육』(*Education for spiritual growth*). 오성춘 옮김. 서울: 한국장로교출판사, 1993.

Cox, Harvey. 『영성 · 음악 · 여성』(*Fire from Heaven*). 유지황 옮김. 서울: 도서출판동연, 1996.

Damarest, Bruce. 『영혼을 생기나게 하는 영성』(*Satisfy Your Soul: Restoring the heart of christian spirituality*). 김석원 옮김. 서울: 쉴만한물가, 2004.

Davidow, William H. 『과잉연결 시대』(*Overconnected*). 김동규 옮김. 고양: 수이북스, 2011.

Edwards, Jonathan. 『신앙감정론』(*The Works of Jonathan Edwards Volume 2: Religious Affections*). 정성욱 옮김. 서울: 부흥과개혁사, 2005.

_____. 『신앙과 정서』(*The Religious Affections*). 서문강 옮김. 서울: 지평서원, 2009.

Giggs, Eddie, and Ryan K. Bolger. 『이머징 교회』(*Emerging Churches: Creating Christian Community in Postmodern Cultures*). 김도훈 옮김. 서울: 쿰란출판사, 2008.

Harari, Yuval Noah. 『호모 데우스』(*Homo Deus*). 김명주 옮김. 서울: 김영사, 2015.

Kirylo, James D., and Drick Boyd. 『파울로 프레이리 신앙 · 영성 · 신학』(*Paulo Freire his faith, Spirituality, and theology*). 최종수 옮김. 서울: 신앙과지성사, 2021.

Love, Patrick, and Donna Talbot. "Defining Spiritual Development: A Missing Consideration for Student Affairs." *NASPA Journal* 37, no.1(1999): 361-375.

Lucado, Max. 『하나님을 향한 영적 갈망 목마름』(*Come Thirsty*). 최종훈 옮김. 서울: 두란노, 2005.

Patricia, Aburdene. 『메가트렌드 2010』(*Megatrends 2010*). 윤여중 옮김. 서울: 청림출판, 2006.

Peck, M. Scott. 『아직도 가야 할 길』(*The Road Less Traveled*). 최미양 옮김. 서울: 열음사, 2007.

Schneiders, Sandra M. "Approaches to the Study of Christian Spirituality." *In The Blackwell Companion to Christian Spirituality*(2005): 16, 영성 연구회 평상, 『오늘부터 시작하는 영성 훈련』. 서울: 두란노서원, 2017에서 재인용.

Sweet, Leonard. 『영성과 감성을 하나로 묶는 미래교회』(*Postmodern Pilgrims*). 김영래 옮김. 서울: 좋은씨앗, 2002.

Turkle, Sherry. 『스크린 위의 삶: 인터넷과 컴퓨터 시대의 인간』(*Life on the Screen: Identity in the Age of the Internet*). 최유식 옮김. 서울: 민음사, 2003.

Wilber, Ken. 『통합심리학』(*Integral Psychology*). 조옥경 옮김. 서울: 학지사, 2000.

Bruce W, Speck. What is spirituality? *New Directions for Teaching and Learning* 104(2005): 3-13.

Fowler, James. *Stages of Faith: The Psychology of Human Development and The Quest for Meaning*. San Francisco: Harper Collins, 1995.

Fromm, Erich. *Psychoanalysis and Religion*. New Haven: Yale University Press, 1971.

Hill, Peter C., Kenneth I. Pargament, Ralph W. Hood, Jr., Michael E. Mccullough, James P. Swyers, David B. Larson, and Biran J. Zinnbauer. "Conceptualizing Religion and Spirituality: Points of Commonality, Points of Departure." *Journal for the Theory of Social Behavior* 30, no.1 (2000): 51-77.

Lerner, Michael. *Spirit Matters*. Charlottesville: Hampton Road Pub., 2000.

Naidoo, Marilyn. "Ministerial Formation of Theological Students through Distance Education." *Theological Studies* 68, no.2(2012). http://www.scielo.org.za/scielo.phpscript=sci_arttext&-pid= S0259-94222012000200010.

Overend, Paul. "Education or Formation: The Issue of Personhood in Learning for Ministry." *Journal of Adult Theological Education* 4, no.2 (2007): 133-148.

Powell, Samuel M. *A Theological of Christian Spirituality*. Nashville: Abindon Press, 2005.

Moberg, D. Assessing and Measuring Spirituality: Confronting Dilemmas of Universal and Particular Evaluative Criteria. *Journal of Adult Development* 9, no.1(2002): 47-60.

Schreiner, Laurie. *FIPSE: Through the Eyes of Retention*. Washington DC: The Council for Christian Colleges and Universities, 2000.

Schneiders, Sandra Marie. "Religion vs. Spirituality: A Contemporary Conundrum." *Spiritus: A Journal of Christian Spirituality* 3, no. 2(2003): 163-185.

Vaillant, George E. *Spiritual Evolution: A Scientific Defense of Faith*. New York: Broadway Books, 2008.

Zinnbauer, Brian J., Kenneth I. Pargament, and Allie B. Scott, "The Emerging Meanings of Religiousness and Spirituality: Problems and Prospects," *Journal of Personality* 67, no.6(2001): 889-919.

Zinnbauer, Brian J. and Kenneth I. Pargament. "Religiousness and spirituality." In *Handbook of the Psychology of Religion and Spirituality*, edited by Raymond F. Paloutzian and Crystal L. Park. New York: Gilford Press, 2005: 24, 이은실, "대학 교육에서의 개념과 평가 방법 탐색." 「기독교 교육논총」 42(2015): 201-239에서 재인용.

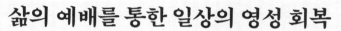

삶의 예배를 통한 일상의 영성 회복

― 예배의 4중 구조의 실제 삶에 적용과 영성 훈련

가진수 월드미션대학교 예배학 교수

I. 들어가는 말

하나님께서 우리를 창조하신 목적은 하나님의 기쁘신 뜻대로 영광을 받으시기 위함이다(사 43:21). 우리는 하나님의 영광을 위해 이 땅에 태어났으며, 우리 인생의 가장 우선순위는 하나님의 영광을 위해 사는 것이다(고전 10:31). 그러므로 하나님을 예배하는 예배자로서의 삶은 교인, 성도, 그리스도인을 넘어서는 삶의 목적이자 본질이며, 우리에게 향하신 하나님의 뜻을 이루는 것이다. 성경은 우리 삶의 모든 시간을 전적으로 예배하며 사는 인생이, 하나님이 원하시는 참된 예배자의 삶이라 말씀하신다.

예배는 하나님을 기쁘시게 하는 것이며 그러므로 예배자 또한 하나님을 기쁘시게 하는 사람이다(히 11:6). 하나님을 영화롭게 하는 것이 참된 예배자의 일이면 우리는 매주 드리는 공예배뿐 아니라 모든 삶에서 하나님과 동행해야 한다. 하지만 하나님을 믿는 많은 그리스도인이 주일 예배를 비롯한 예배 속에서만 하나님을 만나며, 세상에서의 삶은 주일의 삶과 다르게 살아간다. 세상 속에서 참된 예배자가 되지 못하는 그리스도인의 삶은 예수님이 말씀하신 빛과 소금의 역할과도 배치된다.

그러므로 우리는 하나님이 기뻐하시는 예배자의 삶을 매일 반복되는 일상에서 어떻게 살아갈 것인지 고민해야 한다. 이런 고민 없이 주일 예배를 마치고 세상으로 들어가는 순간, 하나님과의 교제가 없는 세상의 분주한 삶을 살아가면서 또다시 주일을 맞이하게 된다.

예배는 매우 영적이며, 영을 통해서 하나님을 만난다. 하나님이 영이시기 때문이며, 예수님은 영과 진리의 예배가 참된 예배라고 말씀하셨다(요 4:24). 이 말씀은 하나님을 매일의 삶 속에서 경험하려면 우리가 먼저 예배자의 영성을 갖고 있어야 한다는 말이다. 삶에서의 영적 능력은 하나님과 교제함으로 시작한다. 예배의 본질이자 하나님을 만나는 요소인 말씀과 기도와 찬양을 통해 하나님과 영적으로 예배하며 교제할 수 있다. 영적으로 하나님과 교제하는 것이 예배자의 책무라고 할 때, 참된 예배자가 된다는 것은 삶의 예배 속에서 영적 능력을 회복하고 강화해야 한다는 것을 뜻한다. 바울은 이를 성령 충만이라고 표현했다. 이를 통해 하나님이 우리를 지으신 목적을 회복할 수 있을 뿐 아니라 하나님 사랑과 이웃 사랑이라는 예수님께서 가장 중요하다고 강조하신 첫째 계명과 둘째 계명을 이루는 것이다(막 12:28-32). 참된 예배자는 영적 능력을 통해 자연스럽게 세상으로 확장되며 빛과 소금의 영향력을 발휘할 수 있게 된다.

일상의 삶 속에서 하나님의 임재를 경험하고 교제할 때 우리는 하나님이 원하시는 예배자가 될 수 있다. 이런 관점에서 성경적 예배의 본질과 예배자들을 통해 하나의 규칙을 발견할 수 있다. 그것은 하나님을 만나고 말씀을 듣고 깊이 생각하고 결단하며, 세상 속에서 빛과 소금의 역할을 감당하는 예배의 4중 구조를 통해서다. 예배의 4중 구조가 만남, 말씀, 성찬, 파송이라면 예배자인 우리의 모든 일상 또한 이 본질적 규칙이 적용된다. 성경에서 하나님과 동행했던 예배자들은 일상에서 예배의 규칙을 경험한 사람들이다. 하나님의 부르심 속에 만나고, 하나님께서 말씀하시는 말씀을 들으며, 이를 결단하고 순종으로 받아들이고, 어떤 유혹과 어려움도 이겨내면서 삶 속에서 하나님의 영향력을 드러낸 사람들이다. 또한 하나님과 동행하며 살아갔던 세상의 모범적인 신앙의 위인들 역시 일상에서 삶의 예배를 준행해온 예배자들이다. 이 같은 삶의 예배 유형은 하나님께서 우리를 하나님의 사람들로 선택하시고, 우리의 삶을 통해 영광 받으시기 위해 창조하신 뜻과 목적에 부합한다.

일상의 삶에서 하나님과 영적으로 교제하면서 살아갈 수 있는 방법을 깨닫고 이를 습관화해 적용해나간다면, 우리는 매일 하나님과 동행할 수 있는 예배자가 될 수 있다. 매일의 영적 예배의 삶을 통해 우리의 일생은 날마다 하나님의 사람으로 회복하게 된다. 일상의 예배자는 피상적이 아니라 영적 훈련을 통해 이루어지며 궁극적 목적은 예수님께서 명령하신 하나님 사랑과 이웃 사랑이다. 참된 예배자가 될 때 우리를 세상에 보내신 예배자의 목적을 이루는 것이며 이를 통해 세상에 영향력을 끼치게 된다. 이를 위해 지속적이고 구체적인 예배자를 위한 영성 훈련이 필요하며, 이 영성 훈련의 가장 중요한 목적인 예배자로의 회복과 영적 능력을 통해 이웃을 섬길 힘을 갖게 하고 세상에 영향력을 발휘할 수 있는 참된 그리스도인으로 발전시켜나갈 수 있을 것이다.

II. 서론

우리는 하나님께 예배드리기 위해 창조되었으며, 모든 삶의 가장 큰 우선순위는 하나님께 영광을 돌리는 것이다. 창세기에 하나님께서 6일 동안 세상을 창조하시고 "보시기에 심히 좋았더라"(창 1:31)고 하신 말씀은 하나님께서 이 세상 모든 만물을 통하여 예배 받으시기 위한 하나님의 의지가 강한 말씀이다. 하나님께서 우리를 지으신 목적이 예배를 받으시기 위해서라고 말씀하고 있으며(사 43:21), 하나님의 영광을 위해 우리를 창조하신 의도를 명확히 알 수 있다(이사야 43:7). 그러므로 우리가 창조된 목적에 따라 하나님을 전적으로 예배하는 예배자로서의 삶을 살아야 하는 것은 명확하며, 이것이 모든 만물을 창조하신 하나님의 뜻이다.

성경은 하나님이 하신 일을 기록한 책이며, 그것을 아는 것이 예배의 출발이다. 그러므로 "어떻게 하면 하나님께 예배를 잘 드릴 수 있을까?"가 우리 예배자가 항상 생각해야 할 목표가 되어야 한다. 하나님이 원하시는 예배를 드리기 위해 예배자들에게 꼭 필요한 것은 하나님을 향한 신뢰인 '믿음'이다. "믿음이 없이는 하나님을 기쁘시게 하지 못하나니 하나님께 나아가는 자는 반드시 그가 계신 것과 또한 그가 자기를 찾는 자들에게 상 주시는 이심을 믿어야 할지니라"(히 11:6)는 말씀은 하나님을 예배하기 위해 필요한 기본 자격에 대한 선언이다. 하나님께 나아간다는 것은 예배드림을 의미한다. 하나님이 가장 기뻐하시는 것은 하나님께 예배드리고 영광 돌리는 것이기에 믿음은 예배자들에게 가장 중요한 기본적인 자세다. 믿음은 하나님이 살아 계심을 인정하는 것에서 시작한다. 하나님을 인정한다는 것은 우리를 창조하셨을 뿐만 아니라 우리를 죄로부터 구원하셨다는 것을 깨닫고 늘 인지하는 것이다. 그것이 구원받은 백성이 해야 할 의무이자 축복이다.

예배의 중요한 기초는 '영성'으로 예배는 철저히 영적인 행위다. 우리가 예배를 드릴 때, 예배에 참석하는 것도 중요하지만 우리의 마음이 하나님께 초점이 맞춰 있는가가 더 중요하다. 토저(A. W. Tozer)는 하나님을 향하는 것은 영적인 것이고, 우리의 영적인 수준에 따라 하나님을 바라보는 깊이가 달라질 수밖에 없다고 말한다. "그러므로 영성이 없다면 하나님이 받으시는 예배를 드릴 수 없다. 아무리 많이 예배를 드린다 할지라도 하나님이 그것을 받지 않으신다면, 우리는 헛된 예배를 드리는 것이므로, 차라리 드리지 않는 편이 낫다."[1]

예수님은 "아버지께 참되게 예배하는 자들은 영과 진리로 예배할 때가 오나니 곧 이 때라 아버지께서는 자기에게 이렇게 예배하는 자들을 찾으시느니라 하나님은 영이시니 예배하는 자가 영과 진리로 예배할지니라"(요 4:23-24)고 말씀하셨다. 예수님께서 하신 이 말씀의 중요한 의미는 장소나 형식이 예배를 만드는 것이 아니라는 것이며, 참된 예배는 '영'과 '진리'로 드리는 예배라는 것이다. '영'과 '진리'의 의미에 대해 존 파이퍼(John Piper)는 "영으로 드리는 진정한 예배는 성령에 이끌려 드리는 것이다. 아울러 그것은 외형적이며 육체적인 사건이 아니라 주로 내적이며 영적인 사건으로 나타난다. '진리'로 드리는 진

---

1 Aiden W. Tozer, 『예배인가 쇼인가?』, 배응준 옮김(서울: 규장, 2004), 43.

정한 예배는 하나님의 참된 시각에 응답하는 것이다. 그리고 그 예배는 그분의 참된 시각에 따라 구체화되고 인도된다"[2]라고 언급했다.

또 바울은 로마서 12장 1절의 '영적 예배'를 가리킬 때 '라트레우오'($\lambda\alpha\tau\rho\epsilon\acute{u}\omega$)라는 단어를 사용했다. 이 단어는 출애굽기 23장 24절 "너는 그들의 신을 숭배하지 말며 섬기지(라트레우오) 말며"에서처럼 주로 '섬기다'라는 의미로 사용되었다. 바울이 초대 교회의 예배를 가리킬 때 굳이 이 단어를 사용한 것은 그가 지역적으로 국한되고 외적인 형식을 갖춘 예배가 아닌, 지역을 탈피한 영적인 경험으로서의 예배를 가리키고 있음을 분명히 하기 위해 애쓰고 있는 것을 보여준다.[3]

로버트 웨버(Robert E. Webber)는 '영과 진리'(in spirit & truth)를 "하나님의 영에 우리의 영(in spirit)이 반응하는 것"이라고 했다. 우리가 영과 진리의 참된 예배를 드리게 되면, 요한계시록 말씀과 같이 하늘 보좌에 계신 하나님께 장로와 천사와 함께 고백하는 것이 된다(계 4:11; 5:13-14). 그러므로 하나님께 영광을 돌리는 참된 예배는 하나님의 영에 우리의 영이 합치되는 것이며, 성령님이 우리를 영으로 인도하시는 것이다. 이것이 우리가 이 땅 위에서 예배자로서 추구해야 할 참된 예배다. 예배가 영적이기에 예배를 드리는 예배자에게는 영적 능력이 필요하다. 하나님과 교제하는 삶을 통해 믿음으로 나아가는 참된 예배자는 영적으로 하나님과 소통해야 하기 때문이다. 그런 의미에서 영성은 예배를 드리는 예배자가 반드시 갈망하고 채워야 하며, 그것은 창조주이신 하나님을 항상 예배함으로부터 가능하다.

---

2 John Piper, 『열방을 향해 가라』, 김대영 옮김(서울: 좋은씨앗, 2003), 347.
3 *Ibid.*

III. 예배 영성

1. 예배 영성의 역사

1) 초대 교회의 영성

예수님과 제자들 이후 2세기부터 3세기 속사도 시대를 거치면서 초대 교회의 예배는 예식이 갖추어지고 정형화되기 시작했다. 초대 교회는 유대교 그리스도인들의 회당 예배와 헬라파 그리스도인들의 다락방 예배가 서로 융합하면서 하나의 모습으로 발전되어갔다. 주로 가정에서 만남을 가졌던 초대 교회 예배 공동체는 항상 말씀을 읽고 공부했으며, 서로의 필요를 위해 기도와 노래를 불렀다. 그리고 성찬을 기념했고, 풍성한 식사를 함께 즐겼다.

초대 교회의 특징은 첫째, 긴 예배 시간이다. 신약의 여러 의미 있는 예배 요소를 순서에 적용하기 위해 예배는 짧지 않았으며 단순하지도 않았다. 둘째, 다양한 예배 요소가 있었다. 초대 교회의 예배는 말씀을 중심으로 한 회당 예배와 성만찬을 중심으로 한 다락방 예전이 연합된 모습으로 중요한 예배 요소들은 설교를 포함한 성경 봉독과 해석, 기도, 찬양, 성만찬 예식 등이다. 셋째, 자발적인 형태의 예배다. 예배자들의 자유로운 참여와 애찬, 방언과 같은 순서들로 이루어졌다. 특히 성령의 역사에 강하게 영향을 받고 있었으며, 교인들의 열정은 찬양, 기도, 봉헌, 설교 등의 모든 순서에 새로운 활력을 불어넣었다. 초대 교회의 예배는 자발성이 그 특징을 이루고 있었으며, 원하는 때와 장소에 자유롭게 역사하시는 성령님을 온전히 맞이한 영적 예배였다.[4]

로마의 기독교 교사였던 순교자 저스틴(Justin Martyr)은 2세기 중반 순교 당한 사람으로, 그가 안토니누스 피우스(Antonius Pius) 황제에게 보낸 편지인 '제1변증서'(First Apology)를 통해 2세기 당시 예배의 모습과 영성을 들여다볼 수 있다. 이 편지로 초대 교회 예배에 중요한 세 가지 요소가 있다는 것을 알 수 있다. 그 첫 번째 요소는 '시간의 자율성'이다. 저스틴은 구약성경을 "선지자들의 글"이라 했고 신약성경은 "사도들의 회고록"이라고 불렀으며, 주일 예배 때 함께 봉독했다. 여기서 우리가 주의 깊게 봐야 할 점은 바로 "시간이 허락하는 한" 계속해서 읽었다는 것이다. 이를 통해 주일마다 성경 봉독의 시작과 끝을 정해놓지 않았다는 것을 알 수 있으며, 규칙적인 예식보다는 성령의 흐름에 예배가 인도되기를 바라는 의지가 담겨 있음을 알 수 있다.5

두 번째 요소는 기도하는 데 필요한 '즉흥성'이다. 저스틴이 묘사한 주의 만찬에서는 사회자가 기도할 때 미리 쓰인 성찬식 기도문을 사용하지 않았다. 저스틴은 사회자가 "그의 능력에 따라", 즉 즉흥적으로 기도를 했다고 강조했다. 예배는 부드럽고 유연하며 다양하게 흘러갔으며, 저스틴은 우리를 인도하시는 성령님의 임재에 따르는 예배가 되기를 원했다.

마지막 요소는, 저스틴이 그의 예배 순서를 '행위로 표현했다'는 점이다. '모이다', '읽다', '충고하고 초대하다', '일어서다', '바치다', '참석하다', '기도하다', '동의하다', '나누어주고 받다' 등은 그가 예배 순서에 사용한 동사들이다. 저스틴은 기독교 예배를 묘사할 때 이러한 행위들에 중점을 두었다.6 보통 우리의 예배가 주보에 따라 순서가 정해져

4 Lester Ruth, 『예배의 흐름』, 가진수 옮김(인천: 워십리더, 2022), 25-26.
5 Ibid.

있는 경우와 달리 저스틴은 내면적인 성령의 흐름을 중시했다. 어떤 규칙에 따라 철저히 움직인 것이 아니라 예배 속에서 하나님을 만나고자 하는 자유로움, 성령의 흐름 등을 중요하게 생각했으며, 이는 초대 교회가 지금 우리의 정형화된 예배보다 훨씬 더 하나님의 임재를 추구했다는 것을 보여준다.

2) 수도원 영성

초대 교회 이후 가톨릭 지역교회의 예배는 예식의 정형성을 갖추게 되면서 형식화되어갔으며, 초대 교회의 자발성과 자유로운 성령의 역동성을 잃어갔다. 이러한 분위기에서 중세 기독교 형성에 공헌한 또 하나의 역사적 사건은 수도원 운동이었다. 로마 박해 당시에는 외부 세력에 대항해 신앙 투쟁이 필요했으나, 세속화되고 형식화되어 영적 동력을 잃은 교회에 대한 거부로 하나님과 개인적이고 직접적인 영적 교제의 길을 택하게 되었다. 제도화한 교회와 국가에 반대하는 그리스도인들은 사막과 광야로 들어가 은둔 생활을 하며 반문화적, 비세속적 수도원 운동을 전개했다.

처음 수도원 운동은 금욕적인 생활을 통해 말씀을 실천하는 것으로 시작했다. 당시 철학사상도 수도원 운동에 영향을 주었다. 플라톤 철학의 영향으로 풍부한 영적 생활을 위해서는 육체의 복종을 강조했으며 참 자유를 얻기 위해 육체로부터 자유를 강조했다. 또한 스토아 철학은 정욕을 억제함으로 참된 행복을 얻을 수 있다고 가르쳤으며, 견유학

---

6 *Ibid.*, 26-27.

파(大儒學派)7는 자족의 원칙을 가르쳤다. 이러한 영적 움직임 속에서 수도원을 창설한 사람이 이집트 코오마(Cooma)에서 250년경에 태어난 안토니(St. Anthony of Egypt, 251~356)였다. 그는 당시 영향력 있는 아디나시우스와 콘스탄티누스를 비롯해 많은 사람에게 영적 감동을 주었다. 이후 안토니의 은둔 수도원을 개혁한 사람은 파코미우스였으며 수도원의 사회성과 기여성을 더욱 강조했다.

중세 수도원 운동은 베네딕트(St. Benedict of Nursia, 480~547)에 의해 조직적으로 확산되었다. 베네딕트 수도원은 수도원 운동의 전반적인 흐름이었던 극단적인 금욕생활과는 달리 사회봉사, 교육 활동, 선교 사업 등에도 주력했다. 그는 "기도하며 일하라"는 명제를 내걸고 '노동'과 '명상'을 강조했다. 이러한 중용적인 입장의 베네딕트 규율은 극단적 수도원 운동을 보편적인 운동으로 대체하면서 전 유럽에 퍼지게 했으며 부흥시켰다. 한편 사막의 교부들이 고행 훈련을 하던 시절에 수도원은 이미 교회의 일반적인 수행으로 자리 잡았다. 특히 카파도키아의 교부들은 영성 훈련을 중요하게 생각했는데, 성 아우구스티누스(St. Aurelius Augustinus, 354~430)는 생활 속의 영성 훈련을 강조했으며 그의 신학은 중세 전기 수도원 운동의 기초가 되었다. 6세기에는 차츰 수도원이 많아지기 시작했으며 일종의 규칙을 가지고 있었다. 이 규칙집에는 기도와 노동, 순종과 개인의 양심, 하나님과 더불어 사는 독신생활과 공동생활, 엄격함을 행하는 데 있어서의 관대함과 신중함, 대인관계에서의 침묵과 사랑 등이 담겨 있으며 전체적으로 균형

---

7 키니코스 학파(고대 그리스어: κυνισμό 키니스코스, 라틴어: Cynici) 또는 견유학파(犬儒學派)는 자연과 일치된 자연스러운 삶을 추구하는 그리스 시대 운동, 또는 이를 따르는 철학자들을 말한다. '견유'라고 번역된 이름은 그리스어로 개를 의미하는 Kύνο에서 왔다.

을 중시했다. 이런 배경에서 중세 기독교의 기초를 닦은 사람이 그레고리 1세(Gregorius I, 540~604)로 관상에 힘을 기울이면서 때에 따라서는 연약한 자들을 돌볼 뿐 아니라 선교사로도 파송되어야 한다고 강조했다.

이후 신성 로마 제국의 황제가 된 샤를마뉴 대제의 시대에는 전국에 600개의 수도원이 있었으며, 수도원의 종류도 왕립 수도원에서 시골 수도원까지 다양했다. 7세기 르네상스를 거치면서 8세기 가장 왕성했던 수도원은 9세기 말과 10세기에 이르면서 쇠퇴기를 맞이했다. 세속의 왕과 영주들이 사원의 재산을 계속 통제했으며, 자격 없는 성직자들을 수도원장으로 임명하고 심지어 평신도를 그 자리에 앉히기까지 했다. 청빈을 강조하던 수도원은 오히려 부가 몰리는 곳이 되었으며 클뤼니의 수도원 개혁 운동(Cluniac Reforms)이 일어나는 원인이 되었다. 12세기로 들어서면서 차츰 학자들이 많아졌는데, 초기 스콜라 철학자인 안셀무스(Anselmus Cantuariensis, 1093~1109)는 신의 존재론적 증명으로 유명한 대표적인 학자였다. 그는 단지 학문적인 깊이만 추구한 것이 아니라 실제로 삶에서 실천하며 살려고 노력했다. 이후 시토회의 수도사였던 베르나르(Bernard of Clairvaux, 1090~1153) 등이 등장했다. 13세기에 등장한 탁발 수도원은 기존 수도회의 부패에 대한 반성으로 생겨났으며, 수도원이 속한 교구에서 수도사가 탁발로 생활하고 옷 이외에는 일체의 재산을 갖지 않았다.

중세 수도원 운동은 교회의 세속적 권력화와 사유화에 맞서서 일어난 영적 운동이었다. 하지만 수도원의 역사와 흐름은 영적 운동이 세속과 결탁하게 될 때 얼마나 타락할 수 있는지 역사적으로 보여준다. 수도원 운동은 기독교 공동체가 온전히 예배자로서 하나님과 소통하려는 영적 부흥 운동이었으며, 초대 교회 예배의 영적 정신을 이어받아 전승하려는 영적 갱신 운동이었다.

3) 경건주의 영성

마틴 루터(Martin Luther, 1483~1546)가 1517년 비텐베르크 성문에 '95개조 반박문'을 붙이며 촉발된 종교개혁은 이후 교회의 여러 영적 신앙 운동들이 일어나는 계기가 되었다. 유럽은 종교개혁을 지지하는 나라들과 반대하는 가톨릭 진영이 나뉘면서 정치, 경제, 사회, 문화 등 전반에 이르는 모든 것이 분리되기 시작했다. 유럽의 기독교인들은 교회의 양분 이후 사회적·경제적으로 혼란한 시기를 맞이했다. 교회 설교와 선교도 기독교인의 태도와 실천보다는 정통성을 강화하는 교리에 중점을 두었다. 이에 점차 개신교의 제도와 교리 중심화로 신앙의 실천, 변화의 경험을 막는 것에 대한 반성이 일어났으며, 독일 루터교회의 내부에서 경건주의(Pietism)로 발전해 점차 유럽 전역과 영국과 미국의 교회들로 퍼져갔다.

경건주의는 창시자인 필리프 슈페너(Philipp J. Spener, 1635~1705)와 그의 젊은 동역자인 아우구스트 프랑케(August H. Francke, 1663~1727) 등을 중심으로 경건주의 사고, 독서와 실천, 상업 활동, 사회 개화, 종교적 경험, 할레 대학 등의 학교 설립까지 광범위한 영향력을 발휘해 17세기에서 18세기까지 영향을 주었으며, 계몽주의 발전의 기독교적 배경을 마련했다. 경건주의는 신학적 개념보다는 기독교인의 생활과 실천을 강조하는 사상이자 종교 운동이었다.[8]

경건주의 운동은 교회의 죽은 정통과 냉담한 영성에 각성을 염원하는 '모라비안 형제회'(Moravian Brethren) 등에 영향을 주었다. 모라비안 들은 1722년 가톨릭의 탄압을 피해 진젠도르프(Nikolaus L. Zinzendorf, 1700~1760) 백작의 영지로 들어가게 되었으며, 그곳에 모라비안 공동체를 형성했다. 이후 복음주의자들이었던 모라비안 교도들은 유럽 각지로 흩어져 영향을 주었는데, 요한 웨슬리(John Wesley)가 감리교회를 창설하는 원인이 되었다.[9] 1727년경 당시 헤른후트(Herrnhut)는 신앙에서 예정설, 거룩함, 세례(침례) 등 여러 다른 견해로 서로 다투며 상처받고 분열된 상태였다. 진젠도르프는 집회를 통해 연합과 사랑과 회개를 촉구했으며, 계속된 기도회를 통해 많은 사람이 회개하고 영적으로 새로워지는 성령의 강한 능력을 경험하게 되었다. 이를 통해 공동체마다 회개와 기도 운동이 일어났으며, 성령의 기름 부으심을 통해 많은 사람이 하나님께로 돌아오는 역사가 계속되었다.

종교개혁 이후 교회가 신앙 갈등 속에 빠져 있을 때, 18세기에 일어난 경건주의 운동은 수동적인 교리 중심의 신앙을 적극적이면서 마음으로 기도와 찬양을 통해 하나님을 새롭게 경험하고자 한 복음주의적인 성령 운동이었다. 이는 18세기 이후 성령 운동을 확장시켜 은사주의에 영향을 끼쳤으며, 감리교회와 성결교회 그리고 더 나아가 오순절 운동에 커다란 영향을 주었다. 경건주의는 영적 갈급함과 하나님을 경험하기 원하는 예배자들의 반응으로 일어난 기독교 예배 영성 운동의 흐름이었다.

---

8 가진수, 『모던 워십』(인천: 워십리더, 2022), 53.
9 *Ibid.*, 53-54.

4) 은사주의와 부흥 운동의 영성

하나님을 경험하고 소통하는 삶이 참된 예배라고 생각한 경건주의자들은 당시 많은 교회에 영향을 주었으며, 성령 체험을 바탕으로 한 은사주의 운동의 시초가 되었다. 요한 웨슬리(John Wesley, 1703~1791)는 영향을 받은 대표적인 사람으로 1738년 5월 24일 저녁 올더스게이트(Oldersgate) 거리에 있는 한 모라비안 교도의 교회에 참석하게 되었다. 그곳에서 웨슬리는 성령님을 인격적으로 체험했으며, 비로소 완전한 구원의 체험을 하게 되었다. 이를 계기로 요한 웨슬리를 중심으로 한 은사주의적 복음주의(Charismatic Evangelical) 운동은 개인적 복음과 사회적 복음의 견해를 지닌 감리교회로 발전했으며, 당시 국가 교회인 영국 국교회가 성공회로 전환하는 원인이 되었다. 이후 감리교의 활동만이 아니라 19세기 성결 운동과 20세기 오순절 운동 및 기독교 사회복지 운동에 커다란 영향을 끼쳤다.

하나님을 예배에서 경험하고자 하는 열망으로 촉발된 '경건주의'는 대륙을 넘어 영향을 미치기 시작했다. '제2차 대각성 운동'(The Second Great Awakening Movement)은 17세기 말부터 18세기 초까지 유럽을 휩쓴 경건주의가 18세기 초 미국으로 건너가 영향을 일으킨 대표적 신앙 부흥 운동이었다. 영국의 신학자이자 설교자인 조지 화이트필드(George Whitefield, 1714~1770)는 18세기 영국의 존 웨슬리와 감리교 운동을 시작했으며, 개혁주의적 감리교 신학을 주장해 그 기틀을 다졌다. '제2차 대각성 운동'은 당시 영국 식민지였던 뉴잉글랜드의 메마른 합리주의와 중부 네덜란드 개혁교회의 예배 의식에 집착한 형식주의 그리고 남부의 목회 감독 소홀 등에 반대하고 하나님과 백성 사이의 계약을 새롭게 하고자 일어났다. 초교파적인 이 운동은 회개의 외적 증거와 내적인 영적 체험을 강조했으며 성경 연구와 전도에 주력했다.

예배 속에서 하나님을 경험하고자 하는 열망은 이후 1906년부터 1931년까지 미국 캘리포니아 아주사 거리에서 일어난 '아주사 부흥운동'(Azusa Revival)으로 연결되었다. 이 운동을 시작한 윌리엄 시무어(William J. Seymour, 1870~1922)는 아주사 거리의 모퉁이 창고에서 성령을 사모하는 집회를 갖기 시작했다. 피상적이 아닌 체험적 신앙과 성령의 은사를 갈급해하는 사람들과 영적으로 굶주린 사람들이 모여들면서 집회는 강력한 영적 운동이 되었다. 이곳에서 성령의 은혜 받은 사람들이 전도와 선교를 위해 흩어져 선교사로 또는 전도자로 헌신했으며, 현대 오순절 운동과 교단의 시초가 되었다.

20세기 초에 영국을 부흥시킨 강력한 성령 운동이 1904년 웨일스 지방에서 일어난 '웨일스 부흥 운동'(The Welsh Revival)이다. 광부의 아들로 태어나 13살 때부터 탄광 일을 돕던 이반 로버츠(Evan Roberts, 1878~1951)는 1904년 로마서 5장 8절 "우리가 아직 죄인 되었을 때에 그리스도께서 우리를 위하여 죽으심으로 하나님께서 우리에 대한 자기의 사랑을 확증하셨느니라"라는 말씀을 통해 성령과 부흥을 강렬히 갈망하게 되었으며, 그 후 5년 만에 웨일스 지방 이곳저곳에서 10만 명이 참석하게 되면서 영국 오순절 운동과 부흥 운동 그리고 20세기 세계 부흥 운동에 불을 붙였다. 아주사 부흥 운동과 웨일스 부흥 운동은 형식적인 관념적 예배를 거부한 하나님을 경험하고자 하는 갈급한 심령들이 성령의 은혜 속에서 일으킨 성령 운동이자 은사주의 운동이었다.

5) 임재 신학과 현대 예배 영성

　적극적인 예배 참여와 능동적인 찬양의 중요성을 강조한 현대 예배
는 전 세계적으로 영향을 주었는데 이 놀라운 발전을 일으킨 원동력
중 하나는 예배에서 하나님의 임재를 강조한 '임재 신학'(The Theology
of Presence)이다. '임재 신학'을 연결한 중요한 말씀은 "이스라엘의
찬송 중에 계시는 주여 주는 거룩하시니이다"(시 22:3)로 '계시는 것'의
의미는 '하나님께서 그의 백성들의 찬양 가운데 계시는 것'이며 '살고
계시는 것'을 말한다.10

　'임재 신학'은 레그 레이젤(Reg Layzell) 목사가 1946년 1월에 구체
적으로 발전시키고 가르치기 시작했다. 레이젤은 언젠가 캐나다 밴쿠
버에서 집회 요청을 받고 강의했을 때 청중의 반응이 없었다. 이때, 하
나님께서 이 교회의 예배 가운데 추구해야 할 것을 알려주셨다. 하나님
의 임재를 경험하기 위해서는 적극적으로 하나님을 찬양해야 한다는
것이었다. 그는 신학의 초석이 된 시편 22장 3절과 더불어 히브리서
13장 15절의 "우리는 예수로 말미암아 항상 찬송의 제사를 하나님께
드리자 이는 그 이름을 증언하는 입술의 열매니라"라는 말씀을 하나님
께서 우리의 마음이 어떻든지, 우리가 해야겠다는 마음이 들든 들지
않든 하나님을 능동적으로 찬양하라는 명령으로 해석했다. 더 나아가
마음에 있는 생각들을 찬양을 통해 하나님과 연결할 수 있으며, 찬양
에는 분명한 성경적 약속과 더불어 성경적 명령이 있다는 것을 알게
되었다.11

---

10 *Ibid.*, 150.
11 *Ibid.*, 152-53.

이 임재 운동은 1950년대와 1960년대에 발전하기 시작해 침례교단, 감리교단, 루터교단, 성공회, 심지어 로마 가톨릭까지 성령을 깊게 경험하던 '은사 쇄신 운동'에 영향을 주었다. 임재 신학은 우리 교회와 예배 공동체에게 하나님을 경험하는 것이 얼마나 중요한지 강조한다.

2. 예배의 4중 구조

성경은 하나님을 경배하고 찬양하는 예배의 구조를 네 가지로 구분한다. 그것은 "하나님께서 우리를 부르시고, 말씀하시며, 우리는 그 말씀에 응답하고 세상으로 나아간다"는 것이다. 4중 구조의 예배 유형은 초대 교회의 말씀과 성찬이라는 2개 구조에서 모임과 흩어짐의 예배 시간적 개념이 확장되며 기독교 예배의 중요 구조로 정착되었다. 콘스탄트 체리(Constance M. Cherry)는 연속적인 네 개의 순서를 악장으로 표현했으며, 실제적인 시간 흐름과 연관 지었다. "시작에서 마침까지 실제의 동작이 있다. 예배는 여정이다. 하나님의 임재로 나아와서(모임), 하나님의 말씀을 듣고(말씀), 그리스도를 기념하고(성찬), 하나님을 만남으로 인해 변화되어서 세상으로 보냄 받는(파송) 여정이다."[12]

1) 만남

예배는 만남에서 시작한다. 예배는 하나님을 만나는 것이며, 하나님께 예배드린다는 것은 우리의 의지 이전에 하나님께서 예배의 자리

---

12 Constance M. Cherry, 『예배 건축가』, 양명호 옮김(서울: CLC, 2016), 108.

로 부르시는 것이다. 그러므로 예배드린다는 것은 하나님의 전적인 은혜이다. '만남'은 예배 예식에서 '입례식' 또는 '개회식'으로 표현되었다.[13] 보통 행사나 예식에서의 시작은 '만남 의식'을 필요로 한다. 예배의 시작은 하나님을 만나는 목적이 담겨 있으며 하나님이 우리를 구원하신 구원의 행위에 대한 감사와 은혜의 찬양으로 시작한다. 예배 예식의 내용은 하나님이 선택하신 백성들에게 하나님과의 언약 관계를 확인하고, 우리의 모임이 구원받은 그리스도인들의 하나됨을 확인하는 것이다. 예배의 '만남' 예식은 사람들을 하나님의 임재 안에 모으고 하나님의 말씀을 듣기 위해 준비하는 순서로 하나님 말씀을 듣기 위한 시간이자, 하나님께 나아와 경배와 찬양으로 영광 돌리는 시간이다.[14]

2) 말씀

말씀은 예배에서 핵심이자 중요한 요소이며 하나님께서 세상을 창조하시기 전부터 존재했다(요 1:1). 예배에서 말씀은 하나님의 구원 이야기, 즉 '내러티브'(Narrative)로 곧 예수 그리스도의 생애와 죽으심, 부활과 다시 오심에 대한 이야기다. 이것을 우리는 하나님 말씀의 '선포'(kerygma 케리그마)라 하며 사도행전에 기록된 다음의 내용을 담는다. "'때가 왔다.' '메시아가 오셨다.' '십자가에 달리시고, 장사 되시고, 죽음에서 부활하셨다.' '승천하셨고, 모든 악을 심판하시러 다시 이 땅에 돌아오실 것이다.' '회개하고, 세례(침례)를 받으라, 성령을 받

---

13 '입례식'(Acts of Entrance)은 예배로 들어가는 의식, '개회식'(Opening Ceremony)은 예배를 여는 의식으로 해석되며 전통주의 예배에서 주로 많이 사용되었다.
14 Cherry, 『예배 건축가』, 108.

으라.' '교회는 하나님의 새로운 사람들이다.' 등이다."15

우리가 하나님의 부르심에 따라 하나님을 만나고, 우리의 마음이 하나님께로 향해 임재 안에 머물면, 말씀이 선포된다. 말씀의 예전에는 구약 및 서신서, 복음서의 낭독과 시편의 교창, 설교 및 강론 등으로 이루어졌다. 각 성경의 낭독 사이에 성도들이 적극으로 참여했는데, 이는 초대 교회의 말씀에 대한 역동성을 보여준다. 누군가 성경을 읽다가 질문이 생기면 언제라도 중간에 질문을 할 수 있었으며, 대답할 수 없을 때 참여자 중에 대답할 수 있는 사람이 자유롭게 답변해주기도 했다.16

3) 성찬

'성찬'은 '떡을 뗀다'17는 표현으로 '성만찬', '주님의 만찬', '성찬식' 등 전통에 따라 다양하게 불리며, 초대 기독교 예배 공동체의 중요한 예배 축제였다. 사도행전 2장 42-47절의 "그들이 사도의 가르침을 받아 서로 교제하고 떡을 떼며 오로지 기도하기를 힘쓰니라"라는 말씀은 초대 교회 예배에서 성찬이 차지하는 중요성을 말해준다. '사도의 가르침'과 '떡을 떼는 것'은 초대 교회 공동체 예배의 핵심으로 이 두 가지 예식은 예수님의 부활과 관련이 있으며 기념이자 축제의 의미다. 그러므로 떡을 떼는 것은 단지 예수의 죽음을 시무룩하고 건조하게 경험하는 것이 아니라 부활에 대한 훌륭한 기념이자 축제다.18

---

15 *Ibid*.

16 박아청, 『초대교회의 기원과 본질』(서울: CLC, 2020), 121.

17 '떡을 뗀다'는 KJV에 'in breaking of bread'로 번역되었다.

18 Robert E. Webber, 『예배의 고대와 미래』, 가진수 옮김(인천: 워십리더, 2019), 195.

성경적으로 성찬은 세 가지 의미를 지닌다. 첫째는 기념이다. 예수 그리스도의 십자가의 보혈을 기념하는 것이다. 떡을 떼며 포도주를 마실 때마다 그리스도의 십자가를 생각하고 보혈의 의미를 기억하며 되새긴다. 둘째는 기쁨과 감사의 잔치다. 성찬은 예수 그리스도의 십자가 보혈을 통해 우리가 죄에서 자유를 얻고 하나님 나라에 참여한다는 기쁨의 경험이다. 그리고 부활에 대한 감사와 사망 권세를 물리치시고 승리하신 예수 그리스도의 살아 계심을 찬양하는 잔치이자 축제다(계 19:7-8). 셋째는 그리스도 안에서의 교제와 나눔이다. 떡을 떼며 포도주를 함께 나눈다는 것은 그리스도 안에서 성도들의 교제를 의미한다. 성찬은 그리스도의 공동체로서 예수 그리스도를 통해 성도들과 한 몸을 이룬다는 중요한 가치와 의미를 지닌다(고전 10:16-17).

4) 파송

파송은 '세상으로 나아간다'는 의미이며 예배 예식의 마침이자 삶의 예배로의 시작이다. 바울은 예배는 교회 문에서 끝나는 게 아니라 우리 삶의 모든 부분에 이어진다고 강조했다(롬 12:1). 예배는 우리 집과 일, 취미 생활에도 계속되는 것이다.[19] 파송은 '축복'(Blessing)의 의미가 가장 크며, 구약성경의 '아론의 축복'에서 기원한다(민 6:24-27).[20] 여기에서 핵심이자 모든 축복이 발견되는 곳은 마지막 부분이다. "그들

---

19 *Ibid.*, 198.
20 "여호와는 네게 복을 주시고 너를 지키시기를 원하며 여호와는 그 얼굴로 네게 비취사 은혜 베푸시기를 원하며 여호와는 그 얼굴을 네게로 향하여 드사 평안 주시기를 원하노라 할지니라 하라 그들은 이같이 내 이름으로 이스라엘 자손에게 축복할지니 내가 그들에게 복을 주리라"(민 6:24-27).

은 이같이 내 이름으로 이스라엘 자손에게 축복할지니…"21 파송 예식의 세 가지 근간은 '축복'과 '찬양' 그리고 '파송의 말씀'이다. 파송은 마침이 아니라 새롭게 시작하는 1주일 동안의 세상에서의 삶에서 승리할 수 있는 출발점이다. 세상을 이기신 예수 그리스도를 선포하며 예배 공동체가 하나 되어 결단해야 한다. 그리고 다가올 예수 그리스도의 재림을 소망하며 하나님이 주시는 영적 능력을 가지고 세상에서 담대하게 살아가는 예배자의 선언이 되어야 한다. 또한 파송은 일상의 예배를 시작하는 영적 능력의 충전소이자 결단의 시간이다. 세상을 이길 영적인 호흡을 가다듬고, 성령의 임재가 있는 강력한 결단의 시간을 통해 삶의 예배를 여는 시간이다.

IV. 성경의 4중 구조의 예

예배는 하나님의 구원의 역사다. 하나님께서 우리를 지으시고 그의 백성을 삼으시며, 어떻게 이 세상에서 하나님의 백성으로 인도하는가에 대한 대서사시다. 우리는 예배의 네 가지 구조를 통해 하나님을 예배하는 성경의 예배자들을 발견할 수 있다.

1. 아브라함의 언약

예배의 가장 중요한 본질적 요소는 '하나님과의 언약'이다. 하나님

---

21 *Ibid.*, 200.

께서는 아브라함에게 위대한 백성으로 세울 것이며, 이스라엘이 가나안 땅을 차지하고, 하나님께 특별한 복을 받고, 만백성이 이들을 통해 복을 받게 될 것이라 약속하셨다.[22] 아브라함과 하나님의 언약 관계는 우리가 하나님께 나아가는 예배의 구조와 같은 형식을 보인다. 하나님께서 부르시고, 하나님께 나아가 말씀을 듣고, 그대로 결단하고 순종하는 것이다.

• 부르심과 만남

여호와께서 아브람에게 이르시되 너는 너의 고향과 친척과 아버지의 집을 떠나 내가 네게 보여 줄 땅으로 가라 내가 너로 큰 민족을 이루고 네게 복을 주어 네 이름을 창대하게 하리니 너는 복이 될지라(창 12: 1-2).

• 말씀

너를 축복하는 자에게는 내가 복을 내리고 너를 저주하는 자에게는 내가 저주하리니 땅의 모든 족속이 너로 말미암아 복을 얻을 것이라 하신지라(창 12:3).

• 응답

이에 아브람이 여호와의 말씀을 따라갔고 롯도 그와 함께 갔으며 아브람이 하란을 떠날 때에 칠십오 세였더라 아브람이 그의 아내 사래와 조카 롯과 하란에서 모은 모든 소유와 얻은 사람들을 이끌고 가나안

---

22 David Peterson, 『성경신학적 관점으로 본 예배 신학』, 김석원 옮김(서울: 부흥과개혁사, 2011), 19.

땅으로 가려고 떠나서 마침내 가나안 땅에 들어갔더라(창 12:4-5).

• 결단과 파송

그가 그 곳에서 제단을 쌓고 거기서 벧엘 동쪽 산으로 옮겨 장막을 치니 서쪽은 벧엘이요 동쪽은 아이라 그가 그 곳에서 여호와께 제단을 쌓고 여호와의 이름을 부르더니 점점 남방으로 옮겨갔더라(창 12:7b-9).

2. 모세와 구원의 계약

출애굽기 24장의 하나님과 모세가 시내산에서 만나는 장면은 최초 의 예배 모형으로, 하나님의 부르심과 만남, 하나님의 말씀과 응답 그 리고 파송이다(출 24:1-8). 하나님의 부르심이 있고, 부르심에 순종해 나아가면 하나님께서 말씀하신다. 우리는 말씀에 순종하며 그 말씀대 로 준행할 것을 결단하며 하나님께 영광 돌린다.

• 부르심과 만남

또 모세에게 이르시되 너는 아론과 나답과 아비후와 이스라엘 장로 칠십 명과 함께 여호와께로 올라와 멀리서 경배하고(출 24:1).

• 말씀

너 모세만 여호와께 가까이 나아오고 그들은 가까이 나아오지 말며 백성은 너와 함께 올라오지 말지니라(출 24:2).

• 응답

모세가 와서 여호와의 모든 말씀과 그의 모든 율례를 백성에게 전하매 그들이 한 소리로 응답하여 이르되 여호와께서 말씀하신 모든 것을 우리가 준행하리이다(출 24:3).

• 결단과 파송

그들이 이르되 여호와의 모든 말씀을 우리가 준행하리이다 모세가 그 피를 가지고 백성에게 뿌리며 이르되 이는 여호와께서 이 모든 말씀에 대하여 너희와 세우신 언약의 피니라(출 24:7b-8).

3. 이사야의 환상

이사야 6장의 이사야의 환상에서 예배의 구조가 잘 드러난다. 이사야에게 하나님이 나타나시는 장면에서 부르심과 만남, 말씀과 응답, 결단과 파송의 예배의 4중 구조를 발견할 수 있다(사 6:1-8). 하나님의 부르심과 임재가 있으며, 하나님을 찬양하는 가운데 하나님의 말씀이 선포된다. 이사야는 그 말씀에 응답하며 '내가 여기 있나이다 나를 보내소서'라는 파송으로 마무리된다.

• 부르심과 만남

서로 불러 이르되 거룩하다 거룩하다 거룩하다 만군의 여호와여 그의 영광이 온 땅에 충만하도다 하더라(사 6:3).

- 고백 선언

그 때에 내가 말하되 화로다 나여 망하게 되었도다 나는 입술이 부정한 사람이요 나는 입술이 부정한 백성 중에 거주하면서 만군의 여호와이신 왕을 뵈었음이로다 하였더라(사 6:5).

- 말씀

내가 또 주의 목소리를 들으니 주께서 이르시되 내가 누구를 보내며 누가 우리를 위하여 갈꼬 하시니(사 6:8a).

- 결단과 파송

그 때에 내가 이르되 내가 여기 있나이다 나를 보내소서 하였더니(사 6:8b).

V. 일상의 예배 영성

1. 일상 예배의 의미

'일상'은 영어로 '루틴'(Routine)이며 '어떤 틀에 박힌 삶의 방식과 순서'라는 의미다. '일상 예배'라 함은 '매일의 삶 속에서 지속적으로 하나님께 영광 돌리며 감사하는 우리의 경배와 찬양을 말한다. 그러므로 하나님에게 지음 받은 우리는 하루를 온전하게 드리는 예배자가 되어야 한다. 하나님은 신실한 예배자를 가장 기뻐하시며 매일 매 순간 영광 받으시기 원하신다(습 3:13). 토저(A. W. Tozer)는 일상에서 예배가 지속되어야 한다고 말했다. "나는 당신에게 일주일에 7일을 예배하지 않으면 일주일에 하루도 예배하지 않는 것이라고 말하지 않을 수 없다. 주일예배 다음에 월요일 예배, 화요일 예배, 수요일 예배가 뒤따르지 않으면 하늘에서는 주일예배가 인정되지 않는다."[23]

하루 24시간, 일주일 그리고 365일이 예배가 될 때 우리는 하나님 앞에 참된 예배자가 된다. 예배는 하나님의 임재를 하루 종일 실천하는 것이며, 그것은 교회에 갈 때뿐 아니라 살아 있는 모든 순간에 예배자가 되어야 한다는 의미다.[24] 린다 딜로우(Linda Dillow)는 삶의 예배가 얼마나 중요한지 강조했다. "삶으로 예배드리는 법을 배우며 영적으로 성숙해졌다. 나는 하나님의 음성을 직접 듣기를 늘 갈망해 왔고, 이제는 친히 하시는 말씀을 더 큰 소리로 듣는다. 하나님의 임재 안에서 기뻐하는 것은 내 일상의 한 부분이 되었다."[25]

하루의 일상은 우리 일생의 축소판이다. 하루하루 최선을 다해 하나님께 예배할 때 일주일이 예배가 되고, 그것이 한 달, 1년이 되어 우리 전 생애가 참된 예배가 된다. 그러므로 오늘 하루를 어떻게 예배할 것인가가 중요하며, 하루의 일상을 통해 예배의 반복적 일상을 찾아낼 필요가 있다. 그것은 예배의 4중 구조인 만남과 말씀, 성찬, 파송이며, 하나님을 만나고, 하나님의 말씀을 듣고 결단하며, 깊이 묵상함으로 새롭게 되어 세상으로 나아가는 것이다.

예배는 영과 진리의 문제이며 하루의 예배는 영적인 훈련과 같다

---

23 Aiden W. Tozer, 『이것이 예배이다』(*Worship: The Missing Jewel*), 이용복 옮김 (서울: 규장, 2006), 206-07.

24 Henry Blackaby and Ron Owens, 『예배에서 하나님을 경험하는 삶』(*Worship Believers Experiencing God*), 서진영 옮김(서울: 요단출판사, 2010), 84.

25 Linda Dillow, 『일상의 예배』, 오현미 옮김(서울: 좋은씨앗, 2016), 32-33.

(요 4:24). 끊임없는 일상에서의 예배는 영적으로 하나님과 늘 교제하는 것이므로 하나님께서 나를 지배할 수 있는 마음의 공간을 드려야 한다. 하나님이 지배하는 우리의 삶은 영적인 훈련 없이는 불가능하다. 영적 삶에서 훈련이란 '하나님이 활동하실 수 있는 공간을 내려는 노력'을 뜻한다. 그리고 영적 삶에서 훈련이란, 내가 계획했거나 의지하고 있는 일이 아닌 뭔가 새로운 일이 벌어질 수 있는 공간을 내는 것이다.[26] 그런 의미에서 우리의 일상은 매우 소중하다. 하루를 헛되이 보내는 사람은 하루의 예배를 실패한 것이다. 일상의 평범한 삶을 어떻게 사느냐에 따라 하나님의 거룩한 행위로 만들 수 있다. 우리가 하는 가장 평범한 일들, 청구서 지불하기, 심부름하기, 세탁하기, 요리하기, 통근하기에는 하나님의 목적이 있다.[27]

영성은 일상 가운데 형성되고 일상 가운데 드러난다. 특별히 일상의 반복되는 행동이 중요하다. 반복되는 행동이 습관이 되고 그것이 지속하는 실천이 되고 삶의 방식이 된다. 따라서 우리가 일상 가운데 무슨 일을 하며 살아가느냐가 중요하다.[28] 일상 예배의 성공은 '오늘 나의 하루에 하나님이 계셨는가?'다. 하루를 보내면서 하나님이 없는 시간을 보냈다면 그것은 세속의 삶이다.

---

26 Henri J. M. Nouwen, 『일상의 예배』, 윤종석 옮김(서울: 두란노, 2013), 24-25.
27 Gerald L. Sittser, 『영성의 깊은 샘』, 신현기 옮김(서울: IVP, 2021), 318-19.
28 안건상, 『일상과 일터의 영성』(서울: CLC, 2021), 63.

2. 일상 예배의 4중 구조

1) 부르심과 만남: 찬양과 경배

아침은 우리를 새로운 하루로 하나님께서 초청하는 기쁜 날이다. 이 귀한 날을 우리가 어떤 태도로 하나님께 나아가는지가 진정한 하루를 하나님께 예배할 수 있는지 결정한다. 우리는 새로운 날에 대한 초청을 경청하고, 묻고, 거하는 것으로 받아들여야 한다. 하나님의 새날에 대한 초청을 기도로 응답하며, 하나님께서 말씀하시는 음성에 귀를 기울이며 시작하는 것이다.[29] 그러므로 예배의 4중 구조 중 처음 시작되는 '부르심과 만남'은 중요하다. 하나님께서 오늘을 주셨다는 것을 감사하며, 창조주 하나님을 인정하고 그분께 영광을 돌리겠다는 준비된 예배자의 마음이 필요하기 때문이다.

다윗은 아침마다 하나님을 만났으며 감사로 하루를 시작했다(시 92:1). 그는 아침마다 하나님의 말씀에 귀를 기울이는 것으로 하루를 시작했다. 하루를 시작하면서 하나님께서 오늘 하루를 인도해주실 것을 고백하는 다윗을 통해 우리는 그가 왜 하나님께 합한 자(행 13:22)로 인정받았는지 알 수 있다(시 143:8). 눈물의 선지자로 불리는 예레미야는 심한 고통과 환난 속에서도 새로운 아침으로 인해 하나님께 감사하고 새 힘을 얻었다. 지나간 어제는 괴로웠지만, 그날은 과거가 되어 지나갔으며 밤이 지나고 새로운 아침을 주신 의미를 깨닫고 감사했다(애 3:23). 예수님께서도 새벽 미명에 산에 오르사 하나님께 기도하면

---

29 Henri J. M. Nouwen, 『귀향의 영성』, 윤종석 옮김(서울: 두란노, 2013), 32-32.

서 새날을 여셨다(막 1:35). 하루를 시작하면서 하나님의 아들이신 예수님조차 그 권위를 내려놓으시고 새로운 한날을 하나님께 의탁했다. 평생 1만 번의 기도 응답을 받았다고 알려진 조지 뮬러(George Muller, 1805~1898)는 하루 일상의 영적 습관에서 아침이 가장 중요하며, 아침을 시작하면서 하나님을 만나는 것이 하루를 좌우하는 중요한 관문이라고 여겼다.[30]

하나님으로 여는 나의 영적 일상 예배를 찾는 것이 중요하다. 아침에 일어나자마자 간단한 기도로 시작하는 것도 좋다. 그것이 하루를 온전히 하나님께 맡기고 예배자로서의 일상 예배를 시작하는 것이다. 어제라는 과거를 보내고 새로운 하루를 온전한 하나님의 사람으로 보내고자 하는 예배자의 선언이다. 그리고 내가 하나님께 창조된 피조물이자 예배자임을 인정하는 가장 기초적인 마음의 자세다.

2) 말씀: 하나님과의 동행

하루를 하나님과의 만남으로 시작하면 우리 일상은 하나님의 인도하심을 받는다. 말씀은 하나님이시며 하나님과 함께한다는 것은 우리의 삶을 말씀으로 지배받는 것을 의미한다(요 1:1). 일상에서의 말씀은 광야의 만나와 같으며 매일 주시는 음식이자 하나님의 은혜와 사랑의 의미다. 이 만나는 하루가 지나면 썩고 벌레가 들어 먹지 못한다. 그만큼 매일 새롭다는 뜻이며, 하나님의 무한한 관심과 보호하심을 의미한다. 직장인에게는 회사나 사무실에서 일하는 것이 일상의 삶이고, 가

---

30 George Muller, 『기도가 전부 응답된 사람』, 배응준 옮김(서울: 규장, 2008), 33.

정주부에게는 자녀들을 양육하거나 살림을 하는 것이 일상의 삶이다. 학생들에게는 공부하는 과정이 일상의 삶이며, 혹 직업을 갖지 않고 아무 일도 하지 않는 사람도 그것 또한 일상의 삶이다. 일상의 삶은 우리의 중요한 반복적 일상으로 매우 규칙적이며 평범한 것이 특징이다.

일상에서의 말씀은 두 가지 측면을 고려해야 한다. 첫 번째는 나에게 주어진 일이나 과업에 대해 하나님께 감사하는 것이다. 그것은 하나님의 주권을 인정하는 것이며, 하나님의 시간에 내가 존재한다는 것을 의미한다. 두 번째, 나에게 주어진 일상의 하루에 최선을 다해야 한다는 것이다. 성경은 우리에게 맡겨진 일이 무슨 일이든 최선을 다하는 자세가 예배의 삶이라고 말한다. 예수님의 달란트 비유의 핵심은 최선이며 주인이 맡긴 달란트를 최선을 다해 충성했는가 하는 것이다(마 25:21). 우리의 삶을 운행하시는 하나님의 음성에 귀 기울이고 내게 주신 일들을 잘 감당하는 것은 곧 하나님의 말씀대로 삶을 살기 위한 시작이다. 일상에서 예배의 삶은 하나님을 인정하고 그 말씀대로 살려는 데 있다. 내가 일하는 이 일상의 순간을 하나님과 동행한다는 것은 우리의 영적 안테나를 하나님께 세우고, 하나님을 전적으로 의지한다는 것과 같다.

하나님께 맡긴 나의 일상의 시간들은 성령님을 통해 모든 것이 합력할 수 있도록 도와주신다(롬 8:28). 그러므로 성령님의 인도함으로 사는 일상의 삶은 말씀 가운데 사는 삶이 된다. 우리 일상의 삶이 하나님과 함께하게 되면 성령님을 통해 예배자의 삶으로 인도하신다.

3) 성찬: 깊은 교제

오늘 하루를 하나님과의 만남으로 열고, 나의 일상의 삶이 하나님의 말씀과 교제하는 삶이 되면, 나에게 주시는 특별한 말씀은 성찬과 같다. 그러므로 일상에서의 성찬은 깊은 교제의 시간이며 특별한 하나님의 말씀과 깨달음이다. 다윗은 하나님의 사람이었지만 그는 우리야의 아내 밧세바를 취하고 간음을 해서 하나님의 계명을 어겼다. 그의 일생에서 이 사건은 성찬이며 특별한 사건이다. 열왕기상 18장은 엘리야가 갈멜산에서 바알과 아세라 신 850명과 싸운 사건을 기술한다. 이 싸움에서 엘리야는 승리했으나 이세벨의 분노로 죽음의 위협을 느껴 광야로 도망치듯 달아나 로뎀 나무에서 죽기를 간구한다. 엘리야에게 로뎀 나무는 '성찬'의 시간이다.

오늘의 성찬은 우리에게 '나를 따르라'는 예수님의 사랑이자 관심이다. 우리의 고통과 삶의 어려움은 하나님께서 우리에게 베풀어주신 사랑이자, 예수 그리스도의 십자가를 함께 지고 가겠다는 우리를 향하신 선언이다.[31] 그리고 일상의 하루에서 늘 일어날 수 있는 우리의 어려운 짐을 통해 예수 그리스도의 십자가와 연결된 새로운 세상임을 선언하는 것이다.[32] 일상에서 일어나는 고난과 고통, 어려움의 성찬은 예수 그리스도의 십자가와 연결된 축복의 시간이다.

하나님께서는 사랑하는 그의 자녀들에게 무언가를 말씀하고 싶어 할 때가 있다. 우리를 통해 이루고 싶은 계획들이 있으며, 더 크게 하나님의 영광을 위해 사용하고 싶으신 일들이 있다. 성찬은 깊은 교제의

---

31 Nouwen, 『귀향의 영성』, 75.
32 *Ibid.*

시간이자 일상에서 변화의 시간으로, 하나님께 초점을 맞출 수 있는 전환점이 된다. 일상에서의 성찰은 좋은 일로 나타나기도 하지만, 어렵고 고통스러운 일로도 나타나기도 한다. 이 모든 상황은 일상의 삶과는 다른 특별한 일이며, 오늘이라는 일상 예배의 성찰이다. 이 특별한 일들을 통해 하나님을 더 생각하고 하나님의 뜻을 구하는 경건의 시간이 된다. 그러므로 우리 예배자에게 일상의 성찰은 축복이며 감사다.

4) 파송: 결단 및 영향력

예배 예식에서 파송은 마무리 시간이 아니며 그것은 새로운 삶의 예배로의 시작이며 세상과의 영적 싸움으로 들어가는 진군가와 같다. 오늘 하루의 마무리는 내일의 삶을 좌우하며, 더 나아가 우리 일생 예배의 삶의 동기가 된다. 하나님으로 하루를 마무리하면 새날을 하나님으로 시작할 수 있는 기쁨을 주신다.

직장 또는 학교에서 일상의 삶이 끝나면 보통 집으로 돌아오게 된다. 돌아와서 식사를 하다든지 아니면 씻고 가족과 보내거나 또는 혼자만의 시간을 갖는다. 일상의 업무가 끝나고 잠자리에 들기 전까지의 시간은 하루를 마무리할 수 있는 파송의 시간이다. 일상의 파송은 하루를 마무리하면서 내일을 준비하는 반성의 시간이자 결심의 시간이다. 그러므로 하루를 마무리하면서 단 1분이라도 고요한 시간을 보내는 것이 중요하다. 어느 자리에서든 또는 침대 위에서 불을 끄고 나서 짧은 시간 어두움 속에서 기도의 시간을 가질 수 있다. 그런 의미에서 "하나님과 교제하는 진정한 기도는 다분히 밤에 이루어진다. 우리에게 닥쳐오는 어둠 속에서, 신앙의 밤에 이루어진다. 하나님의 빛은 한없이 밝아서 우리를 눈멀게 한다. 우리가 배우는 내용을 우리의 마음과 머리로는 이해할 수 없다"라는 나우웬의 말을 경청할 필요가 있다.[33]

우리가 하나님의 예배자라면 하루의 마감은 반드시 하나님과 마무리해야 한다. 우리의 일은 하나님께서 청지기인 우리에게 맡겨주신 이 땅에서의 사명일 뿐이다. 하루를 마감하면서 우리의 삶 속에서 하나님이 하신 선한 일과 하나님 그분의 선하심에 대해 하나님께 감사해야 한다.[34]

성경의 서로 다른 삶을 살았던 수많은 예배자와 이 세상 삶에서 하나님을 기쁘시게 했던 예배자들이 하루의 일과를 마무리하면서 기도와 감사를 드렸다. 일상의 마무리는 우리 일생의 마무리로 확장된다. 우리 일상의 하루를 잘 마무리하고 하나님께 감사하며 영광을 돌리면 우리의 삶은 참된 예배의 삶으로 축적되며, 우리는 하나님을 기쁘시게 하는 예배자로 만들어져간다.

VI. 일상 예배자들

예배의 중요한 구조인 만남과 말씀, 성찬과 파송은 삶으로 확대되어 일상의 삶 속에 그대로 적용된다. 하나님의 말씀에 순종했던 하나님의 사람들은 삶에서 하나님을 예배했던 예배자들이었다. 그들의 삶을 찾아가다 보면 예배의 유형이 나타나고 그것이 삶의 본질이었음이 드러난다.

---

33 Henri J. M. Nouwen, 『삶의 영성』, 윤종석 옮김(서울: 두란노, 2013), 48.
34 Sittser, 『영성의 깊은 샘』, 322.

1. 성경의 일상 예배자들

1) 아브라함(창 13:14-18)

믿음의 조상으로 불리는 아브라함은 하나님이 기뻐하시는 참된 예배자의 전형을 보여준다. 하나님 말씀에 항상 순종했던 아브라함의 일생을 통해 우리는 하나님이 원하시는 참된 예배자란 무엇인지 알 수 있다.

• 부르심과 만남

롯이 아브람을 떠난 후에 여호와께서 아브람에게 이르시되(창 13:14).

• 말씀

너는 눈을 들어 너 있는 곳에서 북쪽과 남쪽 그리고 동쪽과 서쪽을 바라보라 보이는 땅을 내가 너와 네 자손에게 주리니 영원히 이르리라 내가 네 자손이 땅의 티끌 같게 하리니 사람이 땅의 티끌을 능히 셀 수 있을진대 네 자손도 세리라(창 13:14b-16).

• 성찬과 감사

이에 아브람이 장막을 옮겨(창 13:18a).

• 파송과 영향력

헤브론에 있는 마므레 상수리 수풀에 이르러 거주하며 거기서 여호와를 위하여 제단을 쌓았더라(창 13:18b).

2) 요셉(창 39:1-23)

요셉은 평안할 때나 기쁠 때만이 아니라 애굽으로 팔려 가는 죽을 위험과 옥에 갇혀 죽을 상황에서, 보디발의 아내의 유혹에서 등 어렵고 힘든 상황에서도 변함없이 하나님을 신뢰했다. 하나님은 그를 구원했을 뿐만 아니라 그의 가족과 더 나아가 이스라엘 민족의 본이 되는 역사를 이루어내는 귀한 도구로 사용하셨다.

• 부르심과 만남
여호와께서 요셉과 함께 하시므로 그가 형통한 자가 되어 그의 주인 애굽 사람의 집에 있으니(창 39:2).

• 말씀
그의 주인이 여호와께서 그와 함께 하심을 보며 또 여호와께서 그의 범사에 형통하게 하심을 보았더라(창 39:3).

• 성찬과 감사
이에 요셉의 주인이 그를 잡아 옥에 가두니 그 옥은 왕의 죄수를 가두는 곳이었더라 요셉이 옥에 갇혔으나(창 39:20).

• 파송과 영향력
간수장은 그의 손에 맡긴 것을 무엇이든지 살펴보지 아니하였으니 이는 여호와께서 요셉과 함께 하심이라 여호와께서 그를 범사에 형통하게 하셨더라(창 39:23).

3) 다윗(삼상 23:1-29)

하나님 마음에 합한 자라는 칭호를 얻은 다윗은 하나님이 기뻐하신 예배자였다. 다윗의 생애를 통해 우리는 참된 예배자에 대해 배울 수 있으며, 그가 하나님과 어떻게 동행했는지 예배의 유형을 살펴보면 그의 일상 예배자의 모습을 엿볼 수 있다.

• 부르심과 만남
이에 다윗이 여호와께 묻자와 이르되 내가 가서 이 블레셋 사람들을 치리이까(삼상 23:2a).

• 말씀
여호와께서 다윗에게 이르시되 가서 블레셋 사람들을 치고 그일라를 구원하라 하시니(삼상 23:2b).

• 성찬과 감사
다윗과 그의 사람들이 그일라로 가서 블레셋 사람들과 싸워 그들을 크게 쳐서 죽이고 그들의 가축을 끌어 오니라 다윗이 이와 같이 그일라 주민을 구원하니라(삼상 23:5).

• 파송과 영향력
다윗이 광야의 요새에도 있었고 또 십 광야 산골에도 머물렀으므로 사울이 매일 찾되 하나님이 그를 그의 손에 넘기지 아니하시니라(삼상 23:14).

4) 다니엘(단 6:1-28)

다니엘은 신실한 하나님의 종으로 인정받았다. 바벨론의 포로로 끌려가서도 하나님의 약속을 놓지 않았던 다니엘은 하나님이 기뻐하시는 예배자의 모범이다. 포로 생활 중 그가 보여준 신실한 믿음은 하나님께서 가장 기뻐하시는 예배의 모습이었다.

• 부르심과 만남
예루살렘으로 향한 창문을 열고 전에 하던 대로 하루 세 번씩 무릎을 꿇고 기도하며 그의 하나님께 감사하였더라(단 6:10b).

• 말씀
나의 하나님이 이미 그의 천사를 보내어 사자들의 입을 봉하셨으므로 사자들이 나를 상해하지 못하였사오니 이는 나의 무죄함이 그 앞에 명백함이오며 또 왕이여 나는 왕에게도 해를 끼치지 아니하였나이다 하니라(단 6:22).

• 성찬과 감사
왕이 심히 기뻐서 명하여 다니엘을 굴에서 올리라 하매 그들이 다니엘을 굴에서 올린즉 그의 몸이 조금도 상하지 아니하였으니 이는 그가 자기의 하나님을 믿음이었더라(단 6:23).

• 파송과 영향력
다니엘을 구원하여 사자의 입에서 벗어나게 하셨음이라 하였더라 이다니엘이 다리오 왕의 시대와 바사 사람 고레스 왕의 시대에 형통하였더라(단 6:27b-28).

5) 바울(행 9:1-22)

사도 바울은 역동적으로 하나님의 복음 사역을 감당한 사람이다. 3차에 이르는 전도 여행을 통해 예수 그리스도를 전파했으며, 많은 어려움과 고통 속에서도 그에게 주어진 사역들을 능히 감당했다. 우리는 그가 쓴 신약의 서신들을 통해 어떻게 복음이 열방을 향해 퍼져갔으며 지금 온 세상에 그리스도의 복음으로 가득할 수 있었는지 잘 알 수 있다.

- **부르심과 만남**
사울이 길을 가다가 다메섹에 가까이 이르더니 홀연히 하늘로부터 빛이 그를 둘러 비추는지라(행 9:3).

- **말씀**
사울아 사울아 네가 어찌하여 나를 박해하느냐 하시거늘 대답하되 주여 누구시니이까 이르시되 나는 네가 박해하는 예수라 너는 일어나 시내로 들어가라 네가 행할 것을 네게 이를 자가 있느니라 하시니(행 9:4b-6).

- **성찬과 감사**
사울이 땅에서 일어나 눈은 떴으나 아무 것도 보지 못하고 사람의 손에

끌려 다메섹으로 들어가서 사흘 동안 보지 못하고 먹지도 마시지도 아니하니라(행 9:8-9).

• 파송과 영향력

일어나 세례를 받고 음식을 먹으매 강건하여지니라 사울이 다메섹에 있는 제자들과 함께 며칠 있을새 즉시로 각 회당에서 예수가 하나님의 아들이심을 전파하니(행 9:18b-20).

2. 역사 속의 일상 예배자들

성경의 예배자들과 같이 역사 속에서 하나님과 늘 교제하며 살았던 많은 예배자는 우리에게 참된 예배의 삶이 무엇인지 알려준다. 이 예배자들의 삶과 일상 예배를 살펴보면서 우리의 삶에 적용해볼 수 있다. 이를 통해 우리 인생과 일상에서 하나님을 어떻게 예배하는 것이 참된 예배자의 삶인지 깨닫고 새롭게 세워나갈 수 있을 것이다.

1) 로렌스 형제(Brother Lawrence, 1611~1691)[35]

프랑스 출신의 로렌스는 신교와 구교의 종교전쟁인 30년 전쟁(1618~1648)에 참여했다가 큰 부상을 입게 되었고, '카르멜(Karmel) 수도원'의 평수사로 들어갔다. 그곳에서 그는 하나님과 교제하는 방법을

---

35 로렌스 형제에 대한 내용은 다음 두 가지 책에서 참고했다. Brother Lawrence, 『하나님의 임재 연습』, 윤종석 옮김(서울: 두란노, 2018); Brother Lawrence, 『어린이 하나님의 임재 연습』, 임금선 옮김(인천: 다윗의노래, 2007).

터득하게 되었으며, 하나님의 임재 연습이라는 영적 훈련의 중요성을 깨닫게 되었다. 로렌스가 어떻게 하나님을 만나고 하나님 말씀을 따라 교제하며, 어려움과 고난을 이겨내고 영향력을 끼칠 수 있었는지 그의 삶을 통해 예배의 4중 구조 유형을 확인할 수 있다.

• 부르심과 만남

로렌스 형제는 열여덟 살 되던 해 어느 겨울날 한 그루의 나무를 바라보다가 하나님의 섭리에 감동을 받았다. 나뭇잎이 하나도 남아 있지 않은 나무였지만 이 나무에 새로운 싹이 돋아나고 열매가 맺히는 것을 보면서 하나님의 섭리와 능력에 새롭게 눈을 뜨게 되었다. 그는 아침에 일어나자마자 하나님을 만나는 것으로 하루를 시작했다.

• 말씀

로렌스 형제는 일상의 삶 속에서 하나님의 음성을 들었다. 언제 어디서든 하나님과 대화하는 습관을 가졌다. 수도원에서 설거지를 하면서, 수도원 낙엽을 빗자루로 쓸면서, 청소하면서 그는 하나님과 대화를 멈추지 않았다. 그는 하나님의 음성을 듣기 위해서는 내가 지금 하고 있는 모든 것을 하나님께 아뢸 때 가능하다고 말했다. 아무리 사소한 일이라고 할지라도 하나님과 대화하면서 하나님께서 말씀하시는 음성에 귀를 기울이는 것이다.

• 성찬과 감사

로렌스 형제에게도 삶의 고뇌는 피해갈 수 없었다. 은혜롭지 못한 생각이 떠오르거나 유혹이 찾아왔다. 또한 전쟁에서 다친 다리는 늘

쑤시고 아팠으며 생활하는 데 영 불편했다. 또한 그에게 수도원 생활은 방해하는 것들이 많았다. 사람과의 오해도 있었고 관계가 좋지 못할 때도 있었다. 종종 회의에 빠지기도 했고 사고도 일어났으며, 이 세상의 한계에서 겪는 심적 외로움도 엄습했다. 그때마다 그는 하나님께서 주시는 말씀을 깊이 깨닫고 되뇌었다(벧전 1:7).

- • 파송과 영향력

  하나님을 사랑하는 것과 이웃을 사랑하는 것이 매우 중요한 계명이기에 로렌스 형제는 주위의 사람들에게 하나님의 사랑을 그대로 전하려고 노력했다. 하나님을 향한 그의 확고한 믿음은 하루아침에 세워진 것이 아니었다. 매일 하나님을 경험하는 영적 습관을 통해 하나님과 대화하며 하나님이 주시는 기쁨을 통해 확고하게 일상의 삶을 살아갈 수 있었다.

2) 마틴 루터(Martin Luther, 1483~1546)[36]

마틴 루터가 태어난 15세기 후반의 중세 시대는 르네상스가 꽃피우고 있었으며 인쇄술이 발달해 문화적으로도 발전하는 시기였다. 하지만 종교적으로는 교회의 면죄부 판매와 각종 예식의 타락으로 가톨릭 교회와 지도자들은 병들어 있었다. 루터가 어떻게 하나님을 만났으며 동행했는지 그리고 어려움을 어떻게 극복하고 영향력을 나타냈는지 루터의 삶을 통해 우리는 예배의 4중 구조의 유형을 발견할 수 있다.

---

36 임금선, 『루터의 기도』(인천: 아이러브처치, 2008), 요약.

• 부르심과 만남

루터는 작은 마을 아이슬레벤(Eisleben)의 평범한 가톨릭교회 가정에서 태어났다. 그는 1505년 법학 공부를 위해 에르푸르트로 가다 친구가 번개를 맞아 옆에서 즉사하는 사고를 겪은 뒤 수도사가 되겠다고 결심한다. 이후 법학 공부를 그만두고 수사가 되기 위해 아우구스티누스 수도원으로 들어갔으며, 사제 서품을 받고 신부가 된 후, 법학 박사 학위를 받고 신학부 교수가 되었다. 그는 아침마다 매일 시편을 낭송했으며, 시편을 통해 하나님께서 주시는 은혜를 날마다 체험했다.

• 말씀

1515년, 루터는 '로마서' 강의 도중 비로소 오랜 영적 고민의 해답을 얻고 영적 자유를 느꼈다. 말씀은 그를 새롭게 했으며, 교회의 잘못된 모습과 교회 지도자들의 비성경적이고 비도덕적인 행위들을 명확히 바라볼 수 있었다. 1517년, 루터는 '갈라디아서'와 '히브리서'를 강해하면서 오직 믿음으로 은혜를 입어 구원받을 수 있음을 깨달았다. 그리고 면죄부 판매에 반대해 10월 31일 비텐베르크 성 교회 문에 '95개조 논제'를 내걸었다.

• 성찬과 감사

1521년, 교황파는 루터를 가톨릭교회에서 파문했다. 루터는 프리드리히 제후의 도움으로 안전을 위해 10개월간 은둔생활을 했다. 그후 아이제나흐에서 신약성경을 독일어로 번역해 많은 사람에게 올바른 성경 말씀을 알게 해주었다. 그는 자신이 겪었던 인생의 어려움들로 인해 그의 성경에 대한 이해와 기도 생활이 살아났기 때문에, 자신의

인생에서 고난이 가장 위대한 스승이라고 말했다.[37]

• **파송과 영향력**

루터는 하나님 말씀 중심으로 새로운 예배의 갱신을 시도했으며, 참된 성경적 교회가 되는 데 힘썼다. 혹독한 영적, 육체적 고통을 당하면서도 하나님을 향한 루터의 믿음은 흔들리지 않았다. 1534년 독일어로 된 신구약 성경이 모두 발간되었고, 이 성경을 통해 독일의 모든 그리스도인은 하나님 말씀을 제대로 알 수 있었으며, 예배에 참여하는 기쁨을 느낄 수 있게 되었다.

3) 패니 크로스비(Fanny J. Crosby, 1820~1915)[38]

패니 크로스비는 1820년 뉴욕 푸트남에서 태어났으며, 4주 만에 눈에 이상이 있던 중 당시 왕진 온 의사의 잘못된 처방으로 평생 시각장애자가 되었다. 1915년 하늘의 부르심을 받을 때까지 〈나의 갈 길 다가도록〉, 〈예수를 나의 구주 삼고〉, 〈인애하신 구세주여〉 등 10,000여 편의 찬송시를 써 많은 영향을 끼쳤다.[39] 패니 크로스비는 앞이 보이지 않는 삶 가운데서도 매일 하나님을 경험하며 하나님과 교제했다.

---

37 David Powlison, 『일상의 성화』, 김태형 옮김(서울: 토기장이, 2022), 88.
38 가진수, 『영혼의 찬양 전도자 패니 크로스비』(인천: 아이러브처치, 2012).
39 한국의 『새찬송가』에 그녀의 곡 31, 40, 144, 176, 240, 255, 279, 288, 361, 380, 384, 391, 417, 435, 439, 454, 498, 531-32, 540, 608, 615장이 실려 있다.

• 부르심과 만남

패니 크로스비는 아침에 일어나자마자 항상 기도를 통해 하나님과 만났다. 지난밤 잘 잘 수 있도록 해주시고 새날을 주신 하나님께 감사함으로 고백했다. 아침마다 하나님과 대화하면서 하루를 시작하는 것은 패니 크로스비에게 오랫동안 습관으로 자리 잡았으며, 집회나 사역으로 인해 바쁠 때에도 변하지 않는 영적 습관이 되었다.

• 말씀

패니의 할머니는 앞이 보이지 않는 어린 패니를 위해 성경의 이야기들을 매일 들려주었으며, 더 나아가 성경 말씀들을 외우도록 했다. 그녀는 그것이 찬송시를 쓸 수 있는 기초가 되었고, 신앙이 자라날 수 있었던 중요한 원인이었다고 말했다.[40] 매일의 삶 속에서 성경 말씀을 통한 하나님과의 만남은 그녀가 자라나고 나이가 들어서도 항상 말씀과 함께하려는 영적 습관으로 자리 잡을 수 있었다.

• 성찬과 감사

그녀는 많은 곡을 썼음에도 생활면에서는 재정적인 어려움이 많았다. 집세를 내지 못할 때도 있을 정도로 궁핍하기도 했지만, 그녀는 한 번도 남을 원망하거나 생계를 걱정하지 않았다. 찬송가 가사는 작곡가의 재산이 되었고, 그들은 패니보다 더 많은 돈을 벌었으며 출판사가 모든 이익을 가져갔다.[41] 하지만 그녀는 자신이 쓴 찬송가를 통해 길 잃은 영혼을 주께 이끌었다면 그것으로 보답은 충분하다고 믿었다.

---

40 가진수, 『영혼의 찬양 전도자 패니 크로스비』, 46.
41 *Ibid.*, 300.

그것이 하나님께서 자신에게 주신 축복의 사명이었기 때문이다.[42]

• 파송과 영향력

패니 크로스비는 하루를 마감하며 잘 때마다 무릎 꿇고 기도하는 습관을 가졌다. 그녀는 찬양과 간증을 통해 많은 영혼을 그리스도께로 이끌었을 뿐 아니라 길 잃은 영혼들에게 위로가 되었다. 지금도 1초마다 전 세계의 예배자들을 통해 그녀의 찬송이 불리고 있으며, 그녀의 무덤에는 많은 사람이 찾아와 한평생 하나님과 동행했던 삶에 대해 감동을 받고 있다. 그녀의 묘비에는 한 줄, 그녀가 감당했던 일평생 사명에 대해 다음과 같이 쓰여 있다. "She hath done what she could"(그녀는 자신이 할 수 있는 일을 했다).[43]

4) 에이브러햄 링컨(Abraham Lincoln, 1809~1865)[44]

링컨은 정식 교육을 받지 않았지만, 독학으로 변호사가 되었고 많은 어려움을 겪으면서도 성경 말씀을 주야로 읽고 기도하며 민주주의를 외치는 대통령이 되었다. 링컨은 대통령으로서 정치적으로 지혜를 발휘해 노예제도를 폐지하는 등 많은 영향력을 끼쳤지만, 그보다 그가 신앙인이자 참된 예배자로서 하나님과 늘 동행했다는 점에서 존경을 받고 있다. 그가 하나님을 만나고 하나님과 동행하면서 어려움과 고난

---

42 *Ibid.*, 302.
43 'She hath done what she could'는 마가복음 14장 8절의 예수님께 향유 옥합을 드린 마리아에게 하신 말씀이다.
44 전광, 『백악관을 기도실로 만든 대통령 링컨』(서울: 생명의말씀사, 2019).

을 극복하고 영향력을 끼친 4중 구조의 예배자의 삶을 통해 우리는 그가 어떻게 하나님을 예배할 수 있는지 배울 수 있다.

• 부르심과 만남

링컨은 어릴 때 가정 형편이 좋지 않아 정규 학교를 다닐 수 없었다. 링컨의 어머니는 링컨을 데리고 들과 산, 개울을 돌아다니며 경이로운 하나님의 창조물들을 보여주며 자연 세계에 눈뜨게 했다. 하지만 무엇보다 링컨이 하나님을 만난 계기는 어머니가 매일 들려주는 찬송과 성경 이야기였다.45 그는 아침마다 눈을 뜨면 하나님께 기도를 드리며 하루를 시작했다.

• 말씀

링컨은 평생 성경을 가장 중요하게 생각했다. 그는 어머니에게 물려받은 낡은 성경책을 늘 가슴에 품고 다녔으며, 어머니에게 들었던 성경 말씀이 생각날 때마다 성경을 읽고 묵상했다. 그의 깊은 믿음은 그가 전쟁과 정치 등 어려운 상황을 만났을 때마다 힘이 되었고 하나님께서 도와주신다는 확고한 믿음으로 승화되었다. 링컨은 매일 새벽 4시에 일어나 어김없이 2시간가량 성경을 읽었다. 링컨의 성경 읽기는 링컨의 삶에서 놀라운 힘을 발휘했다.

• 성찬과 감사

링컨의 삶은 불운한 삶의 연속이었다. 어려서 매우 가난해 학교를

---

45 *Ibid.*, 35-36.

다닐 수 없었고 4세 때 동생이 죽었다. 9세에는 사생아로 태어나 사람들의 비난을 받으며 살았던 어머니 낸시가 하늘나라로 떠나갔다. 25세에는 약혼녀가 갑자기 죽었으며, 링컨의 두 아들도 그의 눈앞에서 죽었다. 링컨은 많은 실패를 되풀이한 사람이었다. 23세 때 주의원 선거에 출마해 낙선했으며, 29세 때 주의회 대변인에 출마해 역시 낙선했다. 31세 때 정·부통령 선거위원과 34세에 연방 하원의원 선거에서 낙선했고, 40세 때에 연방 하원의원 재선에 실패했다. 45세 때에는 상원의원 선거에서 낙선했고 47세 때 부통령 지명전과 49세 때 상원의원 선거에서 또 낙선했다. 링컨에게 실패는 하나님을 깊게 만남으로 더 강해지고 더 깊어진 자신감과 믿음으로 발전한 원동력이자 성찰의 시간이었다.

- **파송과 영향력**

링컨은 하나님의 말씀을 읽고 기도를 드리며 깊은 교제를 통해 수많은 역경과 불우한 상황을 이겨내고 승리할 수 있었다. 하나님과의 끊임없는 대화와 교제는 그에게 더 큰 믿음을 가지고 능력 있게 모든 일을 감당할 수 있는 자양분이 되었다. 미국 역사상 가장 위대한 일로 꼽히는 노예제도 폐지는 하나님과 동행하며 하나님의 말씀 속에서 얻은 사랑의 열매이자 마침이었다. 매일의 삶 속에서 하나님과의 교제 경험을 통해 예배자가 된 링컨을 하나님께서 적절한 때에 사용하셔서 영향력 있는 지도자가 되게 하셨다.

5) 조지 뮬러(George Muller, 1805~1898)[46]

평생 5만 번 이상 기도의 응답을 받은 것으로 알려진 조지 뮬러는 하나님과 늘 교제하는 예배자였다. 그는 매일의 삶 속에서 하나님과의 일상 소통을 통해 하나님이 주시는 응답을 받았다. 기도를 통해 하나님과 늘 교제하며 하나님의 임재를 매일 경험하면서 참된 예배자로 선한 영향력을 끼칠 수 있었다. 뮬러가 하나님을 만나 동행하며, 모든 고난과 역경을 이겨내고 영향력을 나타냈던 삶의 예배를 통해 우리는 일상 예배의 4중 구조 유형을 찾아낼 수 있다.

• 부르심과 만남

독일의 크로펜슈테트(Kroppenstedt)에서 태어난 조지 뮬러는 어렸을 때 비행 청소년이었다. 물건을 훔치기도 하고 그가 14세, 어머니가 죽은 날에도 술에 취해 방탕한 삶을 살았다. 그는 1825년 11월 토요일 오후 친구와 함께 기도 모임에 참석해 하나님의 임재를 강하게 느꼈다. 이후 모임에 꾸준히 참석하면서 과거 죄악에 빠졌던 삶에서 자연히 멀어지며 그리스도를 구주로 고백했다. 이후 할레 대학교에서 신학을 공부하면서 신앙을 더욱 굳건히 하게 되었으며 선교사로 헌신하겠다고 다짐했다.

• 말씀

몸이 좋지 않았던 조지 뮬러는 죽으면 죽으리라는 믿음으로 인해

---

46 Muller, 『기도가 전부 응답된 사람』.

점차 회복되었다. 이후 성경 말씀을 깊이 묵상하기 시작했으며 전과는 다른 하나님의 말씀이 마음에 새겨지기 시작했다. 하나님의 말씀이 삶의 기준이 되었고, 성령님께서 약함을 채워주시며 언제나 도와주시겠다는 말씀이 선명하게 다가왔다. 하나님은 조지 뮬러를 영국 테인마우스의 목회자가 되게 하셨으며, 고아들을 돌보게 하셨고 1만 명의 고아를 양육할 수 있도록 하셨다.

• 성찬과 감사

조지 뮬러는 여러 고아원을 운영하면서 재정적인 어려움과 홍역이라는 전염병으로 인해 많은 고아가 병에 걸리기도 했다. 뮬러에게 어려움은 기도의 시작이 되었다. 그는 모든 상황에서 하나님을 전적으로 의지할 수만 있다면 인간적인 근심과 어려움은 이차적인 문제로 생각했다. 또한 하나님께서 기도에 응답하셨다는 가시적 증거를 발견할 수 없을 때에도 기도의 응답이 오는 중이라고 믿음으로 확신했다.[47] 뮬러에게 닥친 수많은 어려움은 예배에서 성찬의 시간이며 하나님과 더 깊이 교제하는 행복한 시간이었다.

• 파송과 영향력

뮬러는 중국 선교의 아버지라 불리는 허드슨 테일러를 재정적으로 도울 수 있었으며, 매년 200명 정도의 중국 선교사를 돕기 위해 1만 파운드의 선교 후원금을 중국으로 보냈다. 90세가 되는 때에는 이미 42개 나라를 돌며 약 32만km를 선교 여행했다. 모든 나라에서 하나님

---

47 *Ibid.*, 113.

이 함께하셨고, 하나님이 베푸신 놀라운 은혜를 경험했다. 그가 말씀 위에 굳게 서서 하나님 한 분만을 바라보며 나아갔을 때 하나님은 그를 많은 사람을 구원하는 일에 사용하셨으며, 전 세계 많은 나라의 불신자들이 하나님께 복음으로 돌아오는 역사를 일으키셨다.

VII. 일상의 예배 실제 적용

1. 일상 예배의 영성 훈련

일상의 삶이 예배의 삶이 되기 위해서는 하나님과 교제하는 삶이 되어야 한다. 하나님과 교제한다는 것은 영적으로 소통한다는 것이며 영성을 소유한다는 의미다. 영성을 소유하기 위해서는 영적인 근력을 키워야 한다. 우리 일상을 하나님 말씀과 가까이하고 기도하며, 찬양하는 예배의 삶을 지속적으로 행하는 것이다. 영성 훈련은 하나님을 아는 것부터 시작해 하나님과의 교제를 위한 임재 연습 훈련과 영적 성숙을 거친다. 이후 영적 능력을 실천하고 일상의 삶에서 영향을 끼치게 된다.

1) 하나님과의 관계

영성의 근육을 키우기 위해서는 처음 하나님과의 교제가 중요하다. 하나님과 어떻게 만남을 시작하며 지속할 것인가를 생각해야 한다. 일상에서 하나님의 임재 연습을 위해 먼저 하나님을 인식하는 것이다. 다음 몇 가지 영적 교제 습관을 통해 하나님이 어떤 분이신지에 대한 이해와 소통의 기초를 배우게 될 것이다.

① 매일 성경 읽기
② 매일 기도하기
③ 매일 찬양 듣고 부르기
④ 기상 기도하기
⑤ 잠들기 전 기도하기
⑥ 식사 기도하기

2) 하나님의 임재 연습

하나님과의 관계가 시작되면 이제 그 관계를 일상에서 늘 경험할 수 있는 단계로 발전시켜나가야 한다. 하나님과의 관계가 영적 깊은 궤도에 오르기 위해서는 하나님을 명확히 인식하고 그 위에 하나둘 쌓아가는 영적 임재 연습이 필요하다.

① 묵상
② 일상에서 하나님 생각하기
③ 하나님과의 친밀감 느끼기
④ 기도 중 확신 갖기
⑤ 어려운 일을 당해도 기뻐하기
⑥ 삶 속에 감사가 넘치기
⑦ 우울해 하거나 낙담하지 않기

3) 영적 성숙

하나님과의 관계를 시작하면 그 관계를 계속 유지하는 것이 중요하다. 한 번의 이벤트가 아닌 일상에서 지속성을 갖는 것이다. 일상에서 하나님이 함께하심을 느끼는 것, 즉 하나님의 임재 연습이 습관이 되고 지속성을 갖게 되면 바울의 말대로 그리스도 안의 새로운 피조물임을 인식하게 된다. 하나님이 함께하는 우리의 일상은 점점 더 그리스도의 성품을 닮아가게 되며 하나님이 원하시는 참된 그리스도인의 삶이 된다. 그리고 이를 통해 영적 성숙이 시작된다.

① 항상 기쁨이 넘치기
② 섬김
③ 남을 비방하지 않고 높여주기
④ 어려운 일 솔선수범하기
⑤ 일상에서 평온함을 항상 느끼기
⑥ 이웃을 도와주려는 마음
⑦ 영적 성숙의 즐거움 경험
⑧ 예배에서의 기쁨 경험

4) 영적 능력의 실천

하나님의 살아 계심을 인정하고 하나님과 동행을 시작하면서 우리의 영성은 자라나기 시작한다. 하나님과 함께한다는 것은 하나님을 기쁘시게 했던[48] 에녹과 같이 참되게 예배(Walked)하는 것이다.[49] 영성은 훈련을 통해 성숙해지며 하나님을 온전히 예배함으로 깊어진다. 우리는 실제적인 몇 가지 실천을 통해 영적 능력을 확인할 수 있다.

① 하나님의 동행하심을 경험하기
② 교회, 예배 공동체에서 사역 감당하기
③ 예배와 찬양에 적극적으로 참여
④ 세속적인 행위 멀리하기
⑤ 복음 전도의 의지와 실천
⑥ 참된 예배 구상하기
⑦ 겸손과 자비의 실천
⑧ 교회, 예배 공동체에 적극 참여

5) 삶에서 영향 끼치기

하나님과의 지속적인 관계는 우리 일상의 삶을 영적으로 강건하게 하며 실제적인 삶에서 영향력을 드러나게 한다. 이를 통해 참된 그리스도인으로서 빛과 소금의 역할을 감당하게 되고 하나님에 뜻에 부합하는 참된 예배자가 될 수 있다. 삶에 영향을 끼치는 실천할 수 있는 훈련 방안을 몇 가지 소개한다.

---

48 히브리서 11장 5절을 보라. "믿음으로 에녹은 죽음을 보지 않고 옮겨졌으니 하나님이 그를 옮기심으로 다시 보이지 아니하였느니라 그는 옮겨지기 전에 하나님을 기쁘시게 하는 자라 하는 증거를 받았느니라."
49 "에녹이 하나님과 동행하더니 하나님이 그를 데려가시므로 세상에 있지 아니하였더라"(창 5:24). 이 본문의 KJV 영어 버전 "And Enoch walked with God: and he was not; for God took him"의 'walked'는 예배의 의미로 사용된다.

① 하나님의 동행하심을 경험하기

② 어려운 이웃에게 물심양면 돕기

③ 중보기도하기

④ 선교사들을 후원하고 기도하기

⑤ 병들고 아픈 사람들을 돕기

⑥ 사역이 풍성해지고 넓어지기

2. 일상 예배의 임재 훈련

일상 예배를 잘 수행하려면 예배자의 영성이 필요하다. 예배자의 영성은 의욕과 좋은 계획이 있다고 할지라도 짧은 시간에 이루어질 수 없다. 이를 위해선 하나님과 끊임없는 교제 시간이 필요하다. 하나님과 교제하기 위한 통로는 찬양과 기도와 말씀이다. 이 세 가지는 예배의 요소이므로 결국 예배만이 하나님과 교제하는 유일한 방법이 된다. 이 세 가지 요소를 일상에서 잘 훈련하고 실천할 때 일상에서 영적 능력을 통해 하나님을 경험하는 예배자가 될 것이다.

1) 매일 성경 읽기(1년 1독)[50]

2) 하나님의 임재 연습 읽기[51]

3) 매일 5분 묵상

4) 일상의 예배 루틴 작성

---

50 Tyndale bible, 『365매일성경』(인천: 아이러브처치, 2006).

51 로렌스 형제의 '하나님의 임재 연습'은 몇 가지 도서로 출간되어 있다. 내용이 비슷하므로 어느 것을 선택해도 좋다.

5) 침묵 기도

6) 행동을 하기 전 기도, 묵상

7) 일상의 예배자 훈련

   ① 나는 이 일을 왜 하고 있는가?

   ② 내가 하는 이 일이 기쁜가?

VIII. 결론

우리는 하나님이 원하시는 삶을 살기 위해 많은 고민을 한다. 주일 예배뿐 아니라 여러 예배를 드리지만, 우리의 삶이 전인적인 예배의 삶이 되지 않기 때문이다. 주일 예배 등의 공예배와 삶의 예배가 동일시되지 않는 것이다. 주일이 끝난 후, 삶의 예배가 잘 실천되지 않는 가장 큰 이유는 두 가지다. 첫째, 예배에 대한 분명한 정의가 제대로 되지 않았기 때문이다. 예배를 드리면서도 가장 중요한 '예배가 무엇인지', '하나님께서 어떤 분이신지' 그리고 '예배의 대상이신 하나님께서 어떤 영광을 받으시기 원하는지'에 대한 명확히 의미를 모르는 것이다. 둘째, 삶의 예배에 대한 명확한 훈련이 되지 못했기 때문이다. 피상적인 것이 아닌 예배에 대한 분명한 인식과 이를 적용할 수 있는 실제적인 훈련 로드맵이 필요하다. 하나님께서 성경을 통해 말씀하신 예배를 명확하게 인식하고, 그 말씀을 실제적인 삶의 예배에 적용하는 것이다.

참된 예배자의 삶으로 살아가기 위해 두 가지를 제안한다. 첫째, 우리 모든 인생은 하나님을 위해 살도록 지어졌다는 인식이다. 주일에만 나와서 한 시간 남짓 예배드리는 것만으로 우리가 하나님께 예배를 온전히 드렸다고 할 수 없다. 우리는 창조주 하나님을 기쁘시게 하기 위해 만들어진 피조물 예배자이기 때문이다.

둘째, 삶의 예배에 대한 성경적 훈련이 필요하다. 삶의 예배는 예배의 4중 구조인 만남과 말씀, 성찬과 파송과 같다. 예배의 4중 구조는 우리 삶의 예배에 그대로 적용된다. 하나님께서는 일상의 삶에서 우리를 부르시고 만나주시며, 매일의 삶 가운데 성령님을 통해 말씀하신다. 그리고 우리를 사랑하셔서 늘 깨우쳐주시며, 영향력 있는 새로운 사명을 부어주신다. 이것이 우리의 일상이 하나님을 경험하는 삶으로 변화되는 시작이다.

하나님과의 교제는 영적 습관과 훈련으로 발전된다. 매일의 삶에서 끊임없는 훈련을 통해 참된 예배자가 되는 시작점이 된다. 매일 매 순간 하나님을 인식하며 살아가는 삶은 영적 예배자 훈련을 통해서 가능하다. 하나님께서 이미 성경 말씀을 통해 알려주셨고, 성경의 예배자들을 통해 본을 보여주셨다. 그리고 지금도 하나님은 우리의 삶 속에서 성령님을 통해 무한한 은혜를 부어주신다.

'우리는 예배자다'라는 분명한 인식과 예배의 4중 구조의 성경적인 영적 훈련을 통해 우리 일상은 새롭게 변할 것이다. "하나님은 살아 계셔서 지금도 내 옆에 늘 항상 함께하신다"며 분명하고 명확히 하나님의 살아 계심을 인정하는 것이 일상 예배를 살아가는 예배자들의 선언이 되어야 한다. 매일 매 순간 하나님과 영적인 교제로 살아가는 한, 마귀의 유혹과 세속의 물결이 우리를 쓰러뜨릴 수 없다. 우리는 모두 불완전하다. 우리에게 주어진 시간도 마찬가지다. 희미하고 불명확한 시대를 살아가는데, 명확하고 안전하며 명쾌한 진리의 영이신 하나님을 붙잡지 않으면 세상 속으로 표류할 수밖에 없다. 우리 인생이 하나님을 붙잡는 방법은 일상의 삶에서 하나님을 날마다 예배하는 것뿐이다.

하나님을 예배하는 예배자로서의 인식과 일상에서의 예배 훈련을 통한 임재 연습은 우리를 영적으로 성숙시킨다. 무엇보다도 우리의 예배 행위가 주일 예배 등의 공예배뿐 아니라 일상의 삶에서도 똑같이 확대되어 나타난다. 일생의 예배자는 또한 오늘 하루의 예배자이기 때문이다. 우리는 성경의 예배자들과 영향력을 끼치며 살았던 역사 속의 예배자들을 통해 어떻게 그들의 삶이 하나님과 동행했는지를 깨달았다. 가장 큰 공통점은 예배자라는 분명한 인식을 가지고 하나님과 동행하며 일상의 삶을 살았다는 점이다. 더 나아가 일상의 예배자로서 피상적인 삶을 살아가지 않고 어떻게, 무엇을 위해 살아야 하는지에 대한 명확한 자기 인식과 영성을 소유하려고 노력한 것도 공통된다.

하나님을 만남으로 하루를 열고 성령님을 통해 하나님의 말씀을 들으며, 어떠한 상황에서도 하나님 말씀에 순종하고 결단함을 통해 고난과 같은 장애물을 이겨내고 하나님께 감사함으로 하루를 마감하는 일상의 예배 구조는 하루를 넘어서 일주일, 한 달, 1년, 일생으로 확대된다. 또한 하루 일상의 예배가 일생의 예배로 확장될 때 우리가 하나님을 만나고 구원의 은혜로 일상의 삶들을 성령님과 동행하면서 살아가게 된다. 그리고 어려움과 고난의 시기에 하나님을 더 사랑하고 감사하면서 극복해나가면 우리 인생은 하나님이 주신 선한 영향력을 끼치게 된다.

우리는 모두 하나님의 섭리 가운데 창조된 예배자다. 그러므로 우리 일생의 삶도 하나님의 지배를 받게 되며 하나님이 주신 은사를 통해 은혜와 감사로 살아가게 된다. 이를 통해 우리는 예배자의 분명한 인식과 예배할 때마다 예배자에게 부여되는 영성을 소유하게 된다. 좋은 영성은 좋은 예배자가 될 때 가능하며, 하나님과의 깊은 교제는 깊은 영성을 필요로 한다. 이 말은 깊은 영성을 소유해야 하나님과 깊은 교제를 할 수 있다는 것과 같다.

하나님은 축복하시기 위해 우리를 창조하셨다. 우리가 부족하고 연약하더라도 하나님은 늘 소통하며 교제하는 예배자들을 인도하신다. 성령님을 통해 우리를 도와주시고 모든 것이 합력하여 하나님의 선한 사역에 동참할 수 있도록 하신다(롬 8:28). 최근 들어 문화와 음악, IT와 AI을 기반으로 하는 세속의 영들이 교회와 예배 공동체에 점점 스며들고 있다. 특히 다음 세대들에게 노출되어 있는 세속의 문화와 이기주의, 물질만능주의 등의 세속적 가치와 이념은 우리의 의지와 생각으로는 막아낼 수 없다. 바울이 이야기한 대로 세속의 영을 이길 힘은 그리스도의 영밖에 없다(롬 8:1-17). 하나님과 늘 교제하는 삶이 되지 않고서는 세속의 힘을 이겨낼 수 없으며, 그것은 곧 하나님을 신실하게 예배하는 예배자가 되어야 한다는 말과 같다.

예배자들이 모인 교회와 예배 공동체가 지금의 위기 시기와 다음 세대를 포함한 앞으로의 미래에 하나님이 주신 영향력을 발휘하고 세상의 소금과 빛의 사명을 감당하기 위해서는 참된 예배에 대한 깊은 고찰이 필요하다. 그리고 예배자로서의 일상과 일생의 여정을 하나님이 주신 영적 능력, 즉 영성으로 강하게 세워나가야 한다. 교회와 예배 공동체가 그리스도의 참된 공동체로 새로운 역사를 만들어나가기 위해서는 하나님과 동행하는 삶을 살아야 한다. 그리고 예배자들이 영적으로 더욱 강하게 세워지는 것만이 하나님이 우리에게 부여하신 사명을 잃어버리지 않는 것이며, 다음 세대를 세속의 물결에 휩쓸리지 않게 강한 성루를 만들어가는 것이다.

IX. 나가는 말

이 연구는 일상의 예배자로서 영성을 어떻게 회복하고 강화할 것인지를 다루었다. 영과 진리로 예배하는 것이 예배의 본질이라면 우리 삶 속에서 예배자로서 영적 능력을 갖추고 구현하는 것이 중요하다. 예배 신학의 본질이자 4중 구조인 하나님과의 만남과 말씀, 성찬과 결단, 파송을 일상의 예배에 실제 적용했으며, 하나님과의 관계 속에서 온전한 예배의 삶으로 유지하기 위해서는 일상 속 하나님의 임재 연습과 훈련이 필요하다는 결론을 내렸다. 그리고 단 한 번의 예배와 일시적 예배자가 아닌, 변함없는 평생의 삶의 예배와 예배자로 영향력을 끼치기 위해 전 생애와 삶에서 구현되고 적용될 수 있는 실제적인 영적 훈련 방법들을 살펴보았다. 궁극적으로 영적 능력을 갖춘 예배자가 '하나님 사랑과 이웃 사랑'을 어떻게 삶 속에서 실천할 수 있는지에 대해 다뤘다.

기독교 영성을 역사 속에서 찾아보면서 예배의 영성이 어떻게 변화해왔는지를 살펴보았다. 초대교회 예배의 역동성으로부터 수도원 영성과 종교개혁 이후의 경건주의 영성을 바탕으로 은사주의 그리고 18세기 이후 부흥 운동으로 연결되는 영성의 고리들을 찾았다. 또한 1950년 이후 본격적으로 발전한 임재 신학을 통해 하나님의 임재를 경험하기 위한 예배와 삶을 조명하면서 현대 예배와 찬양 운동에 어떻게 영향을 끼치고 발전했는지 살펴보았다.

삶의 영성을 회복하기 위해 중요한 것은 첫째, 하나님의 영광을 위해 창조된 예배자에 대한 명확한 인식이다. 주일예배는 월요일부터 토요일까지 일상의 1주일을 살기 위한 영적인 충전의 시간이며, 예수 그리스도를 기념하며 은혜 가운데 성령의 능력을 힘입어 세상을 이길 능력을 회복하는 시간이고 삶의 예배의 시작이다.

둘째, 삶의 예배가 주일예배의 연장선에 있다는 인식이 중요하다. 삶의 예배는 예배의 4중 구조인 만남과 말씀, 성찬과 파송의 흐름을 갖는다. 이 예배 구조는 우리 예배의 삶에 그대로 적용되며, 하나님께서는 우리를 부르시고 만나주시고, 매일의 삶 가운데 성령님을 통해 말씀하시며, 우리를 사랑하셔서 늘 깨우쳐주시고, 새로운 사명을 부어주신다. 이를 위해 영성 회복은 하나님과 관계 속에서 일상 예배를 유지하는 예배자로서 가장 중요한 필요조건이다.

셋째, 일상의 삶 속에서 하나님과 교제하기 위한 끊임없는 영적 임재 연습이 중요하다. 우리는 창조주 하나님께 영원히 예배하는 '예배자'로 이 땅에 태어났다. 그러므로 우리는 예배자의 본분을 명확히 인식하고 하나님과 동행하는 예배의 삶을 살아가야 한다. 매일 매 순간 하나님을 인식하며 살아가는 삶은 예배자의 영적 임재 연습을 통해서만 가능하다. 마찬가지로 일상의 삶에서 하나님을 만남으로 시작하고 성령님을 통해 말씀하시는 하나님의 음성을 들으며, 어떠한 상황에서도 하나님을 신뢰하고, 우리의 삶을 통해 영광을 드러내신다는 확고한 예배자의 선언과 영적 훈련이 필요하다.

이에 대한 구체적인 방안은 하나님과 삶 속에서 교제하는 예배자의 영성 훈련을 통해서다. 하나님과 교제하기 위한 예배의 요소들인 말씀과 찬양과 기도로 이루어진 훈련이 영성을 회복하고 강화하는 데 도움을 준다. 이 영성 훈련을 통해 하나님과 교제하는 것이 단지 우리의 필요 때문이 아닌 우리 삶의 목적이며 본질적이고 실제적인 필수 과정임을 이해해야 한다. 매일 매 순간 삶 속에서 하나님을 경험하기 위해서는 예배자로서 깊은 영성 훈련이 필요하며 이 훈련이 단 한 번의 의식이 아닌 삶 전체의 예배를 통해서 가능하다.

삶의 예배가 실제로 정착될 때 예배자의 궁극적인 목적인 하나님 사랑과 이웃 사랑의 본질을 회복하고 영향력을 발휘하게 된다(마 22:34-46). 즉 예수님께서 말씀하신 우리가 갖춰야 할 가장 중요한 사명인 하나님을 사랑하고 하나님께 영광을 돌리는 예배자로서뿐만 아니라 영적 능력을 통해 이웃을 사랑하는 영향력 있는 그리스도인으로 살아갈 수 있다. 이것이 참된 영성 회복과 영적 능력의 목적이며 이를 우리의 삶에서 계속 강화, 성장시키고 적용할 수 있도록 노력해야 한다.

참고문헌

가진수.『고통 속에서 하나님의 음성이 들리지 않을 때』. 인천: 아이러브처치, 2006.

_____.『모던 워십』. 인천: 워십리더, 2022.

_____.『성경적 하나님의 임재 연습』. 인천: 워십리더, 2021.

_____.『영혼의 찬양 전도자 패니 크로스비』. 인천: 아이러브처치, 2012.

_____.『예배가 이끄는 삶』. 인천: 워십리더, 2023.

_____.『예배 성경(구약)』. 인천: 워십리더, 2020.

_____.『예배 성경(신약)』. 인천: 워십리더, 2020.

_____.『예배, 패러다임 시프트』. 인천: 워십리더, 2020.

안건상.『일상과 일터의 영성』. 서울: CLC, 2021.

임금선.『루터의 기도』. 인천: 아이러브처치, 2008.

전광.『백악관을 기도실로 만든 대통령 링컨』. 서울: 생명의말씀사, 2019.

Arthurs, Jeffrey.『말씀을 낭독하라』(*Public Reading of Scripture*). 김은정 옮김.
　　경기: 국민북스, 2017.

Banks, Robert J.『1세기 교회 예배 이야기』(*Going to Church in the First Century*).
　　신현기 옮김. 서울: IVP, 2021.

_____.『1세기 그리스도인의 하루 이야기』(*A Day in the Life of an Early Chris-
　　tian: A Personal Record*). 신현기 옮김. 서울: IVP, 2020.

Blackaby, Henry and Ron Owen.『예배에서 하나님을 경험하는 삶』(*Worship
　　Believers Experiencing God*). 서진영 옮김. 서울: 요단출판사, 2010.

Block, Daniel I.『영광의 회복』(*For the Glory of God*). 전남식 옮김. 서울: 성서유니
　　온, 2019.

Br. Lawrence.『하나님의 임재 연습』(*The Practice of the Presence of God*). 윤종석
　　옮김. 서울: 두란노, 2018.

Cherry, Constance M.『예배 건축가』(*The Worship Architect*). 양명호 옮김. 서울:

CLC, 2015.

Dillow, Lindar and Joseph.『일상의 예배』(*Satisfy My Thirsty Soul*). 오현미 옮김. 서울: 좋은씨앗, 2016.

Haykin, A. G. Michael.『깊은 영성』(*The God Who Draws Near*). 이홍길 옮김. 서울: CLC, 2017.

Kraeuter, Tom.『하늘의 예배를 회복하라』(*Worship in Heaven and Why on Earth it Matters*). 가진수 옮김. 인천: 워십리더, 2019.

Lohfink, Gerhard.『산상 설교는 누구에게?』(*Wem Gilt Die Bergpredigt?*). 정한교 옮김. 경북: 분도출판사, 1990.

_____.『예수는 어떤 공동체를 원했나』(*Wie Hat Jesus Gemeinde Gewollt?*). 정한교 옮김. 경북: 분도출판사, 1985.

Muller, George.『기도가 전부 응답된 사람』(*Release the Power of Prayer*). 배응준 옮김. 서울: 규장, 2005.

Nouwen, Henri J. M.『귀향의 영성』(*A Spirituality of Homecoming*). 서울: 두란노, 2013.

_____.『돌봄의 영성』(*A Spirituality of Caregiving*). 서울: 두란노, 2014.

_____.『삶의 영성』(*A Spirituality of Living*). 서울: 두란노, 2013.

Piper, John.『열방을 향해 가라』(*Let the Nations be Glad*). 김대영 옮김. 서울: 좋은씨앗, 2003.

Powlison, David.『일상의 성화』(*How Does Sanctification Work?*). 김태형 옮김. 서울: 토기장이, 2021.

Rohr, Richard.『위쪽으로 떨어지다』(*Falling Upward*). 이현주 옮김. 경기: 국민북스, 2018.

Ruth, Lester.『예배의 흐름』(*Flow*). 가진수 옮김. 인천: 워십리더, 2022.

Sittser, Gerald L.『영성의 깊은 샘』(*Water from a Deep Well*). 신현기 옮김. 서울: IVP, 2021.

Tozer, Aiden W.『예배인가 쇼인가』(*A. W. Tozer on Worship and Entertain-*

ment). 이용복 옮김. 서울: 규장, 2004.

_____.『이것이 예배이다』(*Worship: The Missing Jewel*). 이용복 옮김. 서울: 규장, 2010.

Warren, Harrison Tish.『오늘이라는 예배』(*Liturgy of the Ordinary*). 백지윤 옮김. 서울: IVP, 2019.

Webber E. Robert.『예배란 무엇인가?』(*Webber on Worship*). 가진수 옮김. 인천: 워십리더, 2014.

_____.『예배의 고대와 미래』(*The Complete Library of Christian Worship*). 가진 수 옮김. 인천: 워십리더, 2020.

May, Henry F. *The Enlightenment in America*. New York: Oxford University Press, 1970.

Ruth, Lester. *Flow: The Ancient Way to Do Contemporary Worship*. Nashville: Abingdon Press, 2020.

하나님의 선교(*missio Dei*) 관점에서 바라본 한국 신학교의 영성 프로그램*

정승현 주안대학원대학교 선교학 교수

I. 들어가는 말

장로회신학대학교(이하 장신대)는 1998년부터 목회학 석사(M.Div.) 과정의 학생들에게 새로운 영성 프로그램을 실시했다. 그해에 입학했던 필자는 한 학기 동안 의무적으로 기숙사에 입사하여 영성 훈련에 참여했다. 그 기간 동안 학교에서 새벽예배와 오전예배(11시 15분, 오전 예배)에 참석했고, 한 학기에 한 번 주말에 3박 4일 동안 은성수도원에서 이루어지는 피정(避靜)에도 의무적으로 참여했다. 이러한 영성 훈련과 더불어 신학교 정규과목을 통해서 접한 기독교 영성은 2008년부

---

* 이 글은 정승현, "선교적 영성(Missional Spirituality)에 대한 소고: 대안 공동체로서, 일상에서, 하나님의 선교에 참여하는 영성," 「선교와 신학」 53(2021): 391–417과 "하나님의 선교 내러티브의 구현과 성만찬의 선교적 재해석: 선교적 예배(Missional Worship)에 관한 소고," 「선교신학」 60(2020): 403–29를 기초로 하되, 한국 신학교의 영성이라는 주제에 부합하도록 전면적으로 수정, 보완했음을 밝힌다.

터 인도네시아에서 타 문화권 사역을 시작하면서 그 중요성을 새삼 깨닫게 되었다.

단일 국가로는 가장 많은 무슬림이 살고 있는 인도네시아에는 전국에 모스크들이 가득하다. 마치 크리스텐덤(Christendom) 유산을 간직한 서유럽 국가의 도시 중심부에 웅장한 교회가 존재하는 것처럼, 인도네시아 대부분의 도시에는 그 중앙에 거대한 모스크가 자리 잡고 있다. 또한 이 중앙 모스크를 중심으로 도시 전역에 크고 작은 모스크들과 기도처들이 존재하여 하루에 다섯 번씩 어김없이 아잔 소리가 스피커를 통해 울려 퍼진다. 이에 비해 현지 교회는 간혹 예외가 있기는 하지만 이슬람과 견주기 어려운 실정이다. 필자는 타 문화권 선교사였지만 현지어가 익숙하지 않은 상태에서 현지인 교회에 참여하는 것에 어려움이 있었고, 개인 신앙생활을 위해 계속해서 한인 교회를 방문하는 것도 그리 환영받을 일이 아니었다. 그동안 교회 중심적으로 신앙생활을 했던 필자는 갑자기 영성 생활의 플랫폼을 상실했다는 것을 느꼈고, 신학교에서 영성 훈련의 중요성을 새롭게 깨닫게 되었다.

선퀴스트(Scott Sunquist)의 주장처럼, "선교학에 있어서 영성이 가장 최후의 (그리고 최초의) 단어가 되어야"[1] 마땅하지만, 그동안 선교학에서 영성을 주요 주제로 다룬 경우는 거의 없었다. 이러한 경향은 기독교 영성학에서도 나타나는데, 지난 2,000년 기독교 역사 가운데 수많은 영적 거장과 공동체가 존재했지만, 그중에 영성과 선교를 밀접하게 연관해 조명한 경우는 두드러지지 않는다.[2] 이것은 다른 크리스텐

---

1 Scott Sunquist, 『기독교 선교의 이해』(*Understanding Christian Mission*), 이용원, 정승현 옮김(인천: 주안대학원대학교출판부, 2015), 300.
2 최근에 관련 서적들이 출간되고 있는데, 그중에 John Amalraj, Geoffrey W. Hahn,

덤 신학의 특징과 마찬가지로 기독교 영성학에서도 '하나님의 선교'(*missio Dei*)의 부재를 볼 수 있는 부분이다. 그러나 예수 그리스도의 삶과 사역에 초점을 맞추어본다면 선교와 영성은 절대로 분리될 수 없다. 그분의 모든 선교는 그분의 영성을 드러낸다.

이런 맥락에서 이 글의 논지(thesis statement)는 신학교에서 영성 프로그램은 반드시 선교와 연관성을 지니고 있어야 한다는 것이다. 이것을 논증하기 위해 필자는 먼저 영성, 기독교 영성, 영성학 그리고 영성신학이 무엇을 의미하는지 검토하고자 한다. 유해룡은 영성학을 연구하는 모든 이에게 가장 우선시되어야 하는 것이 '영성'의 올바른 정의라고 강조한다. 만약 영성을 협소하게 정의하면 기존의 연구와 연계성에서 어려움을 겪을 수 있고, 반대로 광의적으로 정의를 내린다면 기독교와 연관된 일련의 모든 활동이 영성으로 간주될 수 있어서 논의의 진전을 어렵게 만들기 때문이다.[3]

이 선행연구 후에 필자는 현재 장신대와 호남신학대학교(이하 호신대) 그리고 숭실대학교(이하 숭실대)의 사례 연구를 할 것이다. 이 세 학교의 담당 교수들과 심층 인터뷰를 통해 각 학교의 영성 프로그램을 조사하고, 이것을 비교, 평가함으로써 오늘날 한국 신학교 혹은 일반 기독교 대학교의 영성 프로그램의 장단점을 파악할 것이다. 이것은 신학교의 영성 프로그램이 신학생들을 전통적인 목회자로 양성하는 것을 넘어서 하나님의 나라 구현을 위한 선교적 영성을 함양하는 것에

---

and William D. Taylor, eds., *Spirituality in Mission: Embracing the Lifelong Journey*(Pasadena, CA: William Carey Library Publishing, 2018)과 Roger Helland, and Leonard Hjalmarson, *Missional Spirituality: Embodying God's Love from the Inside Out*(Downers Grove, IL: IVP, 2012) 등이 있다.

3 유해룡, "영성학의 연구방법론 소고," 「장신논단」 15(1999): 449.

이르러야 한다는 결론에 도달하게 한다.

4장과 5장에서는 하나님의 선교에 근거를 둔 선교적 영성(missional spirituality)과 그 영성의 중심을 이루는 선교적 예배(missional worship)를 제안하고자 한다. 신학교의 영성 프로그램은 교회 안에서 사역하는 사역자에게만 국한되지 않아야 하고, 또한 개인의 경건생활 차원을 넘어서 기독교 공동체가 하나님의 선교에 참여하는 대안 공동체로서 역할을 감당케 하는 영성을 추구해야 한다. 이를 위한 선교적 예배는 예배에 참석하는 모든 이가 삼위일체 하나님의 선교적 본성을 경험하고, 본인들이 부르심과 보내심의 소명을 받았음을 깨닫도록 하는 데 그 목적이 있다. 이제 기독교 영성에 대해 살펴보기로 하자.

II. 영성 프로그램을 위한 선행연구

1. 영성과 기독교 영성의 정의

오늘날 영성이라는 용어는 기독교 밖에서도 매우 다양한 의미로 사용되고 있다. 유해룡은 일반적으로 영성이 적어도 네 가지 측면을 포함하고 있다고 설명한다.

영성은 첫째, 인간의 중심이라고 믿어오고 있는 영 그 자체를 말하고 있다. … 둘째는 영이 지니고 있는 초월적 속성을 다루고 있는 영역으로 이해하고 있다. 셋째는 살아 있는 실재와 관련된 말이다. 즉 자신이 믿고 있는 궁극적인 가치를 향하여 추구하고 그것이 현실적 삶으로 통합

됨으로 성숙된 삶을 낳게 하는 과정들을 영성이라고 믿는다. 넷째는 학문적 영역으로 영성을 연구할 수 있다.[4]

다시 말해, 영성은 인간과 동물을 구별하는 존재론적 의미에서 사용되기도 하고, 인간의 초월적인 특성을 의미하기도 하며, 초월적인 존재와의 관계에서 성숙해가는 과정을 나타내기도 한다. 맥그래스(Alister McGrath)에 따르면, 영성은 하나의 생각이나 관념에 그치는 것이 아니고, 삶에서 신앙이 구체적으로 드러나는 방식이다. "영성은 믿음의 삶에 관한 것이다. … 영성은 한 사람의 종교적 믿음의 실생활에서 수행되는 일이다. 이것은 아이디어에 관한 것이 아니고… 그것은 그리스도인의 삶이 잉태되고 실행되는 방식에 관한 것이다."[5]

맥그래스와 같은 맥락에서, 홀더(Arthur Holder)는 기독교 영성을 물질세계와 반대되는 이분법적인 개념으로 이해하지 않았고, 대신 기독교인의 삶이 성령과 어떤 관계를 맺고 있는지 그리고 그것이 삶에서 어떻게 반영되는지에 초점을 맞추었다.

기독교 영성의 학문적 분야가 관여하고 있는 체험은 '물질적인'(material) 혹은 '육신적인'(embodied) 것과 반대되는 개념으로서의 '영적인'(spiritual) 것을 의미하는 것은 아니다. 이 방면의 학자들은 바울의 용어에서 '영적인'(pneumatikos, '프뉴마티코스') 것은 '성령의 영향권' 아래에 있다는 것을 의미한다는 것을 잘 알고 있다. 그것은 '육신'(body/

---

4 유해룡, "영성과 영성신학,"「장신논단」36(2009): 325-26.
5 Alister E. McGrath, *Christian Spirituality*(Malden, MA: Blackwell Publishing, 1999), 2.

soma, '소마')과 대조되는 개념이 아니라 '육'(flesh/sarx, '사륵스'), 육의 이기적 욕망들과 대조되는 개념이라는 것이다. … 모든 이원론의 제안들을 탈피하기 원하며, 명시적으로 나타나는 종교적 현상들은 물론, 정치, 경제, 예수, 성(sexuality), 과학 등 삶에 관계되는 요소들을 총체적으로 영성에 포함시키기를 원한다.[6]

셸드레이크(Philip Sheldrake)도 "신령한 사람"(the spiritual man, 고전 2:14-15)이란 "하나님의 영이 그 안에 거하고, 하나님의 영의 영향력 아래 사는 사람을 의미하는 것"[7]으로 정의하면서, 기독교 영성은 하나님과의 관계 안에서 이루어지는 인간의 여러 측면을 다루는 것으로 보았다. 김경은도 기독교 영성을 "끊임없이 자신에게 몰두하려고 하는 경향에서 벗어나 하나님을 지향하고 그리스도를 닮아 인격과 삶의 변화를 이루는 데 관심을 두는 것"[8]으로 설명하면서, 그것이 기독교인의 '영적인' 부분만을 다루는 것이 아니고, 기독교인 '삶'의 전반적인 부분과 연결되어 있음을 알려준다.

종합하면, 기독교 영성은 인간과 삼위일체 하나님의 관계에 대한 것이다. 그것은 기독교인의 초자연적인 능력에 최고의 가치를 두는 것이 아니고 육신(body)을 하찮은 것으로 여기는 것도 아니다. 대신 기독교 영성은 인간이 성령의 사람으로 살고 있는지 혹은 하나님과의

---

6 Arthur Holder, ed., 『기독교 영성 연구』(*The Blackwell Companion to Christian Spirituality*), 권택조 외 옮김(서울: CLC, 2017), 20.

7 Philip Sheldrake, 『미래로 열린 영성의 역사』(*Spirituality: A Brief History*), 정병준 옮김(서울: 한국장로교출판사, 2020), 17.

8 김경은, "개신교 영성훈련의 현재와 전망: 관계적·통전적 경험의 내면화를 지향하며," 「한국기독교신학논총」 102(2016): 199.

연관성 없이 육적인 사람으로 사는지에 초점을 맞춘다. 다시 말해, 기독교 영성은 세상과 고립된 장소에서 하나님과의 수직적인 관계에만 치중하는 것이 아니고, 예수께서 하셨던 두 말씀 "네 마음을 다하고 목숨을 다하고 뜻을 다하여 주 너의 하나님을 사랑하라"(마 22:37)와 "네 이웃을 네 자신 같이 사랑하라"(마 22:39)를 일상에서 실천하는 것이다.

이러한 기독교 영성은 단번에 완성될 수 없기에, "영성은… 한 인간이 하나님의 부름을 받은 자로서 어떻게 반응하며, 그 과정에서 인간이 어떻게 성장해 가는지의 문제와 관련"[9]되어 있다. 즉 기독교 영성은 인간이 "신령한 자"(고전 2:14-15)로서 삼위일체 하나님과 수직적인 관계를 맺고, 그것을 일상에서 수평적으로 구현하는 것이다.

2. 영성학과 영성신학의 최근 동향

유해룡은 영성을 개인 혹은 공동체의 주관적인 경험으로만 국한하지 않고, "보편적인 특성을 드러내주고 또 다른 경험들을 야기하도록 안내해주는 학문의 대상"[10]으로 삼고 학문적으로 연구하는 것이 영성학이라고 정의하면서, 이 영성학이 기독교 전통과 만나서 논의되는 것을 영성신학으로 규정한다. 셸드레이크는 기독교에서 영성을 학문의 분야로 발전시키기 시작한 시점을 20세기부터로 보았다. 영성은 기존의 수덕신학과 신비신학을 대체하여 기독교인의 삶 전반을 지칭하는 포괄적으로 의미로 발전되었는데, 셸드레이크는 그것을 다섯 가지로 정

---

9 유해룡, "영적성장에 대한 진정성이란 무엇인가?," 「장신논단」 44(2012): 192.
10 유해룡, "영성과 영성신학," 326.

리했다.

첫째, 초자연적이고 영적인 삶과 순전히 자연스러운 일상을 구별하는
과거의 방식에 반대했다. 둘째, '영적 삶'이란 대개 개인적이기보다는
본질상 공동체적이라는 이해를 회복했다. 셋째, 개인 내면에 국한되지
않고 인간 경험의 모든 측면을 통합했다. 넷째, 주류 신학, 특히 성경
연구와 다시 관련을 맺는다. 다섯째, 그것은 여러 기독교 전통 사이의
경계를 넘나드는 성찰의 영역이 됐고, 종종 에큐메니칼 성장을 위한
매개가 됐다.[11]

유해룡도 셸드레이크의 의견에 동의하면서, "전통적으로 이해해왔
던 영성신학은 한 개인의 내면적인 삶이나 그 삶에 대한 단계적 등급을
구분하는 등의 역할을 한다는 인상을 주었지만, 현대적 의미의 영성은
그러한 전통적인 이미지를 완전히 배제하지 않으면서, 그 경험이나
폭이나 깊이에 있어서 인간의 삶 전면모를 다루는 경향이 있다"[12]라고
현대 영성신학의 흐름을 설명한다. 4장에서 자세히 다루겠지만 선교
적 영성은 특히 현대 영성신학의 처음 세 가지 경향과 밀접한 연관성을
가진다. 선교적 영성은 기독교인의 초자연적인 삶뿐만 아니라 일상의
삶과 밀접하게 연관되어 있고, 그것은 개인뿐만 아니라 공동체의 행동
으로 나타나며, 기독교인의 내면과 외면의 모든 경험과 연관되어 있다.
현대 영성신학의 또 다른 특징은 간학문적이다.[13] 유해룡은 영성

---

11 Sheldrake, 『미래로 열린 영성의 역사』, 18.
12 유해룡, "영성과 영성신학," 311.
13 유해룡, "영성학의 연구방법론 소고," 441.

(신)학이 필연적으로 간학문적으로 연구가 진행되어야 하는 이유에 대해서 설명한다.

영성학에서 다루어야 하는 것은 경험적인 차원의 내용들을 표현하고 해석하고 그 내적인 의미를 찾아내는 작업을 한다. 그렇기 위해서 영성학은 간학문적인 접근을 하지 않을 수 없다. 즉 성경적이고, 신학적이고, 역사적이고, 사회적이며, 심리학적인 비교방식을 사용하게 된다.[14]

바루스(Armand Barus)는 "영성이 성경 본문과 밀접한 연관성이 있다는 것은 신학적인 측면을 보여주는 것"[15]이라고 주장하면서 영성신학이 본질적으로 성서신학과 밀접하게 연관되어 있음을 밝힌다. 영성학의 이러한 간학문적인 특성은 자연스럽게 선교학과도 대화를 가능하게 한다. 셸드레이크는 이냐시오의 『영신 수련』에 "그리스도의 본을 따른다는 개념은 세상을 향한 하나님의 선교를 적극적으로 나누는데, 특별히 어려운 사람을 섬기는 데 초점을 맞추고 있다"[16]라고 기록되어 있다는 것을 상기시키면서 영성과 선교의 대화는 사실 오래 전부터 있어왔음을 보여준다. 또한 싯처(Gerald Sittser)는 "그리스도의 전 사역은 유대인이라는 내부인뿐만 아니라 이방인이라는 외부인을 향한 것"[17]이었기 때문에 기독교는 선교적 신앙으로 시작했다는 것을 역설

---

14 유해룡, "영성과 영성신학." 322.
15 Armand Barus, "Spirituality," in *Evangelical Dictionary of World Missions*, ed. A. Scott Moreau(Grand Rapids, MI: Baker Books, 2000), 372.
16 Sheldrake, 『미래로 열린 영성의 역사』, 205.
17 Gerald L. Sittser, 『영성의 깊은 샘』(*Water from a Deep Well*), 신현기 옮김(서울: IVP, 2018), 399.

한다. 그러나 시작하는 말에서 언급한 바와 같이 아직 선교학과 영성신학의 간학문적인 연구는 걸음마 단계에 있다. 이 글에서는 영성신학이 본격적으로 발전하게 된 20세기 후반기 이후의 문헌들을 중심으로 그 연관성을 제안하고자 한다.

본 장을 종합하면 첫째, 기독교 영성은 삼위일체 하나님과의 관계에서 일어나는 것이고 인간의 전인적인 부분과 연관되어 있다. 또한 기독교 영성은 하나님과의 수직적인 관계와 더불어 인간과 피조물과의 수평적인 관계에서 구체적으로 나타난다. 둘째, 기독교 영성은 초자연적인 세계는 거룩하고 이 세상은 속된 것이라는 이분법의 세계관에서 벗어나는 것이다. 셋째, 기독교 영성은 본질적으로 공동체적이다. 예수 그리스도께서는 공생애의 가장 초기부터 공동체를 형성하셨고, 이를 통해 사역하셨으며, 부활 후에도 공동체를 찾아가셨고, 승천 직전까지도 공동체가 함께 성령 강림을 준비할 것을 말씀하셨다. 이제 이러한 기독교 영성의 특징을 바탕으로 한국 신학교의 영성 프로그램을 검토해보자.

III. 한국 신학교의 영성 프로그램

한국에 있는 신학교들은 구체적으로 어떻게 영성 프로그램을 진행하고 있는지 장신대와 호신대 그리고 숭실대를 통해 조사했다. 장신대는 대한예수교장로회(통합) 총회 산하 7개 신학교 가운데 가장 먼저 경건 훈련을 시작했다. 그리고 시차를 두고 지방 신학교에서도 장신대의 경건 훈련을 모델로 각 학교의 사정에 맞추어 영성 프로그램을 운영하고 있다. 이에 전라남도 광주에 있는 호신대가 장신대와 어떤 공통점과 차이점이 있는지 조사했다. 숭실대는 교단 신학교가 아니지만 일반 기독교 대학으로 기독교인과 비기독교인이 함께하는 교육 현장에서 어떻게 영성 프로그램을 운영하는지 살펴보았다.

필자는 아래와 같이 기본적인 여덟 가지 질문을 중심으로 각 대학교의 영성 프로그램 담당 교수들과 심층 인터뷰를 가졌다.

1. 귀 학교의 영성 프로그램(경건 훈련)의 궁극적인 목적은 무엇인가?
2. 이를 위해 영성 프로그램은 어떻게 운영되고 있는가?
3. 어떤 학위 과정의 학생들이 주로 참여하는가?
4. 영성 프로그램을 운영하기 위해 어떤 신학 혹은 영성학을 근거로 삼았는가?
5. 영성 프로그램은 개인의 경건 생활을 넘어 공동체의 섬김으로 나아가고 있는가?
6. 영성 프로그램은 주로 목회자 후보생만을 위한 것인가? 혹은 교회의 일반 평신도도 염두에 두고 있는가?
7. 영성 프로그램이 하나님의 선교 혹은 선교학과 연관성이 있는가? 있다면 어떤 것이 있는가?
8. 기타 사항.

1. 장로회신학대학교[18]

앞서 언급한 바와 같이 장신대에서 경건 훈련이 시작된 것은 1998
년인데, 필자의 경험에 따르면 당시 신대원 학생들은 이 새로운 방식의
훈련에 참여하면서 많은 질문을 갖게 됐다. 왜 이런 프로그램을 해야
하는가? 무엇보다도 개혁신학 전통에 있는 장신대에서 왜 가톨릭의
영신 수련에 가까운 훈련을 해야 하는가? 그리고 기혼자의 경우, 왜
주중 5일 동안 가족과 헤어져서 생활관에서 지내야 하는가? 배우자가
직업이 있는 경우 자녀는 누가 돌보아야 하는가? 그리고 교회에서 사역
하는 전도사의 경우, 주일에 은성수도원에서 영성 훈련으로 인해 교회
를 비울 수밖에 없을 때 어떻게 교회에 양해를 구해야 하는가? 이처럼
초창기에 학생들은 새로운 경건 훈련을 배우고 삶에 적용하기보다는
많은 질문과 심지어 비평적인 시각을 가지고 있었다. 이는 새로운 프로
그램이 안착하는 과정에서 생기는 전형적인 어려움이었다.

그러나 25년이 지난 오늘날 장신대에서 영성 프로그램은 안정적으
로 진행되고 있다. 학부에서부터 신대원, 석사와 박사에 이르기까지
다양한 영성학 과목이 개설되면서 학생들의 기독교 영성에 대한 이해
가 전반적으로 높아졌다. 신대원의 경우 영성학과 연관해서 5과목이
개설되었는데, 특히 '기도의 실제'는 선택과목임에도 100명이 넘는 학
생이 수강하고 있다. 이와 더불어 오전예배에서는 침묵 예배 혹은 테제
예배와 같은 다양한 기독교 전통의 예배가 드려지고 있다. 또한 학생들
은 모새골공동체[19]와 영락수도원에 방문하면서 영성의 필요성과 다

---

18 장로회신학대학교의 경건 훈련에 대한 종합적인 내용은 배정훈, 백충현 편, 『장신 경
건교육의 어제와 오늘』(서울: 장로회신학대학교출판부, 2022)을 참고하라.

양성을 경험하고 있다.

장신대는 영성 프로그램보다는 '경건 훈련'이라는 용어를 선호한다. 이는 개혁교회 전통에 부합하는 것으로 그 궁극적인 목적은 두 가지다. 첫째는 예수 그리스도의 제자로 성숙하게 하는 것이고, 둘째는 목회 현장에서 성도들의 영적 성숙을 돕는 지도자가 되도록 하는 것이다. 이러한 목적에 도달하기 위해서는 반복적인 훈련이 필요하다. 오방식 은 나우엔(Henri Nouwen)의 저술을 전반적으로 검토하고 다음과 같 이 영성 훈련의 두 가지 부분을 강조한다. 첫째는 반복된 연습이다. "영성 훈련에 있어서도 반복된 연습 없이는, 어떤 것도 제대로 해내기 어렵다. 기도, 말씀 묵상, 성찰 등, 어떤 훈련이든지 반복하여 연습해야 한다."[20] 둘째는 구별된 시간을 갖는 것이다. "우리가 모든 시간을 하나 님을 위한 시간으로 삼고 싶을지라도, 일 분이든 한 시간이든 한나절이 든 하루든 한주일이든 한 달이든 특별히 시간을 정해놓고 하나님만을 위한 시간을 떼어놓지 않으면 절대로 이것이 이루어질 수 없다."[21]

이러한 영성 '훈련'을 위해 먼저 신대원 1학년 학생들은 1학기 혹은 2학기 중 한 한기를 의무적으로 생활관에서 지내야 한다. 주말에는 집 과 사역지로 돌아가지만 주중에는 기혼자도 예외가 없이 학교에서 경 건 훈련에 참여해야 한다. 학생들은 4인 1실로 구성되어 있는 생활관 에서 통금시간을 지키면서 경건 훈련에 집중한다. 매일 밤 방 예배 이 후 오후 11시부터 다음날 새벽 6시까지는 반드시 침묵을 유지해야 한

---

19 http://www.mosegol.org.
20 오방식, "헨리 나우엔에게 있어서의 기도, 공동체, 사역의 관계성 연구." 「장신논단」 27(2006): 303.
21 *Ibid.*, 304.

다. 1학년 학생들은 학교 한경직기념예배당에서 진행되는 새벽기도에 주 4일 참석한다. 이와는 별도로 화요일에서 금요일까지 오전 11시 15분에 드리는 예배에 적어도 3회 이상은 출석해야 한다. 이 의무는 경건 훈련을 하는 1학년은 물론이고 모든 신대원생에게 해당된다. 그러므로 신대원 학생들에게 학기 중 이루어지는 채플은 매우 중요한 부분을 차지한다. 이 부분은 5장에서 자세히 다룰 것이다.

경건 훈련을 받는 학생들은 예배 참석 이외에도 생활관에서 지내는 동안 개인 성찰을 하고 그것을 경건 훈련 담당교수와 나누고 영적 지도를 받는다. 아울러서 매주 화요일 밤 9시에는 교수 3명과 경건 훈련에 참여하는 모든 학생이 전체 모임을 갖는다. 경건 훈련에서 학생들은 매일 성경 말씀을 묵상하고 기도를 실천하는데, 대표적으로 렉시오 디비나(*lectio divina*)와 예수 그리스도의 삶과 사역을 집중적으로 묵상하는 복음서 묵상에 참여한다.[22]

또한 경건 훈련에 참석하는 모든 학생은 한 학기에 한 번씩 은성수도원에서 피정의 시간을 갖는다. 초기에는 금요일에서 월요일까지 3박 4일로 진행되었으나, 학생들의 주일 성수와 주일 사역에 대한 논의 끝에 지금은 목요일 오후부터 토요일까지 2박 3일 동안 진행된다. 이 기간에 학생들은 철저히 침묵하면서 말씀에 비추어 자신의 삶의 역사를 성찰하고 영성 지도를 받는다.[23] 한 주에 최대 24명의 학생이 참여하고 교수 3명이 동행하여 성경 본문을 중심으로 집중적인 침묵 기도를 드린다. 15분 준비, 50분 성경 본문 묵상, 15분 정리로 이루어지는

---

22 오방식, "경건훈련의 현재와 신학적 조명," 『장신 경건교육의 어제와 오늘』, 55.
23 김경은, "장로회신학대학교 신학대학원 경건훈련의 역사와 현재," 『장신 경건교육의 어제와 오늘』, 31.

기도는 학생들로 하여금 성경 말씀을 이성적으로 이해하는 것을 넘어서 성령 안에서 예수 그리스도와 깊은 교제의 시간을 갖도록 한다.

마지막으로 경건 훈련에 참여하는 학생들은 공동체 영성을 함양하는 차원에서 함께 봉사에 참여한다. 코로나 이전에는 새벽기도를 마친 후 학생들이 장신대 주변을 깨끗이 청소했는데, 2023년 1학기부터는 다시 이러한 봉사를 계획하고 있다. 그러나 무엇보다도 공동체를 위한 봉사는 교회 공동체에서 이루어진다. 경건 훈련을 받는 학생들은 주중에 학교와 학교 주변 그리고 수도원에서 훈련받고 주말에는 교역자로, 교사로, 혹은 소그룹 리더로 교회 공동체를 섬긴다. 한편, 그들은 사역하면서 교회 현장에서 대두되는 새로운 이슈에 도전을 받으며 자신들의 경건 훈련을 돌아보게 된다. 정리하면, 장신대의 경건 훈련은 개인과 공동체 그리고 학교와 교회 현장을 연계하여 종합적으로 이루어지고 있다는 것을 알 수 있다.

신학 석사와 박사 과정에 있는 학생들도 새벽예배와 오전예배에 참여하지만, 그것은 생활관에서 지내는 학생에게만 해당되고 전적으로 자율적으로 이루어진다. 대신 석사와 박사 과정에서 영성학을 전공하는 학생들은 여름방학에 장신대의 세계교회협의회에서 숙식하면서 경건 훈련에 참여한다. 한편, 학부생들은 신대원 학생들처럼 생활관 입소 등 의무적인 경건 훈련은 없지만, 오전예배에는 의무적으로 참여해야 하고 특별히 매주 수요일은 학부생들이 주관해야 한다. 또한 학생에 따라 주일에는 지역 교회에서 사역자로 봉사하는 경우도 있다. 아울러서 60~70명의 적지 않은 학생이 영성 과목을 수강하면서 영성학에 대한 이해를 높이고 있다.

장신대의 경건 훈련은 개혁교회의 영성에 토대를 둔다. 그래서 '영성 훈련'보다는 '경건 훈련'의 용어를 사용하고 모든 훈련의 중심에는 하나님의 말씀을 둔다. 그 말씀을 묵상하고 나누고 실천하는 것이 경건 훈련의 핵심이다. 그리고 이러한 영성이 개인의 영성으로 그치지 않기 위해서 본회퍼(Dietrich Bonhoeffer)의 공동체 영성을 중요하게 다룬다. 이를 반영하여 학생들은 생활관에서 공동체 생활을 하고, 장신대 주변의 지역 공동체를 돌보며, 주일에는 교회 공동체에서 사역한다.

　마지막으로 경건 훈련과 하나님의 선교 혹은 선교학과의 연관성을 살펴보면, 일반적인 기독교 영성학의 상황과 마찬가지로 경건 훈련은 직접적인 연관성이 없었다. 그러나 장신대 경건 훈련의 중요한 부분인 공동체 영성은 하나님의 선교와 접촉점을 찾을 수 있다. 4장에서 자세히 다루겠지만, 기독교 공동체에서 오랫동안 이어져온 영성으로 이웃과 나그네에 대한 관심과 환대의 실천은 매우 중요하다. 셸드레이크는 환대에 대해서 "마침내, 이방인에 대한 환대는 하나님 나라의 비전으로 제시되고, 실제로 마태복음 25장의 마지막 심판에 대한 묘사에서는 우리의 영원한 운명과 관련한 것으로 묘사된다"[24]라고 말하면서, 환대는 하나님의 나라와 연결되는 종말론적인 것임을 알려준다. 오방식도 경건이란 하나님과의 관계뿐만 아니라 사람과 피조 세계와의 관계까지 아우르는 포괄적인 이해가 필요하고 이를 위해 교회와 사회구조의 변혁에 헌신하는 것과 더불어 행동하는 사람의 의식과 내면의 변화가 수반되어야 한다고 주장한다.[25] 장신대 경건 훈련은 이러한 방향으로 세상에서 복음을 증거하는 그분의 선교와 연결된다.

---

24 Philip Sheldrake, 『도시의 영성』(*The Spiritual City: Theology, Spirituality, and the Urban*), 김경은 옮김(서울: IVP, 2018), 217.
25 오방식, "경건훈련의 현재와 신학적 조명," 46.

또한 경건 훈련을 받은 졸업생 중 일부는 지역 교회의 목회 대신 영성 공동체를 세우고 섬기고 있다. 이는 다음에 다룰 호신대와도 직접적인 연관이 있다. 호신대는 광주에 위치하는 관계로 학생들이 수도권에 있는 은성수도원에 오기에는 거리가 너무 멀다. 그런 와중에 졸업생 중 한 목회자는 전라남도 곡성에 소망의언덕 수도원[26]을 개원했고, 이곳에서 호신대 신대원생들이 경건 훈련을 하고 있다. 또한 이 수도원에서는 자체적인 공동체 생활과 더불어 일반 목회자들과 평신도들도 영성 훈련을 하고 있다. 이제 호신대의 경건 훈련을 살펴보자.

2. 호남신학대학교

호신대는 2006년부터 장신대를 모델로 삼아 경건 훈련을 시작했다. 호신대도 신대원 학생을 중심으로 경건 훈련이 이루어지고, 한 학기 동안 생활관에서 지내면서 오전예배에 참여한다. 먼저 신대원 주간반의 경우 예배가 화~목요일까지 주 3회 있고, 시간은 오전 11시 15분~12시다. 신대원 야간반은 화요일에만 예배가 있고, 시간은 저녁 8시 40분~9시 10분이다. 그리고 한 학기에 한 번 2박 3일(목~토) 소망의 언덕 수도원에서 피정의 시간을 보낸다. 일반적으로 한 번에 12~14명 정도의 학생이 참여하고 교수 2명이 동행하여 학생들의 영성 훈련을 지도한다.

호신대의 경건 훈련의 궁극적인 목적은 기본적으로 장신대와 동일한데, 그것은 학생들이 스스로를 성찰하고 목회자로 준비하도록 돕는

26 http://www.hillofhope.co.kr/Home.

것이다. 그런데 호신대는 장신대처럼 공동체의 영성을 강조하기보다는 경건 훈련의 목적을 주님을 닮아가는 것으로 정의하고 실천한다. 또한 경건 훈련을 신대원에서부터 특별히 목회 현장과 연관하여 진행하는 데 주안점을 두고 있다.

호신대도 영성학의 핵심 과목들을 신대원 학생에게 개설하고 있다. 영성학 입문, 개혁주의 영성, 영성교육론, 영성과 목회 그리고 영성 수련을 통해 이론과 실천의 균형을 도모하면서 영성 지도를 하고 있다. 특별히 입문 과정에서는 15주 수업과 실습을 병행하여 성찰의 기도와 복음서 성찰, 렉시오 디비나 등 영성 훈련과 이론을 전반적으로 습득하게 된다.

호신대가 장신대 경건 훈련과 연관하여 갖는 차이점은 두 가지 정도인데, 첫째는 언급한 바와 같이 목회 현장과의 연관성이고, 둘째는 한국적 영성의 추구다. 주지하는 바와 같이 호신대 안에 있는 22명의 내한 선교사 묘지가 있다. 100여 년 전 척박한 조선에 입국하여 사역했던 선교사들의 묘지는 기독교 영성과 선교와의 관계를 명확히 보여준다. 일반적으로 기독교 영성이라고 한다면 흔히 가톨릭 혹은 예수회의 영성을 떠올리기 쉬운데, 이 묘지는 전적으로 개신교의 선교적 영성을 드러낸다. 그러므로 호신대는 기독교 영성의 모델을 먼 곳에서 찾기보다는 호남 지역의 내한 선교사의 삶과 사역을 통해 한국 토양에 적절한 선교적 영성을 추구하고 있다.

3. 숭실대학교

숭실대 교목실을 방문하여 교수들과 대화를 나눈 뒤에 느낀 점을 한 문장으로 정리하면, 그들은 선교 현장에서 일하고 있다는 것이다. 일전에 다른 교수님으로부터 LA에 소재하는 Azusa Pacific University(APU)의 영성 프로그램을 들은 적이 있다. 미국의 많은 기독교인 부모들은 자신들의 자녀가 대학교 신입생 기간에 세속적인 환경에 노출되면서 기독교 신앙에 회의를 갖거나 심지어는 그것을 잃어버리는 것을 경험한다. 이러한 정황을 이해하면서 APU는 기숙사에 입사하는 학부 1학년을 중심으로 영성 프로그램을 운영하고 있고, 이를 또한 신입생 모집에 적극적으로 활용한다는 것이다. 이와 비슷한 기대를 가졌던 필자는 기독교인이 10% 정도에 불과한 상황에서 APU와 같은 프로그램을 운영하는 건 불가능하다는 것을 어렵지 않게 이해했다. 그러나 중요한 것은 그러한 열악한 상황에서도 숭실대를 비롯하여 여러 기독교 대학은 기존의 대규모 집합 채플을 대체하는 여러 노력을 기울이고 있다는 점이다.

"기독교 대학에서 기독교 정체성을 위한 명시적인 교육은 대개 교양필수인 기독교 과목과 채플로 운영된다"[27]라는 숭실대 교목 강아람의 주장을 받아들인다면, 국내 기독교 대학에서 채플이 영성 프로그램에서 실제적으로 매우 중요하다는 것을 알 수 있다. 물론 기독교 동아리를 통해서 기독교인들은 자신들의 신앙을 성장시킬 수 있겠으나 그것은 학생 전체를 대상으로 하는 것이 아니고 소수 개인의 선택에 불과하다. 또한 교양필수인 기독교 개론도 한 과목에 그치기에 그 영향력은 크지 않다는 것을 알 수 있다.

기독교 대학에서 "익명성의 한계, 집중력의 한계, 친구(관계 맺음)의

---

27 강아람, 『상황별로 보는 선교적 해석학』(서울: 케노시스, 2022), 114.

한계"28를 가지고 있는 기존의 채플에 대해 여러 문제점이 제기되어왔다. 일부 기독교 학생을 제외하고 대부분의 학생은 이어폰을 끼고 채플에 들어오거나, 잠을 자거나 혹은 핸드폰을 보거나 다른 책을 읽는 것을 흔히 볼 수 있다. 이러한 채플 본래의 목적에 반(反)하는 모습은 코로나 기간을 거치면서 더욱 가속화되었다. 학생들은 집이나 다른 장소에서 온라인으로 채플에 참여하면서 이것을 더욱 형식적인 것으로 대하게 되었다. 이런 총체적인 어려움 가운데 숭실대는 1학년 학생들을 대상으로 소그룹 채플을 실시하고 있다.

신학교와 기독교 대학교의 채플의 차이점은 무엇보다도 그 목적에 있다. "채플을 졸업 필수 요건으로 지정한 대부분의 기독교 종합대학은 채플의 목적을 복음 전도나 포교보다는, 인류의 보편적 가치를 함양한 교양인 양성에 둔다."29 이를 위해 고신대학교는 2008년부터 비기독교인 신입생 중 지원자를 대상으로 채플 대체 프로그램인 신앙 소그룹 모임을 시작했고 비교적 높은 만족도를 가져왔다.30 그러나 고형상이 지적하듯이, 전체 학생의 70%가 기독교인인 고신대에서의 방식을 기독교인이 10% 미만의 여타 대학에서 적용하기에는 무리가 있다.31

인덕대학교는 2015년 1학기에 총 3회에 걸쳐 소규모 분반 채플을 실시했는데, 전통적인 예배 형식이 아니고 찬양 혹은 노래 부르기, 대화, 전문가와 함께하는 시간 등으로 진행되었다.32 전주대학교는 좀

---

28 *Ibid.*

29 고형상, "대그룹채플을 보완하는 새로운 채플의 모색: 숭실대학교 사례를 중심으로," 「한국기독교학회 51차 정기학술대회 자료집」(2022): 566.

30 자세한 내용은 신경규, "신앙 소그룹모임이 비기독교인 신입생 만족도에 미치는 요인에 관한 연구," 「대학과 선교」 27(2014): 75-107을 참고하라.

31 고형상, 567.

더 채플에 적극적이다. 채플을 성품 채플, 지성 채플, 소명 채플, 문화 채플로 구성했고, 1학년을 대상으로 성품 채플을 운영한다. 이 채플도 역시 전통적인 채플과는 다르게 주제 강연과 이후 소그룹 단위의 토론으로 이루어진다. 이것은 "지역교회와 기독교학교가 선교적 관심으로 연합하여 비기독인 학생들을 섬기는 형태로서 학생들의 내면세계의 질서를 세워주고 이웃과 함께하는 삶을 통해 자연스럽게 신앙으로 이끄는 것을 목표로 하고 있다."[33]

이러한 기독교 대학들의 소그룹 채플과 결을 같이하면서 숭실대 교목들은 전주대를 방문하여 여러 정보와 자료를 수집하여 2022년 1학기부터 본격적으로 두 개의 단과대학(경영대학, 융합특성화자유전공학부)의 신입생들을 대상으로 소그룹 채플을 진행하고 있다. 신입생 420명과 팀 리더 60명이 세 개의 대그룹으로 나누어 11주 과정의 커리큘럼으로 시작했다. 각 대그룹에는 20개의 소그룹이 있고, 각 소그룹에는 7명의 학생과 1명의 리더로 구성되며, 교목은 전체 리더로 각 소그룹을 담당한다. 이 소그룹의 리더는 경청하는 태도와 소통하는 능력을 겸비한 기독교인 자원자가 맡는다. 소그룹 채플은 종교 교육으로 느껴지지 않도록 50분 동안 인사와 교제, 주제 강의, 조별 토론, 광고의 순서로 구성했다.[34]

숭실대 소그룹 채플의 목적은 신입생이 자신의 고민과 삶의 문제를 기독교 가치관으로 도움 받는 것이다. 이를 위해 소그룹 채플 리더의

---

32 장형철, "청년 개신교인 감소 양상과 소규모 분반 채플의 효과에 대한 경험적 고찰," 「대학과 선교」 29(2015): 390-91.

33 강아람, 130-31.

34 고형상, 569.

역할이 매우 중요하다. 교목실에서는 지역 교회와 선교 단체 그리고 코로나 기간에는 국내에 머물고 있는 해외 선교사에 이르기까지 다양한 루트를 통해 좋은 리더를 섭외하는 데 전력하고 있다. 이 부분에서 숭실대를 졸업한 동문 목회자들의 역할이 매우 중요하다. 고형상은 숭실대의 소규모 채플이 전체 학생으로 확장되고 활성화되기 위해서 세 가지 요건이 충족되어야 한다고 말한다. 먼저, 전체 학생을 위해서는 최소 420명의 소그룹 리더를 확보해야 하고, 이들을 위한 교육과 피드백이 필요하며, 마지막으로 이 많은 소그룹 모임을 위한 공간을 충분히 확보해야 한다.

신입생과 달리 2~3학년을 대상으로는 여전히 대규모 채플이 진행된다. 채플 내용은 기독교에 대해 직접적인 메시지를 전하기보다는 기독교 교양에 관한 것이 주류를 이룬다. 그리고 방식은 공연 혹은 강연이 주류를 이루고 일반적으로 축도는 생략된다. 한 학년에 학생이 3,000명 정도이기에 일주일에 10번 정도 대규모 채플이 있는데, 2~3학년 학생들은 그중에 한 번만 참석하면 된다.

4. 비평적 종합

이제 세 학교의 영성 프로그램을 비교, 평가하여 유사점과 차이점 그리고 나아갈 방향에 대해서 정리해보고자 한다. 물론 이 글에서 검토된 학교들의 영성 프로그램이 한국에 있는 여러 신학교와 기독교 대학 전체를 대변할 수는 없을 것이다. 지역별, 교단별 그리고 각 학교별로 특성이 있기 때문이다. 그래서 이 글에서 도출된 결과물이 한국 신학교 혹은 기독교 대학교의 절대적인 단면이 될 수는 없겠으나 적어도 전반적인 흐름은 이해할 수 있을 것으로 생각한다.

먼저 유사점에서부터 시작하면 장신대와 호신대, 숭실대의 영성 프로그램 혹은 경건 훈련에서 모두 예배는 매우 중요한 부분을 차지한다. 그 성격에서는 분명한 차이가 있지만 주중에 예배를 여러 차례 드리고, 횟수에는 차이가 있었지만 학생들은 졸업을 하려면 의무적으로 예배에 참여해야 한다. 장신대와 호신대는 물론이고 숭실대도 한 학기 채플에 0.5학점이 배정되어 있어서 졸업을 위해서는 총 3학점을 취득해야만 한다. 즉 모든 학생이 소그룹과 대규모 채플을 병행하여 6학기를 참여해야 하는 것이다. 이는 비기독교인에는 적지 않은 시간이고, 이에 숭실대는 전술한 바와 같이 채플을 위해 여러 가지 방안을 모색하고 실행하고 있다.

그러나 학생들이 의무적으로 채플에 참석해야 한다는 것 이외에는 유사점이 많지 않다. 특히 채플의 대상과 목적에는 많은 차이점이 존재한다. 장신대와 호신대는 채플이 당연히 모든 공동체 구성원을 위한 것이다. 이것은 채플의 목적과 직접적인 연관성이 있다. 장신대와 호신대는 목회자를 준비하고 양성하는 것에 주안점을 두기에, 때때로 특별한 예전 형식을 도입하기도 하지만 대부분 말씀 중심의 전통적인 예배 형식을 따른다.

그러나 학부생들 그것도 비기독교인이 주류를 이루는 숭실대와 다른 기독교 대학들은 채플의 주된 목적이 복음을 직접적인 전파하는 것이 아님을 분명히 알 수 있다. 이는 선교 현장에서 볼 수 있는 간접적이고 포괄적인 접근 방식인 것이다. 오늘날 적지 않은 사역자들이 대한민국의 청소년과 청년을 미전도 종족으로 간주한다. 한국갤럽의 최근 조사 결과에 따르면, 2004년 당시 기독교인 중 20대 인구는 45%였는데, 2014년에는 31%, 2021년에는 22%로 급격히 감소하고 있다. 15년 만에 젊은 기독교인 인구가 절반으로 줄어든 것이다.[35] 대부분 교단의 주일학교는 갈수록 위축되고 있고, 덧붙여서 코로나 상황은 젊은이들이 더욱 교회에서 멀어지는 결정적인 요인이 되었다.[36] 이런 한국의 정황에서 일반 기독교 대학들은 채플의 목적과 내용의 전환을 강력하게 요청받고 있고 이에 적극적으로 대처하고 있는 것이다.

이러한 기독교 대학의 채플 변화에서 적어도 두 가지 중요한 선교학적 함의를 도출할 수 있다. 첫째, 신학교도 채플에 대해서 전향적(轉向的)으로 생각할 시점이 되었다는 것이다. 신학교의 채플은 목회자를 준비하고 양성하는 것을 주된 목적으로 하므로 전통적인 예배 방식과 내용을 지속할 수 있다. 그러나 신대원생들이 신학교를 졸업하고 목회자가 되면, 곧바로 숭실대와 같이 일반 대학교를 졸업한 청장년들을 만나게 된다. 좀 더 냉정하게 말하면, 교회에서 그러한 청장년들을 만날 수 있으면 다행이고, 대부분의 젊은이들은 교회 대신 세상에서 생활하고 있다. 그렇다면 신학교에서 주로 전통적인 채플에만 참여했던 신대원생들은 졸업 후 어떻게 그들에게 다가가서 복음을 증거할 것인가?

둘째, 5장에서 자세히 다루겠지만, 채플에서는 하나님의 선교 관점이 필요하다. 신학교와 기독교 대학에서 채플이 영성 프로그램의 핵심이라면 채플에는 두 가지 요소가 포함되어야 하는데, 하나는 삼위일체 하나님의 선교적 본성이고 다른 하나는 세상 사람들을 염두에 둔 문화

---

35 최승현, "개신교 인구 17%, 호감도 6%… 무종교인 82% '종교, 사회에 도움 안 돼'," 〈뉴스앤조이〉, 2021년 5월 21일, https://www.newsnjoy.or.kr/news/articleView. htmlidxno=302780.

36 이 부분에 관한 자세한 연구는 이승병, "민족에서 세대로 보는 선교: 성령론적 선교신학을 통한 청소년 선교," 「선교신학」 55(2019): 221-57을 참고하라.

적 공감성이다. 아무래도 신학교의 신대원 학생들은 일반 대학교의 학생들에 비하면 훨씬 더 전문적이고 심도 있는 영성 훈련을 받고 있다. 사실 기독교 대학에서 진행되는 것은 영성 훈련 혹은 '디사이플십'(discipleship)이라는 용어와는 거리가 있는 간접적인 혹은 우회적인 전도라고 볼 수 있다. 혹자에 따라서는 그러한 행위는 전도가 아니라고 할 수도 있을 것이다. 왜냐하면 기독교 대학에서는 예수 그리스도와 성경에 관해 직접적으로 이야기하지 않기 때문이다.

그럼에도 기독교 대학의 소그룹 채플은 신대원 경건 훈련에 적지 않은 메시지를 던진다. 소그룹 채플은 미전도 종족에 가까운 한국의 젊은이들을 대상으로 복음을 증거하기 위한 고뇌의 결과물이다. 오늘날 MZ세대로 대변되는 한국의 젊은 세대의 문화와 언어 그리고 관심사는 매우 유동적이고, 또 몇 년 후에는 어떤 특성을 가진 새로운 세대가 등장할지 알 수 없다. 그래서 소그룹 채플에서는 커리큘럼을 확정해서 계속해서 사용하지 않는다. 다음 학기에는 어떤 주제를 어떤 방식으로 진행할 것인지에 대해 언제나 열려 있다. 소그룹 채플의 형식과 내용은 모두 과정(process) 중에 있는 것이다. 한정된 인원의 교목으로는 소그룹 채플 전체를 기획하고 진행할 수 없으며, 적합한 리더들을 계속해서 발굴하고 교육하는 것은 매 학기 새로운 도전이다.

이러한 방식은 마치 선교 현장에서 성경을 번역하는 과정을 연상시킨다. 새로운 언어로 성경을 번역하는 사역은 절대로 언어 훈련을 받은 사역자 몇 사람에 의해 가능한 것이 아니다. 번역 그룹에는 처음부터 현지인 동역자가 필수적으로 함께 참여한다. 선교사는 성경 언어(히브리어와 헬라어) 그리고 영어를 비롯한 필수적인 언어를 신학교와 선교기관에서 훈련을 받아 준비하지만, 성경 번역은 그러한 신학적이고 언어적인 훈련과 더불어 반드시 현지 문화를 이해하는 것이 동반되어야 한다. 만약 신학교에서 진행하는 영성 훈련의 목적이 교역자를 준비하고 양성하는 것이라면, 그것은 언제나 유동적인 문화의 도전에 응답할 수 있는 사람을 준비하는 것이 되어야 할 것이다. 이러한 기독교 대학의 교목실의 고민은 신학교의 경건 훈련에도 동일하게 유효한 것이 되어야 한다. 신학교와 기존 교회의 테두리에 안주하지 말고 세상에서 대안 공동체를 인도할 수 있는 목회자를 양성하는 경건 훈련을 진행해야 할 것이다. 이제 기존의 신학교와 기독교 대학교의 영성 프로그램을 검토한 것을 토대로 앞으로 한국 신학교와 일반 기독교 대학교에서 영성 프로그램을 어떻게 진행해야 하는지에 대해 선교적 영성과 예배두 부분으로 나누어서 제안하고자 한다.

IV. 선교적 영성 프로그램의 세 가지 특성

1. 하나님의 선교에 근거한 영성

선교학에서는 1952년 빌링겐 IMC(International Missionary Council) 이후 하나님의 선교(missio Dei)에 관한 폭넓은 스펙트럼이 존재한다. 호켄다이크(Johannes C. Hoekendijk)와 같이 급진적인 학자는 하나님께서 '세상'을 사랑하셔서 독생자를 보내셨고, 그분의 경륜 안에서 그분이 선교를 주도하고 계시므로, 교회가 없다고 해서 하나님께서 선교를 못 하시거나 하지 않으시는 것은 아니라고 주장했다.[37] 호켄다이크에게 교회는 하나님의 선교의 필수 요인이 아닌 것이다.[38] 그러나 빌링겐의 핵심은 더 이상 교회나 선교 단체가 주도적으로 선교를 계획하고 진행하는 것이 아니고, 선교는 삼위일체 하나님의 본성에서 흘러나온다는 것이다. 즉 선교의 출발점은 교회가 아니라 삼위일체 하나님이고 그분이 선교의 주체이며, 교회는 그분의 선교의 객체이며 참여자다.[39] 2장에서 기술한 바와 같이, 기독교 영성은 삼위일체 하나님 안에서 그분과의 지속적인 관계를 통해 형성되는 것인데, 그렇다면 모든 기독교 영성은 반드시 하나님의 선교적 본성과 연결되어야 한다. 이것은 목회자 혹은 선교사 개개인이 올바른 사역을 위해 영성 생활에 부지런해야 한다는 차원을 넘어서, 기독교 영성의 더욱 근본적인 부분에 관한 것이다.

최근 학계에서는 삼위일체 하나님의 선교적 본성에 대해 심도 있는 논의들이 진행되고 있다. 하나님의 선교에 대한 성서학자들의 연구가 두드러지고,[40] 선교학과 조직신학에서도 여러 학자가 이론을 발전시

---

37 Johannes C. Hoekendijk, *The Church Inside Out*, trans. Isaac C. Rottenberg (Philadelphia, PA: The Westminster Press, 1966), 40.

38 이 부분에 대한 자세한 내용은 정승현, 『하나님의 선교와 20세기 선교학자』(인천: 주안대학원대학교출판부, 2014), 253-57을 참고하라.

39 자세한 내용은 정승현, "하나님의 선교(The *Missio Dei*)와 선교적인 교회(The Missional Church) 빌링겐 IMC를 중심으로," 「선교와 신학」 20(2007): 185-212를 참고하라.

40 여러 책을 언급할 수 있지만, 가장 초기 작품으로는 Georg F. Vicedom, *The Mission of God: A Introduction to a Theology of Mission*, trans. Gilbert A. Thiele and Dennis Hilgendorf(Saint Louis, MO: Concordia Publishing House, 1965)가 있고, 2000년 이후 주목할 만한 저서로는 Christopher Wright, 『하나님의 선교』 (*The Mission of God*), 홍병룡, 정옥배 옮김(서울: IVP, 2010) 등이 있다. 신약성경에서는 Michael Gorman, 『삶으로 담아내는 복음』(*Becoming the Gospel: Paul, Participation, and Mission*), 홍승민 옮김(서울: 새물결플러스, 2019)과 GOCN의 연구물로는 Michael Goheen ed., *Reading the Bible Missionally*(Grand Rapids, MI: Eerdmann, 2016) 등이 있다.

키고 있다. 선교학자 선퀴스트는 삼위일체 하나님을 그분의 선교 관점으로 재해석한다. "선교란 성자 하나님의 사역을 통하여, 성령 하나님의 능력 안에서 이루시는, 성부 하나님의 사역으로 이해되어야만 한다."[41] 특히 선퀴스트는 요한복음 20장 21-23절을 다루면서, 이 본문에는 하나님의 보내심(*missio Dei*)이 세 가지로 기록되어 있음을 강조한다.[42] 조직신학자 가운데서는 플렛(John G. Flett)의 연구가 돋보인다. 그는 삼위일체 하나님의 존재(being)와 인류를 향한 행동(acting)은 분리되지 않고 선교적이라고 주장한다. "하나님은 선교적인 하나님이다. 왜냐하면 인류를 향한 사도적인 움직임에서 볼 수 있는 그분의 주의 깊은 행동(acting)은, 완전하게 거룩한 그분의 존재(being)와 마찬가지로 부차적인 것이 아니다."[43] 이러한 최근의 연구들은 기독교 영성에 중요한 통찰을 제시한다.

2장에서 검토한 바와 같이, 기독교 영성은 인간의 영적인 부분에만 해당하는 것이 아니고 전인적으로 연관되어 있다. 삼위일체 하나님은 형이상학적이고 추상적이어서 오로지 영적으로 고도로 훈련받은 사람들만 접근할 수 있는 분이 아니고, 오히려 그분께서는 주도적으로 선교적 본성과 행동으로 세상에 들어오신다. 예수 그리스도께서 성육신하시면서 이 땅에 오셨고 "우리가 아직 죄인 되었을 때에 그리스도께서 우리를 위하여 죽으심으로 하나님께서 우리에 대한 자기의 사랑을 확증하셨다"(롬 5:8). 성령 하나님께서는 오순절에 강림하신 후 "우리

---

41 Sunquist, 『기독교 선교의 이해』, 449-50.
42 *Ibid.*, 393.
43 John G. Flett, *The Witness of God: The Trinity, Missio Dei, Karl Barth, and the Nature of Christian Community*(Grand Rapids, MI: Eerdmans, 2010), 197.

의 연약함을 도우시나니 우리는 마땅히 기도할 바를 알지 못하나 오직 성령이 말할 수 없는 탄식으로 우리를 위하여 친히 간구"하신다(롬 8: 26). 이처럼 기독교 영성은 인간의 역사 가운데 보내시고 보냄 받으시는 하나님으로 인해 시작된다. 그분께서 먼저 인간에게 오심으로 모든 사람이 하나님과 관계를 맺을 수 있게 되는 것이다. 그러므로 기독교 영성은 인간이 주체적으로 수련하여 하나님과 어떤 관계를 맺기보다는 하나님께서 보내심으로 또 보냄 받으심으로 시작되고 가능하게 되는 선교적 영성인 것이다. 만약 기독교 영성을 이러한 선교적 영성으로 이해한다면 그것은 자연스럽게 일상으로 연결되어야 한다.

2. 일상에서의 영성

구더(Darrell L. Guder)는 서구 기독교가 "복음을 축소하고 길들여 복음의 급진성을 제거하는 일을 해왔다"라고 주장하면서 "심지어 복음을 전복시키는 이분법을 제안하기까지 했다"[44]라고 비판한다.

성직자와 평신도의 구별을 교회론적으로 정당화시키는 것, 개인적인 구원의 메시지와 하나님 나라를 분리시키는 것, 먼저 구원을 베풀고 교인들의 구원상태를 유지하는 기관으로 교회를 바꿔버린 것, 현대적인 맥락에서 대부분의 주요 교단들을 괴롭히는 전도와 사회정의의 양극화 같은 것이다.[45]

---

44 Darrell L. Guder, 『증인으로의 부르심』(*Called to Witness*), 허성식 옮김(서울: 새물결플러스, 2015), 342.
45 *Ibid*.

이러한 서구 기독교의 이분법에는 성(聖)과 속(俗), 크리스텐덤(Christendom)과 히텐덤(Heathendom)이 포함된다. 이런 이분법의 세계관에서는 기독교인들로 하여금 세상은 시험에 들지 않도록 조심해야 하는 곳이고, 기독교 영성을 잃어버리지 않도록 경계해야 하는 곳으로 이해하게 한다. 그곳에서 하나님의 거룩함을 발견하는 것은 불가능하고, 기독교 영성은 교회와 같이 거룩한 곳에서만 형성될 수 있다. 이러한 세계관은 기독교인들이 세상에서 빛과 소금의 역할을 적극적으로 감당하기보다는, 단지 죄에 물들지 않기 위해서 수동적으로 행동하게 한다. 구더가 지적했듯이, 오늘날에도 여전히 많은 기독교인이 이러한 이분법의 세계관에 영향을 받고 있다.

그러나 예수 그리스도의 선교적 삶과 사역에 초점을 맞춘다면, 세상에 대해 적극적인 관점을 갖게 된다. 보쉬(David Bosch)에게 기독교 영성은 세상에서 분리되는 것이 아니고 오히려 그곳에서 온전히 예수 그리스도를 따르는 것이다. "한편으로, 십자가는 세상과 완전히 동일시하는 표징이다: 예수께서는 십자가에서 가장 세상적이었다(worldly). 다른 한편으로, 십자가는 세상으로부터 급진적인 분리의 표징이다: 예수께서는 십자가에서 가장 분명하게 세상에 저항했다."[46] 예수 그리스도는 세상 안에 계셨지만 세상에 지배받지 않으셨다. 그리스도는 삶의 터전에서 물러나서 동굴 안에서 거룩한 삶을 추구하지 않으셨고, 동시에 세상에 안주하며 이 땅에서의 영광을 추구하지도 않으셨다. 그리스도의 영성은 이 땅에서의 현존과 분리되지 않았고 이 땅의 가치에 영향받지도 않았다.

---

46 David J. Bosch, *A Spirituality of the Road*(Eugene, OR: Wipf and Stock Publishers, 1979), 15-16.

이처럼 예수의 십자가와 공생애에 기반을 둔 영성은 일상에서 이루어진다. 셸드레이크는 "상업 세계에서 영성을 향한 전환이 일어나는 현상의 중심에는 노동이 단순한 실용적 필요라기보다 소명이라는 사고의 회복이 있다"[47]라고 말하면서, 현대 사회에서는 영성을 일상과 분리하지 않고 있다는 것을 알려준다. 이러한 영성은 일상에서 하나님의 선교에 참여할 때 형성된다. 삼위일체 하나님은 거룩한 예배당 안에만 존재하시는 분이 아니고, 오히려 세상을 사랑하셔서 독생자를 보내셨고 그곳에서 선교하시는 분이다. 그러므로 세상은 속되고 피해야 할 곳이 아니고, 오히려 하나님의 선교 내러티브가 펼쳐지고 있는 무대인 것이다. 하나님께서 교회와 마찬가지로 세상에도 존재하시므로 기독교인의 일상은 하나님의 선교에 참여할 수 있는 귀중한 기회다. 그러므로 기독교 영성은 교회 안에서뿐만 아니라 기독교인들이 대부분의 시간을 보내는 일상에서 선교적 하나님과의 관계를 통해 형성되고 발전하는 것이다.

셸드레이크는 이런 맥락에서 도시를 하나님의 진정한 화해(reconciliation)가 일어날 수 있는 장소로 이해한다.[48] 오늘날 도시, 특별히 대도시에는 매우 다양한 민족, 언어, 문화, 이념 등이 공존한다. 또한 정치적 성향과 종교가 다르고 경제적 격차도 매우 크다. 이로 인해 도시에는 많은 경쟁과 갈등, 분열이 존재한다. 또한 상업적인 논리에 의해서 비윤리적인 현상들도 흔히 볼 수 있다.[49] 이로 인해 셸드레이크는

---

47 Sheldrake, 『미래로 열린 영성의 역사』, 329.
48 Sheldrake, 『도시의 영성』, 204.
49 현대 도시의 장점과 단점에 대한 자세한 연구는 이광순, 이향순, "도시의 발달과 도시선교," 「선교와 신학」 10(2002): 29-34를 참고하라.

도시에서 '타자성'(otherness)을 배제하려는 경향이 농후하다고 말한다. 나와 다른 사람들에 대한 두려움과 분노는 그들을 회피하고 방치하며 심지어 제거하려고까지 한다.[50] 실례로 이제 대한민국에는 전체 인구의 5%에 해당하는 250만 명 이상의 외국인이 체류하고 있다. 한국은 단일민족으로 이루어져 있다는 말이 갈수록 낯설어지고 있고, 다문화가정과 연관된 다양한 이슈들이 한국 사회에 존재한다. 삼위일체 하나님의 선교가 교회와 세상에서 공히 진행되고 있다면, 기독교인들은 국내와 국외, 교회와 세상, 성직자와 평신도와 같은 이분법 도식에서 벗어나야 한다. 대신 일상에서 하나님의 선교에 동참하는 것이 기독교 영성의 형성을 위해 필요하다.

3. 대안 공동체의 영성

앞서 셸드레이크는 기독교 영성이 본질적으로 공동체적이라고 주장했는데, 이것은 삼위일체 하나님께서 언제나 공동체적으로 완전하게 존재하는 것을 감안할 때 매우 적절하다. 같은 맥락에서 선퀴스트는 삼위일체 하나님의 선교적 본성과 공동체의 특성을 부르심과 연결하여 설명한다.

하나님께서는 스스로 공동체 안에 계시며, 우리를 개인적이거나 사적으로 자유하게 하는 것이 아니고 하나님 나라의 공동체로 부르시는 것이다. 이것은 우리의 영적인 삶이 선교적 형태를 위해서는 다른 사람에

---

50 Sheldrake, 『도시의 영성』, 208-11.

게 순복함 안에서 양육되어야 한다는 것을 의미한다. 하나님의 선교에 있어서 독단적인 선교사나 영적 권위자는 설 자리가 없다.[51]

예수 그리스도께서는 공생애 초기부터 공동체를 형성하시고 사역하셨다. 싯처는 초대 교회 공동체가 로마 제국의 특징이었던 성별, 민족, 계급의 명백한 분리를 극복하고 사람들을 차별 없이 환대하는 공동체였음을 보여준다.[52] 특히 교회는 당시 사회적으로 하위 계층이었던 과부들에 대한 구제에 적극적이었다. "예컨대 주후 250년에 이르러 로마 교회는 1,500여 명의 '과부와 곤궁한 사람들'을 도와주었고, 주후 400년에 콘스탄티노플에서는 3천 명 이상의 과부들이 교회의 보조금 명부에 등록되어 있었다."[53] 이러한 초대 교회의 영성은 특별히 주후 150~250년에 있었던 전염병의 시기에 더욱 두드러지게 나타났다. 안희열은 기독교인들이 이교들과는 전혀 다른 방식으로 전염병에 대처했던 사실을 보여준다. 전염병으로 인해 로마 제국 인구의 무려 1/4 정도가 사망했을 당시, 기독교인들은 이교도들처럼 위험으로부터 숨거나 피한 것이 아니고 오히려 병자를 간호하고 병으로 숨진 자들을 매장해주었던 것이다.[54]

이런 맥락에서 플랫은 기독교 공동체는 반드시 선교적 공동체이어야 한다고 역설한다. "하나님의 사도적 선교는 영원하신 그분에 비추어볼 때 부차적인 조치가 아니므로, 교회의 존재를 정의할 때 선교적인

---

51 Sunquist, 746.
52 Sittser, 85.
53 *Ibid.*, 88.
54 안희열, "초대교회 시기의 전염병 창궐에 따른 기독교인의 대응에 관한 평가," 「선교와 신학」 52(2020): 55-56.

활동은 부차적인 것이 아니라고 말해야 한다. 기독교 공동체는 선교적인 공동체이고, 그렇지 않으면 그것은 기독교 공동체가 아니다."[55] 그러나 크리스텐덤 전통의 교회들은 선교적 공동체가 아니더라도 아무런 문제가 없는 것처럼 지낸다.

많은 교회들이 권세들을 비판하는 능력을 상실했는데, 그 이유는 교회가 북미의 실용적 기독교 세계의 형태들을 지니고 있기 때문이다. 비록 북미와 캐나다에서 어떤 교단도 공식적으로 설립되지 않았지만, 대부분의 교회들이 국교회의 사고방식을 가지고 일을 수행한다. 그들은 마치 교회의 목표들과 국가의 목표들이 전적으로 양립하는 것처럼 행동한다.[56]

남아공에서는 1948년 아파르트헤이트(Apartheid)를 법률로 공식화했다. 네덜란드개혁교회(Dutch Reformed Church, DRC)는 이 인종차별정책을 세상의 제도로 그대로 받아들였다. 보쉬는 DRC에 소속된 목회자로 평생을 지냈지만 아파르트헤이트를 거부했고, 남아공에서 기독교 공동체는 반드시 세상 안에서 세상과 구별되는 대안 공동체(alternative community)가 되어야 한다고 주장했다. "교회는 세상 안으로(in) 부름 받았지, 세상의(of) 부름을 받은 것은 아니다."[57] 예수의

---

55 John G. Flett, "Missio Dei: A Trinitarian Envisioning of a Non-Trinitarian Theme," *Missiology: An International Review* 37(2009/1): 6.

56 Darrell L. Guder, 『선교적 교회: 북미 교회의 파송을 위한 비전』(*Missional Church: A Vision for the Sending Darrell L.the Church in North America*), 정승현 옮김 (인천: 주안대학원대학교출판부, 2013), 173.

57 David J. Bosch, "The Church as the 'Alternative Community'," *Journal of Theo-*

공동체와 초대 교회는 세상으로부터 은둔해서 지내지 않았다. 로마 제국의 억압과 핍박 가운데서 세상 안에 존재했지만, 세상의 규칙이나 방식을 거부하고 하나님의 나라에 궁극적인 가치를 두었다.

　　교회가 세상에서 대안 공동체의 역할을 감당하는 것은 이전과 다른 새로운 방식의 사역을 시작하는 것이 아니다. 고아원, 양로원, 노숙자를 위한 쉼터, 카페, 식당 등 교회가 많은 일을 할 수 있지만, 그것을 하면 대안 공동체가 되고 그것을 하지 않으면 전통적인 교회로 머물러 있는 것이 아니다. 핵심은 "반드시 교회가 복음의 온전함을 축소한 것으로부터 지속적으로 회심하는"[58] 것이 우선시되어야 한다. 이렇게 그리스도의 복음에 의해 교회가 지속적으로 회심하게 된다면, 세상에서 그리스도의 복음을 증거하는 일에 적극적이 될 수 있다. 왜냐하면 그리스도의 복음은 기독교인들로 하여금 세상에서 진행되고 있는 하나님의 선교에 눈을 돌리게 하기 때문이다. "세상에서의 참여는 우리로 하여금 하나님께 의존하고 그분과의 관계에 절실하게 되어야 하며, 그러한 관계는 반드시 세상에서의 참여가 증대하는 것으로 이어져야 한다."[59] 그리스도의 복음은 기독교 공동체가 교회 안에서뿐만 아니라 세상에서 하나님의 선교에 참여하면서 선교적 영성을 형성하고 성장하도록 하는 원동력이다.

　　logy for Southern Africa 13(1975/Dec), 4.

58 Darrell L. Guder, *The Continuing Conversion of the Church*(Grand Rapids, MI: Eerdmans, 2000), 206.

59 Bosch, *A Spirituality of the Road*, 13.

V. 선교적 하나님을 향한 예배

이제 본 장에서는 4장의 논의를 이어가면서 구체적으로 신학교의 영성 프로그램 중 예배의 목적과 방향을 제안하고자 한다. 이것을 위해 그 출발점을 예배학에서 시작하겠다. 제한된 지면에서 기독교가 지난 2,000년 동안 드려온 예배의 방식과 의미를 모두 다룰 수는 없겠지만, 먼저 한국 기독교의 예배학에서 논의되고 있는 핵심적인 사안들에 관해서 검토하는 것은 필수적이라 하겠다.

첫 번째 사안은 현대 사회에서 과거 어느 때보다도 실용성(effectiveness)의 측면이 부각되면서, 갈수록 예배에 교회 전통과 신학이 결여되고 있는 점이다. 김운용은 "예배가 교회 성장과 부흥을 위한 수단으로 사용되기도 하고, 교회의 전통이나 신학은 도외시된 채 '실용성'이라는 차원에 의해 지배를 받으면서 혼동을 낳기도 하고, 예배의 본질과 정신의 변용이라는 문제를 낳기도 했다"[60]라고 문제점을 제기한다.

두 번째 사안은 기독교 내부에서 새로운 흐름이 등장하면서 예배가 변형되는 것이다. 주승중은 이 부분에 대해서 다음과 같이 설명한다.

20세기 말에 이르러 또 한 가지의 커다란 흐름이 나타났는데, 그것은 주로 북미의 비예전적인 교회들과 독립 교회들을 중심으로 일어난 집회 형식의 예배이다. 이것은 1980년 이후 소위 구도자의 예배(seekers' service), 열린 예배(open worship) 등의 이름으로 등장한 집회 중심

---

60 김운용, "'우리는 예배하고, 그렇게 믿으며, 그래서 우리는 살아간다': 예배와 신학의 관계성을 중심으로 한 예전 연구 방법론에 대한 고찰: 제프리 웨인라이트와 알렉산더 쉬메만의 예전신학을 중심으로," 「장신논단」 44(2012): 217.

의, 예배 아닌 예배의 흐름이다. 이런 집회 중심의 예배는 1990년 이후 한국 교회에도 직수입이 되어 대형 교회들을 중심으로 퍼져 나가고 있다.[61]

필자는 이러한 한국 개신교 예배의 현안들에 대한 이해를 바탕으로, 예배학자들이 예배의 회복을 위해 어떤 노력들을 경주해왔는지 살펴보고자 한다.

1. 예배회복운동

1) 예배회복운동의 정의(定意)와 의미

현대 예배학의 흐름을 이해하기 위한 단초는 예배회복운동(Litur-gical Movement)이다. 이 운동은 초대 교회의 예배와 그 정신을 회복하는 데 목적을 둔 것으로 크리스텐덤(Christendom)이 시작되기 전인 약 3세기 초반까지의 기독교 예배에 초점을 맞춘다.[62] 다시 말해, 예배회복운동은 "초기 기독교인들의 예배와 정신을 회복함으로써 하나님께 가장 합당한 예배를 드리는 것"[63]이다.

예배회복운동이 본격화될 수 있었던 결정적인 이유 가운데 하나는 19세기 말부터 고대 기독교의 문헌들이 발견되었기 때문이다. 대표적

---

61 주승중, "세계교회의 예배 의식의 동향과 한국교회의 예배 의식," 「장신논단」 16 (2000): 565.

62 *Ibid.*, 566.

63 이어진, "'예배 회복 운동(Liturgical Movement)'과 그 영향에 관한 연구"(석사학위 논문, 장로회신학대학교, 2004), 25.

인 문헌들로는 (1) 로마의 클레멘트(Clement)가 주후 90년경에 고린도에 보낸 편지, (2) 주후 1세기경 기독교인들이 따랐던 교회 규범과 전례 등이 자세히 기록되어 있는 열두 사도의 가르침: 디다케, (3) 주후 111년경 비두니아(Bithynia)의 총독이었던 플리니우스 2세(Pliny the Younger)가 로마 황제 트라야누스(Traianus)에게 보낸 편지, (4) 순교자 저스틴(Justin)이 로마 황제 안토니누스 피우스(Antoninus Pius)에게 보낸 『첫 번째 변증』(First Apology) 그리고 (5) 로마 교회의 히폴리투스(Hippolytus)가 주후 220년경 기록한 『사도 전승』(Apostolic Tradition) 등이 있다. 정장복은 이 고대 문헌들을 검토한 후에 초대 교회의 예배 특징을 다음과 같이 종합한다.

첫째로, 이들의 예배에서는 시와 찬미와 신령한 노래로써 먼저 예배자들의 마음을 주께 드러냈다. 둘째로, 구약과 사도들의 가르침을 읽고 그 말씀의 뜻을 강해하면서 필요한 신앙과 행위에 대한 설교를 했다. 셋째로, 그들은 기도에 대하여 대단한 관심을 가지고 기도를 비롯하여 감사, 간구, 남을 위한 기도, 축도 등과 주님 재림을 소원하는 기도(maranatha)를 드렸고 아멘의 응답을 활용했다. 넷째로, 예물의 봉헌으로써 감사와 헌신의 표현을 계속했는데, 이 예물은 주님의 이름으로 가난한 이웃을 돕는 성도의 관심을 나타내었다. 다섯째로, 이들은 공동적으로나 개인적으로 자신이 죄인임을 인정하는 고백과 신앙의 고백을 행하였으며 용서를 구하는 시간을 가졌다. 끝으로 이들의 예배에 극치를 이루었던 성찬 및 예수님 공동체의 일원이 되는 세례를 베풂으로써 예수님의 구속 사건의 새로운 다짐과 은총의 경험적 신앙을 갖게 되었다. 이것은 곧 자신들이 특수한 공동체임을 재인식하는 기회가 되었고,

이 예배 속에서 다져진 신앙은 성령님의 역사와 함께 복음 전파에 역동적 힘을 발휘하게 하였다.[64]

한국 개신교는 1980년대부터 예배회복운동의 영향을 받기 시작하여 '도입의 예전', '말씀의 예전', '성만찬 예전' 그리고 '파송의 예전'이라는 사중 구조의 형식으로 예배를 드리기 시작했다.[65] 특히 대한예수교장로회(통합)는 위의 초대 교회 예배의 특징 가운데 다섯 번째인 '죄의 고백'과 '용서의 확신'을 강조했는데, 이것은 칼뱅의 제네바 예전(1542)과 스트라스부르 예전(1545) 가운데서도 나타나는 것으로 초창기 기독교뿐만 아니라, 장로교 예전의 회복이란 면에서도 의의가 있다.[66]

정리하면, 오늘날 예배학에서 크리스텐덤 시대 이전에 초대 교회에서 드렸던 예배의 회복에 중점을 두고 있다는 것을 알 수 있다. 그것은 단지 초대 교회의 예배 형식을 답습하는 것이 아니고, 당시 예배에 담겨져 있는 의미를 깨닫고 오늘의 예배에 적용하는 것이다. 즉, 지역 교회가 예배회복운동을 이해하고 적극적으로 참여한다면, 여러 부분에서 크리스텐덤 유산의 예배를 재고할 수 있다.

2) 크리스텐덤 시대의 예배 재고

예배회복운동에 의한 개신교 예배의 갱신은 신학교의 영성 프로그램, 그중에서 예배와 연관하여 두 가지 중요한 함의를 갖는다. 첫째,

---

64 정장복, 『예배학 개론』(서울: 예배와설교아카데미, 1999), 97.
65 유재원, "한국형 이머징 예배의 가능성 연구," 「장신논단」 45(2013): 258.
66 이어진, 56.

예배자의 능동적인 참여다. 중세 교회에서 성직자를 제외한 대부분의 예배 참석자는 라틴어로 진행되는 예배에 매우 수동적이었다. 그러나 생명의 위협을 받으면서도 주도적으로 예수 그리스도의 길을 따랐던 초기 기독교인들이 예배에서 수동적이 된다는 것은 상상하기 어려운 일이다. 메노나이트 선교역사 학자였던 크라이더(Alan Kreider)는 1세기 기독교인들이 어떤 자세로 살았고 예배에 참석했는지 명확히 알려준다. "초기 기독교의 모든 그리스도인들은 언젠가는 죽음을 직면해야 한다는 사실을 알고 있었다. 다시 말해서 어떤 사람이 편안한 삶을 살기를 원한다거나 높은 지위를 갖는 사람으로서 출세하기를 원한다면 그리스도인이 되어서는 안 되었다."[67]

화이트(James F. White)는 예전(liturgy)의 본래 의미가 예배자들의 능동적인 참여임을 강조했다.

> 예배가 '예전적'(liturgical)이라는 것은, 예배자들이 함께 모여 예배할 때, 모두가 다 능동적으로 참여한다는 것을 의미한다. … 그러나 회중이 단지 수동적인 청중으로 머무는 예배에는 이 단어로 그 예배를 묘사할 수 없다. … 서방 교회의 그리스도인들은 참여적인 특징을 가진 모든 형태의 공예배를 말할 때, '예전적'이라는 용어를 사용한다.[68]

이처럼 기독교 예배는 교인들이 능동적으로 참여하는 것이지만,

---

67 Alan Kreider, 『초기 기독교의 예배와 복음전도』(*Worship and Evangelism in Pre-Christendom*), 허현, 고학준 옮김(서울: 대장간, 2019), 26.

68 James F. White, 『기독교 예배학 개론』(*Introduction to Christian Worship*), 김상구, 배영민 옮김(서울: CLC, 2017), 38.

크리스텐덤에서 발전된 교권주의(clericalism)는 성직자와 평신도를 분리하기 시작했고 평신도는 점점 수동적이 되어갔다.[69] 이러한 상황은 구더의 지적처럼, 부르심과 보내심을 받은 선교적 공동체의 일원으로 세상에서 복음을 능동적으로 증거하는 일을 약화하고, 교인들이 개인의 구원에만 몰두하도록 하는 결과를 초래한다.[70] 만약 어떤 기독교 예배가 웅장한 교회에서 유서 깊은 전통 가운데 드려진다고 할지라도, 교인들 대부분이 수동적으로 예배에 참여하고 예배의 초점이 개인의 구원에 맞추어진다면 그것은 초대 교회에서 드려졌던 예배와는 매우 상이한 것이다.

둘째는 성만찬의 회복이다. 성만찬은 기독교의 가장 초창기부터 행해졌던 예전으로 그것이 기독교 공동체에 주는 의미는 절대적이었다. 폴리(Edward Foley)는 초대 교회부터 20세기 초반까지 성찬식에 관한 연구로 명망이 높은데, 초대 교회에서 성만찬의 의미를 다음과 같이 설명한다.

기독교가 시작되었을 때부터 성찬은 그리스도에 대한 기억 속에서 기념되었다는 것은 분명하다. … 기독교 성찬은 최후의 만찬을 재현하는 것이라고 여겨지면서 시작되지 않았다. … 오히려 성찬은 생명을 주는 그리스도의 죽음과 부활에 대한 기억에 참여했고, 참여하는 것이다. 이 기억은 단순히 역사적인 과거를 상기하는(recall) 것이 아니라, 성령을 통해 그러한 사건들의 계속되는 능력을 인식하고 현재화하는 것

---

69 이 부분에 관한 자세한 내용은 정승현, "크리스텐덤의 이해와 선교적 교회론," 197-99를 참고하라.
70 Guder, 『증인으로의 부르심』, 205.

이다.[71]

만약 초대 교회에서 성만찬의 의미가 그리스도의 죽음뿐만 아니고 부활에 참여하는 것이고 그 경험을 성령 안에서 현재화하는 것이라면, 신학교 예배에서 성찬식을 간소화하지 말아야 한다. 또한 그 의미를 개인의 구원과 연관하여 축소하고 기계적으로 반복하는 것을 재고해야 한다. 의심의 여지없이 성찬식을 기독교 예배의 중심으로 삼아야 하고, 성찬식의 의미를 성경적으로 그리고 선교적으로 재해석하고 실행해야 한다.

2. 기독교 예배의 선교적 재해석

예배회복운동이 예배에 주는 중요한 통찰력 중 한 가지는 말씀과 예전의 균형이다.[72] 개신교 예배는 말씀 중심이고 그래서 성찬식을 비롯한 예전을 간과하는 것은 초기 기독교의 예배와는 다른 것이다. 조기연이 주장하듯이, 초대 교회는 신약성경이 집대성되기 전에 오히려 성만찬을 통해 공동체가 예수 그리스도의 삶과 사역을 기억하도록 했다.[73] 이런 맥락에서 기독교 예배는 내용적인 면에서 삼위일체 하나님의 선교적 본성이 드러나고, 형식적인 면에서는 말씀과 예전이 균형을 이루는 예배다.

---

71 Edward Foley,『예배와 성찬식의 역사: 그리스도인들은 어떻게 성찬식을 행하여 왔는가?』(*From Age to Age: How Christians Have Celebrated the Eucharist*), 최승근 옮김(서울: CLC, 2017), 177-78.
72 이어진, 26.
73 조기연, "예배-공동경험과 공동기억의 사건,"「장신논단」48(2016): 215.

1) 하나님의 선교 내러티브의 구현

예배회복운동에서 강조한 바와 같이, 예배 참석자들은 크리스텐덤 시대와는 대조적으로 예배에 능동적으로 참여해야 한다. 교회를 지칭하는 성경 용어 중 하나인 에클레시아(ecclesia)의 의미는 세상으로부터 부름 받은 자들이다.[74] 교인들은 우연히 혹은 전도 프로그램을 통해 교회에 오게 된 것이 아니고 하나님께서 그들을 부르신 것이다. 그들이 하나님을 선택한 것이 아니고, 하나님께서 그들을 보내시기 위해 부르신 것이다. 그러므로 구더는 예배자들이 무엇보다도 예배 가운데 보내시는 하나님(*missio Dei*)을 대면해야(encountering) 한다고 강조한다.

우리는 예배가 구체적으로 어떻게 우리를 부르고 그리스도의 섬김으로 보내는지, 그리고 예배 그 자체가 어떻게 우리 선교의 한 단면인지 배워야 한다. 이것을 위해 예배는 무엇보다도 사람들을 보내시는 하나님을 대면하는 것이 되어야 한다. 다시 말해 우리는 온 세상을 축복하기 위해, 각자의 소명에 적합하도록 하나님의 사람들을 빚으시는 선교사 하나님을 만난다.[75]

안승오도 "성도들이 예배를 통하여 하나님을 대면하고, 하나님과의 관계를 새롭게 정립하고, 하나님이 주시는 참된 기쁨과 능력을 공급받을 때 효과적으로 수행될 수 있을 것이다"[76]라고 말하면서 예배 가운

---

74 White, 42.
75 Guder, 『선교적 교회』, 349-50.
76 안승오, "선교적 교회론과 예배," 「선교신학」 36(2014): 156.

데 하나님과 대면하는 것의 중요성을 제시한다. 한편 웨버(Robert E. Webber)는 구체적으로 예배자들이 예배 가운데 어떻게 선교하시는 하나님을 대면할 수 있는지 설명했다.

하나님은 우리를 자신의 거룩한 이야기 속으로 결합시키고자 인간의 이야기 속으로 찾아 들어오신다. … 예배 안에서 우리 인간의 삶이 하나님의 이야기와 결합된다는 것을 올바로 깨달을 때 여러분의 전체 영적인 삶에 변화가 찾아올 것이다. 예배에서 우리는 과거에 발생한 하나님의 구원 이야기를 기억함과 동시에 미래에 발생할 하나님의 구원 이야기를 기대한다.[77]

하나님께서는 성경에 기록된 거대한 구원의 내러티브 가운데 본인의 선교적 본성을 드러내신다. 예배자들은 예배 가운데 그분의 내러티브를 통해 선교적 하나님을 대면하는 것이다. 예배자들은 예배 시간에 선포되는 말씀에 수동적으로 참여하는 것이 아니고, 능동적으로 그분의 선교 내러티브에 참여한다. 이런 맥락에서 성경은 과거에 있었던 사건에 대한 기록에만 그치는 것이 아니고, 예배자들이 하나님의 선교에 동참하도록 인도하는 역동적인 내러티브다. 크라이더는 하나님의 내러티브 가운데서 과거와 현재, 미래가 통합되는 것을 요한계시록 1장 8절을 통해 구체적으로 설명했다.

---

77 Robert E. Webber, 『예배학: 하나님의 구원 내러티브의 구현』(Ancient-Future Worship: Proclaiming and Enacting God's Narrative), 이승진 옮김(서울: CLC, 2011), 20.

요한은 짧은 현재(is)에 하나님을 예배하고 있다; 그는 현재까지 이어진 과거(was)에 비추어 예배하고 있다; 그리고 그는 하나님께서 약속하신 미래(to come)를 향해 예배하고 있다. 우리는 요한과 마찬가지로 오늘날 기억과 기대 사이의 짧은 현재에 하나님을 예배한다. 이러한 방식으로, 우리는 스스로를 하나님의 선교 안에 자리매김한다. 우리가 나님의 목적과 일치할 때 우리의 예배는 합당하다.78

예배가 하나님의 목적과 일치할 때 합당하다는 크라이더의 주장은 기독교 예배의 방향을 설정하는 데 시금석이 된다. 기독교 예배는 온 인류를 향한 하나님의 구원의 목적에 일치해야 하고, 예배자들은 그분의 선교 내러티브 가운데서 스스로를 발견한다. 그러므로 기독교 예배에서 하나님의 선교 내러티브는 전적으로 회복되어야 한다. 삼위일체 하나님의 선교적 본성은 성경의 특정 구절에만 기록되어 있는 것이 아니다. 삼위일체 하나님의 본성인 사랑과 공의를 성경의 특정 구절에 한정 지을 수 없는 것과 마찬가지로, 그분의 선교적 본성은 성경의 광대한 내러티브 전반에 걸쳐 나타난다. 이 하나님의 선교 내러티브가 기독교 예배의 근원이고, 이것이 전적으로 드러나야 한다.

기독교 예배에서 하나님의 선교 내러티브를 전달할 때 두 가지 부분에 유의해야 한다. 첫째, 언급한 바와 같이, 하나님의 선교 내러티브는 성경의 특정 부분에 편중되지 않는다. 웨버는 파편적인 예배 혹은 불완전한 예배를 편중된 하나님의 내러티브와 연결시켰다. "조각난 예배(또는 예배 속의 파편화 현상, fragmentation in worship)란, 예배에서

---

78 Alan and Eleanor Kreider, *Worship and Mission After Christendom*(Harrison-
   burg, VA: Herald Press, 2011), 64.

하나님의 구원 이야기의 한두 가지 측면을 강조하기는 하지만 결국 하나님의 전체 이야기를 간과하는 예배를 말한다."79 라이트(Christopher Wright)도 성경 전체가 하나님의 선교의 산물이고 그 기록 과정 또한 선교적이라고 역설한다.

지금 우리가 갖고 있는 성경의 글들 자체가 하나님의 궁극적 선교의 산물이며 증거다. … 게다가 이러한 본문들의 기록 과정은 종종 본질상 대단히 선교적이다. 많은 본문은 하나님의 백성이 하나님의 계시를 이해하고 살아내며 세상에서 하나님의 구속 활동을 행하는 과정에서 겪은 투쟁과 고통에서 나온 것이다.80

만약 성경의 내용과 기록 과정 전체가 하나님의 선교의 산물이라는 것을 받아들인다면, 성경은 반드시 선교적 관점으로 읽히고 전달되어야 한다. 라이트는 계속해서 다음과 같이 주장한다.

본문들을 선교적으로 읽는다는 것은 분명 (1) 객관적인 석의를 통해 '진짜' 의미를 발견하고 나서 (2) 본문 자체에 대한 해석을 보충하기 위해 몇 가지 '선교학적 함의들'을 찾는다는 말이 아니다. 그것은 어떻게 본문이 종종 하나님의 백성이 선교적 상황에서 다루어야 하는 문제, 필요, 논쟁 혹은 위협 등으로부터 생겨났는지 찾아보는 것이다. 본문 자체가 선교 활동의 산물이다.81

---

79 Webber, 48.
80 Christopher Wright, 『하나님의 선교』(*The Mission of God*), 정옥배, 한화룡 옮김 (서울: IVP, 2010), 58.

기독교 예배에서는 성경에 기록된 하나님의 선교 내러티브에 관한 온전한 해석과 전달이 있어야 한다. 성경은 상아탑 안에서 기록된 학문적인 책이 아니고, 하나님께서 인간의 역사에 친히 개입하심으로 형성된 선교적 문서다. 그 내러티브에는 하나님께서 직접적으로, 때로는 그분의 신실한 종들을 통해서, 때로는 천사를 통해서, 혹은 심지어 우상을 숭배했던 고대 근동의 국가들까지도 사용하셨던 그분의 선교가 구체적으로 기록되어 있다. 이 장대한 선교 내러티브 가운데 특정 본문만을 선택하여 협소한 의미의 선교에 적용하는 것은 기독교 예배에 적합하지 않은 것이다. 선교가 부재했던 크리스텐덤 시대에는 성경을 하나님의 선교의 산물로 이해하지 않는다. 그러나 만약 성경이 하나님께서 온 인류를 구원하시기 위한 선교의 결과물임을 받아들인다면, 기독교 예배에서는 반드시 하나님의 선교 내러티브가 파편적이 아니고 전체적으로 전달되어야 한다.

둘째, 예배를 청중에 맞게 프로그램화하면서 하나님의 선교 내러티브를 축소하지 말아야 한다. 예배를 하나의 프로그램으로 진행하면 하나님의 내러티브가 소홀해진다는 웨버의 의견은 매우 적절하다. "예배 양식의 오류는 예배를 하나의 프로그램으로 구성하는 것이다. … 예배를 일련의 프로그램으로 생각하다 보니 예배를 통해서 하나님의 구원 이야기의 비전을 진술해야 한다는 사실을 소홀히 여긴다."[82] 예배를 프로그램화한다는 것은 다른 말로 표현하자면 예배의 초점을 하나님 대신 사람에게 맞추는 것이다. 만약 하나님께 초점을 맞춘다면, 예배는 절대로 프로그램화될 수 없다. 하나님께서는 인간을 구원하실 때

81 Wright, 58.
82 Webber, 118.

프로그램이나 혹은 프로젝트로 접근하지 않으셨기 때문이다. 온 인류를 위해 성부 하나님은 성자 하나님을 보내셨고, 성자 하나님은 이 땅에 보냄 받으셨고 부활 후에 성자 하나님과 함께 성령 하나님을 보내셨다. 성령 하나님도 보냄 받음으로 순종했고 교회의 시대에 수많은 신실한 종을 보내고 계신다. 이 거룩한 하나님의 선교적 본성은 예배 가운데 구체적이면서 지속적으로 드러나야 한다. 이런 맥락에서, 김운용은 예배에서 청중의 관심이 아니라 하나님께서 인류 가운데 행하신 일을 '회상'하는 것에 초점을 맞추어야 한다고 역설한다.

> 예배에서도 하나님의 역사를 회상하는 것으로보다는 청중의 만족도를 높이고 그들을 붙잡아 놓기 위한 관심사로 채워지는 경우가 허다하다. 그러나 기독교의 예배는 본질적으로 '회상'을 바탕으로 한다. 예배는 하나님께서 역사 가운데서 행하신 일을 '회상'하는 것이며, 그것을 통해 공동체와 세상으로 하여금 하나님을 보게 하는 것이다.[83]

종합하면, 기독교 예배는 예배자들을 먼저 선교적 하나님을 만나도록 인도하고 그들 모두가 그분의 거룩한 선교 내러티브에 참여하도록 끊임없이 초청해야 한다. 예수 그리스도께서는 제자들에게 마태복음 28장에서 'Go'라고 말씀하시기 전에, 공생애 동안 말씀을 통해서, 이적과 기사를 통해서, 성만찬을 통해서 그리고 무엇보다도 십자가의 죽음과 부활을 통해서 끊임없이 제자들이 그분의 선교 내러티브에 참여

---

83 김운용, "신학적 행위와 종말론적 예술로서의 예배에 대한 신학적 이해: 회상(Anamnetic)과 청원(Epicletic)으로서의 예배 신학 정립을 중심으로," 「장신논단」 39(2010): 312.

하도록 초청하셨다. 신학교에서 예배는 예배자들에게 이러한 경험이 일어날 수 있도록 하나님의 선교 내러티브 구현을 위한 고민과 노력이 필요하다. 이러한 예배가 반복적으로 드려질 때, 참여자들은 교회 울타리를 넘어서 "산 위에 있는 동네"(마 5:14)가 되고, "교회는 예배를 위해서 부름 받은 공동체이며, 하나님이 원하시는 삶을 살기 위하여 그리고 하나님의 통치하심을 선포하기 위하여 세상 가운데로 예배의 삶을 살도록 보냄 받는 선교 공동체"[84]가 될 수 있다.

2) 성찬식의 선교적 의미와 적용

(1) 한국 개신교 예배의 성찬식 현황

재론의 여지없이 성만찬은 초대 교회와 고대 교회에서 가장 중요한 예전이었다. 신약성경이 주후 397년 카르타고 공의회에서 확정되었던 것을 감안한다면, 고대 기독교 예배에서 성만찬이 차지했던 비중은 절대적이었다고 할 수 있다. 웨버는 성만찬이 초대 교회에서 단순히 예수 그리스도를 기념하는 것에 그치지 않았음을 설명한다. "고대의 교부들은 성만찬의 빵과 음료를 단순히 과거 그리스도의 구원 사건을 상기시키는 단순한 상징물로 이해하지 않고 그리스도 안에서 하나님께서 인간에게 찾아오시며 하늘과 땅의 모든 만물이 서로 화해하는 사건으로 이해하였다."[85]

이처럼 고대 기독교에서 중요시했던 성만찬은 오늘날 한국 개신교에서 그 의미가 간소화되고 심지어 퇴색되고 있다. 종교개혁자들 대부

---

84 *Ibid.*, 308.
85 Webber, 185.

분은 가톨릭의 일곱 성례 중에서 성찬식과 세례식만을 선택했을 정도로 성만찬을 중요하게 생각했고 매주일 거행할 것을 주장했다. 왜냐하면 대부분의 종교개혁자들도 성만찬을 단순히 초대 교회 혹은 기독교 전통을 계승하는 차원을 넘어서 그리스도와의 만남의 현장으로 이해했기 때문이다.86 그럼에도 정장복은 한국 개신교에서 성만찬의 의미가 매우 축소되었다고 지적한다.

> 불행히도 쯔빙글리(Zwingli)는 말씀 중심의 예배와 성례전 중심의 예배를 분리시켰고, 성례전 예배는 연중 4회로 드리고 성만찬의 의미는 단순한 기념설로만 확정했다. 여기에 흥미로운 것은 한국의 대부분의 개신교회가 쯔빙글리의 주장을 변할 수 없는 하나의 전통으로 간주하고 있다는 사실이다.87

조기연도 "성찬이 결여된 예배 즉 성경봉독과 설교로 이루어진 예배는 그 주제에 따라 매우 다양한 내용이 다루어지기 때문에, 우리의 예배는 매 주일 십자가와 부활에 초점을 맞추고 그것을 공동체가 '함께' '기억'하기에는 부족한 예배"88라고 성만찬의 중요성을 강조하면서 개신교 예배가 말씀 중심으로 이루어지는 것의 한계점을 설명한다. 같은 맥락에서 주승중도 성찬식의 중요성을 역설한다. "선포된 말씀인 설교와 보이는 말씀인 성례전은 상호보완적인 관계에 있다. 그러므로 예배에 있어서 이 둘은 항상 같이 있는 것이 원칙이며, 그러기에 초대 교회

---

86 정장복, 『예배의 신학』, 23.
87 Ibid., 23-24.
88 조기연, 215.

예배도 말씀 예전과 다락방 예전(성찬 성례전)으로 이루어졌던 것이다."[89] 요약하면, 예배학에서는 개신교 예배에 말씀 선포와 성찬식이 함께 존재해야 한다고 주장하지만, 실제로 한국교회의 예배, 특별히 장로교에서는 성만찬의 의미를 기념설로 축소하고 그로 인해 공적 예배에서 성찬식이 간소화되고 있는 것을 볼 수 있다. 그렇다면 단지 기념설을 넘어서는 성만찬의 포괄적인 의미는 무엇인지 살펴보자.

(2) 성만찬의 종합적인 의미

성만찬에 관해서는 개신교와 가톨릭교회 그리고 동방 정교회 간에는 물론이고, 종교개혁자들 사이에서도 상이한 해석이 존재한다. 또한 오늘날 다양한 교단들은 성만찬에 관해 각각의 강조점을 지니고 있다. 그 모든 것을 살펴보는 것은 이 글의 목적과 분량을 넘어서는 것이기에, 필자는 성만찬에 관한 기독교의 종합적인 견해를 보여주는 『BEM 문서』를 주로 검토하고자 한다. BEM에 따르면 성만찬은 기독교의 과거와 현재, 미래를 포함한다.

기독교인들은 성만찬이 이스라엘 백성이 억압의 땅으로부터 해방됨을 기념하는 유월절에서 또 시내산 계약의 식사(출 24)에서 이미 나타났다고 본다. 성만찬은 교회의 새로운 유월절 식사, 즉 새 계약의 식사로서 이것은 예수님이 자신의 죽음과 부활에 대한 기념(anamnesis)으로서 또 어린 양의 잔치(계 19:9)에 대한 기대로서 그의 제자들에게 주신 것이다. 그러므로 그리스도는 그의 제자들에게 이 성례전 식사를 통해

---

89 주승중, 『다시, 예배를 꿈꾸다』(서울: 두란노, 2014), 213.

자신을 그가 다시 오실 때까지 기억하고 또 만날 것을 명령하셨다.[90]

BEM은 성만찬의 출발점을 예수 그리스도의 최후의 만찬이 아니라 구약성경의 유월절에서 출발한 것으로 보았고, 그것이 역사를 관통하여 그리스도의 재림까지 연결되는 것으로 이해한다. 또한 BEM은 성만찬을 이처럼 기독교 역사와 연결하여 시간적인 의미로 해석할 뿐만 아니라, 삼위일체 하나님과 심도 있게 연관시킨다. 성만찬을 통해 예배자들은 성부 하나님께 감사하고 성자 하나님을 기념(혹은 기억)하며, 성령 하나님을 초대한다.[91]

이 BEM에 기록된 성만찬과 삼위일체 하나님의 연관성에 대해 여러 학자가 다각도로 지지한다. 정장복은 『사도전승』을 검토한 후에 성만찬이 기본적으로 하나님께 감사를 드리는 것이라고 주장한다. 성만찬은 "하나님의 구원 역사에 대한 감사의 기도를 낭송하고 하나님께 나아가는 유대교로부터 유래하였다. 이러한 사상은 이그나티우스(Ignatius) 때 이러한 의미를 내포한 유카리스트(Eucharist)라는 어휘가 매우 활발하게 사용되고 있었다."[92] 주승중은 "성찬식은 예수님의 십자가의 죽으심을 기념하는 예식이면서 동시에 예수님의 부활을 축하하며 기념하는 참된 기쁨의 예식이다"[93]라고 정의하면서, 성만찬은 예수 그리스도의 죽음과 부활을 모두 기념하는 것임을 강조한다. 이형기는 성만찬에서 "성만찬 제정의 말씀, 그리스도의 약속, 그리고 에피클레시스

---

90 World Council of Churches, 『BEM 문서: 세례·성만찬·직제』(*Baptism, Eucharist, And Ministry*), 이형기 옮김(서울: 한국장로교출판사, 1993), 34.
91 *Ibid.*, 35-40.
92 정장복, 『예배의 신학』, 147.
93 주승중, 『다시, 예배를 꿈꾸다』, 217.

(epiklesis), 즉 성령 기원 사이에는 본질적인 관계가 있다"[94]라고 말하면서 성령 하나님이 성만찬에서 분리될 수 없다는 것을 역설한다.

　더 나아가서 BEM은 성만찬에 하나님의 역사성과 삼위일체성이 내포되어 있다는 것과 동시에 성도의 교제도 포함되고 있다는 것을 보여준다.

> 주어진 어떤 장소에서 하나의 떡과 공동의 잔을 함께 나눔으로써 어느 때, 어느 곳에서라도 거기에 동참하는 자들이 그리스도와 또 다른 동참자들과 하나가 된다는 것이 입증되며 또 그것이 가능하게 된다. 하나님의 백성의 공동체가 충분히 드러나게 되는 것은 바로 이 성만찬을 통해서이다.[95]

　마지막으로 BEM은 이 성도의 교제로서 성만찬이 자연스럽게 종말론적인 하나님의 나라의 만찬과 연결되고, 이것은 궁극적으로 하나님의 선교와 연결된다는 것을 천명한다.

> 성만찬을 거행하는 자체가 교회가 이 세계에 대한 하나님의 선교에 동참한다는 증거이다. 이 같은 참여는 복음선포, 이웃에 대한 봉사, 이 세계 안에서 성실하게 살아감과 같은 일상적인 형태를 취한다. … 기독교인들이 같은 식탁에 둘러앉아 같은 떡을 떼고 같은 잔을 나누는 충분한 교제를 통해 연합하지 못하는 한, 그들의 선교적 증거는 개별적인 차원에서나 공동체적 차원에서나 모두 약화된다.[96]

---

94 World Council of Churches, 39.
95 *Ibid*., 40.

같은 맥락에서 화이트도 성만찬의 종말론적인 의미에 주목했다. 신약성경에 있는 성찬의 맥락은 고도로 종말론적이다. 최후의 만찬에서 제정의 말씀들은 "이 유월절이 하나님의 나라에서 이루기까지"(눅 22:16)와 같이 하나님의 나라가 임박했음을 가리킨다. … 거기에는 주님의 재림의 임박함과 주의 만찬이 맛보고 예상하는 하나님 나라의 시작이라는 확고한 느낌이 있다. 각 성찬식은 기도와 기대로, 하나님 나라의 도래를 기원하고 앞당긴다.[97]

BEM은 성만찬이 담고 있는 의미를 종합적으로 설명하는데, 그것은 하나님께서 인간의 역사에 개입하셨던 사건들과 오늘의 현장 그리고 종말론적인 하나님의 나라에 대한 소망을 포함한다. 또한 BEM은 성만찬이 예수 그리스도의 죽음과 부활을 기념하는 것을 포함하여 삼위일체 하나님과 깊숙이 연결되어 있다는 것도 인지하게 한다. 마지막으로 성만찬은 오늘날 그리스도의 이름으로 모이는 모든 곳에서 이루어져야 하며, 그것은 기독교 공동체 안에서 머무르는 것이 아니고 세상을 향해 나아간다. 필자는 이러한 『BEM 문서』의 성만찬에 관한 종합적인 이해를 토대로 이제 기독교 예배에서 성만찬이 어떻게 재해석되고 이루어져 하는지 살펴보고자 한다.

(3) 성만찬의 선교적 의미

20세기의 저명한 정교회 예배학자 쉬메만(Alexander Schmemann)은 예전의 의미를 다음과 같이 설명했다.

---

96 *Ibid.*, 43.
97 White, 360.

예전을 '제의적'(cultic) 범주로 축소시켜 이해하고, 예전을 삶의 '속된' 영역들, 더 나아가 교회의 다른 모든 활동들로부터도 구분되는 신성한 예배 행위로 정의한다. 그러나 이것은 그 헬라어 '레이투르기아'(*leitour-gia*)의 본래 의미가 아니다. 그 말은 본래 일단의 사람들이 개인들의 단순한 집합체 이상의 무엇이 되도록… 해주는 공동의 활동을 뜻했다. 또 그 말은 전체 공동체의 유익을 위해 한 사람 혹은 몇몇 사람들이 행하는 기능 또는 '사역'을 의미하기도 했다.[98]

쉬메만은 예전(liturgy)의 헬라어 어원인 '레이투르기아'를 검토하면서, 예전이 단순히 교회 안에서 특정한 사람에 의해서 구별되는 거룩한 행위로 국한될 수 없음을 명확히 밝혔다. 오히려 레이투르기아는 특정한 사람들이 공동의 유익을 위하는 '사역'이고 그것은 공동체 안과 밖에서 실행될 수 있는 것이다. 한국일도 선교적 목회의 맥락에서 예배를 다룰 때 "예배가 단지 교회 안에서 드리는 예전이 아니라 우리가 하나님 앞에서 살아가고 있음을 고백하는 신앙 행위라면 예배는 교회 내부의 예전이 아니다"[99]라고 주장한다. 쉬메만은 레이투르기아의 구체적인 예를 구약 시대와 신약 시대로 구분하여 설명했다.

고대 이스라엘에서는, 선택된 소수의 사람들이 메시아의 오심에 대비해 세상을 준비시키는 공동의 일이 바로 '레이투르기아'였다. … 이처

---

98 Alexander Schmemann, 『세상에 생명을 주는 예배』(*For the Life of the Word*), 이종태 옮김(서울: 복있는사람, 2008), 35.
99 한국일, "선교적 교회 실천 원리로서 '선교적 목회'(missional ministry)에 관한 연구," 「선교신학」 54(2019): 404.

럼 교회 그 자체가 '레이투르기아', 즉 이 세상 속에서 그리스도를 좇아 살며 그분과 그분의 나라에 대해 증언하는 사역과 소명인 것이다. 따라서 성만찬 예전을 '예전적', '제의적' 관점에서만 접근하거나 이해하는 것은 잘못이다.[100]

쉬메만은 레이투르기아를 교회 안에서 행하는 예전으로 협소하게 정의하기보다는 오히려 그리스도를 따르는 기독교 공동체가 세상에서 감당해야 할 사역과 소명으로 해석했다. 그는 교회 안의 예전을 무리하게 해석하여 교회 밖에 적용하려고 했던 것이 아니고, 레이투르기아의 본래 의미 자체가 선교적 의미를 내포하고 있다는 것을 주장했다. 그러나 쉬메만은 성만찬을 성급하게 선교와 연결하지 않았다. 오히려 그에게 우선순위는 분명했다. 기독교인들이 교회 안과 밖에서 온전히 레이투르기아를 실천하기 위해서는 제일 먼저 그리고 가장 중요한 것이 세상으로부터 분리되는 것이고 예수 그리스도를 그들 가운데 모시는 것이다. "이 모임의 목적은 교회를 충만케 하는 것이며, 모든 것의 마침이요 모든 것의 시작이신 분을(계 22:13) 현재 가운데로 모시는 것이다. 이처럼 예전은 세상으로부터의 참된 분리에서부터 시작한다."[101]

크라이더도 쉬메만과 같은 맥락에서 성찬식에서 그리스도의 주도적인 임재를 역설했다. 기독교인들이 성찬식을 통해 그리스도를 초청하는 것이 아니고, 그리스도께서 주도적으로 성찬식에 임재하시는 것이다. 그리고 그분께서는 성찬식에 참여하는 자들을 죄 사함 받은 그리스도의 지체로 만드신다.[102] 성찬식의 주체는 크리스텐덤의 교회에서

---

100 Schmemann, 35.
101 *Ibid.*, 38.

화려한 성의를 입고 예전을 집전하는 자가 아니고, 그리스도이신 것이다. 그리스도께서 성찬식의 주인이라는 사실은 성찬식이 성경의 특정한 구절에 의해서나 혹은 특정한 방식으로 한정될 수 없음을 의미한다. 또한 그리스도께서 공생애 기간에 죄인들과 세리들과 함께 식사하셨던 것처럼, 이제 종말론적인 식탁공동체인 성만찬은 교회 내적인 영역에 국한되는 것이 아니고 교회 밖의 "세상 안에서 물질적으로 정신적으로 가난한 모든 사람들과 유대를 가지게 만든다."[103] 그리스도께서 주도하는 성찬식에 참여하는 자들은 그리스도의 임재를 경험하면서 "내 피로 세우는 새 언약"(눅 22:20b)을 통해 교회와 세상에서 헌신을 다짐하게 되는 것이다. 크리스텐덤 시대의 성찬식이 교회 내의 예전에 머물렀다면, 선교적 예배의 참여자들은 그리스도께서 제자들에게 하신 것처럼 차별 없이 빵과 포도주를 영적이고 육적으로 가난한 사람들과 함께 나눈다.[104]

종합하면, 초대 교회의 예배에서 두 축이었던 말씀 선포와 성만찬이 오늘날 개신교 예배에서 말씀 선포에 집중되면서 성찬식이 매우 간소하게 진행되고 있다. 이로 인해 성만찬이 내포하고 있는 풍성하고 종합적인 의미가 계속해서 축소되고 있다. 또한 쉐메만의 지적처럼, 서구 기독교인들은 흔히 "성례를 말씀과 대조되는 것으로 여기고, 선교를 성례가 아니라 말씀과만 연결 짓는 경향"[105]으로 인해, 전통적인

---

102 Alan and Eleanor Kreider, 162.

103 Jürgen Motltmann, 『성령의 능력 안에 있는 교회』(Kirche in der Kraft des Geistes), 박봉랑 외 옮김(서울: 한국신학연구소, 2003), 373.

104 조해룡, "선교적 교회를 위한 목회 활성화 방안 연구: 교회 예전과 목회행정 구조 변화를 중심으로," 「선교신학」 52(2018): 333.

105 Schmemann, 29.

예배에서 성만찬과 선교를 연결하는 것은 매우 요원한 일이 되었다. 그러나 기독교 예배에서 성만찬은 그 본연의 종합적인 의미를 회복하는 것과 더불어, 교회 안의 예전을 넘어 세상으로의 보내심과 연결되어야 한다. 김운용은 종말론의 관점에서 쉬메만의 성찬식과 선교를 연결한다. "쉬메만은 성찬을 종말론적 관점에서 하나님의 기쁨과 임재 가운데로의 '들어감'(entrance)과 세상에로의 '나아감'의 여정으로 새롭게 해석한다."106 예배로 부름 받은 자들은 성찬식을 통해 삼위일체 하나님의 선교적 본성을 경험하고 세상으로 보냄 받는다.

3. 선교적 예배

에딘버러 대학교의 허타도(Larry H. Hurtado)는 초기 기독교의 예배에서 예수 그리스도를 그 중심에 두는 것이 얼마나 특별한 사건이었는지 설명한다. "예배가 종교의 중심 표현이었던 로마 제국 초기의 역사적 맥락에서 볼 때, 그리고 예배에 관해 유대인들이 보였던 민감한 태도에 비추어 볼 때, 초기 유대인 그리스도인 공동체에서 예수가 숭앙과 섬김의 대상에 포함된 것은 매우 이례적인 사건이었다."107 로마 제국에서는 오직 황제에게 그리고 유대인들은 오직 하나님만을 예배하는 상황이었지만, 초창기 기독교인들은 예수 그리스도를 예배의 중심에 두었다. 특히 하나님의 유일성을 절대적으로 지키려는 유대인들

---

106 김운용, "'우리는 예배하고, 그렇게 믿으며, 그래서 우리는 살아간다'," 232.
107 Larry W. Hurtado, 『아들을 경배함: 초창기 기독교 예배 의식 속의 예수』(*Honoring the Son: Jesus in Earliest Christian Devotional Practice*), 송동민 옮김(고양: 이레서원, 2019), 127.

과는 대조적으로 예배에 예수 그리스도를 경배의 대상으로 포함한 것은 실로 파격적인 일이었다. 그것은 의심의 여지없이 기독교인들의 정체성과 삶과 직접적으로 연관되는 행위였다. 그러한 기독교인들의 신실함과 절박함의 예배는 크리스텐덤 시대에 들어서 점차적으로 소멸되었고, 절대 다수의 교인들은 이해하기 어려운 라틴어와 사제 주도적인 형태의 예배에 수동적으로 참여했던 것이다.

교회가 하나님의 선교의 결과물이라면, 그곳에서의 예배는 무엇보다도 삼위일체 하나님의 선교적 본성이 충만히 드러나야 한다. 선교적 예배는 교인들에게 지역 사회에 대한 봉사를 독려하는 예배가 아니고, 선교적 하나님을 우선적으로 대면하고 경험하도록 하는 것이 그 주된 목적이다. 이를 위해서 예배 가운데 성경에 기록된 하나님의 선교 내러티브가 충실히 구현되어야 하고, 양과 질적인 면에서 축소되고 규격화된 성만찬이 선교적으로 회복되어야 한다. 크리스텐덤 교회가 선교적 교회로 하루아침에 전환될 수 없듯이 크리스텐덤 유산의 예배가 곧바로 선교적 예배가 되는 것은 아니지만, 예배 가운데 하나님의 내러티브와 성만찬이 선교적(missional)으로 지속적으로 구현될 때, 예배 참석자들은 어느덧 교회와 세상에서 선교적 존재(being)로 양육된다. 신학교에서 영성 프로그램의 목적이 교회 안에서 활동할 목회자를 양성하는 것에 국한되지 않고 하나님의 나라를 위한 것이라면, 예배 가운데 하나님의 선교적 본성이 충만히 드러내야 할 것이다.

VI. 나가는 말

코로나19로 인해 2020년 이후 한국 개신교는 그 어느 때보다도 어려운 시간을 보냈다. 대부분의 지역 교회가 2년 이상 거의 정상적인 예배와 모임을 갖지 못했고, 전 세계의 수많은 선교사도 전염병에 취약한 현지 사정으로 사역을 지속하는 데 많은 어려움에 겪었다. 이 기간에 한국 개신교는 그 어느 때보다도 국내 미디어에 많이 노출되었는데 대부분이 부정적인 내용이었고 국민들의 공분을 사는 경우도 적지 않았다.[108] 그 뉴스들의 사실 여부를 떠나 한 가지 분명한 것은 이제 개신교가 미디어라는 플랫폼을 통해 한국 사회의 전면에 드러나 있다는 점이다. 한 교단의 결정, 한 지역 교회의 상황 그리고 한 목회자의 모습에 이르기까지 연일 미디어를 통해 보도된다. 오늘날 기독교인들은 세상에서 벗어나 은신하거나 무엇인가를 은폐할 수 없는 시대에 살고 있는 것이다. 그러므로 그 어느 때보다 '일상'에서의 기독교 영성이 중요해졌다.

이 글에서 기독교 영성은 삼위일체 하나님과의 관계에서 형성되는 수직적인 것이고, 동시에 수평적으로 나의 이웃을 내 몸처럼 사랑하라는 말씀을 '일상'에서 실천하는 전인적인 것으로 정의했다. 또한 삼위일체 하나님의 선교적 본성, 특히 예수 그리스도의 영성과 사역의 연관성에 대해서 검토했고, 이로 인해 기독교의 영성은 반드시 선교적 영성이 되어야 한다고 강조했다. 그렇다면 신학교 영성 프로그램과 전체

---

108 가장 최근의 예로는 기윤실에 조사한 한국교회의 신뢰도가 있다. "한국교회 신뢰도 · 호감도 코로나19 거치며 더 떨어져," https://www.newsnjoy.or.kr/news/articleView.html?idxno=305089(2023년 2월 21일 접속).

채플을 포함한 다양한 예배에서는 하나님의 선교적 본성이 드러나야 한다. 그리고 신학생들은 스스로의 정체성을 지역 교회의 목회자로만 국한하지 말고 하나님의 나라를 위해 그분의 선교에 동참하는 사역자로 이해해야 하며, 기독교 영성은 하나님의 선교와 밀접하게 연관되어야 한다. 삼위일체 하나님께서 교회 안과 밖에서 공히 역사하신다면, 기독교 영성도 동일하게 교회와 세상에서 실천되어야 하는 것이다. 이러한 삼위일체 하나님의 선교적 본성이 신학교 영성 프로그램에 반영되기를 소망한다.

참고문헌

고형상. "대그룹채플을 보완하는 새로운 채플의 모색: 숭실대학교 사례를 중심으로."
　　「한국기독교학회 51차 정기학술대회 자료집」(2022): 562-575.

강아람.『상황별로 보는 선교적 해석학』. 서울: 케노시스, 2022.

김경은. "영성지도의 역사: 영성지도자의 정체성과 역할을 중심으로."「선교와 신학」
　　45(2018): 11-41.

김운용. "'우리는 예배하고, 그렇게 믿으며, 그래서 우리는 살아간다': 예배와 신학의
　　관계성을 중심으로 한 예전 연구 방법론에 대한 고찰; 제프리 웨인라이트와
　　알렉산더 쉬메만의 예전신학을 중심으로."「장신논단」44(2012): 215-241.

_____. "신학적 행위와 종말론적 예술로서의 예배에 대한 신학적 이해: 회상(Anam-
　　netic)과 청원(Epicletic)으로서의 예배 신학 정립을 중심으로."「장신논단」
　　39(2010): 297-324.

배정훈, 백충현 편.『장신 경건교육의 어제와 오늘』. 서울: 장로회신학대학교출판부,
　　2022.

신경규, "신앙 소그룹모임이 비기독교인 신입생 만족도에 미치는 요인에 관한 연구."
　　「대학과 선교」27(2014): 75-107.

안승오. "선교적 교회론과 예배."「선교신학」36(2014): 135-164.

안정국. "한국 이슬람의 현황과 종파 분화: 시아 무슬림을 중심으로."「인문과학연구논
　　총」36(2015): 155-181.

안희열. "초대교회 시기의 전염병 창궐에 따른 기독교인의 대응에 관한 평가."「선교와
　　신학」52(2020): 39-69.

오방식, "헨리 나우엔에게 있어서의 기도, 공동체, 사역의 관계성 연구."「장신논단」
　　27(2006): 301-333.

유재원. "한국형 이머징 예배의 가능성 연구."「장신논단」45(2013): 251-279.

유해룡. "영적성장에 대한 진정성이란 무엇인가?"「장신논단」44(2012/1): 187-211.

_____. "영성과 영성신학."「장신논단」36(2009): 303-331.

_____. "영성학의 연구방법론 소고."「장신논단」15(1999): 428-450.

이광순, 이향순. "도시의 발달과 도시 선교."「선교와 신학」10(2002): 13-39.

이승병. "민족에서 세대로 보는 선교: 성령론적 선교신학을 통한 청소년 선교."「선교신학」55(2019): 221-257.

이어진. "'예배 회복 운동(Liturgical Movement)'과 그 영향에 관한 연구." 석사학위논문, 장로회신학대학교, 2004.

장형철. "청년 개신교인 감소 양상과 소규모 분반 채플의 효과에 대한 경험적 고찰."「대학과 선교」29(2015): 373-402.

정승현. "선교적 영성(Missional Spirituality)에 대한 소고: 대안 공동체로서, 일상에서, 하나님의 선교에 참여하는 영성."「선교와 신학」53(2021): 391-417.

_____. "하나님의 선교 내러티브의 구현과 성만찬의 선교적 재해석: 선교적 예배(Missional Worship)에 관한 소고."「선교신학」60(2020): 403-429.

_____. "크리스텐덤의 이해와 선교적 교회론."「선교신학」43(2016): 187-220.

_____. "대럴 구더의 선교적 신학과 교회론."「선교신학」36(2014): 295-325.

_____.『하나님의 선교와 20세기 선교학자』. 인천: 주안대학원대학교출판부, 2014.

_____. "하나님의 선교(The Missio Dei)와 선교적인 교회(The Missional Church) 빌링겐 IMC를 중심으로."「선교와 신학」20(2007): 185-212.

정장복.『예배의 신학』. 서울: 예배와설교아카데미, 2018.

_____.『예배학 개론』. 서울: 예배와설교아카데미, 1999.

주승중.『다시, 예배를 꿈꾸다』. 서울: 두란노, 2014.

조기연. "예배-공동경험과 공동기억의 사건."「장신논단」48(2016/2): 201-224.

조해룡. "선교적 교회를 위한 목회 활성화 방안 연구: 교회 예전과 목회행정 구조 변화를 중심으로."「선교신학」52(2018): 322-352.

주승중. "세계교회의 예배 의식의 동향과 한국교회의 예배 의식." 「장신논단」 16 (2000): 564-593.

한국일. "선교적 교회 실천 원리로서 '선교적 목회'(missional ministry)에 관한 연구." 「선교신학」 54(2019): 378-411.

Amalraj, John, Geoffrey W. Hahn, and William D. Taylor, eds. *Spirituality in Mission: Embracing the Lifelong Journey.* Pasadena, CA: William Carey Library Publishing, 2018.

Balia, Darryl, and Kirsteen Kim. *Witnessing to Christ Today.* Vol.2 of *Edinburgh 2010: Mission Then and Now.* edited by David A. Kerr and Kenneth R. Ross. Oxford, UK: Regnum Books, 2010.

Barus, Armand. "Spirituality." In *Evangelical Dictionary of World Missions.* edited by A. Scott Moreau, 371-373. Grand Rapids, MI: Baker Books, 2000.

Bosch, David J. *A Spirituality of the Road.* Eugene. OR: Wipf and Stock Publishers, 1979.

_____. "The Church as the 'Alternative Community'." *Journal of Theology for Southern Africa* 13(1975/Dec): 3-11.

Flett, John G. *The Witness of God: The Trinity, Missio Dei, Karl Barth, and the Nature of Christian Community.* Grand Rapids. MI: Eerdmans, 2010.

_____. "Missio Dei: A Trinitarian Envisioning of a Non-Trinitarian Theme." *Missiology: An International Review* 37(2009/1): 5-18.

Foley, Edward. 『예배와 성찬식의 역사: 그리스도인들은 어떻게 성찬식을 행하여 왔는가?』(*From Age to Age: How Christians Have Celebrated the Eucharist*). 최승근 옮김. 서울: CLC, 2017.

Franklin, Kirk. "Mission and Spirituality." In *Spirituality in Mission: Embracing the Lifelong Journey.* edited by John Amalraj, Geoffrey W. Hahn, and William D. Taylor, 21-30. Pasadena, CA: William Carey Library Publishing, 2018.

Goheen, Michael. *Reading the Bible Missionally*. Edited by Michael Goheen. Grand Rapids, MI: Eerdmann, 2016.

Gorman, Michael.『삶으로 담아내는 복음』(*Becoming the Gospel: Paul, Participation, and Mission*). 홍승민 옮김. 서울: 새물결플러스, 2019.

Guder, Darrell L.『증인으로의 부르심』(*Called to Witness*). 허성식 옮김. 서울: 새물결플러스, 2015.

_____.『선교적 교회: 북미 교회의 파송을 위한 비전』(*Missional Church: A Vision for the Sending of the Church in North America*). 정승현 옮김. 인천: 주안대학원대학교출판부, 2013.

_____. *The Continuing Conversion of the Church*. Grand Rapids. MI: Eerdmans, 2000.

Helland, Roger and Leonard Hjalmarson. *Missional Spirituality: Embodying God's Love from the Inside Out*. Downers Grove, IL: IVP, 2012.

Hoekendijk, Johannes C. *The Church Inside Out*. Translated by Isaac C. Rottenberg. Philadelphia, PA: The Westminster Press, 1966.

Holder, Arthur.『기독교 영성 연구』(*The Blackwell Companion to Christian Spirituality*). edited by Holder, Arthur. 권택조, 유해룡, 오방식, 최창국, 정은심 옮김. 서울: CLC, 2017.

Hurtado, Larry W.『아들을 경배함: 초창기 기독교 예배 의식 속의 예수』(*Honoring the Son: Jesus in Earliest Christian Devotional Practice*). 송동민 옮김. 고양: 이레서원, 2019.

Kreider, Alan.『초기 기독교의 예배와 복음전도』(*Worship and Evangelism in Pre-Christendom*). 허현·고학준 옮김. 서울: 대장간, 2019.

Kreider, Alan and Eleanor. *Worship and Mission After Christendom*. Harrisonburg, VA: Herald Press, 2011.

McGrath, Alister E. *Christian Spirituality*. Malden, MA: Blackwell Publishing,

1999.

Moreau, A. Scott, ed. *Evangelical Dictionary of World Missions*. Grand Rapids, MI: Baker Books, 2000.

Motlmann, Jürgen. 『성령의 능력 안에 있는 교회』(*Kirche in der Kraft des Geistes*). 박봉랑 외 4인 옮김. 서울: 한국신학연구소, 2003.

Schmemann, Alexander. 『세상에 생명을 주는 예배』(*For the Life of the Word*). 이종태 옮김. 서울: 복있는사람, 2008.

Sheldrake, Philip. 『미래로 열린 영성의 역사』(*Spirituality: A Brief History*). 정병준 옮김. 서울: 한국장로교출판사, 2020.

_____. 『도시의 영성』(*The Spiritual City: Theology, Spirituality, and the Urban*). 김경은 옮김. 서울: IVP, 2018.

Sittser, Gerald L. 『영성의 깊은 샘』(*Water from a Deep Well*). 신현기 옮김. 서울: IVP, 2018.

Sunquist, Scott. 『기독교 선교의 이해』(*Understanding Christian Mission*). 이용원·정승현 옮김. 인천: 주안대학원대학교출판부, 2015.

Vicedom, Georg F. *The Mission of God: A Introduction to a Theology of Mission*. Translated by Gilbert A. Thiele and Dennis Hilgendorf. Saint Louis, MO: Concordia Publishing House, 1965.

World Council of Churches. 『BEM 문서: 세례·성만찬·직제』(*Baptism, Eucharist, And Ministry*). 이형기 옮김. 서울: 한국장로교출판사, 1993.

Webber, Robert E. 『예배학: 하나님의 구원 내러티브의 구현』(*Ancient-Future Worship: Proclaiming and Enacting God's Narrative*). 이승진 옮김. 서울: CLC, 2011.

White, James F. 『기독교 예배학 개론』(*Introduction to Christian Worship*). 김상구, 배영민 옮김. 서울: CLC, 2017.

Wright, Christopher. 『하나님의 선교』(*The Mission of God*). 정옥배, 한화룡 옮김. 서울: IVP, 2010.

"한국교회 신뢰도·호감도 코로나19 거치며 더 떨어져," https://www.newsnjoy.or.kr/news/articleView.html?idxno=305089(2023년 2월 21일 접속).

지은이 알림

가진수

침례신학대학교 대학원(Th. M.)과 미국 풀러신학원(D. Min.)을 졸업하고, The Robert E. Webber Institute for Worship Studies에서 예배학 박사(DWS) 과정을 공부했다. '글로벌 예배 컨퍼런스', '패션(PASSION) 컨퍼런스'를 주관하고, 매거진, 도서 등을 발행하는 예배 전문 사역 기관 〈글로벌워십미니스트리〉와 〈워십리더코리아〉의 설립자이며, 전 세계 예배공동체 갱신과 다음 세대를 준비하는 〈패니 크로스비 재단〉(Fanny Crosby Foundation)의 이사장이다. 서울종합예술학교, 서울신학대학교와 대학원, 서울기독대학교 신학대학원, 연합신학대학원 등에서 현대 예배와 찬양에 대한 강의를 해왔으며, 현재 월드미션대학교 '찬양과 예배' 과정 디렉터다. 『예배가 이끄는 삶』, 『모던 워십』, 『성경적 하나님의 임재 연습』, 『예배 성경』(구약, 신약), 『예배 찬양 인도』(상, 하권), 『예배, 패러다임 시프트』 등의 예배 저서와 『예배의 흐름』, 『고난 중에 하나님을 예배하는 9가지 방법』, 『예배의 고대와 미래』, 『하늘의 예배를 회복하라』, 『예배란 무엇인가?』 등의 번역서들이 있다.

김난예

장로회신학대학교에서 기독교교육학(B. A., M. A.), 침례신학대학교에서 신학대학원(M. Div.), 충남대학교에서 교육학 박사(Ed. D.)를 취득했다. 박사학위 논문은 "기독교신앙행동의 측정과 분석"으로 성숙한 그리스도인의 행동 특성을 측정할 수 있는 척도를 개발했다. 교회 교육 현장에서 25년, 대학교수로 25년 재직하고 은퇴했다. 한국기독교교육학회 34대 학회장을 역임했으며 편집위원장과 출판위원장을 다년간 역임했다. 학문적 관심 분야는 종교심리, 종교성 척도 개발, 기독교교육 등이며, 성령에 의한 변형화 교육과 인간 이해 및 공감 소통 회복 대화로 이 세상을 하나님이 기뻐하시는 그림으로 채워가는 필그림(Fill Grim) 대표를 맡아 하나님의 꿈을 그려나가고 있다.

신선묵

성균관대학교 영문학 학사(B. A.)와 석사(M. A.)를 졸업하고 풀러신학대학원에서 목회학 석사(M. Div.), 선교학 신학 석사(Th. M.), 선교학 박사(D. Miss.)를 취득했다. 지역 교회에서 11년간 영어 사역을 하고, 월드미션대학교에서 지난 23년 동안 교수 사역을 하였다. 박사학위는 로버트 클린 교수님의 지도하에 영적 지도력을 연구했고, 사역 철학의 관점에서 한국의 영적 지도자들을 연구했다. 월드미션대학교에서는 지도력과 영성 그리고 선교신학을 강의했다. 영성과 지도력에 관한 글들을 모은 두 권의 저서 『은혜가 이끄는 변화』, 『하나님과 함께하는 행복의 길』이 있다.

오방식

장로회신학대학교 경건 교육 처장, 영성 신학 교수이다. 전남대학교(B. S.)와 장로회신학대학교 신학대학원(M. Div.)과 대학원(Th. M.)을 졸업 후 미국 St. Bernard's School of Theology에서 기독교 영성으로 석사(M. A.) 학위, 캐나다 University of St. Michael's College/Toronto School of Theology에서 기독교 영성으로 박사 학위(Ph. D.)를 취득했다. 학위 논문은 해롤드 웰스(Harold Wells) 교수의 지도하에 "Thomas Merton's Contribution to the Theology of Hope: A Contextual, Diachronic and Analytical-Synthetic Study"라는 제목으로 썼다. 2004년부터 장로회신학대학교 영성신학 교수로 재직 중이며, 현재 한국토머스머튼연구회 회장을 맡고 있다. 학문적 관심 분야는 기도와 영성, 영성과 치유(변화), 영성과 목회 그리고 현대 영성가들의 영성이다.

정승현

충남대학교(B. A.)와 장로회신학대학교 신학대학원(M. Div.)을 졸업 후, 미국 풀러신학원에서 선교학으로 문학 석사(M. A.)와 철학 박사(Ph. D.) 학위를 취득했다. 2007년 윌버트 셴크(Wilbert R. Shenk) 교수의 지도하에 박사학위 논문 "The Missional Ecclesiology in Contemporary Hyperreal Culture"로 졸업논문상을 수상했다. 2008~2011년 인도네시아 자카르타신학교(STFTJakarta)에서 교수, 선교사로 사역했고, 2011년 3월부터 인천에 위치한 주안대학원대학교에서 선교학 교수로 봉직하고 있다. 현재 「선교와 신학」, 「장신논단」 그리고 *Muslim-Christian Encounter*의 편집위원으로 섬기고 있다. 학문적 관심 분야는 현대 선교신학, 선교적 교회, 이슬람 그리고 창조신학이다.

정원범

대전신학대학교에서 35년간 기독교윤리학 교수로 봉직하다가 은퇴했다. 장로회신학대학교에서 신학사(Th. B.), 교역학 석사(M. Div.), 신학 석사(Th. M.), 신학 박사(Th. D.)를 취득했다. 박사학위 논문은 맹용길 교수의 지도하에 "가톨릭 사회교리의 기초로서의 인간존엄성에 관한 연구"(Human Dignity as the Basis of Catholic Social Teaching: A Study of Papal Encyclicals and Catholic Social Documents, 1891-1991)라는 제목으로 썼다. 한국기독교윤리학회 학회장을 역임했고, 총회(예장통합) 연구단체협의회 회장, 총회 "평화선교지침서" 집필위원회 위원장, 오이코스 여름학교·겨울학교의 교장 등을 역임했다. 현재는 교회와사회연구소 소장, 사단법인 샬롬회복 이사장 등을 맡고 있다. 『공동체영성의 향기』, 『기후위기와 지구윤리』 등 10권의 저서와 『생명운동과 생명목회』 등 9권의 편저서, 『코로나 19와 한국교회의 회심』 등 10권의 공저, 『성서는 정의로운가』 등 5권의 번역서가 있다. 학문적 관심 분야는 하나님 나라, 영성, 생명, 정의, 평화, 선교적 교회, 마을목회 등이다.

최윤정

월드미션대학교 실천신학 교수이며, 온라인교육 처장과 입학 및 대외협력 처장을 맡고 있다. 한국외국어대학교(B. A.), 장로회신학대학교 신학대학원(M. Div.), 풀러신학대학원(M. A.)을 거쳐 바이올라대학교(Biola University)에서 Intercultural Education으로 박사학위(Ph. D.)를 받았다. 현재 KPCA 소속 목사이며, 한국과 미국에서 25년간 교회 교육부 사역을 했다. 다문화, 디아스포라, 기독교교육, 디아코니아, 이 네 개의 화두와 연결된 무수한 창의적인 사역들을 꿈꾸며 사단법인〈휴먼앤휴먼인터내셔널〉자문위원과〈한국기독교사회복지실천학회〉이사로도 섬기고 있다. "Multicultural Education for 1.5 and 2nd generation Korean-Americans", "Identity Issues of Migrant Children and Christian Education", "이주배경 자녀를 돌보는 교회", "하와이 한인 이민여성들" 등 다문화 관련 저술과 함께 다문화 2세들을 위한 세미나와 강연에도 열심을 내고 있다.